MICHAEL
KÖNIGSHOFER

6 months in the fridge

TRAVELS THROUGH NORTHERN EUROPE

Winter im Kühlschrank

REISEN DURCH DEN NORDEN EUROPAS

teNeues

I'm always cold. I'll put on a wool sweater or a cap where others are sweating. I'll sit with a large cup of tea in front of—or better yet, on top of—the radiator in my apartment, wearing two pairs of socks, with the heat turned up to around 23 °C. And still, I keep coming back to the North—that region around the Arctic Circle where the sun pops up only now and again in six months to warm my freezing feet. I am from Austria, and when winter arrives there, and the thermometer more regularly dips below freezing than I am fond of, it makes me a little uncertain whether I actually should board that airplane to Tromsø or Reykjavík. But I do, of course. Because winter in the North is that fantastic. That beautiful. Wild, and devoid of people. Subtle, yet powerful.

Eigentlich ist mir ständig kalt. Wo andere schon schwitzen, ziehe ich mir noch einen Wollpulli oder eine Mütze über. Ständig sitze ich mit einer großen Tasse Tee vor oder – noch besser – auf dem Heizkörper meiner Wohnung. Zwei Paar Socken an den Füßen und die Heizung auf etwa 23 C° hochgedreht. Trotzdem zieht es mich immer wieder in den Norden: in die Gegend um den Polarkreis, wo die Sonne ein halbes Jahr nur ab und zu auftaucht, um mir die frierenden Füße zu wärmen. Wenn es in meiner Heimat Österreich Winter wird und das Thermometer öfters als es mir lieb ist Minusgrade anzeigt, bin ich mir dann nicht mehr ganz sicher, ob ich das Flugzeug nach Tromsø oder Reykjavík wirklich betreten soll. Aber ich tue es. Natürlich! Weil der Norden gerade im Winter so fantastisch ist. So wunderschön. Ursprünglich und menschenleer. Unaufdringlich und gewaltig zugleich.

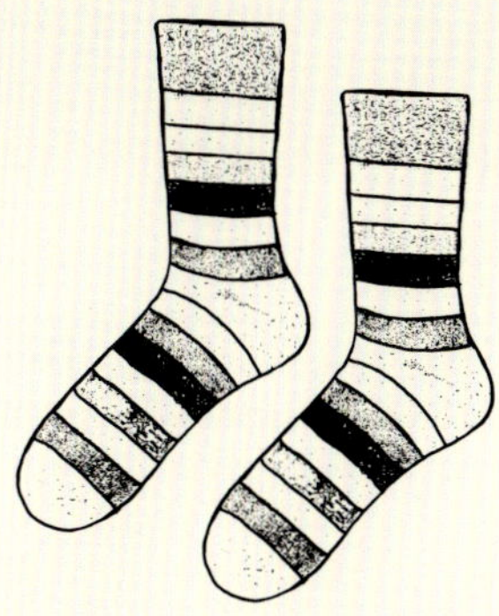

In fact, I am hardly ever cold on my trips there. Mainly, that's because I am constantly moving. Motion keeps you warm. I usually travel to the North in later winter, between late January and March. At that time, the winter wonderland is still viewable in all its white splendor, the days are getting a little longer — and brighter. Admittedly, even the cold isn't as bone-shattering as it is in December. There is little-to-no tourism at this time. But the most important reason why I'm drawn here now is that the North, for me, is the land of winter. It is shaped and formed by the cold. You can see it in the people, in nature, simply everywhere. Therefore, if you would like to know the country, you have to make a pact with winter. And it definitely pays off.

I never set out to do a photography project, much less to record a picture book. Even as my recording of images ballooned in proportion to my other travel activities, the main purpose was still traveling itself. To be in beautiful, mostly deserted places, breathing the cool, crisp air—mindfully living in the moment. Traveling was about discovery, adventure, and immersion in the present. And honestly, isn't that more or less what makes a photograph good? Unique and authentic? Partially for that reason, the images in this book are not exclusively landscapes. This volume documents my very own travels through Europe's North and my encounters with its people, cities, and, of course, nature. For me, those unexpected and sometimes weird experiences are precisely what define these trips. Be it stumbling upon a surf school beyond the Arctic Circle, spending time with a solitary eccentric in Iceland who collects stones, or the challenge of preparing a meal from snow and instant ramen in the wilderness, these off-the-beaten-track finds are what comes to mind when I think of my "winter in the fridge."

Tatsächlich wird mir dann auf meinen Reisen fast nie wirklich kalt. Das liegt hauptsächlich daran, dass ich ständig in Bewegung bin. Das hält warm. Meist reise ich im späten Winter in den Norden, zwischen Ende Januar und März. Zu der Zeit ist das Winterwunderland noch in seiner ganzen weißen Pracht zu entdecken und die Tage werden schon wieder etwas länger – und heller. Zugegeben: Auch die Kälte ist dann nicht mehr ganz so klirrend wie im Dezember. Tourismus gibt es zu dieser Zeit wenig bis keinen. Aber der wichtigste Grund, warum es mich gerade zu der Zeit dorthin zieht: Der Norden ist für mich das Land des Winters. Er ist geprägt und geformt durch die Kälte. Das erkennt man in den Menschen und der Natur, einfach überall. Also muss man sich schon auf den Winter einlassen, wenn man das Land in seinem Wesen kennenlernen möchte. Und es zahlt sich definitiv aus.

Das ursprüngliche Ziel meiner Reisen war es nie ein Fotoprojekt daraus zu machen, oder gar einen Bildband. Auch wenn die Fotografien natürlich immer ein großer Bestandteil meiner Reisen waren, ging es in erster Linie um das Reisen selbst. An wunderschönen, meist menschenleeren Orten zu sein, dabei die kühle und klare Luft einzuatmen – ganz bewusst den Moment zu leben. Es ging um das Entdecken, um Abenteuer und das Eintauchen in das Hier und Jetzt. Und seien wir ehrlich: Sind diese Dinge nicht irgendwie Voraussetzung für ein gelungenes Foto? Und verleihen sie ihm nicht die Einzigartigkeit, seine Authentizität? Auch aus diesem Grund finden sich in diesem Bildband nicht ausschließlich Landschaftsfotografien. Der Band dokumentiert meine sehr persönlichen Reisen durch den Norden Europas, meine Begegnungen mit Menschen, Städten und natürlich der Natur. Und es waren gerade die unerwarteten – und manchmal auch schrägen – Erlebnisse, die für mich meine Reisen in den Norden Europas ausgemacht haben: Ob die Entdeckung einer Surfschule jenseits des Polarkreises, der Besuch bei einem eigenbrötlerischen Steinsammler auf Island oder die Herausforderung, in menschenleerer Wildnis aus Schnee und Instant-Ramennudeln ein Mahl zuzubereiten – gerade diese Entdeckungen jenseits ausgetretener Pfade machen für mich den Winter im Kühlschrank aus.

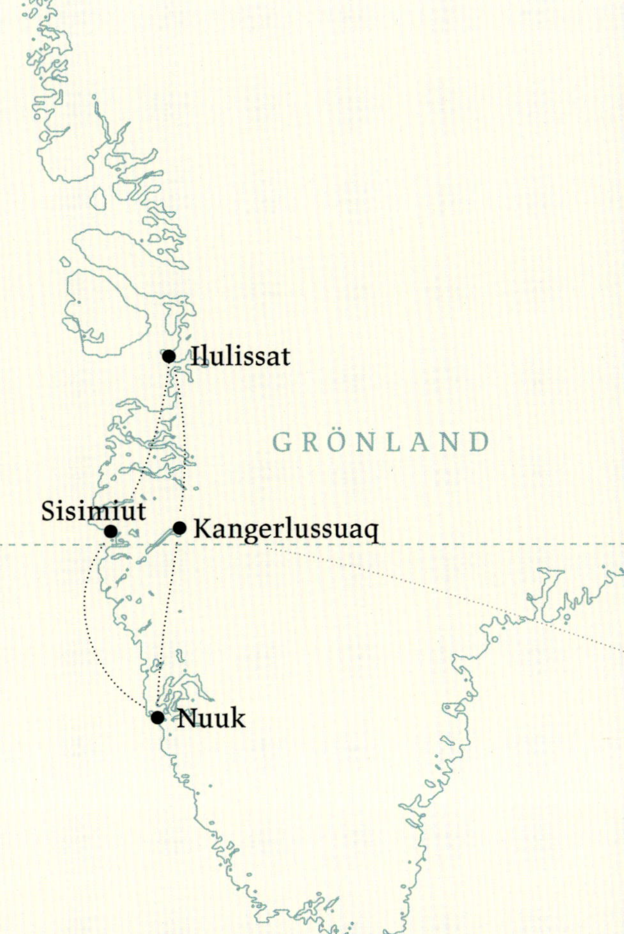

CONTENT *INHALT*

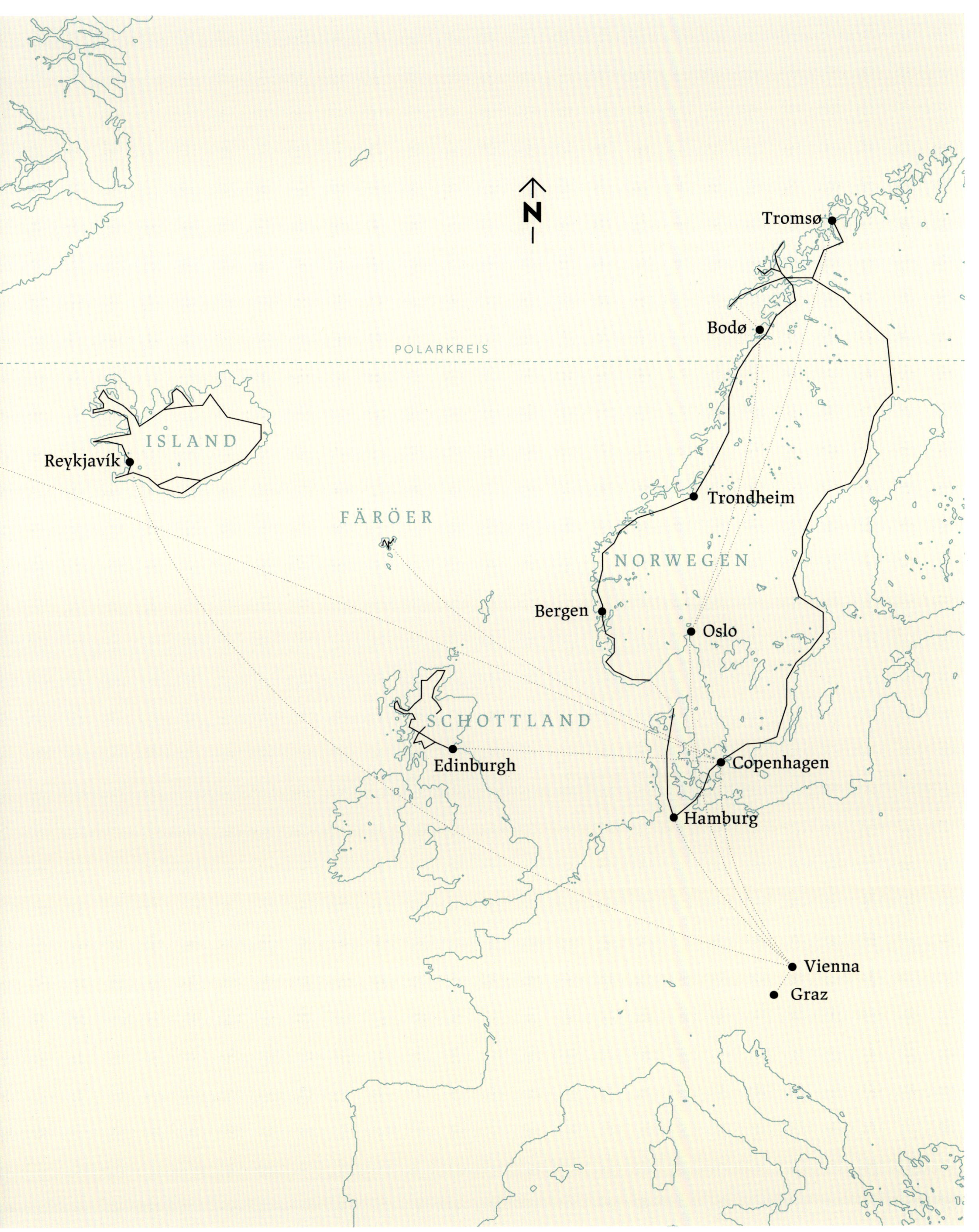
N
Tromsø
Bodø
POLARKREIS
ISLAND
Reykjavík
FÄRÖER
NORWEGEN
Trondheim
Bergen
Oslo
SCHOTTLAND
Edinburgh
Copenhagen
Hamburg
Vienna
Graz

I was traveling in Europe's North for a total of 165 days spread out across seven incredible trips.

Each of these journeys was special in its own way. Apart from the landscape, architecture, and local people, each also differed in my chosen means of transport and accommodation. Often, I simply hitchhiked; sometimes I rented a car or drove my own. Sometimes I took a boat, a plane, or a helicopter. Now and then, I borrowed a bicycle. I was actually on foot most of the time: the most mindful, active, and thus the most beautiful mode of travel; more sublime, even, than cycling. I slept and ate almost exclusively in tents, guest rooms, and youth hostels.

165 Tage lang war ich unterwegs im Norden Europas. Aufgeteilt auf sieben großartige Reisen.

Jede einzelne meiner Reisen war auf ihre eigene Art besonders. So unterscheiden sie sich, abgesehen von der Landschaft, Architektur und den Menschen vor Ort, auch durch die Wahl des Transportmittels und der Unterkunft. Oft war ich einfach per Anhalter unterwegs, manchmal mit Mietautos oder dem eigenen Auto. Teilweise auch mit Boot, Flugzeug, Helikopter und hin und wieder mit einem geborgten Fahrrad. Die meiste Zeit war ich aber definitiv zu Fuß unterwegs. Die schönste – weil bewussteste und aktivste – Art sich auf Reisen fortzubewegen (Radfahren eingeschlossen). Geschlafen und gekocht habe ich fast ausschließlich in Fremdenzimmern, Jugendherbergen und im Zelt.

Except for two weeks in Greenland, I was by myself the whole time. It allowed me to do my thing uncompromisingly. In practice, this usually means hiking, and recording images, at any time, day or night, in any weather and temperature. With a companion, I probably wouldn't have felt comfortable usurping the itinerary like this: going out on an aimless hike in Iceland at ten o'clock at night; not bothering to take the last bus back to where I was staying in the Faroe Islands, and so ending up battling my way home at night for two hours in a powerful sleet storm. But in retrospect, I dare say this traveling alone was probably necessary. Because these were exactly the kind of little adventures I wanted—and what my photography needed. The whole time I never actually felt lonely. And besides, I was never alone for long periods. Hitchhiking or staying somewhere, I would always meet people, which led to strikingly nice acquaintances and even friendships.

Preparation, of course, is major. How much do you need to know about a country in order to make good use of your time on the ground? How much do you want to leave to chance, for a sense of surprise? How thoroughly do you plan your days? As it generally turned out, the more rigid my plans, the less flexible I was able to be. My approach is more like, "as flexible as possible, as fixed as necessary." My ideal has always been to know about several options in advance but to decide what to do spontaneously on arrival. So, I always put together a map with all the places I thought were interesting, in order to have a good overview on arrival and throughout the trip. I also put a lot of thought into how to get from place to place. Driving may be easy; you get places faster, and it's easier to reach remote locations. But hitchhiking is more adventurous, and more interesting, because you regularly get to know locals and other odd travelers.

Bis auf zwei Wochen in Grönland war ich immer alleine unterwegs. So konnte ich kompromisslos mein Ding durchziehen. Was in der Praxis meist bedeutete: wandern und fotografieren zu jeder Tageszeit, bei jedem Wetter und jeder Temperatur. So viel Freiheit hätte ich mir mit einer Begleitperson vermutlich nicht gegönnt. In Island um 22 Uhr ohne jeglichen Plan eine Wanderung zu machen. Oder auf den Färöer-Inseln auf den letzten Bus in Richtung Unterkunft zu verzichten, um sich schlussendlich zwei Stunden lang bei sehr starkem Sturm und Schneeregen nachts nach Hause zu kämpfen. Aber im Nachhinein lässt sich sagen, dass dieses Alleinreisen wahrscheinlich notwendig war. Denn genau das waren die kleinen Abenteuer, die ich wollte – und für meine Fotografie brauchte. Einsam habe ich mich dabei eigentlich nie gefühlt. Außerdem war ich ja auch nie für einen längeren Zeitraum alleine. Beim Trampen oder in den Unterkünften kam ich immer wieder mit Menschen zusammen, wodurch sich ausgesprochen nette Bekanntschaften und sogar Freundschaften entwickelt haben.

Vorbereitung ist natürlich immer ein großes Thema. Wie viel muss man über ein Land wissen, um die Zeit vor Ort gut nutzen zu können? Wie wenig sollte man über ein Land wissen, um noch überrascht werden zu können? Wie detailliert die Tage planen? Generell hat sich für mich herausgestellt: Je strikter die Planung, umso unflexibler. Ich bin eher der Typ: so flexibel wie möglich – so durchgeplant wie nötig. Ideal war für mich immer, viele Optionen im Vorfeld zu kennen, aber vor Ort spontan entscheiden zu können, was ich gerade unternehmen mag. So habe ich vor der Reise stets eine Landkarte erstellt, in der alle für mich interessanten Orte eingezeichnet waren, um nach der Ankunft und während der Reise einen guten Überblick zu haben. Ich habe mir auch immer gut überlegt, welches Transportmittel ich verwenden will. So ist Autofahren zwar bequem, man kommt schneller voran und leichter an abgeschiedene Orte. Doch per Anhalter zu fahren bringt mehr Abenteuer und ist interessanter, weil man immer wieder Einheimische oder andere verrückte Reisende kennenlernt.

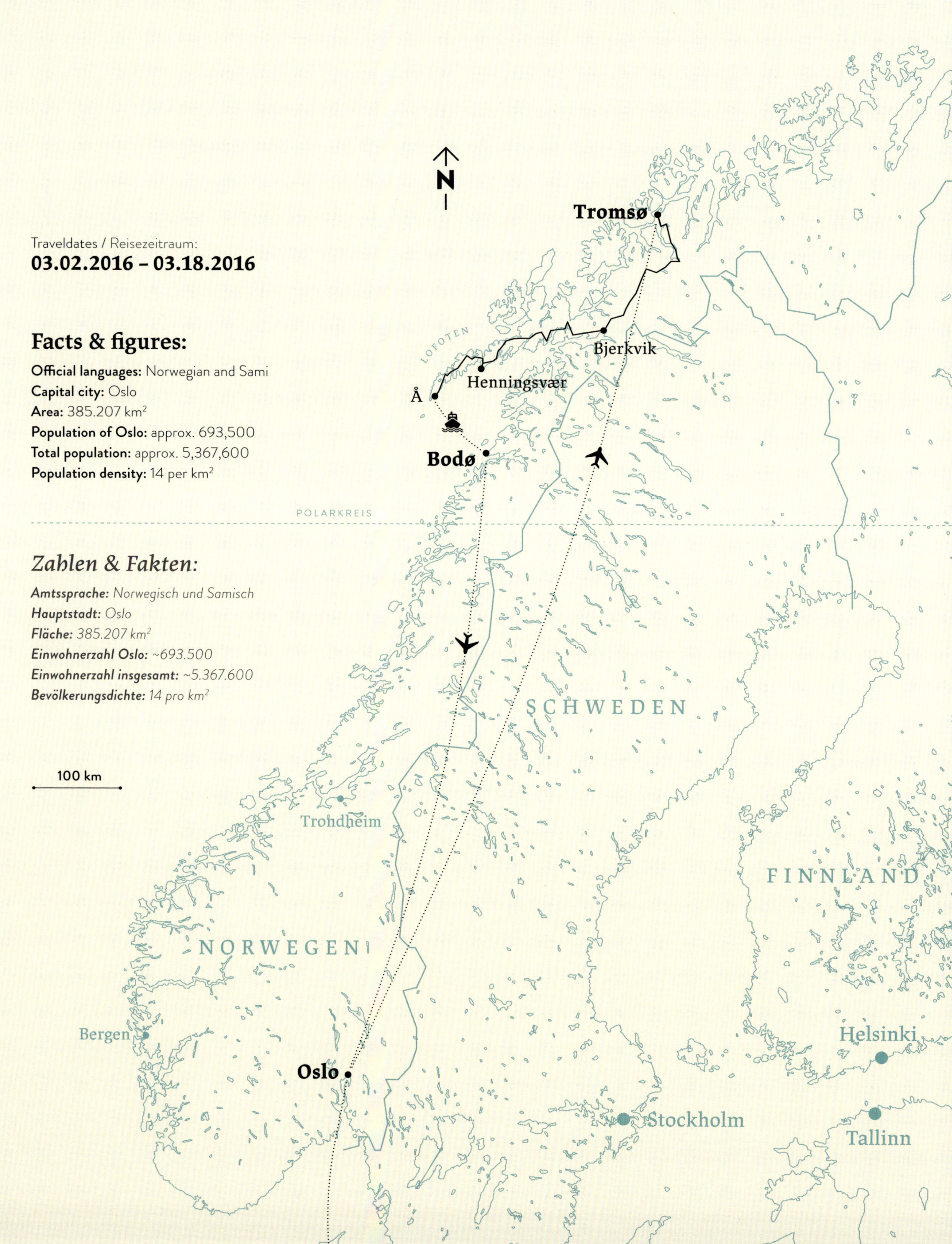

Traveldates / Reisezeitraum:
03.02.2016 – 03.18.2016

Facts & figures:
Official languages: Norwegian and Sami
Capital city: Oslo
Area: 385.207 km²
Population of Oslo: approx. 693,500
Total population: approx. 5,367,600
Population density: 14 per km²

Zahlen & Fakten:
Amtssprache: Norwegisch und Samisch
Hauptstadt: Oslo
Fläche: 385.207 km²
Einwohnerzahl Oslo: ~693.500
Einwohnerzahl insgesamt: ~5.367.600
Bevölkerungsdichte: 14 pro km²

100 km

N

Tromsø
Bjerkvik
LOFOTEN
Henningsvær
Å
Bodø
POLARKREIS
SCHWEDEN
Trohdheim
FINNLAND
NORWEGEN
Bergen
Helsinki
Oslo
Stockholm
Tallinn

Norway

Norwegen

I spent two weeks in one of the north-ernmost parts of Europe. To experience the area's beauty, get to know the land and its people, and — in tranquility — listen to black metal.

When I was about 18, I forged my own very special connection to Norway. It was less about the landscapes, the people, or the culture than it was about the music: black metal, a metal subculture whose chief proponents are from Norway, mostly from the cities of Oslo and Bergen. For years, I lived for this music, and I practiced it myself. But for some reason it never occurred to me to travel to the scene's "home." Odd, really: Doesn't it stand to reason that people are heavily affected by the landscape and their natural surroundings? And that it affects the music they listen to and make?

Not until about fifteen years later, in January 2016, did I decide, spontaneously, to fly to Norway for sixteen days. But the highlight for me now wasn't the music but rather nature. After looking into it, I realized my dream destination was Lofoten, a group of islands in the far northwest of Norway. It is one of the most dramatic landscapes in Norway or anywhere in Europe. Rugged mountains rise steeply from the sea, encapsuled in pure white snow. The weather in this island world shifts constantly. One minute, dark clouds menace from the sky; the next minute, the sunbreaks through the previously impenetrable haze, in all its might, and bathes the scenery in an almost eerie light. Thirty minutes later, all of a sudden it's snowing like it's been doing nothing but. Lofoten looks different every time you blink. It is a paradise for photographers and for every wayward traveler who winds up in this enchanted part of the world. The archipelago is situated between 100 and 300 kilometers north of the Arctic Circle and is made up of about eighty islands, many of which are connected by bridges, making for much-simplified travel.

Für zweieinhalb Wochen habe ich eine der nördlichsten Regionen Europas besucht. Um die Schönheit dieser Gegend zu erleben, Land und Leute kennenzulernen, und um in aller Ruhe Black Metal zu hören.

Als ich etwa 18 Jahre alt war, entstand meine sehr spezielle Verbindung zu Norwegen. Weniger aus den Landschaften, den Menschen oder der Kultur heraus – sondern aus der Musik: Black Metal. Eine Subkultur des Metal, deren wichtigste Szene-Vertreter aus Norwegen stammen, großteils aus den Städten Bergen und Oslo. Jahrelang habe ich für diese Musik gelebt und sie selbst praktiziert. Aber aus irgendeinem Grund war ich nie auf die Idee gekommen, die „Heimat" dieser Musikkultur auch zu bereisen. Komisch eigentlich. Liegt es doch nahe, dass die Menschen von der Landschaft und der Natur, die sie umgeben, stark geprägt sind. Und mit ihnen die Musik, die sie hören und spielen.

Erst etwa 15 Jahre später, im Januar 2016, entschied ich mich spontan für 16 Tage nach Norwegen zu fliegen. Nun aber nicht mehr wegen der Musik – die Natur war für mich jetzt das Highlight. Nach kurzer Recherche wurde schnell klar, dass die Lofoten mein Traumziel sind: eine Inselgruppe im äußersten Nordwesten Norwegens und eine der dramatischsten Landschaften, die das Land und ganz Europa zu bieten haben. Steil ragen schroffe Berge aus dem Meer, umhüllt von reinem weißem Schnee. Das raue Wetter in dieser Inselwelt ändert sich ständig. In einem Moment hängen dunkle Wolken bedrohlich vom Himmel, im nächsten durchbricht die Sonne mit aller Kraft den zuvor undurchdringlichen Dunst und taucht die Szenerie in ein fast gespenstisches Licht. 30 Minuten später schneit es plötzlich und es wirkt, als würde es das schon seit Tagen tun. Die Lofoten erscheinen in jedem Augenblick anders: ein Paradies für Fotografen und für jeden Reisenden, der sich in diese verwunschene Gegend verirrt. Die Inselgruppe liegt bereits 100 bis 300 km nördlich des Polarkreises und setzt sich aus etwa 80 Inseln zusammen, von denen viele mit Brücken verbunden sind, was mir das Reisen stark vereinfacht hat.

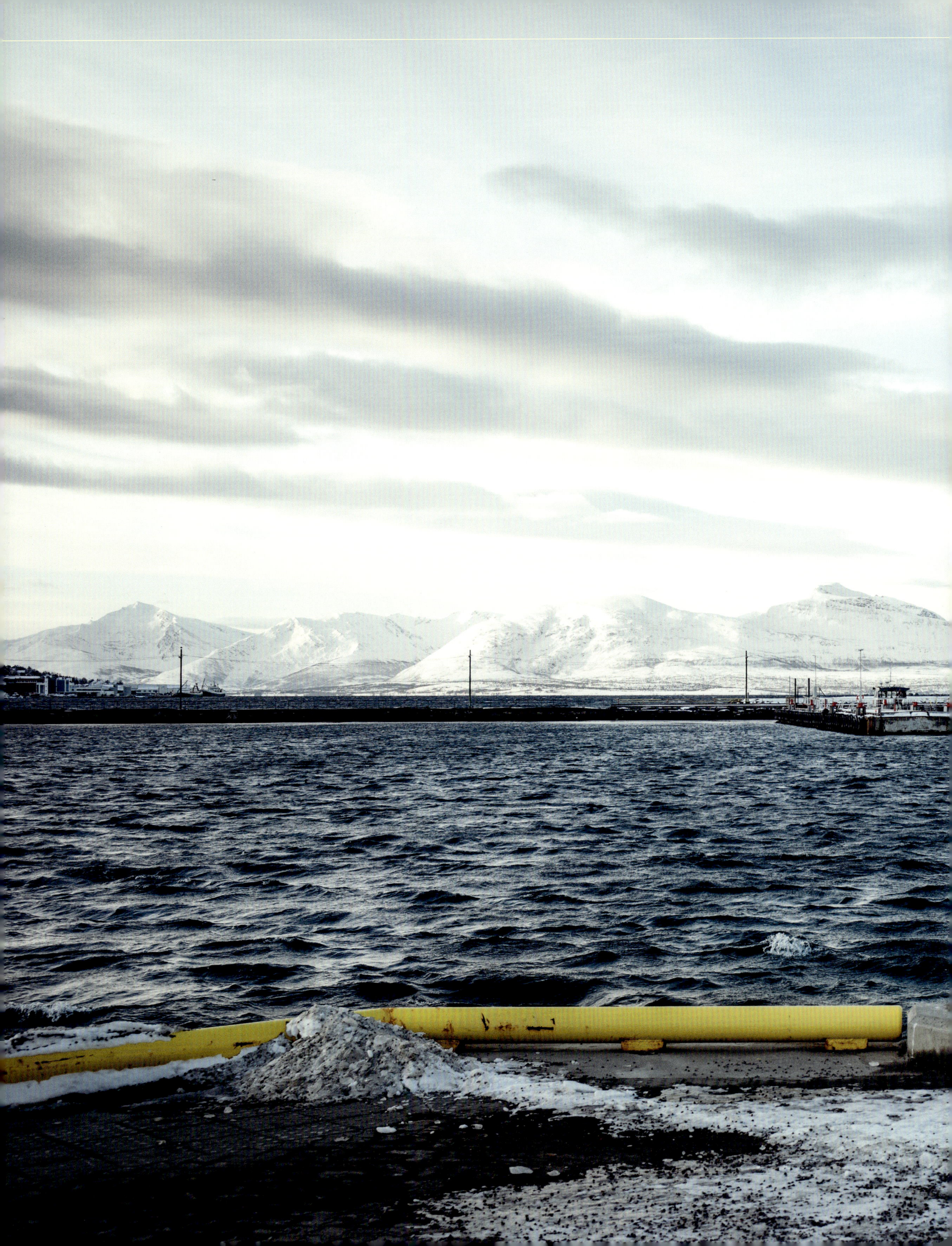

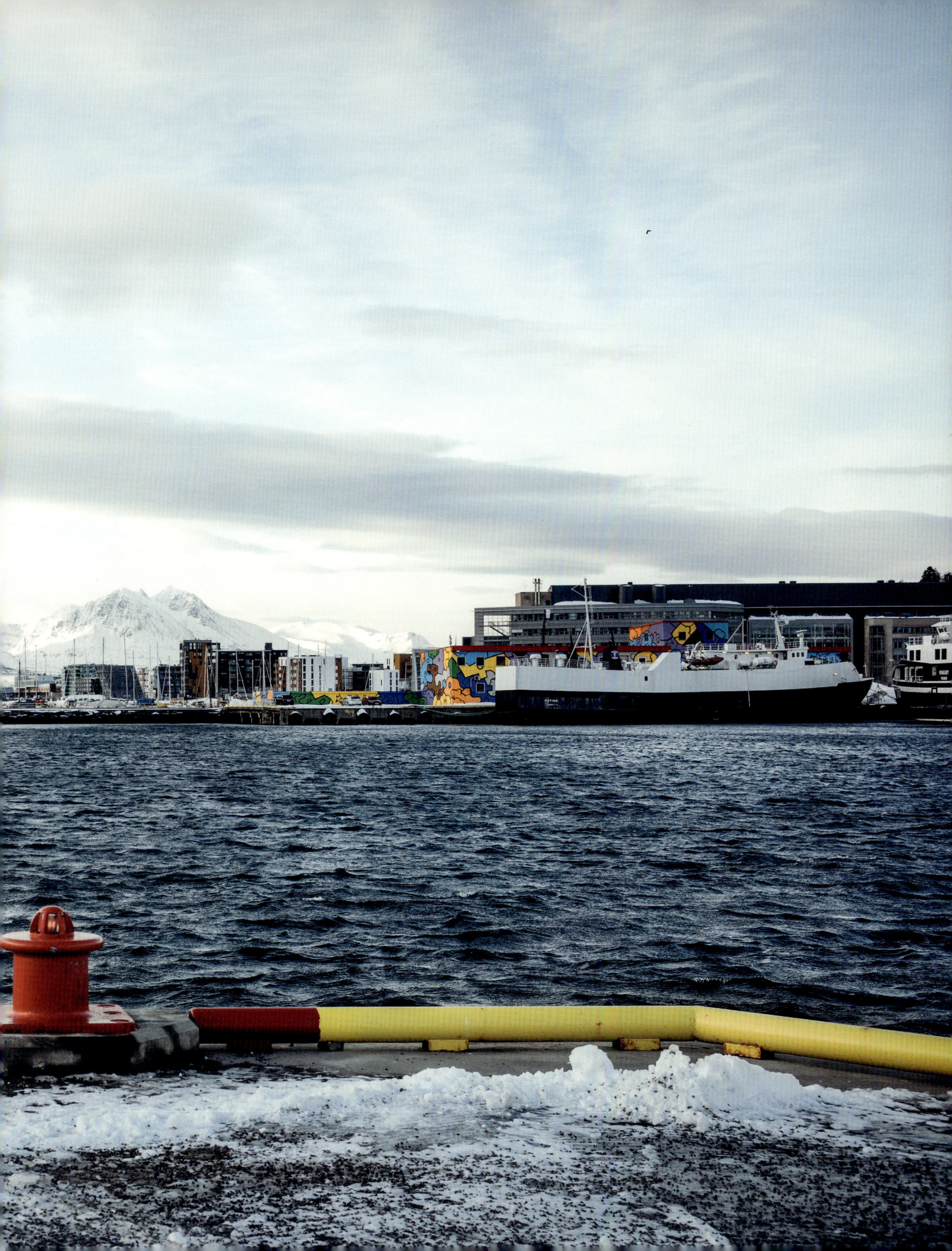

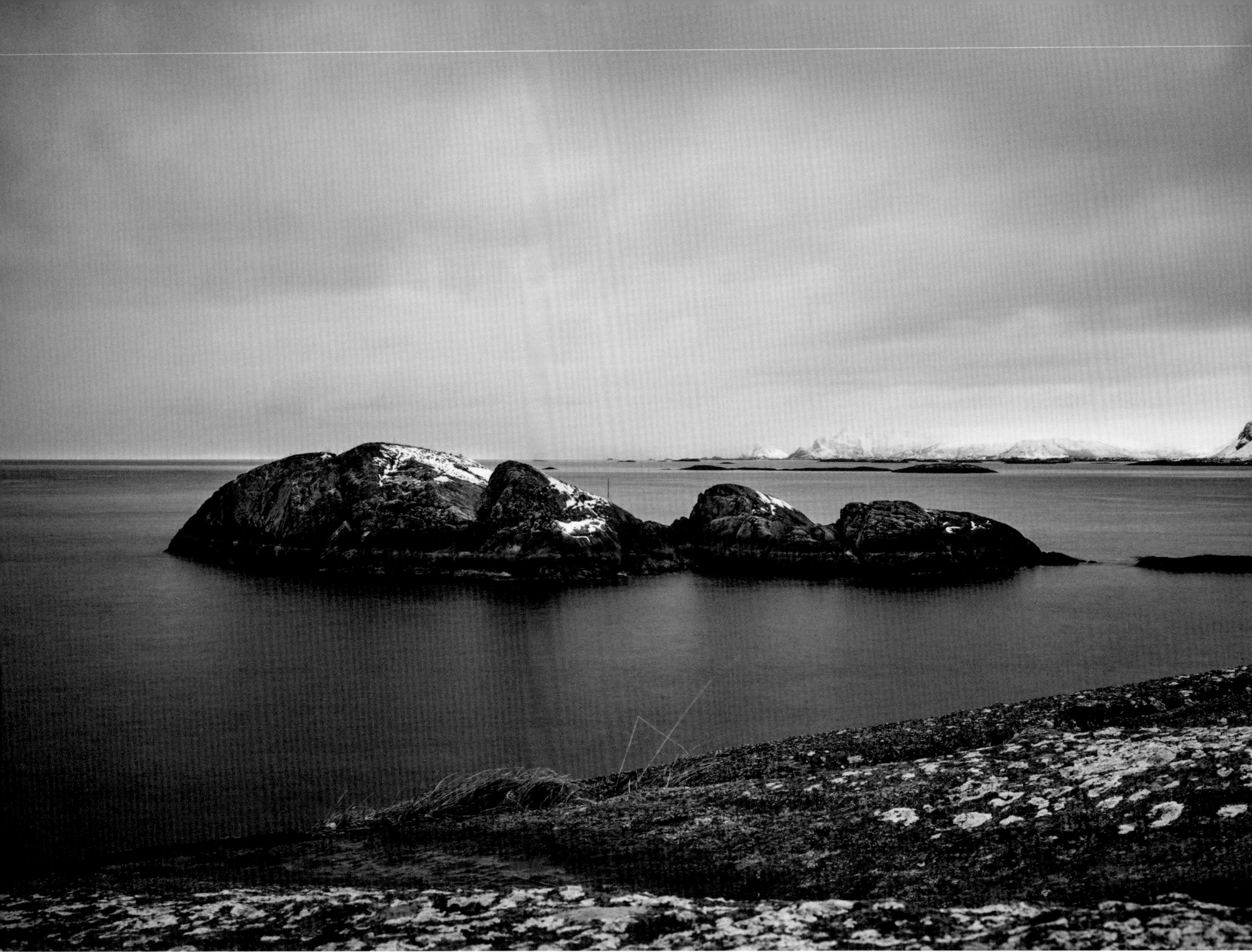

To reach Lofoten, I flew from Vienna to Oslo and on to Tromsø. I was supposed to continue by bus from there. It was here that I was first tested, in a way: I hadn't anticipated the streets being so coated in ice; even walking was a challenge. I immediately liked the town of Tromsø, a modern, cosmopolitan city of 77,000 inhabitants, framed by a fantastic natural panorama.

Um die Lofoten zu erreichen, flog ich von Wien nach Oslo und dann weiter nach Tromsø. Von dort sollte es via Überlandbus weitergehen. Doch erst einmal scheiterte ich fast schon am bloßen zu Fuß gehen: Die meisten Straßen sind von einer dicken Eisschicht überzogen. Die 77.000-Einwohnerstadt Tromsø war mir sofort sympathisch, eine moderne, weltoffene Großstadt, die von einem fantastischen Naturpanorama eingerahmt wird.

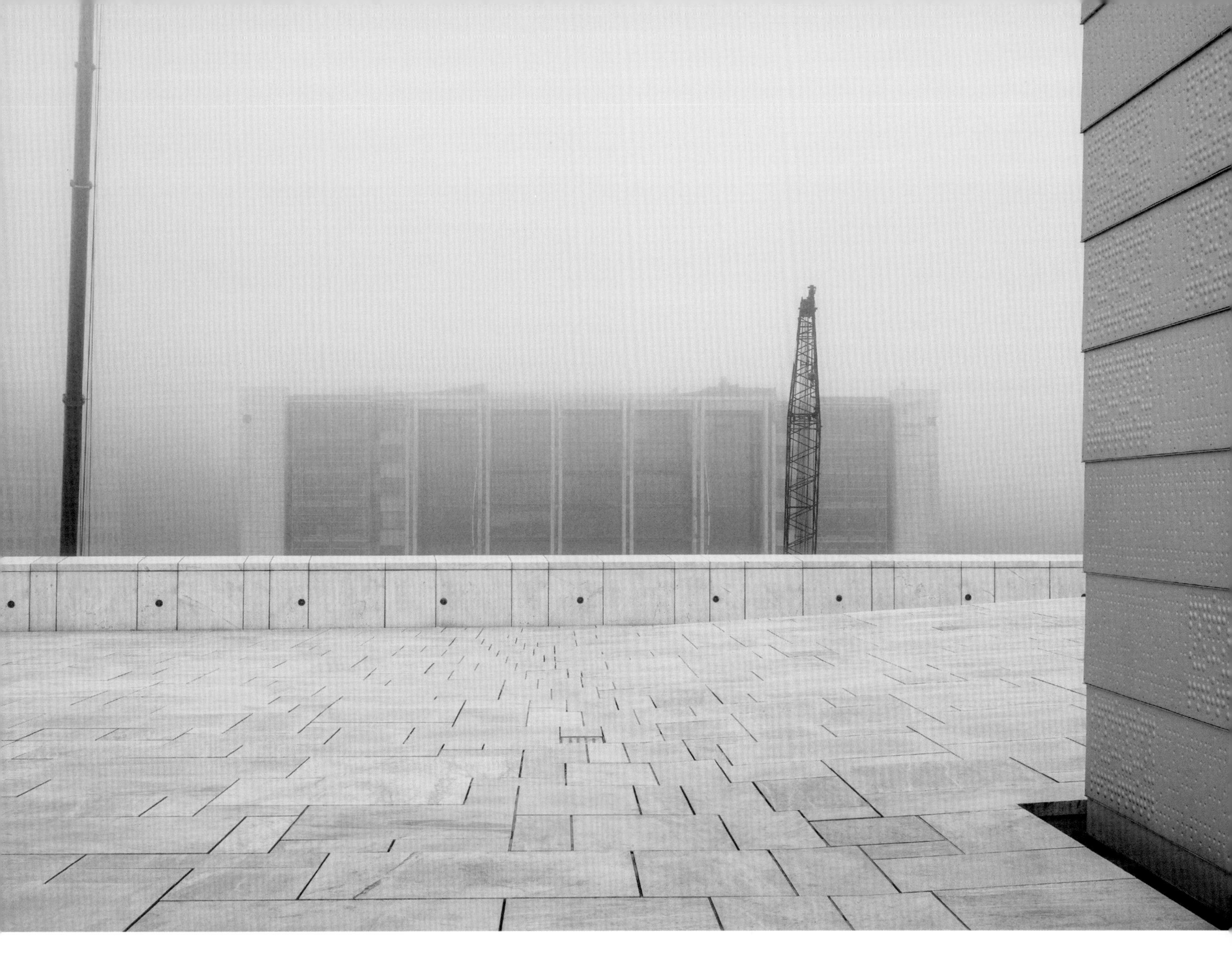

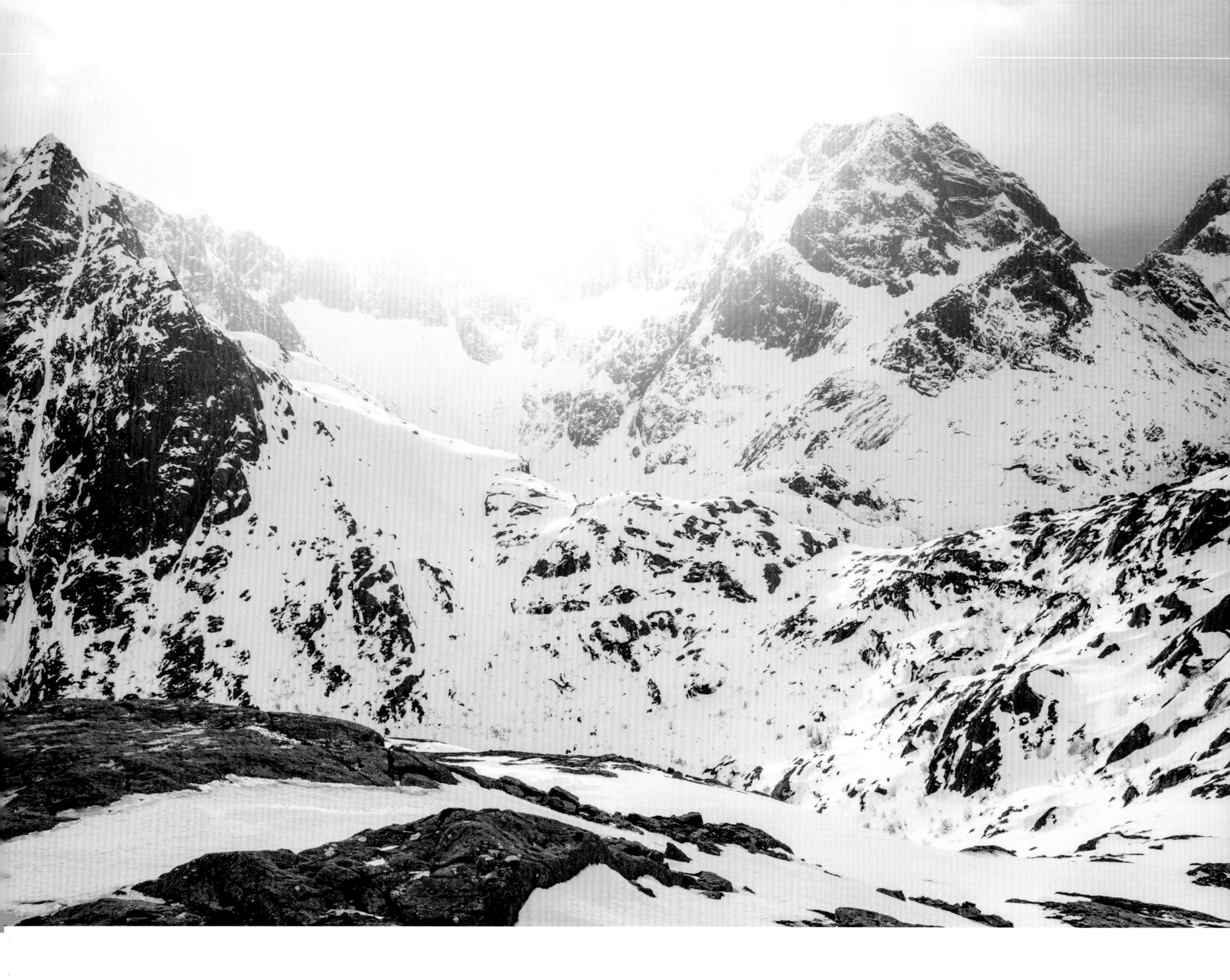

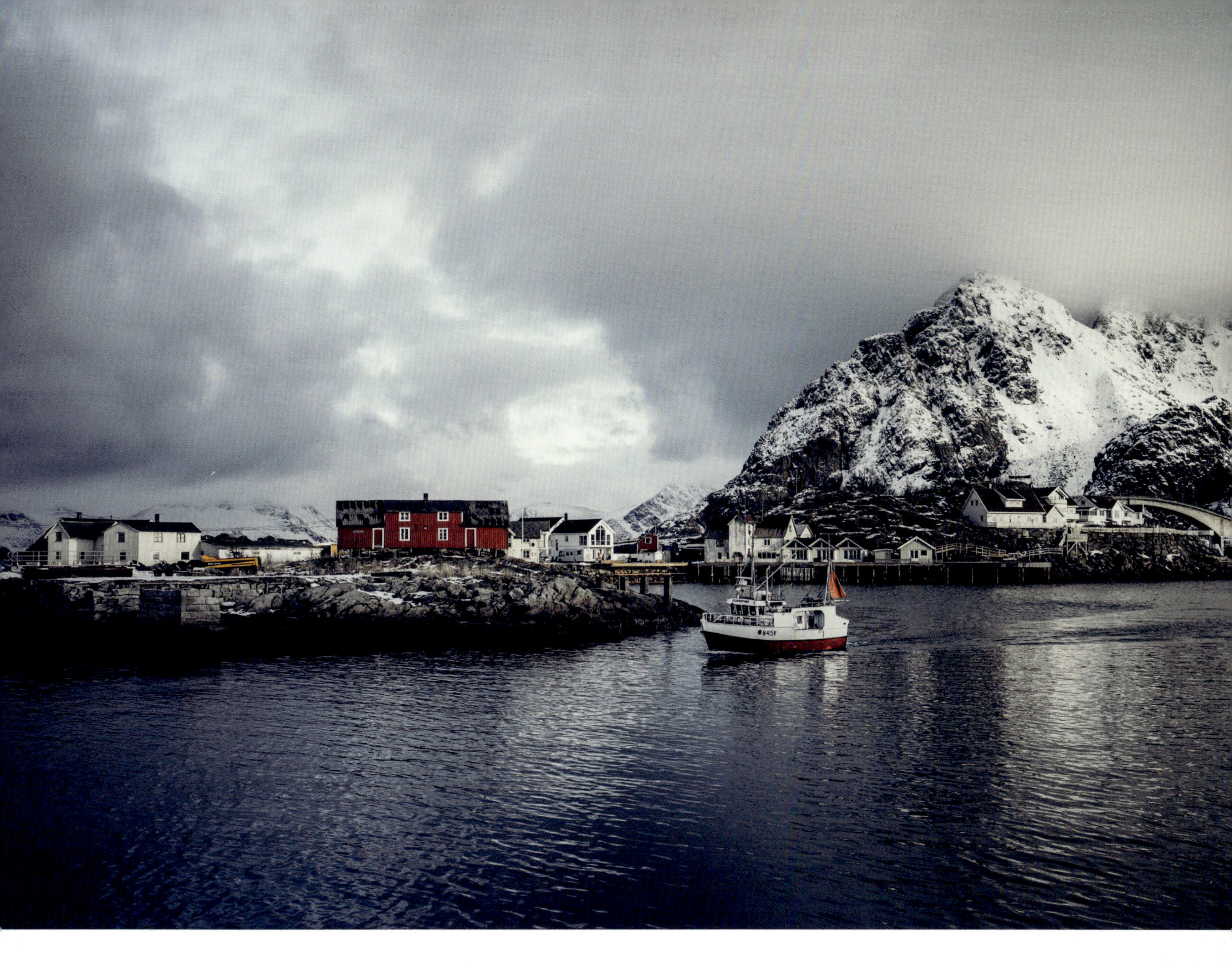

On the mainland, east of Tromsø, at a bus stop near Bjerkvik, I was frustrated to realize that I would have to wait for three hours in near-freezing temperatures for the next bus. "So," I decided, without further ado, "I will stick out my thumb and see if I can hitchhike." And boy, did it work! Before long, I was in a car with a Norwegian, cruising toward Lofoten. It worked so well that, from then on, in Lofoten, I only ever hitchhiked. Aside from the fact that hitchhiking is more flexible than taking the bus, I also made some of the locals' very nice acquaintances. The only risk you assume is that you are not guaranteed to fare in the desired direction.

In der Nähe von Bjerkvik, noch auf dem östlichen Festland gelegen, stellte ich an einer Bushaltestelle frustriert fest, dass der nächste Bus noch drei Stunden auf sich warten lassen würde – bei Temperaturen um den Gefrierpunkt. Deshalb entschloss ich mich kurzerhand, mit ausgestrecktem Daumen mein Glück als Anhalter zu versuchen. Und siehe da – es klappte hervorragend! Nach kurzer Zeit schon saß ich bei einem Norweger im Auto, weiter in Richtung Lofoten. Es funktionierte so gut, dass ich von nun an auf den Lofoten nur noch per Anhalter reiste. Denn abgesehen davon, dass man als Anhalter viel flexibler reist als mit dem Bus, machte ich auch einige sehr nette Bekanntschaften mit Einheimischen. Einzig in Kauf nehmen muss man, dass es kein garantiertes Fahrticket in die gewünschte Richtung gibt.

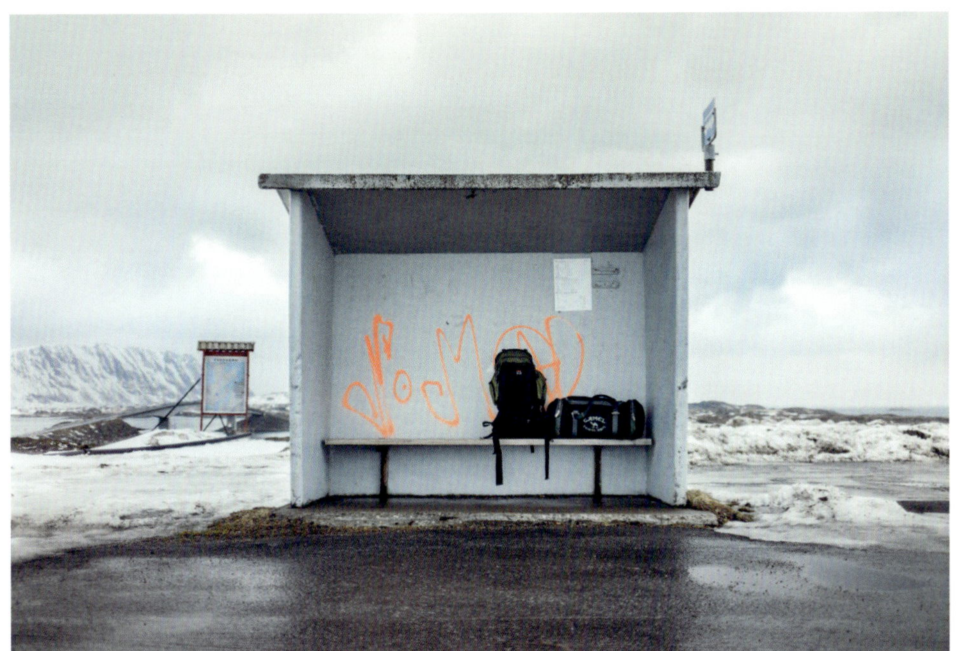
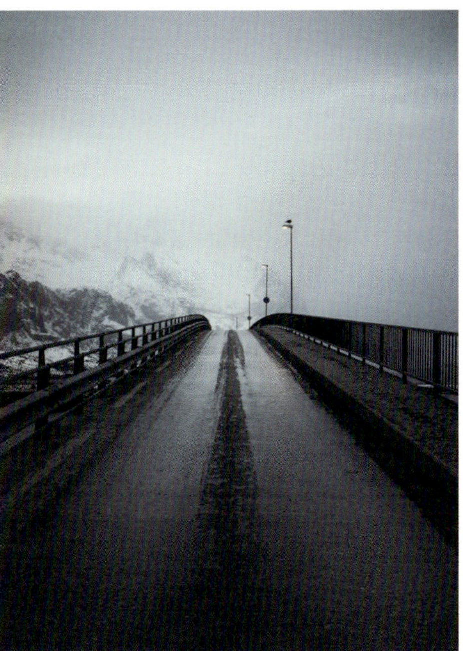
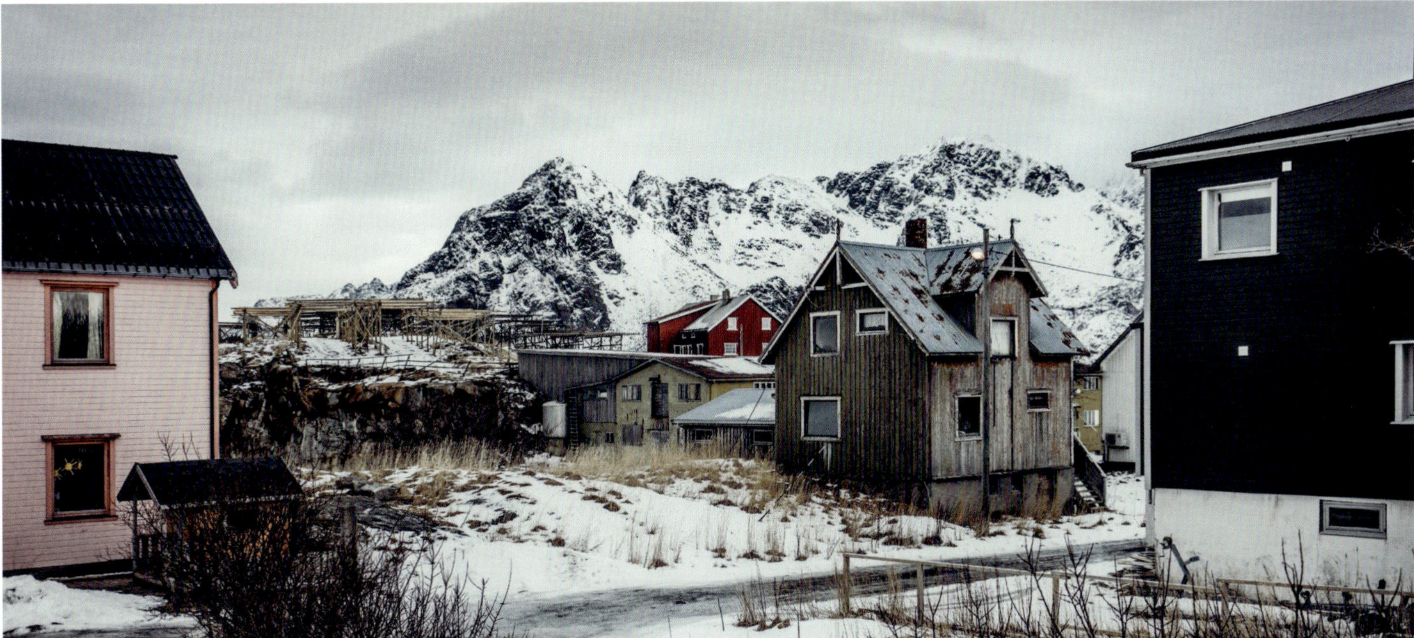
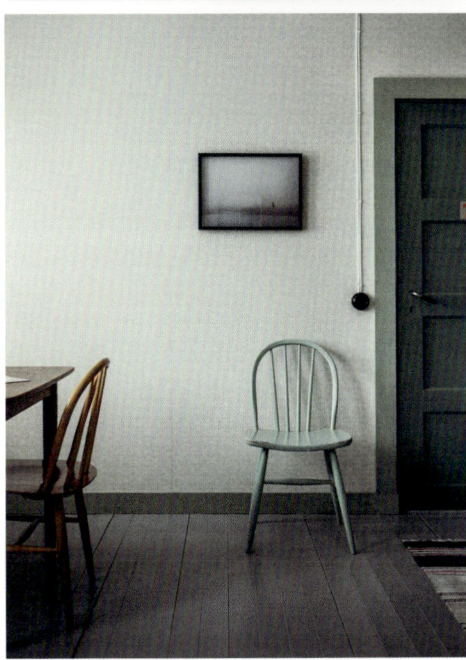
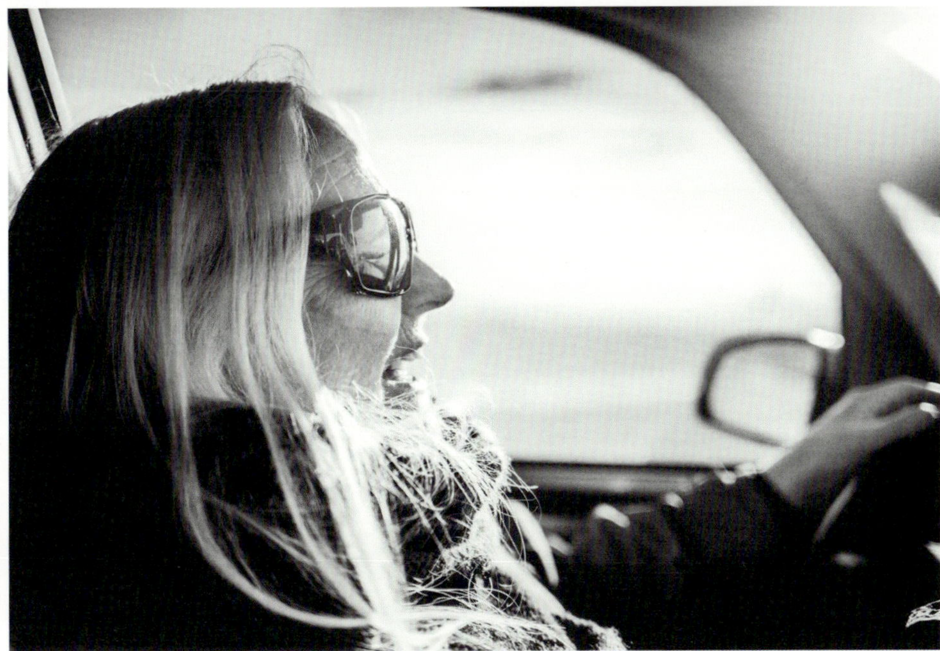

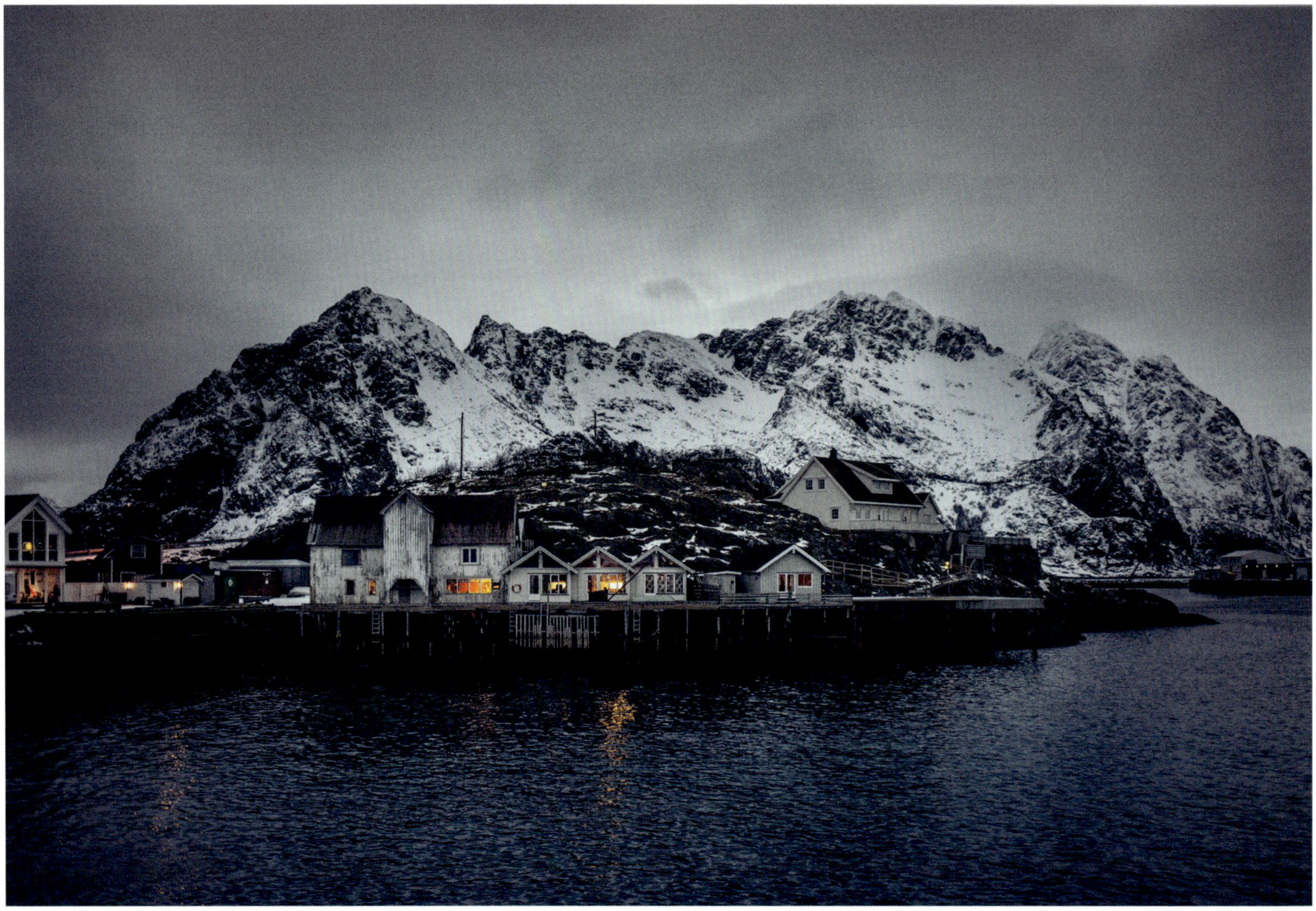

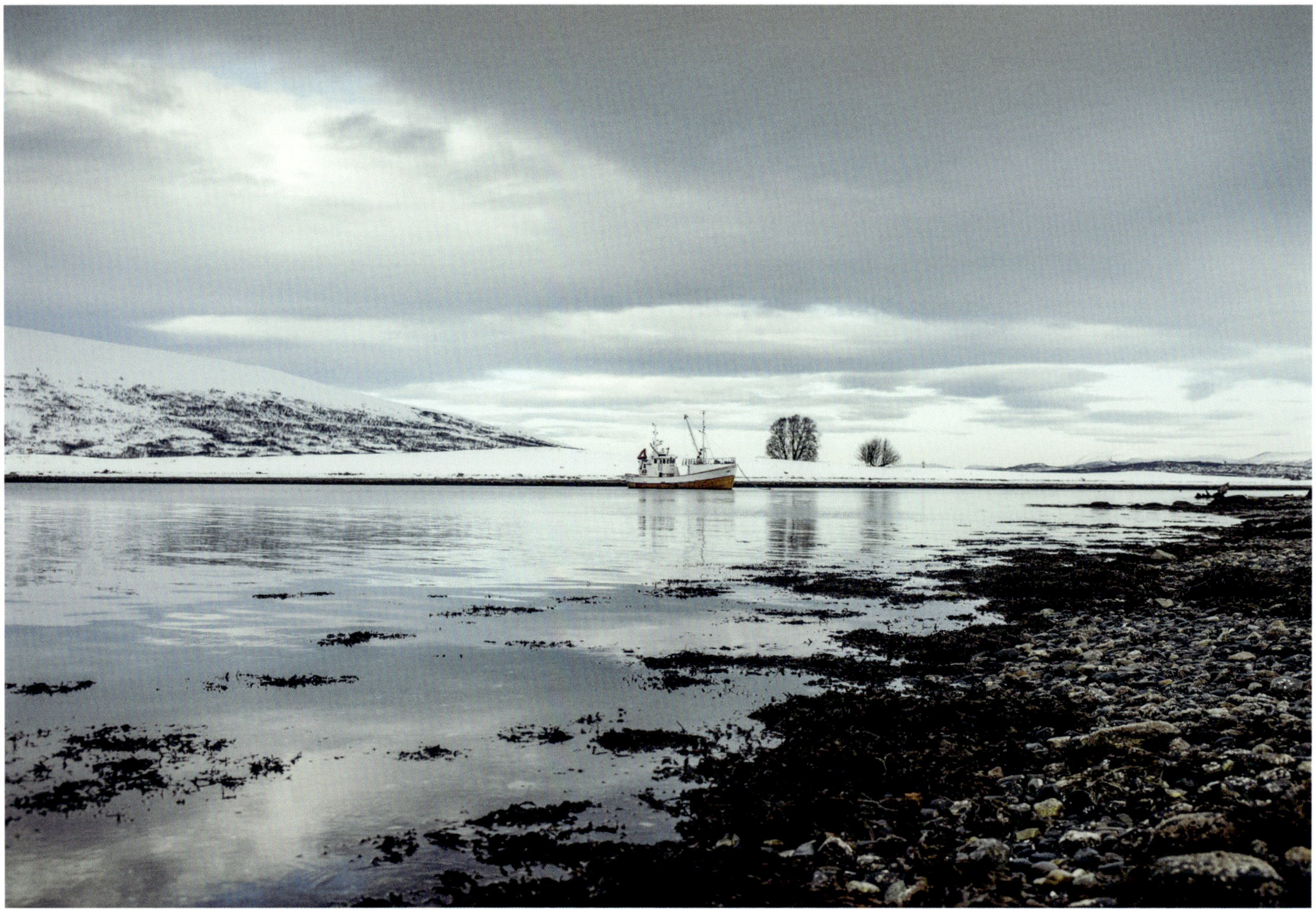

Since it was hard to gauge the difficulty of finding somewhere to stay in this sparsely populated area, I booked three places to stay via Airbnb before I arrived in Lofoten.

Vor meiner Ankunft auf den Lofoten hatte ich vorab schon drei Unterkünfte via Airbnb reserviert, da ich schwer einschätzen konnte, wie leicht in dieser dünn besiedelten Gegend ein Platz für die Nacht finden zu finden ist.

My first hosts lived in Henningsvær, a small village that extends picturesquely across several small islands. It is a typical fishing village, not to mention one of the most beautiful in the whole island chain. A few artists live here. There's a nice restaurant. During daylight hours, I spent the whole time outside, exploring. Afoot or hitching rides, getting where I wanted to go was no problem. Temperatures hovered below freezing, which was great because there was often precipitation. And I much prefer snow over rain, of course!

Meine ersten Gastgeber lebten in Henningsvær, einem kleinen Dorf, das sich malerisch auf mehreren kleinen Inseln erstreckt. Das Örtchen ist ein typisches Fischerdorf und zugleich eines der schönsten der ganzen Inselkette. Hier sind einige Künstler zu Hause und ein nettes Restaurant gibt es auch. Tagsüber trieb ich mich rund um die Uhr draußen herum. Zu Fuß oder per Anhalter hatte ich keine Probleme überall dorthin zu gelangen, wo ich hinwollte. Es herrschten Temperaturen etwas unter dem Gefrierpunkt, was toll war, denn es gab oft Niederschläge. Und Schnee ist mir natürlich deutlich lieber als Regen!

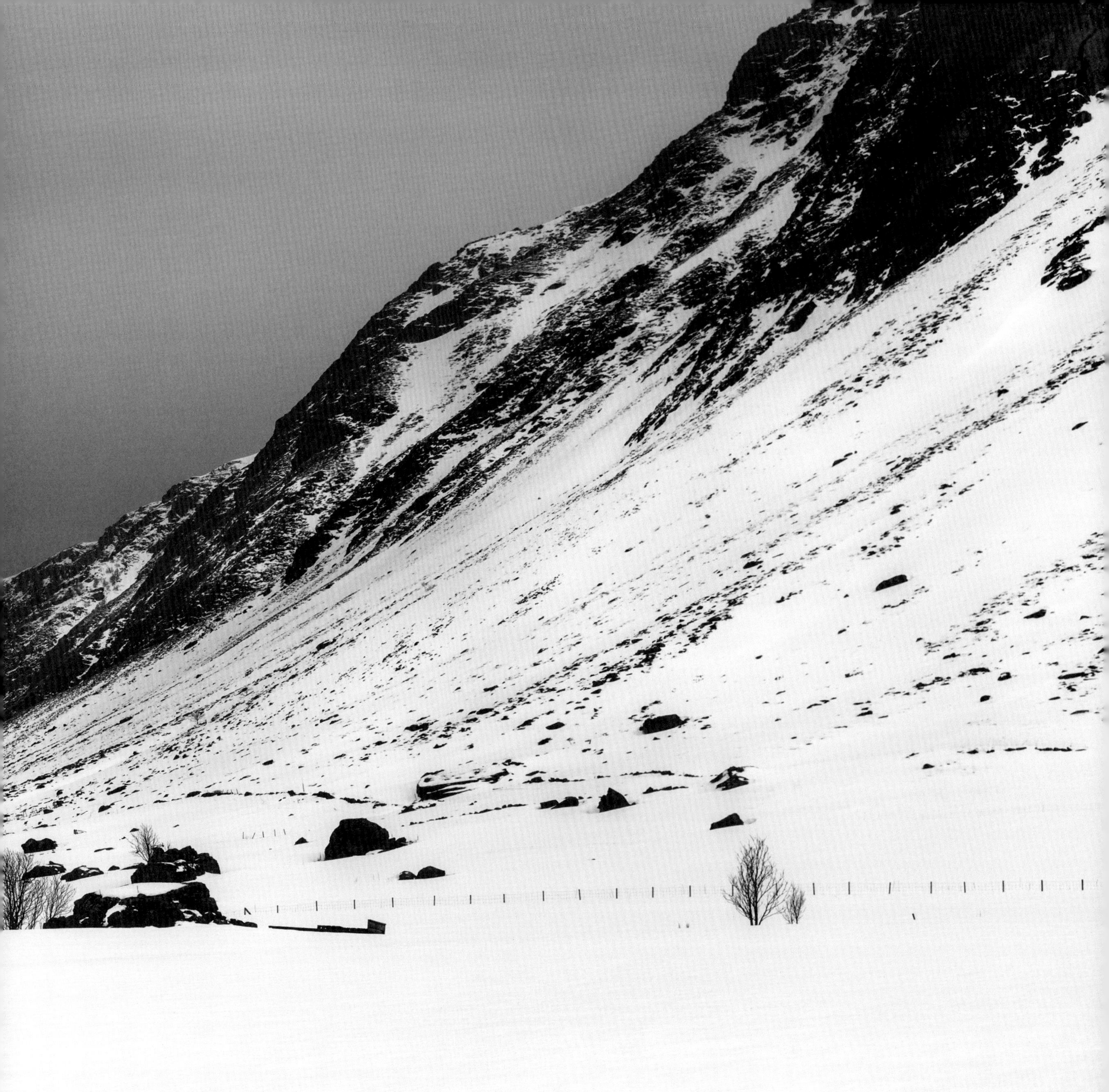

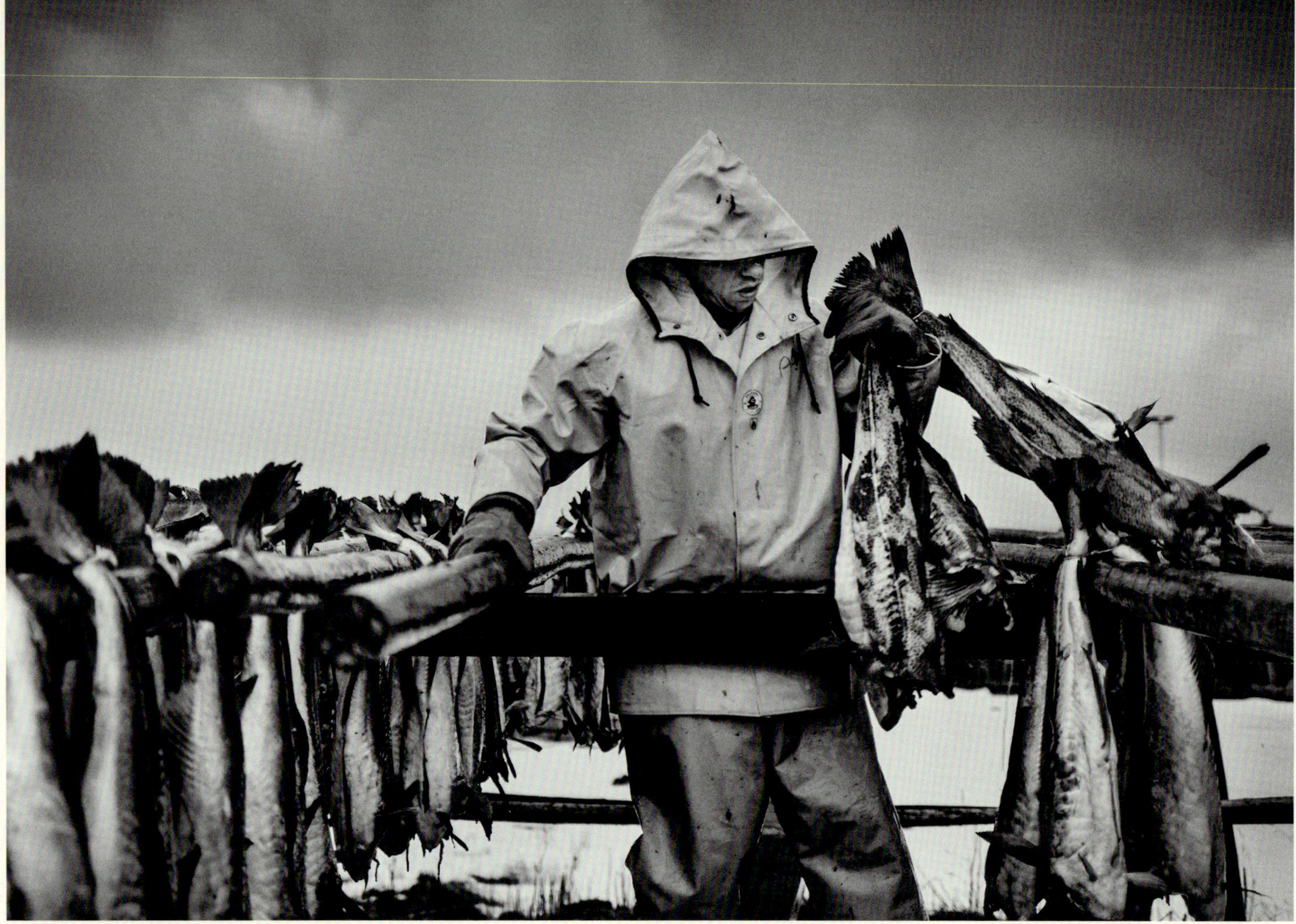

Made in
Norway.

For centuries, fisheries were the main food source for remote parts of Norway. In Lofoten, fishing still makes up a large part of the economy today—in addition to summertime tourism. One rainy day in the fishing hamlet of Reine, I was able to get a first-hand impression of how people fish today. Not far from the water, I met a few people at work, hanging newly caught fish (mostly Atlantic cod) out to dry. The work is slow and arduous and has to be done in all kinds of weather.

Für Jahrhunderte war der Fischfang die Hauptnahrungsquelle in den abgelegenen Gebieten Norwegens. Auf den Lofoten macht er auch heute noch einen Großteil der Wirtschaftskraft aus – neben dem Tourismus, der hier aber vor allem im Sommer stattfindet. In dem kleinen Fischerdorf Reine konnte ich mir an einem verregneten Nachmittag selbst einen Eindruck von der heutigen Fischerei verschaffen: Nah beim Wasser traf ich auf ein paar Arbeiter, die frisch gefangene Fische (vorrangig Kabeljau) zum Trocknen aufhängten. Die Arbeit ist sehr mühselig und muss bei jedem Wetter erledigt werden.

Lofoten is still closely tied to fishing today. For centuries, fishing has been integral to the country and its people. Look carefully, and you will see brightly colored boats sailing past snow-covered peaks, and taciturn men defying wind and icy rains.

Die Lofoten sind auch heute noch eng mit der Fischerei verbunden, sie ist seit Jahrhunderten geradezu mit Land und Leuten verschmolzen: Wer genau hinschaut, sieht farbenfrohe Boote vor schneebedeckten Gipfeln schippern und wortkarge Männer Winden und eisigem Regen trotzen.

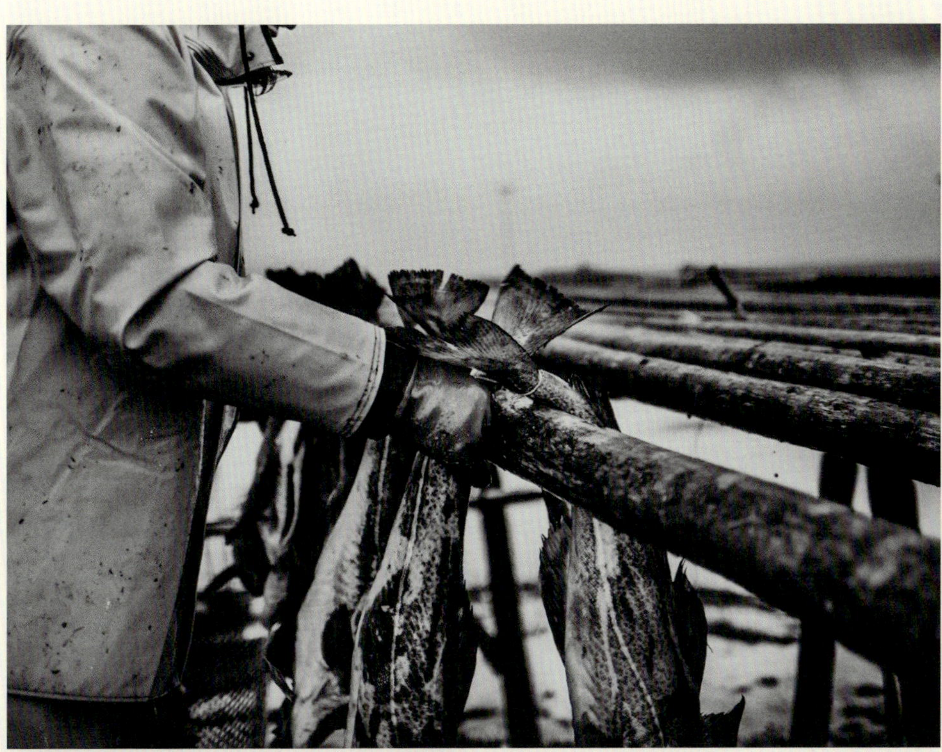

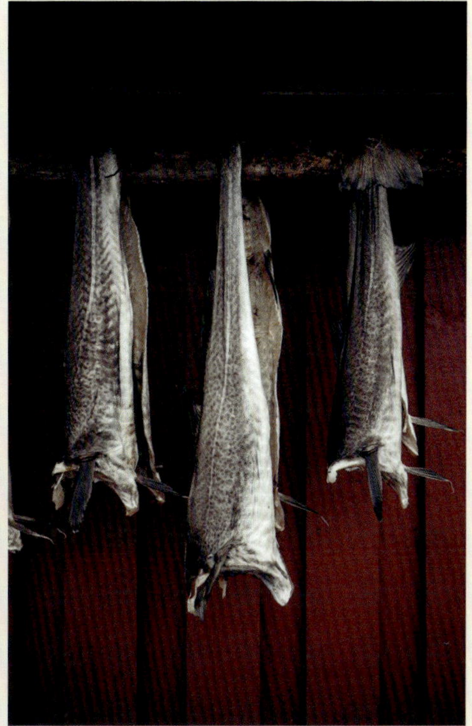

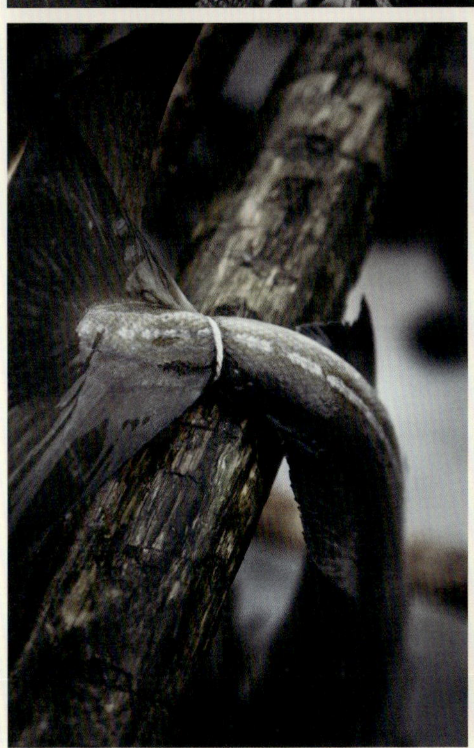

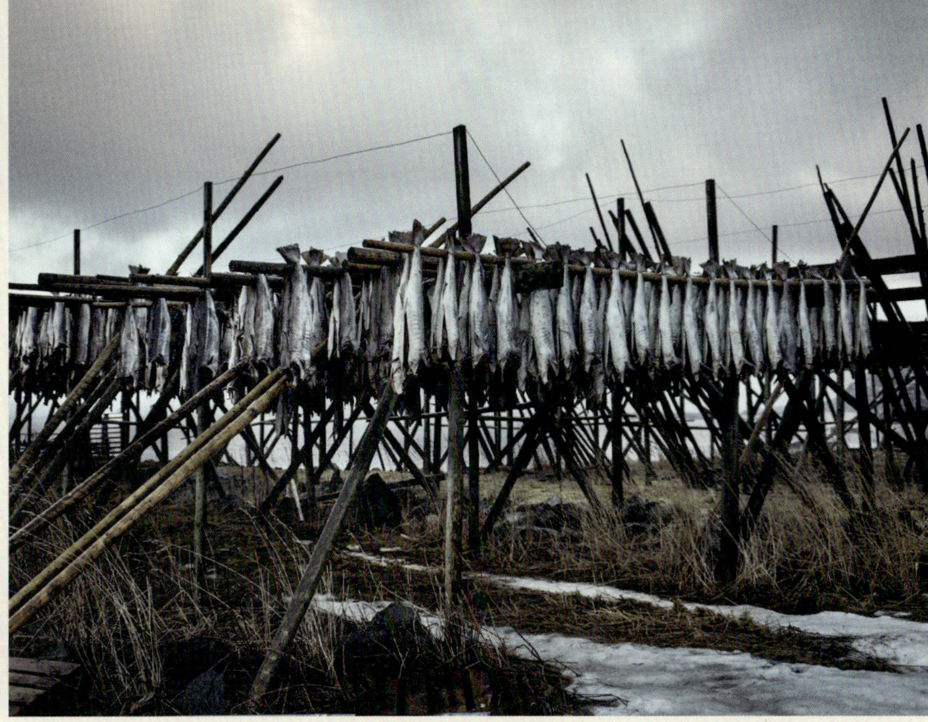

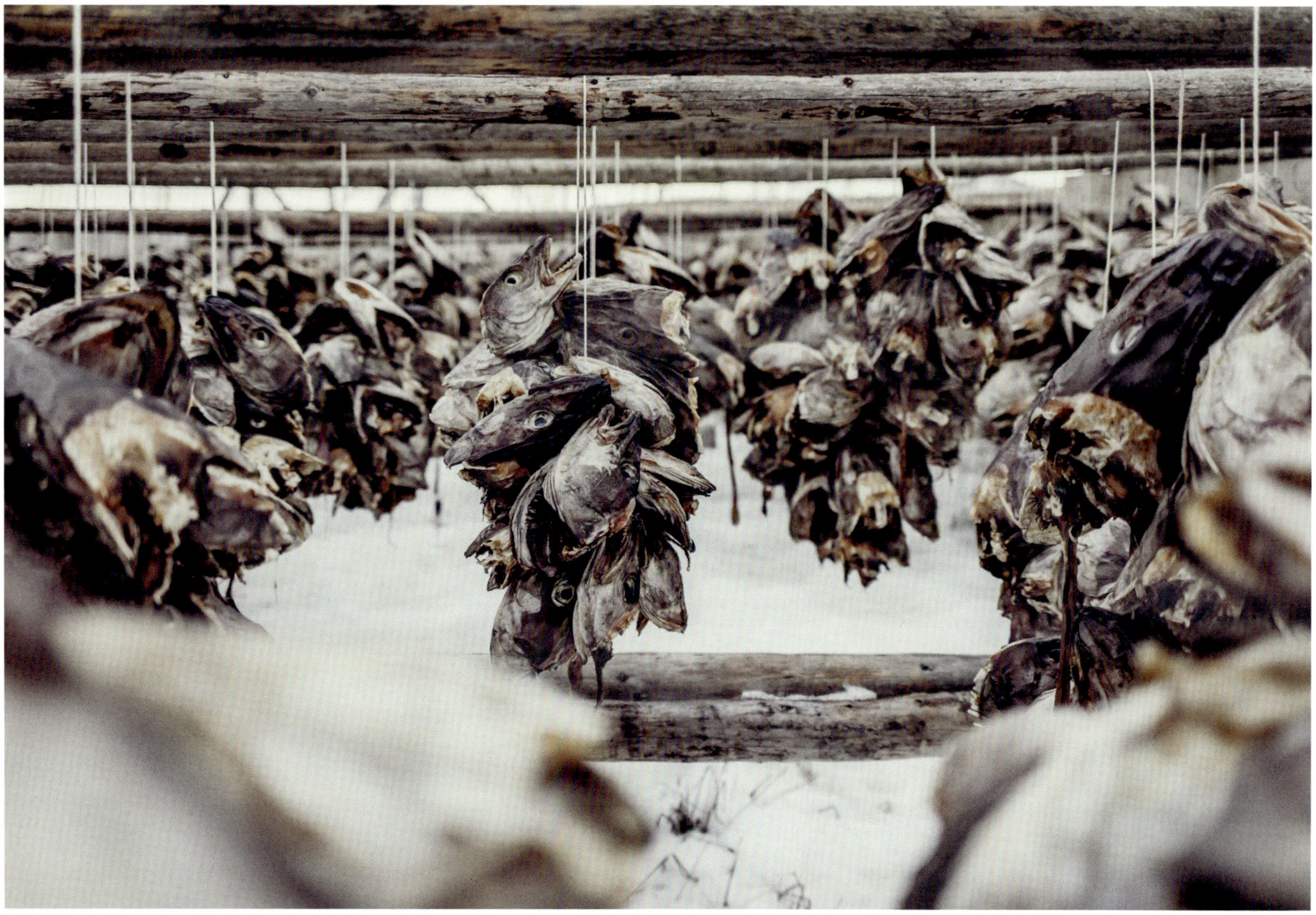

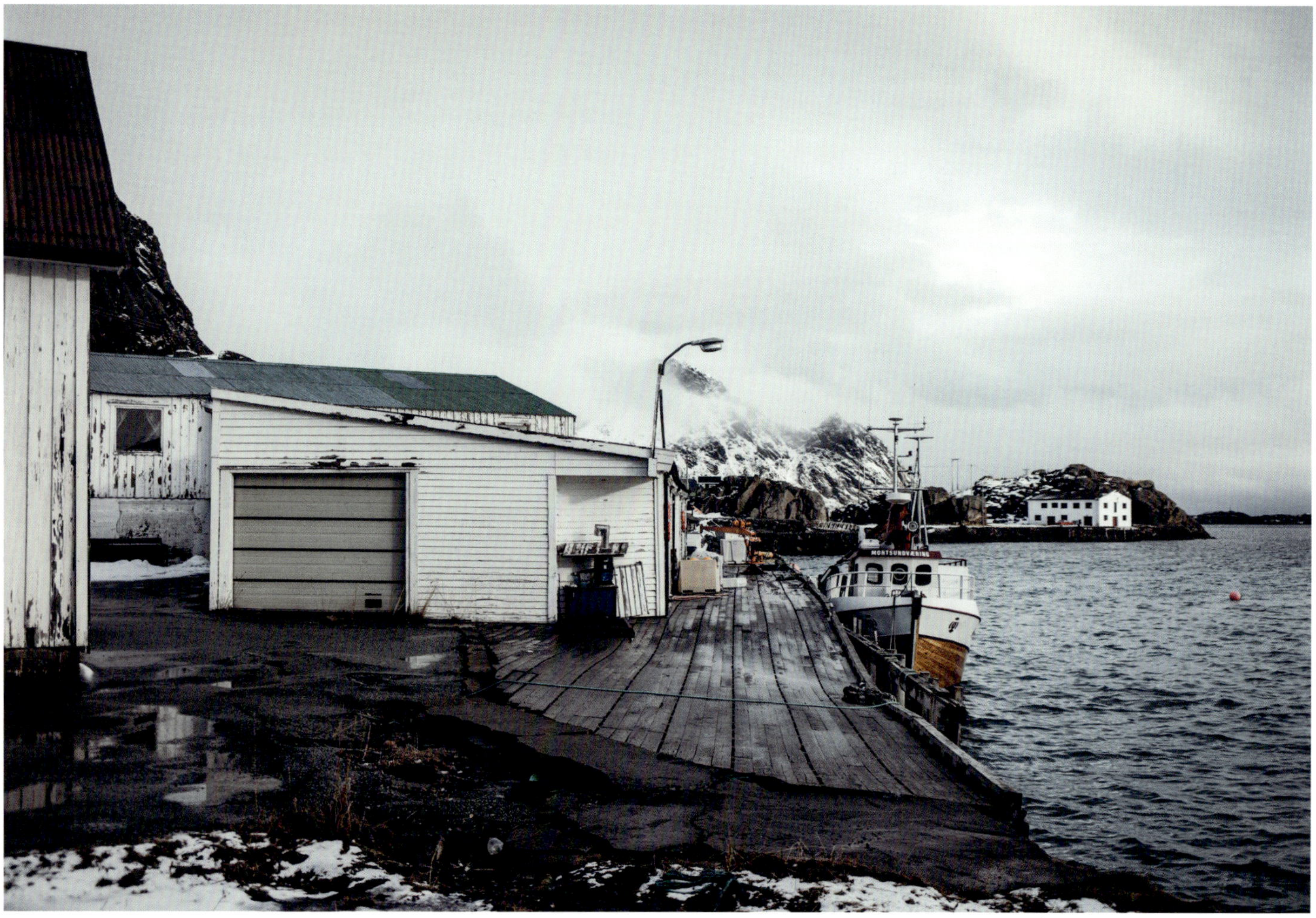

In villages along the coast, I constantly perceived a strong fish odor, from an unknown source, wafting on the wind and into my nose. I was not even sure what it smelled of, until I found it one day, only about twenty meters off the street I was walking on. Hundreds of fish heads had been bound together and hung out to dry on wooden racks near the beach—only the heads, mind you—without the rest of their bodies. (The fishermen I had talked to in Reine were hanging out whole animals.) Probably the most macabre thing I saw on this trip. Their eyes still looked strangely vibrant and all seemed to be staring in my direction. Why the hell would someone go to the trouble of sewing fish-heads together with thread? There is a simple answer: these heads were hanging to dry before being exported to African countries, where they are eaten as a delicacy and, in particular, boiled to make fish soup.

In den Dörfern entlang der Küste fiel mir immer wieder ein starker Fischgeruch auf, den der Wind von irgendwoher in meine Nase blies. Mir war nie ganz klar, was ich da eigentlich roch, bis ich es eines Tages entdeckte – nur etwa 20 Meter von der Straße, auf der ich unterwegs war, entfernt. Auf Holzkonstruktionen waren in Strandnähe Hunderte Fischköpfe zusammengebunden und zum Trocknen aufgehängt worden – wohlgemerkt nur die Köpfe, nicht der restliche Körper, wie bei meinem Besuch bei den Fischern in Reine. Wohl der makaberste Anblick dieser Reise. Die Augen der Tiere wirkten immer noch seltsam lebendig und schienen allesamt in meine Richtung zu starren. Warum zum Teufel machte sich jemand die Mühe und band Fischköpfe mit Fäden zusammen? Die Antwort ist simpel: Die Köpfe hingen dort, um nach dem Trocknen in afrikanische Länder exportiert zu werden, wo sie als Delikatesse gelten und wo daraus insbesondere Fischsuppe gekocht wird.

Since I was little, music has been my most faithful companion. It inspires me and conjures within me a variety of emotional states. It underscores my moods and those of my surroundings. When I was traveling in Norway, I always had headphones on. In keeping with my destination, I listened to a lot of black metal. It just fit. Cold, shattering soundscapes that sound like a sonification of the natural forces at work in this place. No wonder this music has evolved into something very special here in Norway.

Musik ist seit meiner Jugend einer meiner treuesten Wegbegleiter. Sie inspiriert mich und versetzt mich in die verschiedensten Gefühlslagen. Sie unterstreicht Stimmungen in mir und der Umgebung um mich herum. Unterwegs in Norwegen hatte ich ständig Kopfhörer in den Ohren. Passend zu meinem Reiseziel hörte ich viel Black Metal. Es passte einfach. Kalte, klirrende Soundlandschaften, die klingen wie eine Vertonung der Naturgewalten vor Ort. Kein Wunder, dass sich diese Musik hier in Norwegen zu etwas ganz Besonderem entwickelt hat.

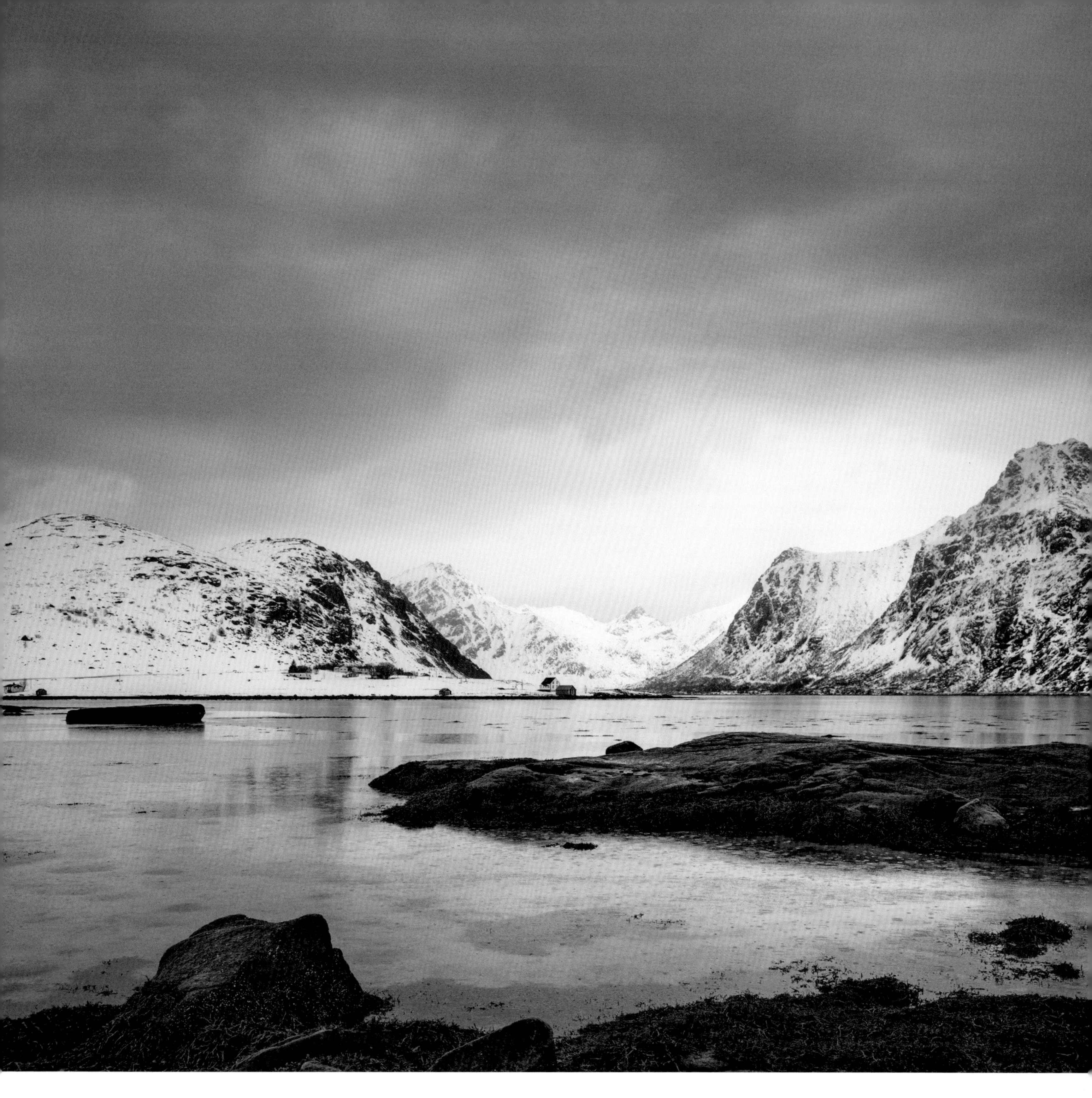

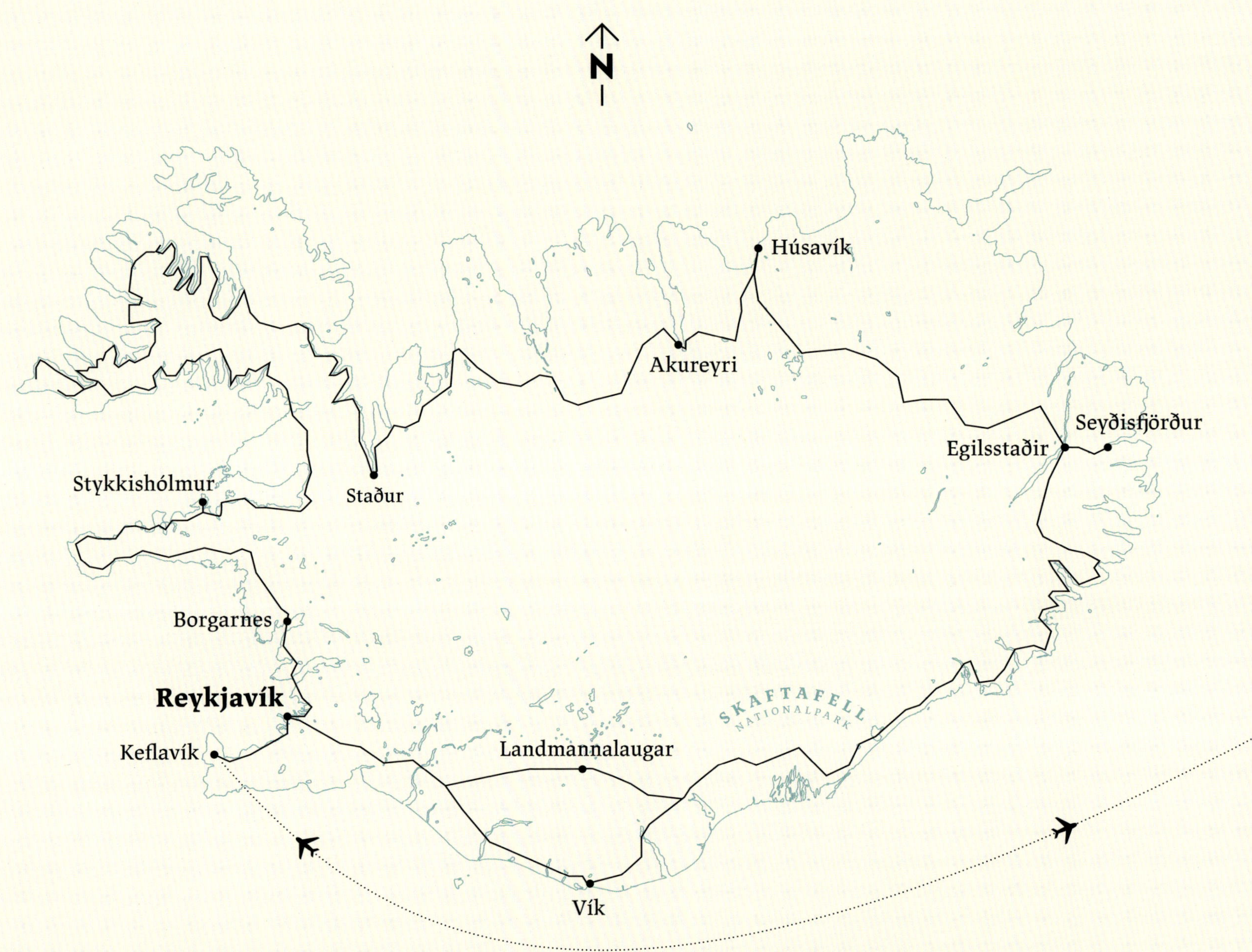

Traveldates / Reisezeitraum:
06.28.2016 – 07.30.2016

Facts & figures:

Official language: Islandic
Capital city: Reykjavík
Area: 103.125 km²
Population of Reykjavík: approx. 128,800
Total population: approx. 357,000
Population density: 3,5 per km²

Zahlen & Fakten:

Amtssprache: Isländisch
Hauptstadt: Reykjavík
Fläche: 103.125 km²
Einwohnerzahl Reykjavík: ~128.800
Einwohnerzahl insgesamt: ~357.000
Bevölkerungsdichte: 3,5 pro km²

Iceland
Island

Having found my trip to Norway so thrilling, I planned my next trip immediately afterwards. The goal of my trip to Iceland was to hitchhike all the way around the island and spend the night in a tent throughout — I was on the road for over a month, and almost completely on my own.

It was actually summer on this trip, a time when, for a few weeks, it never really gets dark. Once more, I created my own map, on which I noted all the places and landscapes that looked interesting. This helps me keep track when I'm on the road. I bought a camp stove and rubber boots, for rainy days and fording rivers, and a friend loaned me a superlight-weight tent and an excellent sleeping bag. Well equipped, I finally boarded a plane for Reykjavik at the end of June. I spent my first two days in Iceland in the capital city, where I poked around on a borrowed bike, trying to get accustomed to the interminable days. Then I made a start: thumb outstretched, I left in order to explore the sometimes surreal-looking landscapes of Iceland.

Nachdem mich meine Reise nach Norwegen so begeistert hatte, plante ich kurz darauf gleich meinen nächsten Trip. Ziel meiner Reise nach Island war es, per Anhalter einmal die Insel zu umrunden und dabei durchgehend im Zelt zu übernachten – über einen Monat war ich beinahe komplett allein unterwegs.

Diesmal war ich tatsächlich im Sommer unterwegs, also zu einer Zeit, wo es für ein paar Wochen nie wirklich dunkel wird. Wieder stellte ich mir eine eigene Landkarte zusammen, in der ich alle Orte und Landschaften vermerkte, die mich interessieren. So hatte ich unterwegs immer einen guten Überblick. Ich kaufte mir zudem einen Campingkocher und Gummistiefel (für Regentage und Flussdurchquerungen), ein Freund borgte mir sein besonders leichtes Zelt und einen fantastischen Schlafsack. Bestens ausgerüstet setzte ich mich Ende Juni dann endlich in das Flugzeug nach Reykjavik. Auf Island angekommen, verbrachte ich zunächst zwei Tage in der Hauptstadt, wo ich mit einem geborgten Rad die Gegend erkundete und mich an die endlosen Tage zu gewöhnen versuchte. Dann ging es los: Mit ausgestrecktem Daumen brach ich auf, um die teils surreal anmutenden Landschaften Islands zu erkunden.

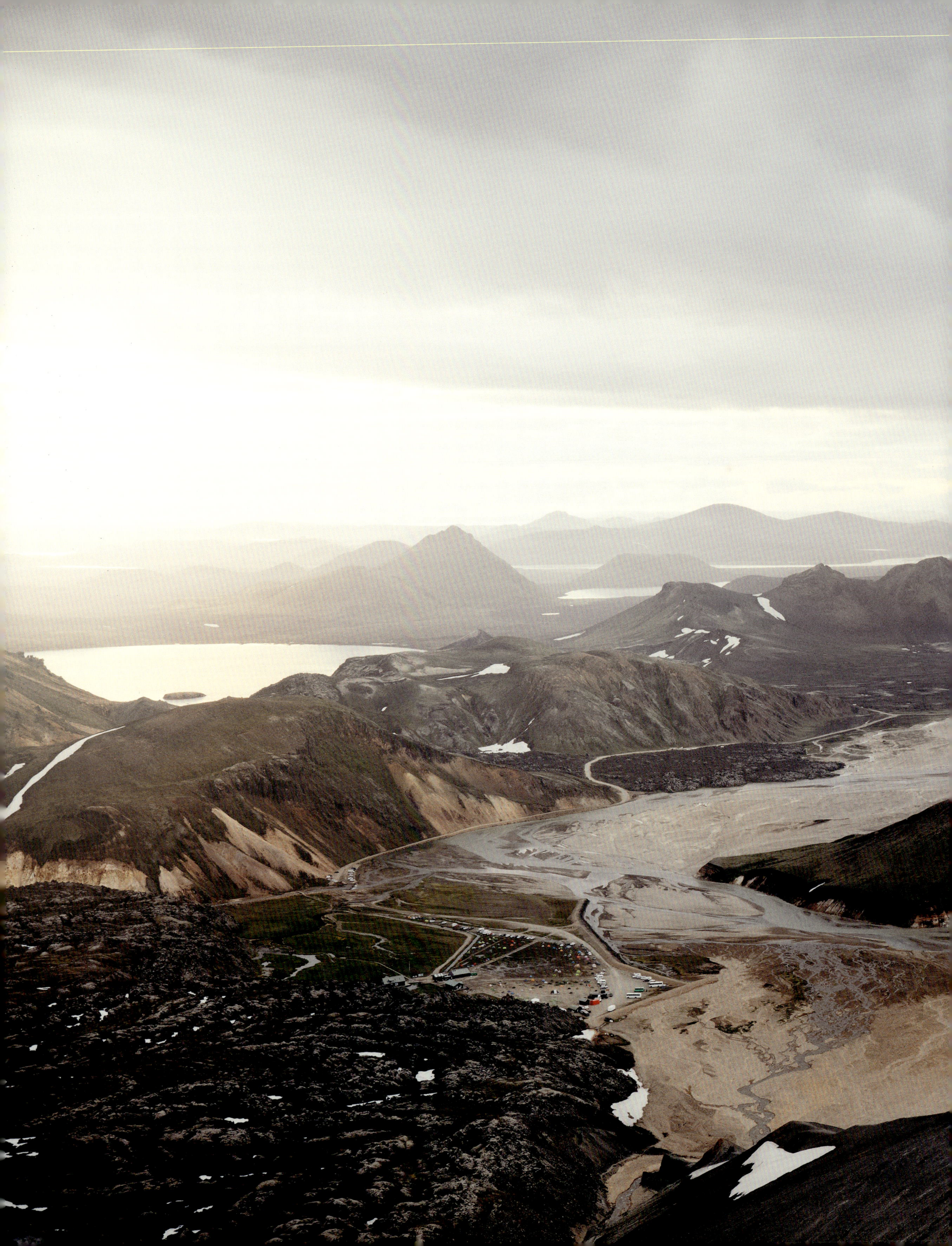

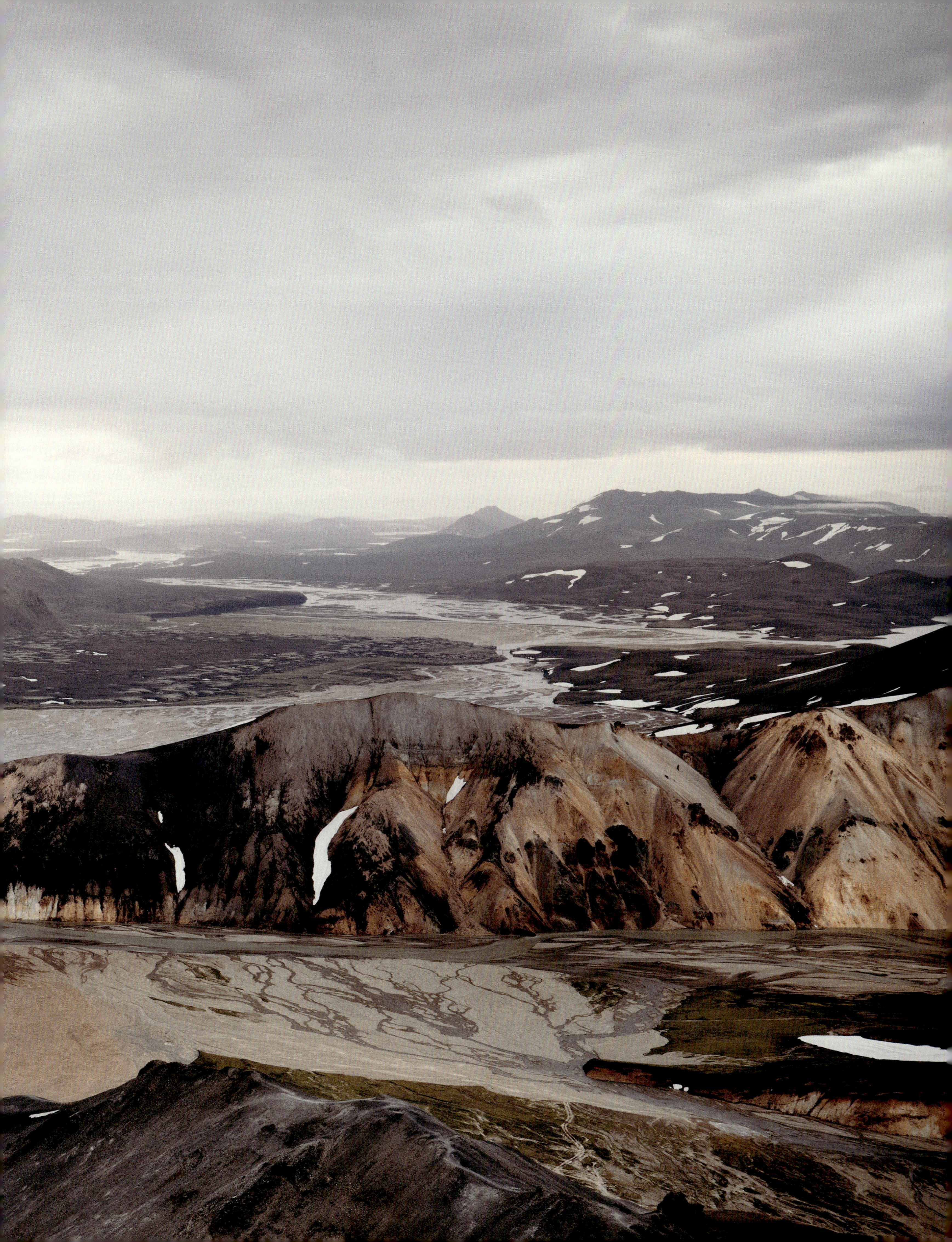

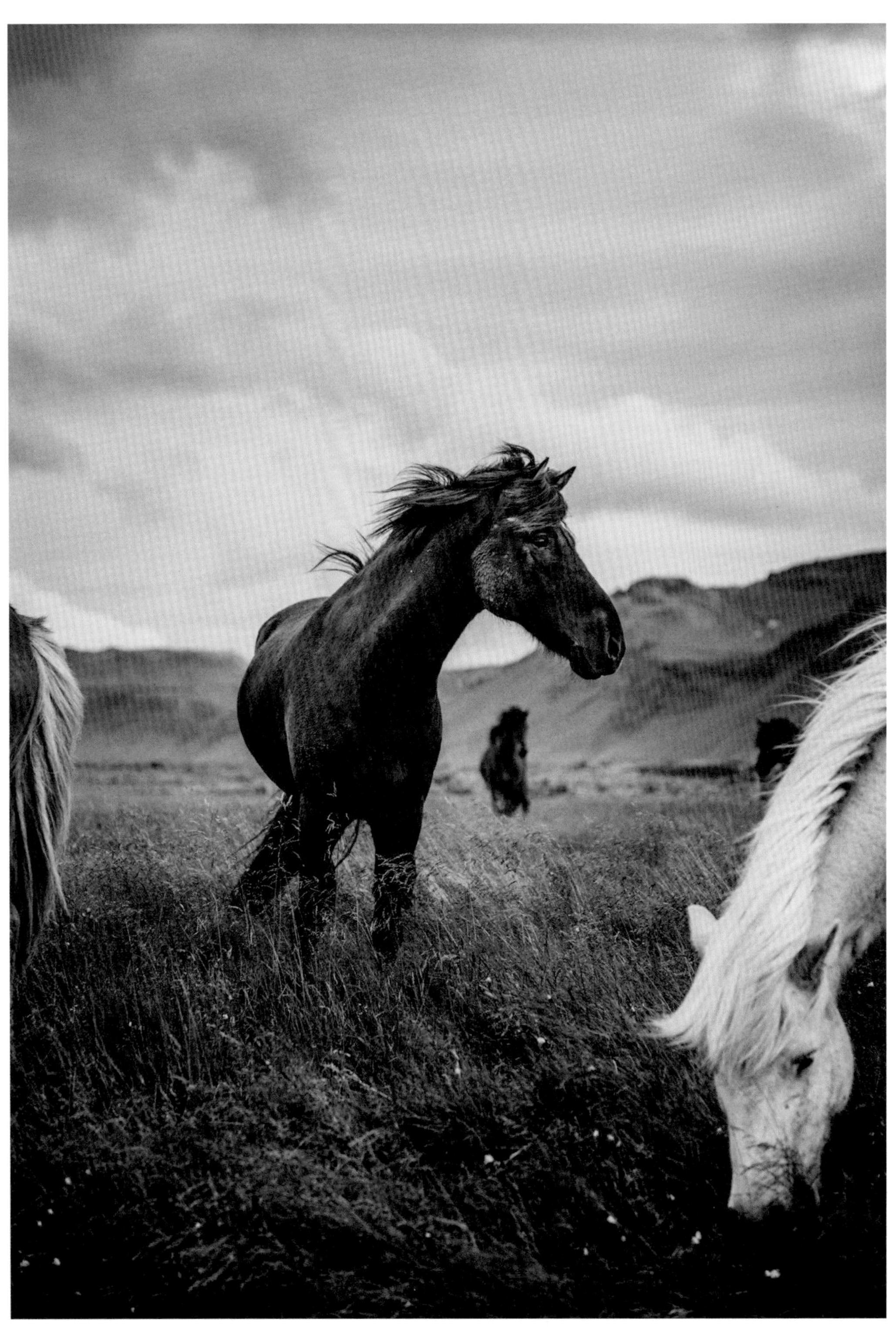

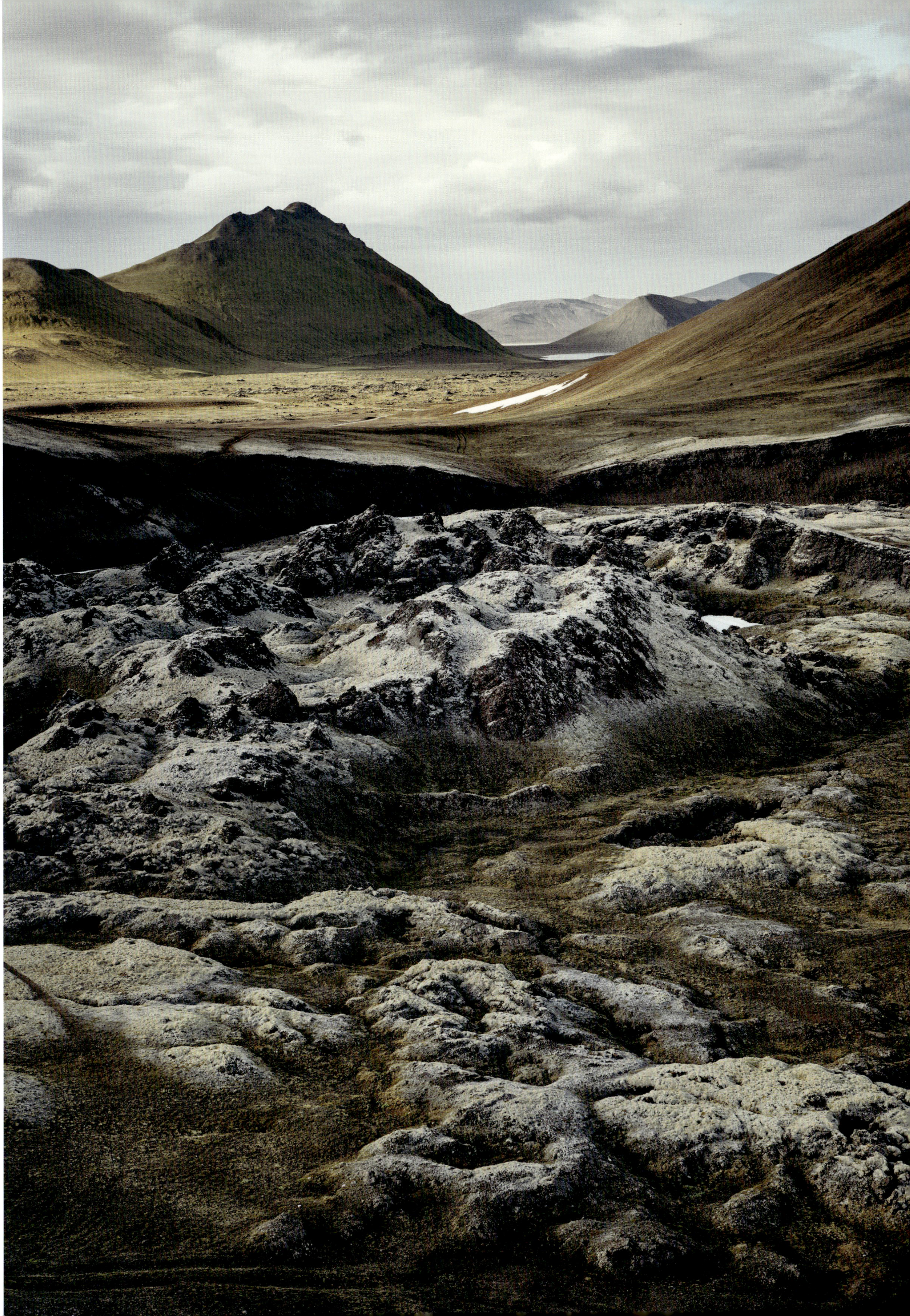

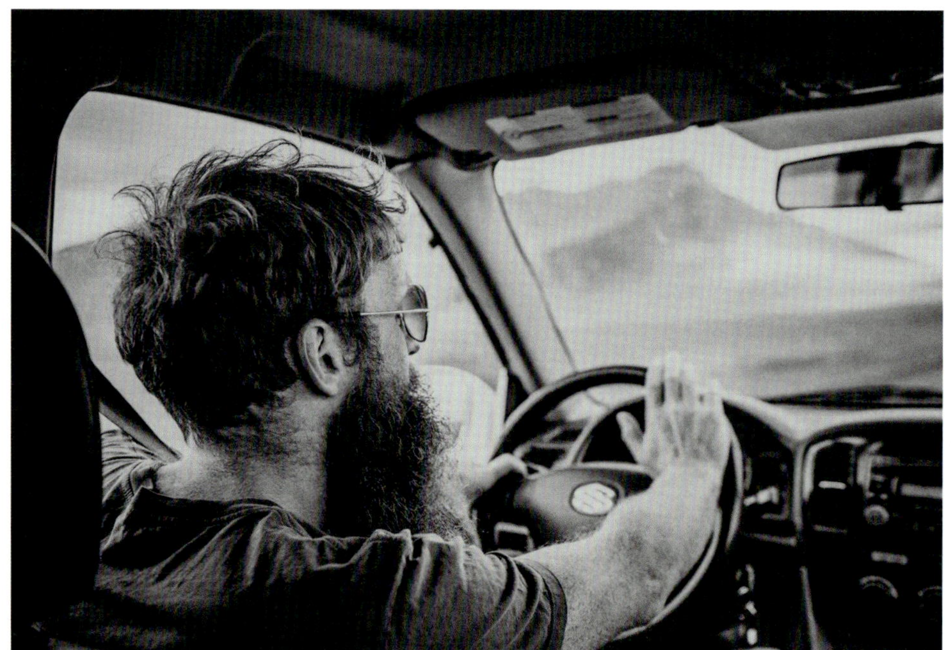
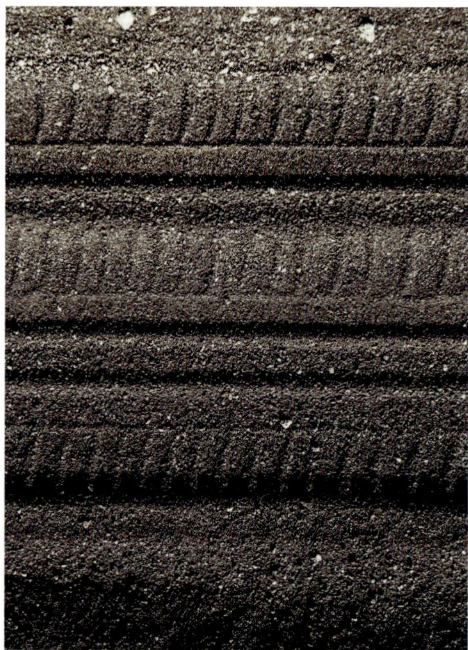
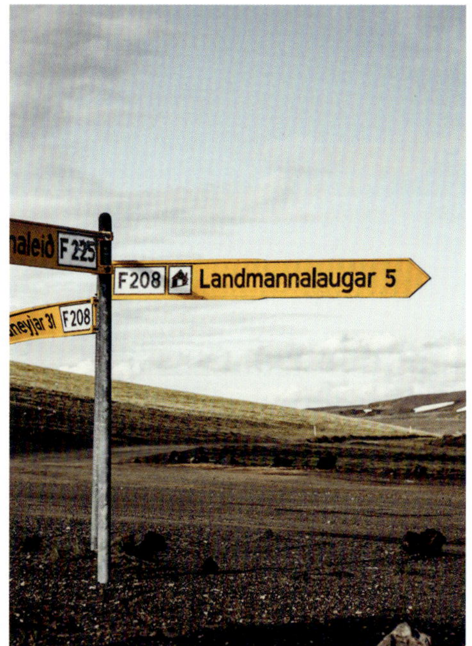

naleið F 225
F 208
Landmannalaugar 5
neyjar 31 F 208

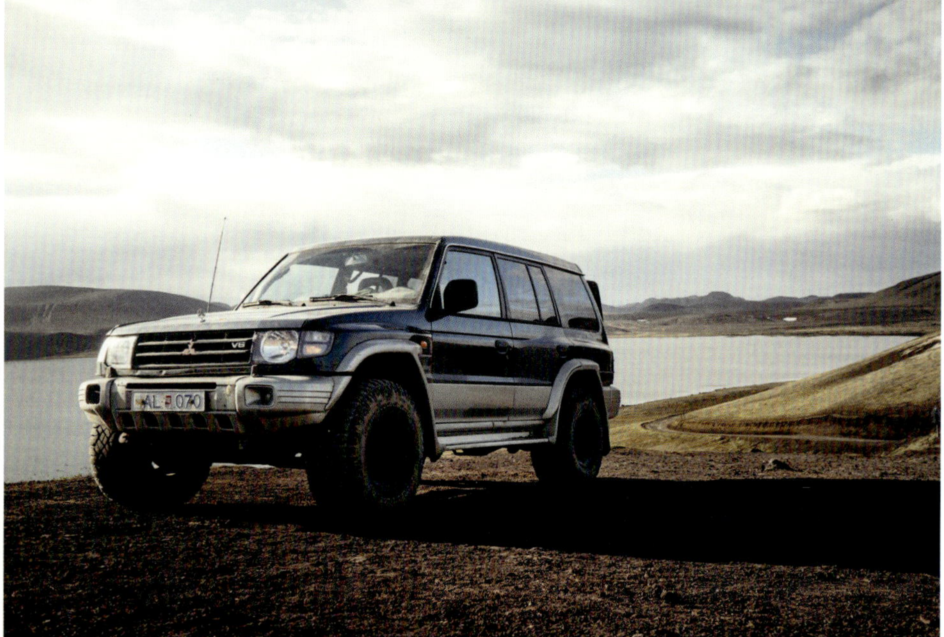
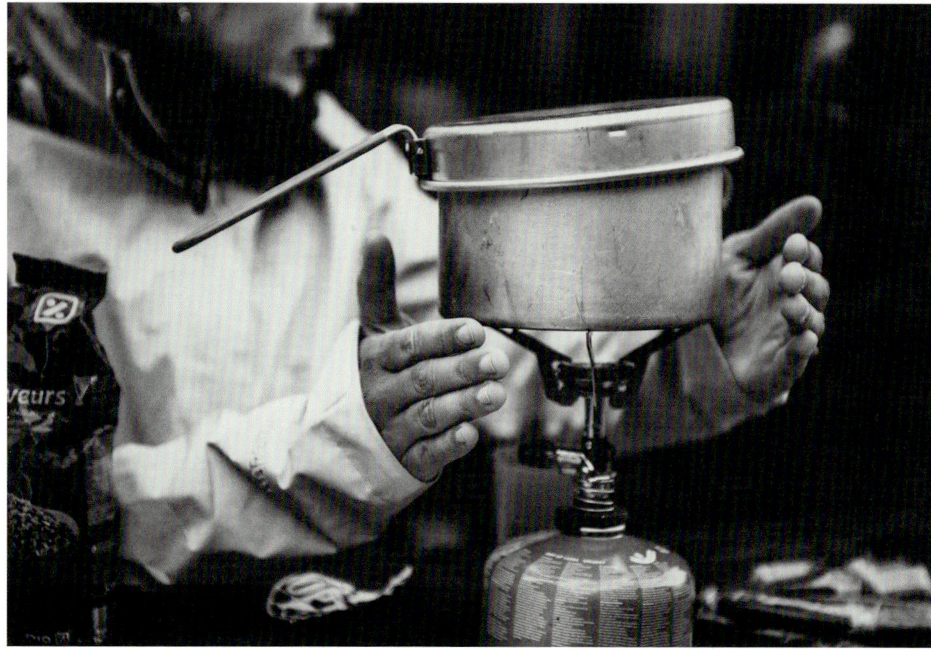
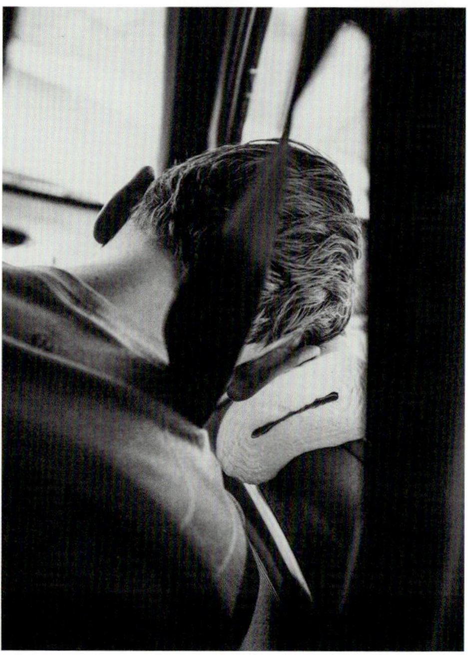

Most of the time, hitchhiking worked fine. Usually, someone would offer me a ride within ten to 40 minutes. Rarely, it took two hours.

Per Anhalter voranzukommen funktionierte meist hervorragend. Meistens wartete ich nur zehn bis 40 Minuten, bis mich jemand mitnahm. Selten dauerte es zwei Stunden.

As a hitchhiker, I got rides from altogether about fifty people. Most of them were quite nice, ready to help, and interested. Depending on my destination, I would be in the passenger seat beside them for somewhere between fifteen minutes and three hours. Long enough to get a little bit acquainted. Some of the older locals picked me up because they hitchhiked a lot as teenagers; they talked about a time when a flood of tourists didn't come to Iceland every summer. Most of them were simply happy to help.

I only ever waited very long for a ride in the remote Westfjords, a peninsula in the far northwest of the country. Things here are even wilder and more elemental than elsewhere on the island. The fjords here extend far inland, which makes the few gravel roads long and winding. The region has a few shelters that can save a hiker's life if a sudden ice storm sets in. Cars on the road in this area were scarce indeed. Not usually preferring to sit in place by the side of the road until someone picked me up, I would shoulder my twenty-to-thirty-kilogram luggage and march along in the direction I wanted to go until someone stopped. I got extremely lucky with the weather as it very rarely rained heavily. This made for relaxed waiting as I enjoyed nature and the good music in my headphones.

Insgesamt waren es etwa 50 Menschen, die mich als Anhalter mitnahmen, die meisten waren wirklich nett, hilfsbereit und interessiert. Zwischen 15 Minuten und drei Stunden nahm ich neben ihnen auf dem Beifahrersitz Platz, je nachdem, wo mein nächstes Ziel lag. Genug Zeit, um sein Gegenüber ein wenig kennenzulernen. Einige ältere Einheimische nahmen mich mit, weil sie als Jugendliche selbst viel getrampt waren und erzählten ein wenig aus der Zeit, als die Touristen noch nicht jeden Sommer die Insel fluteten. Die meisten freuten sich einfach, helfen zu können.

Lange Wartezeiten auf eine Mitfahrgelegenheit gab es nur in den abgelegenen Westfjorden, einer Halbinsel im äußersten Nordwesten des Landes. Hier ist es noch wilder und ursprünglicher als auf der restlichen Insel. Die Fjorde graben sich hier tief ins Landesinnere, was die wenigen Schotterwege lange und gewunden werden lässt. Und tatsächlich waren Autos auf den Straßen dieser Gegend eher Mangelware. Doch da ich nicht gerne lange auf einem Fleck neben der Straße hockte, bis mich jemand mitnahm, schulterte ich meistens mein 20-30 kg schweres Gepäck und marschierte so lange in die gewünschte Richtung, bis jemand für mich stehen blieb. Ich hatte extremes Glück mit dem Wetter, da es sehr selten stark regnete. Somit gestaltete sich das Warten entspannt und ich genoss die Natur und die gute Musik in meinen Kopfhörern.

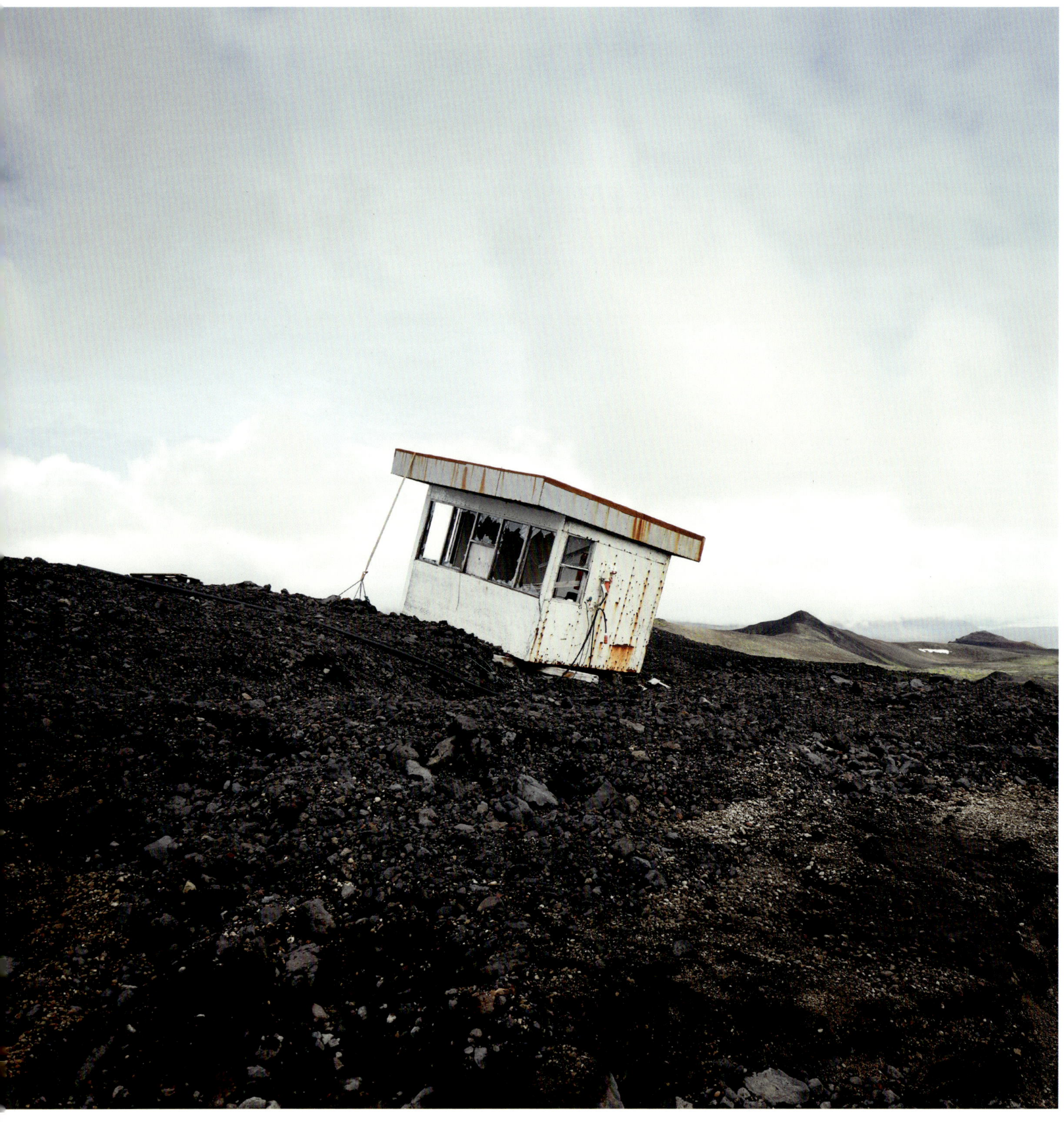

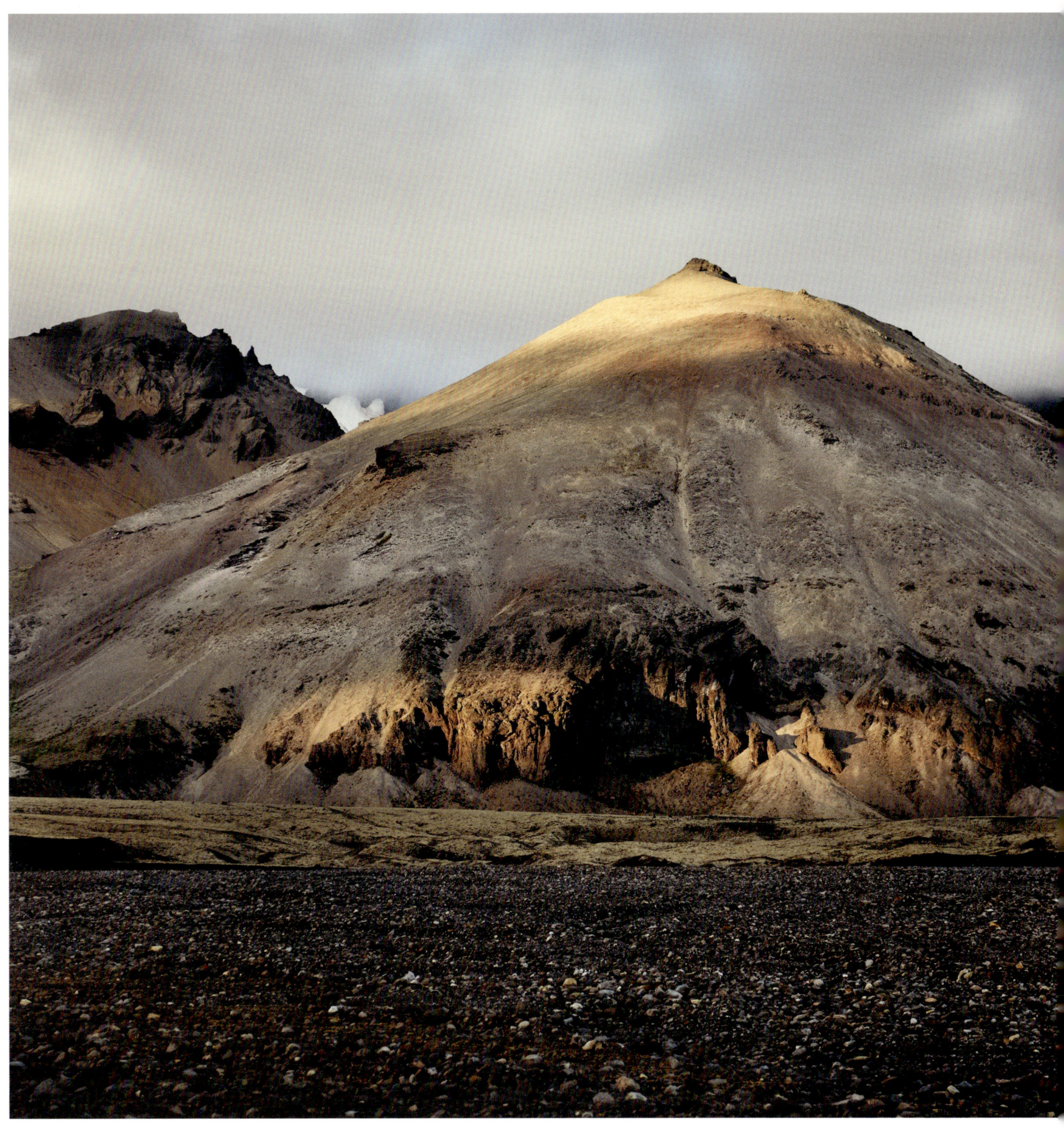

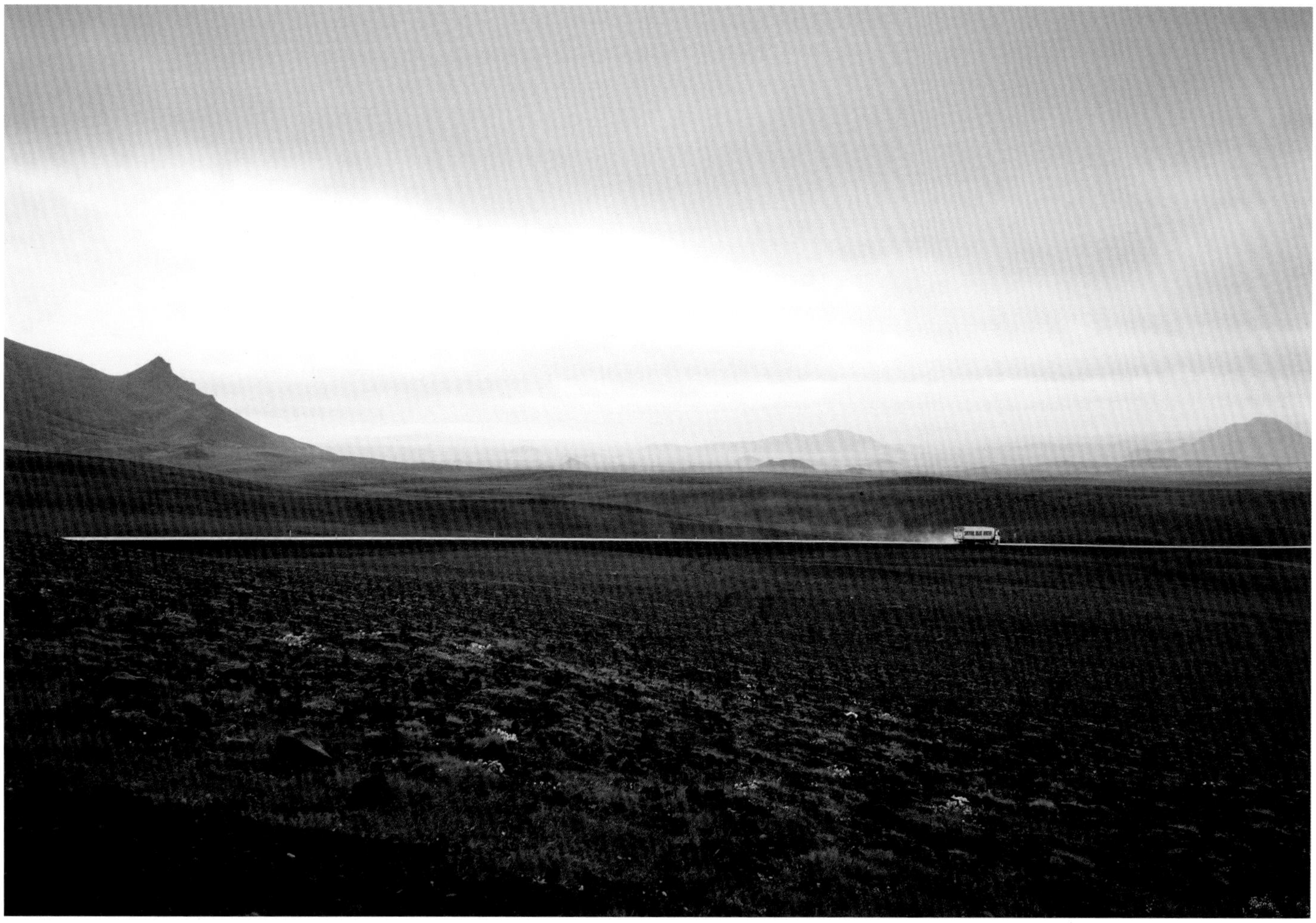

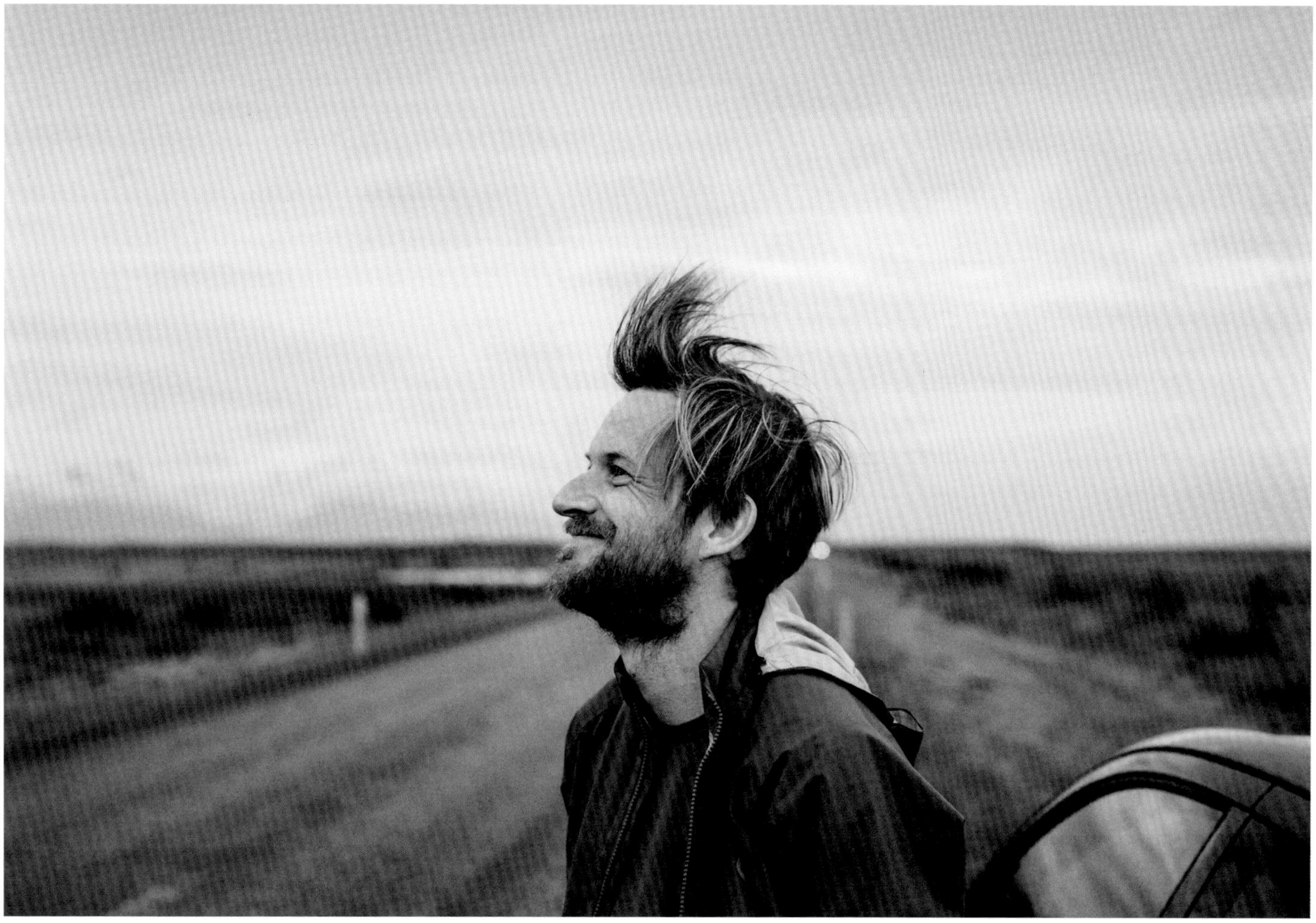

Almost every settlement in Iceland is directly by the sea. Connecting them is a road called "Route Number 1." The interior, on the other hand, barely hints at human civilization. Only inhospitable wilderness. And a lot of ice.

I met Harald on a nearly impassable mountain road as he was riding his bicycle, with trailer, over a pass. For an extensive bike ride through Iceland, he had taken three weeks of vacation. We hit it off right away in the few hours we spend together and met up again in Reykjavík at the end of my trip. We wanted to rent a car and go on a few outings.

Fast alle Orte in Island liegen direkt am Meer. Verbunden sind sie durch die sogenannte Route Nr. 1. Im Landesinneren gibt es hingegen fast keine Anzeichen menschlicher Zivilisation. Nur unwirtliche Natur. Und eine Menge Eis.

Harald lernte ich auf einer fast unbefahrbaren Bergstraße kennen, als er gerade mit Fahrrad samt Anhänger über einen Pass fuhr. Für eine ausgiebige Radtour durch Island hatte er sich drei Wochen Urlaub genommen. Wir verstanden uns auf Anhieb prächtig, verbrachten ein paar Stunden miteinander und trafen uns am Ende meiner Reise in Reykjavík, um von dort aus, mit einem Leihwagen, noch ein paar Ausflüge zu unternehmen.

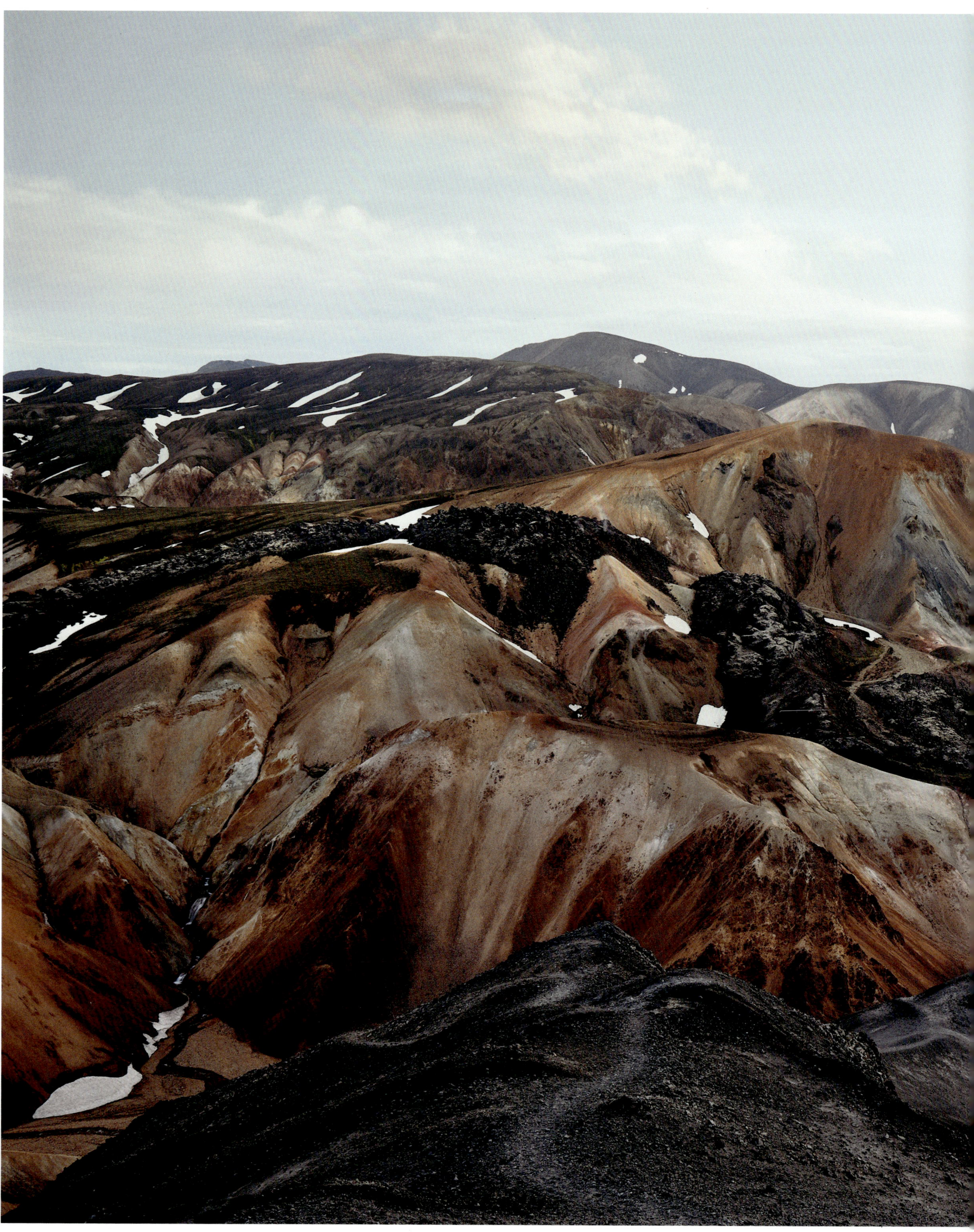

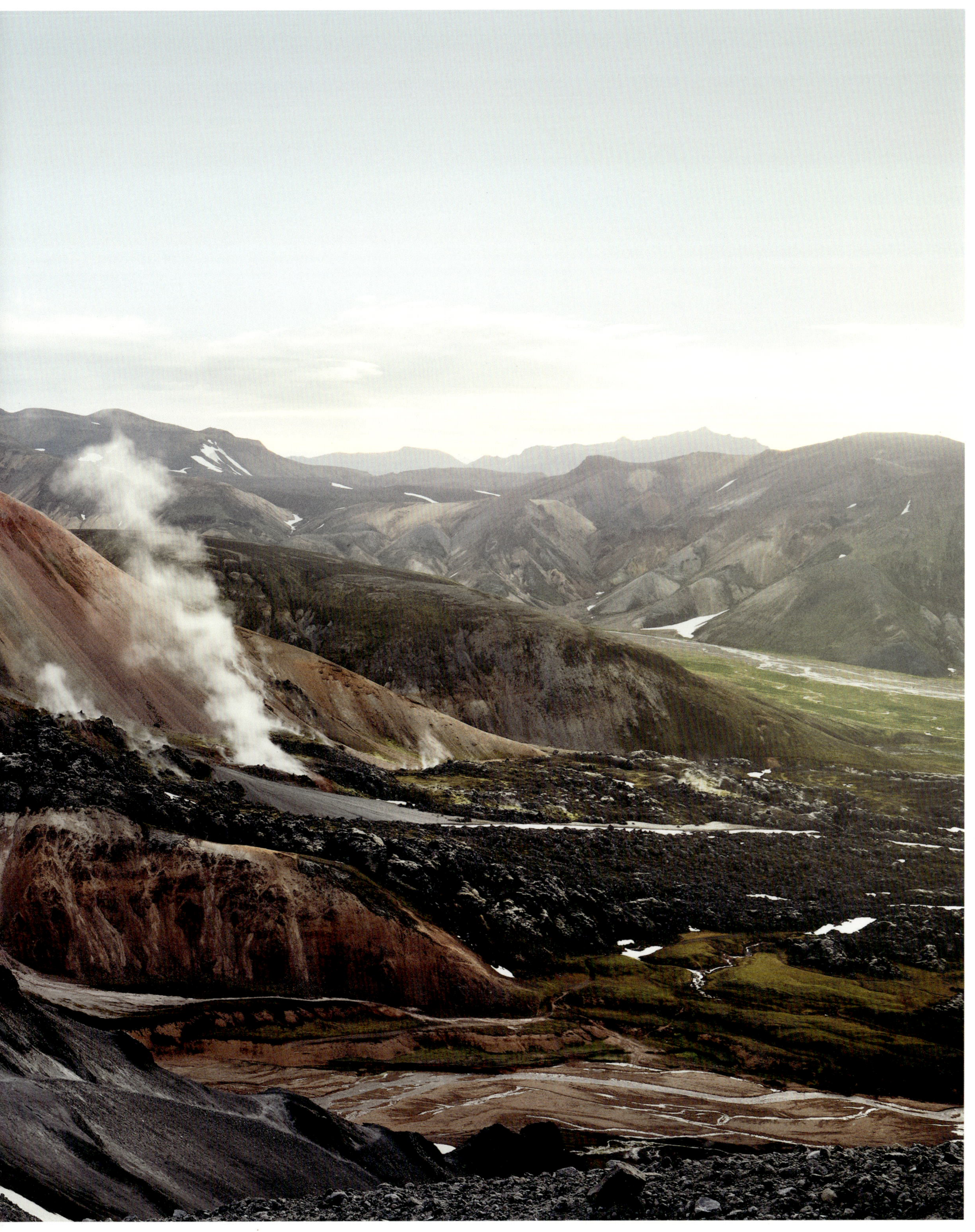

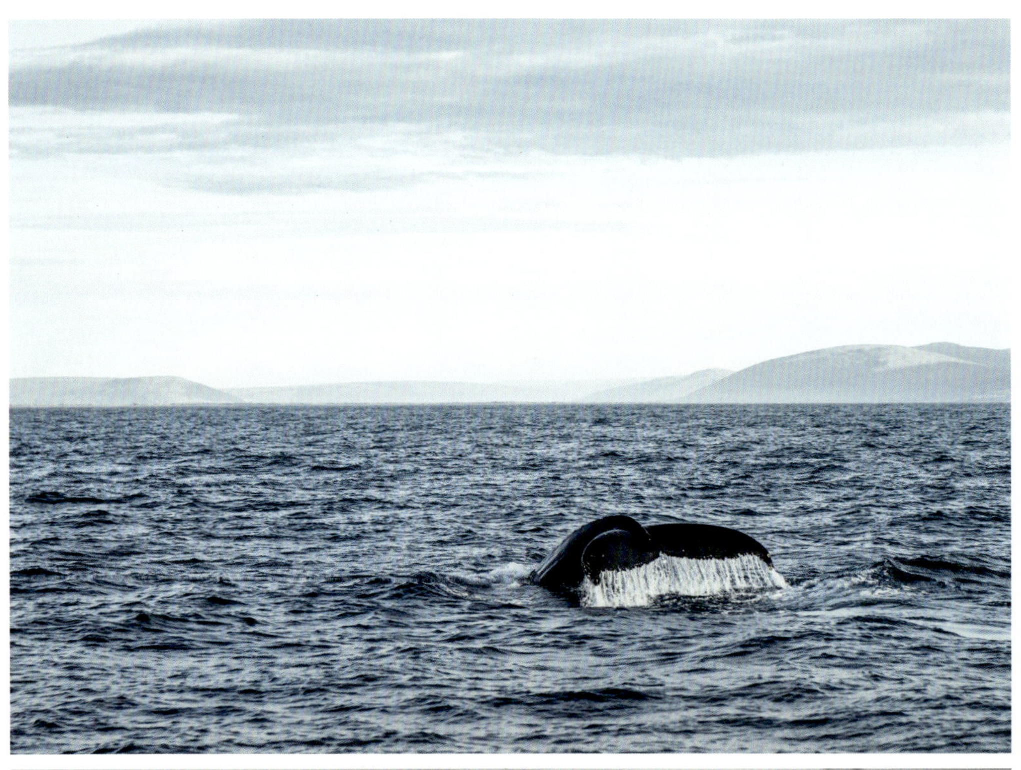

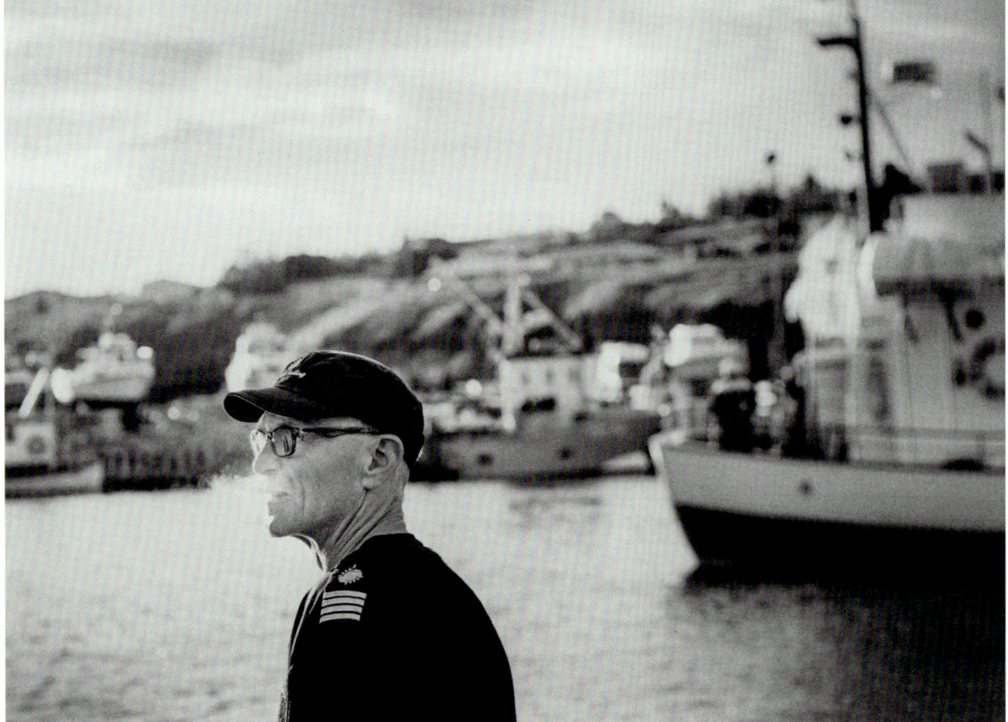

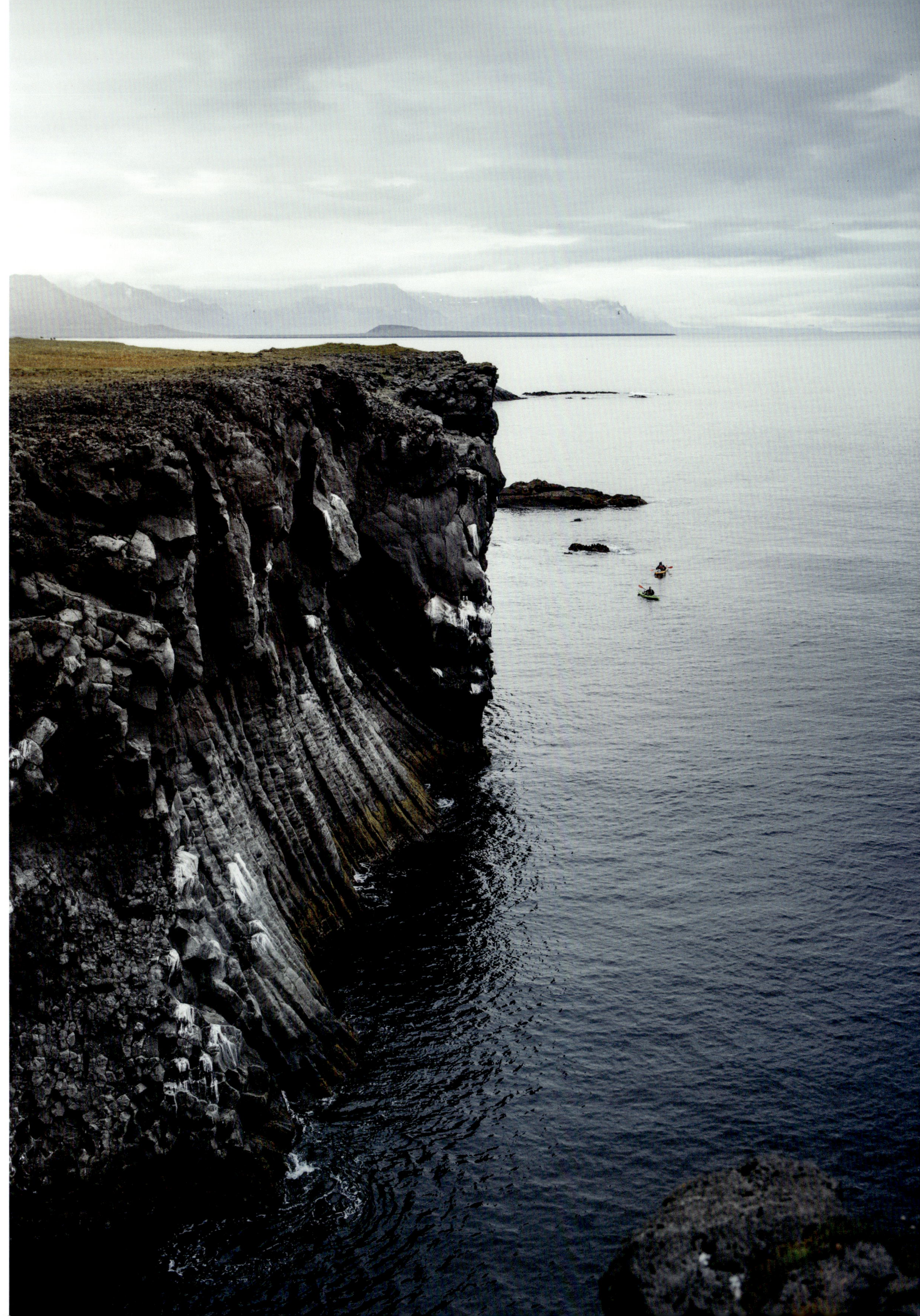

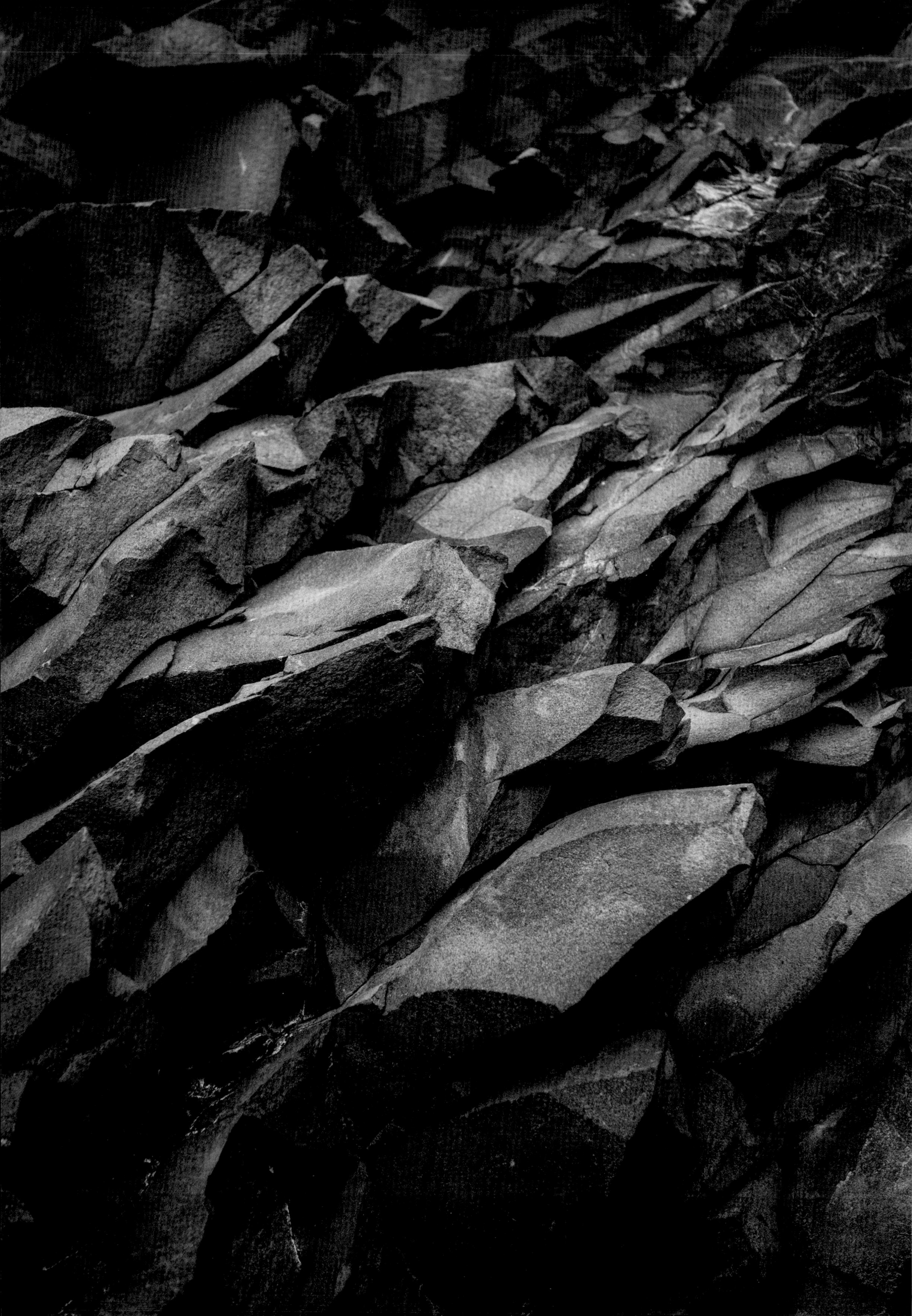

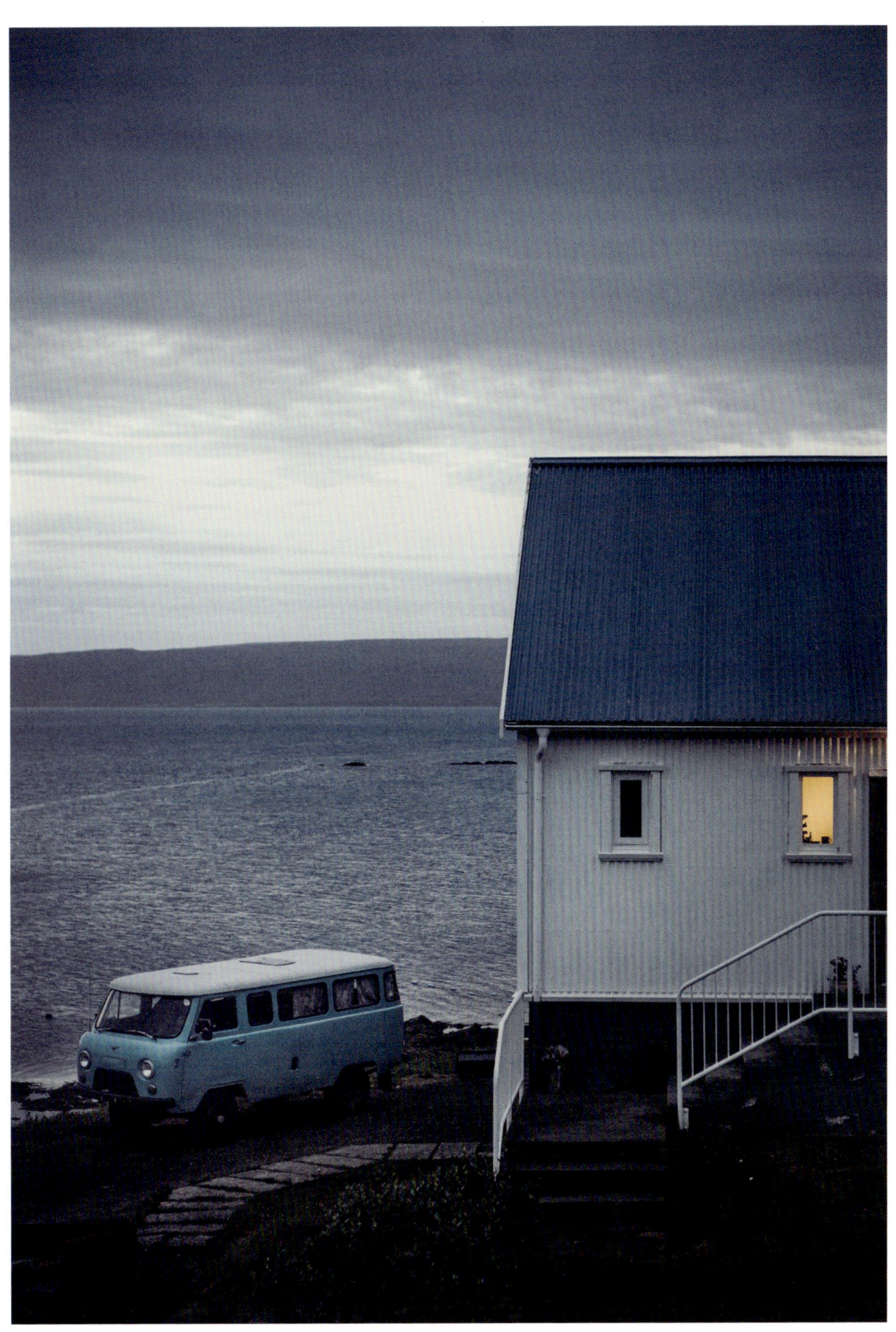

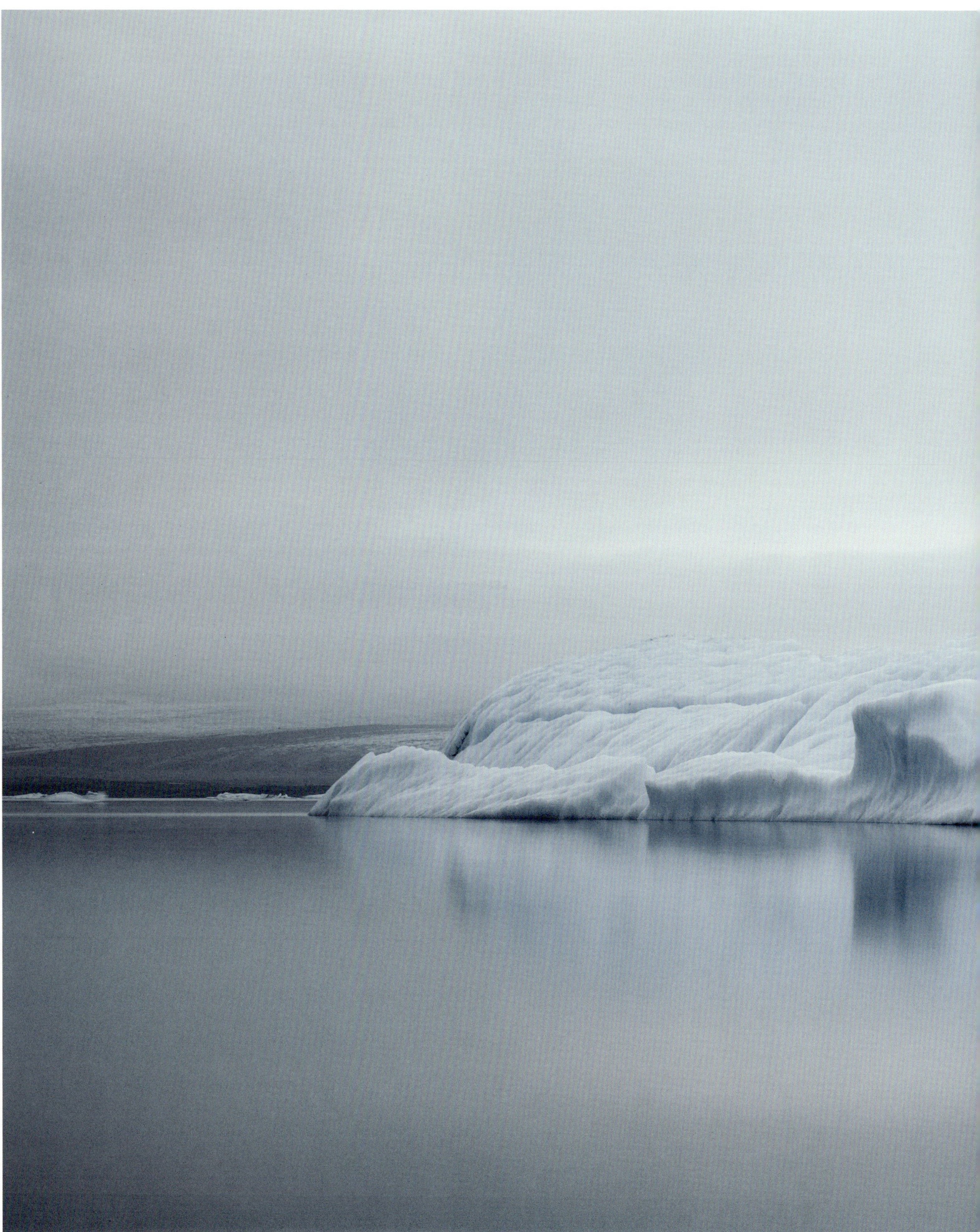

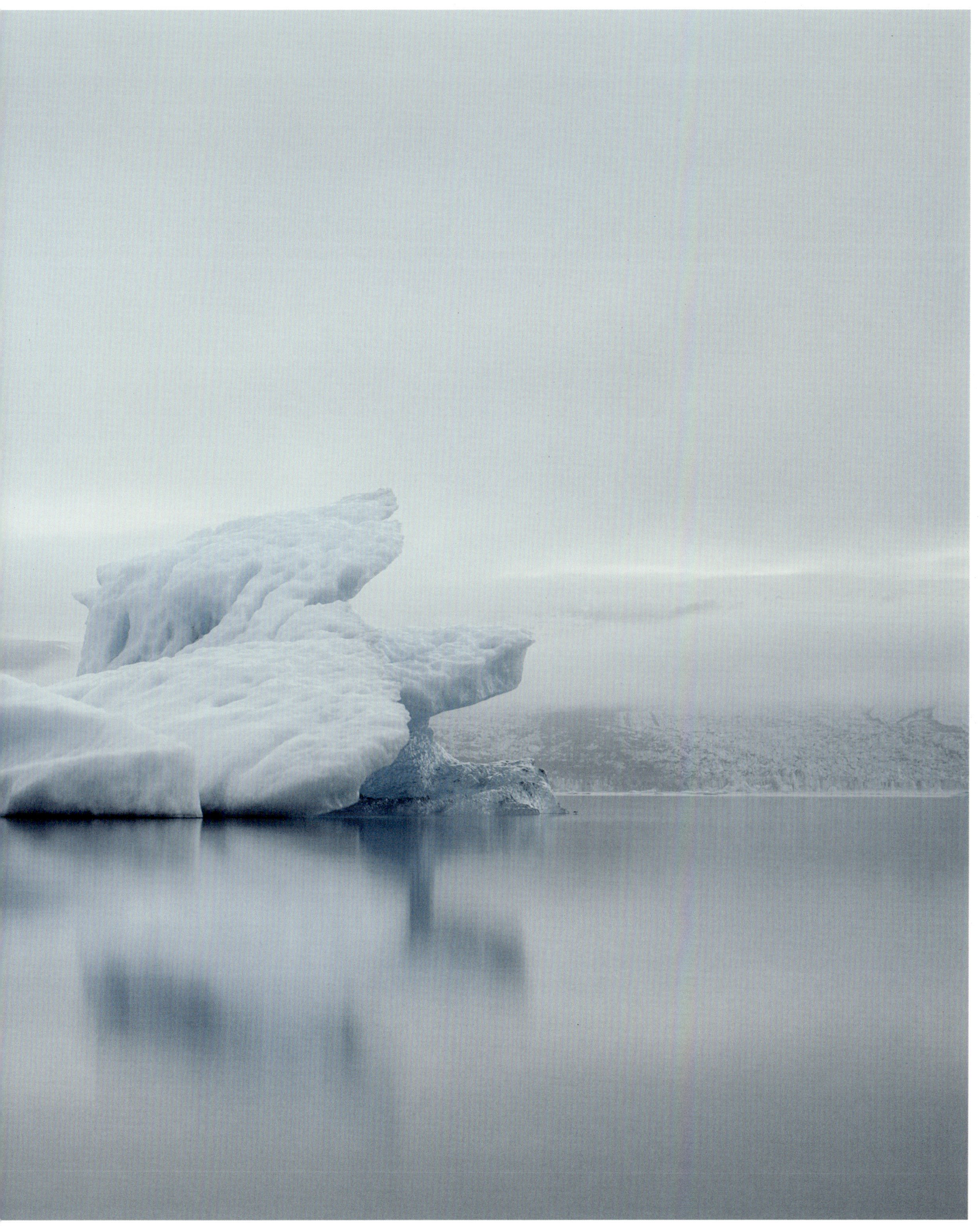

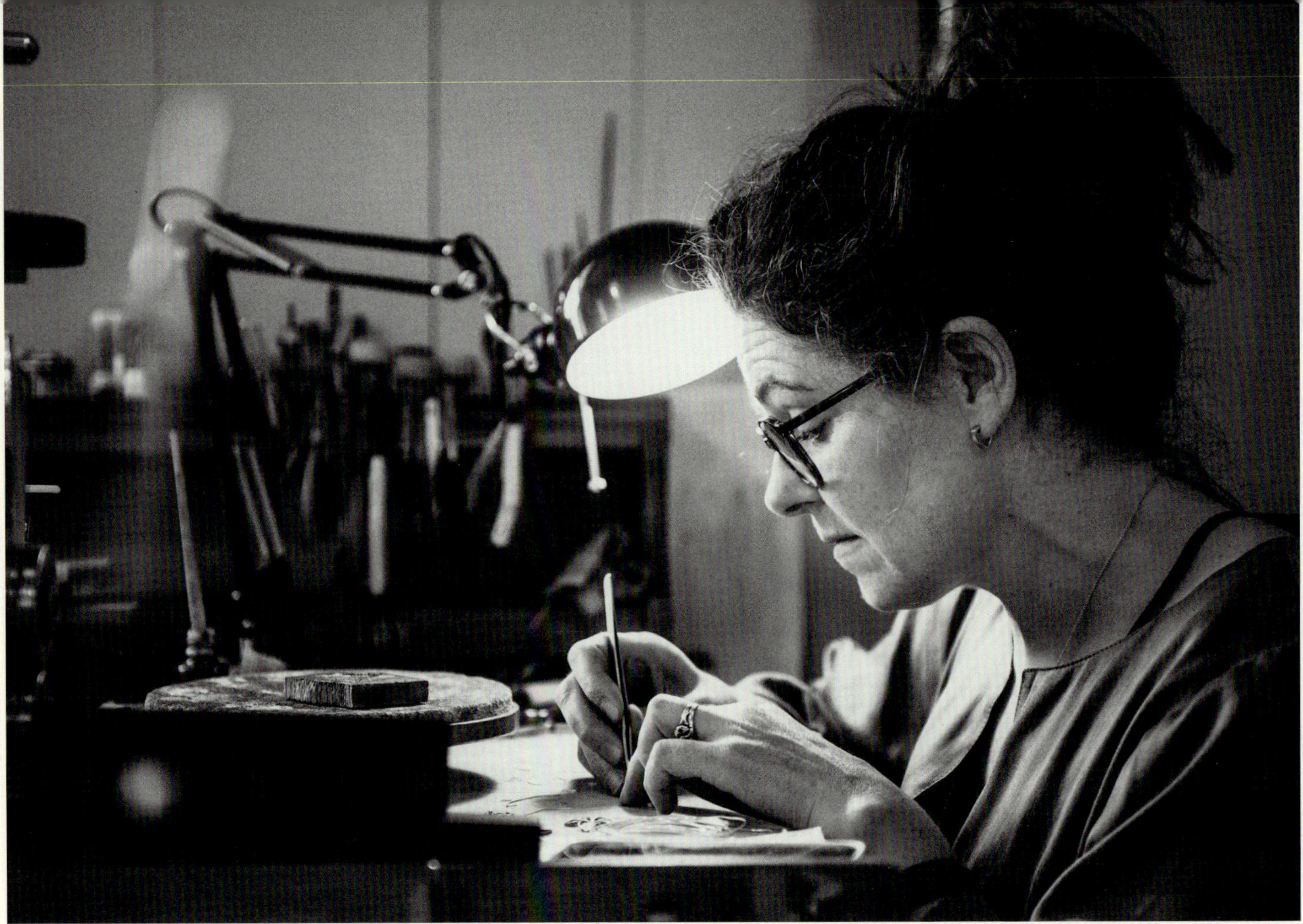

Made in
Iceland.

A jewelry store in Reykjavík caught my eye. Its walls were painted black. The owner, Helga, was sitting in a corner in the back, working on new pieces of jewelry. I liked her work. I asked her if she would mind if I took some pictures, and I tried to disturb her as little as possible while I did.

Iceland has a high density of artists like almost nowhere else in the world. Musicians, writers, and many other kinds of artists are found on every corner. Why here, of all places, out in the North Atlantic, all remote? As an Icelandic woman once explained to me, "Creativity is the best weapon against boredom."

In Reykjavík zog es mich in ein Schmuckgeschäft mit schwarz gestrichenen Wänden. Helga, die Eigentümerin des Ladens, saß hinten in der Ecke und arbeitete gerade an neuen Schmuckstücken. Mir gefiel ihre Arbeit. Ich fragte sie, ob ich eventuell ein paar Fotos machen kann und versuchte sie dabei so wenig wie möglich zu stören.

In Island gibt es eine Dichte an Künstlern, wie kaum anderswo auf der Welt. Musiker, Schriftsteller und viele andere Künstler sind hier an jeder Ecke zu finden. Warum gerade hier, an einem so abgelegenen Ort irgendwo im Nordatlantik? „Kreativität ist die beste Waffe gegen Langeweile", so hat es mir eine Isländerin einmal erklärt.

Helga produces the finest jewelry out of metal. Her store is also her workshop, so that all comers can watch how she creates her works of art.

Helga stellt feinsten Schmuck aus Metall her. Ihr Geschäft ist gleichzeitig ihre Werkstatt, so kann jeder sehen, wie die Kunstwerke entstehen.

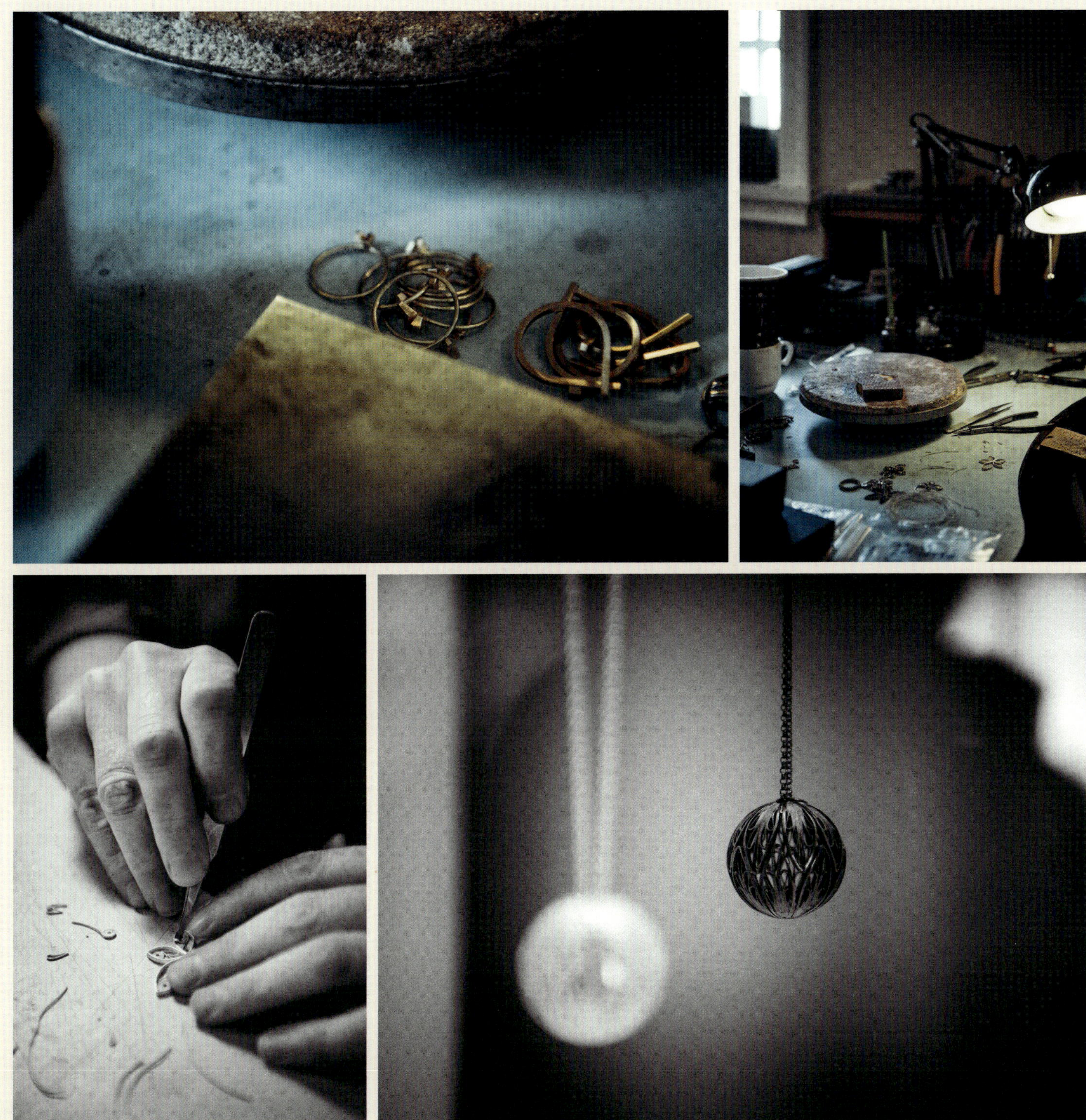

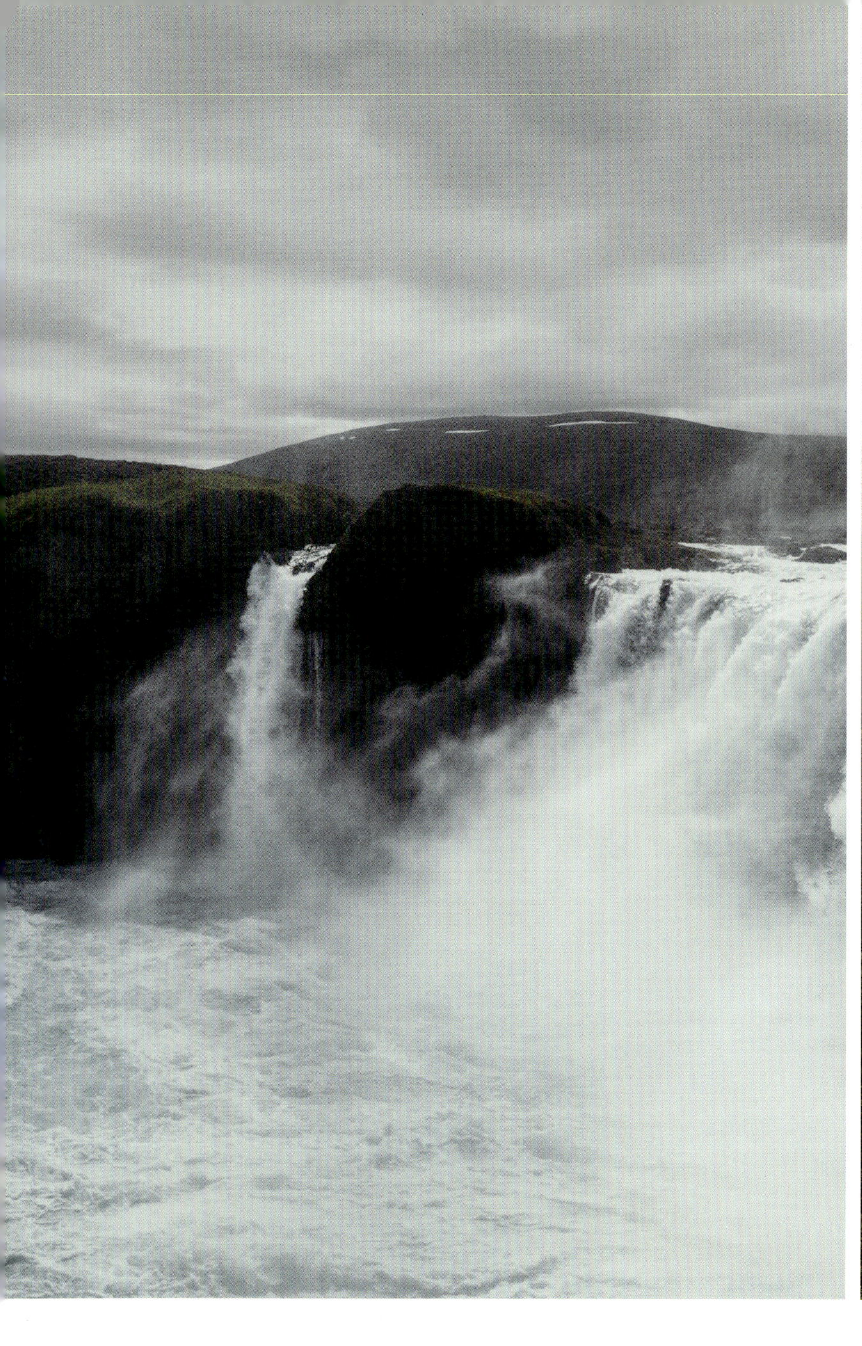

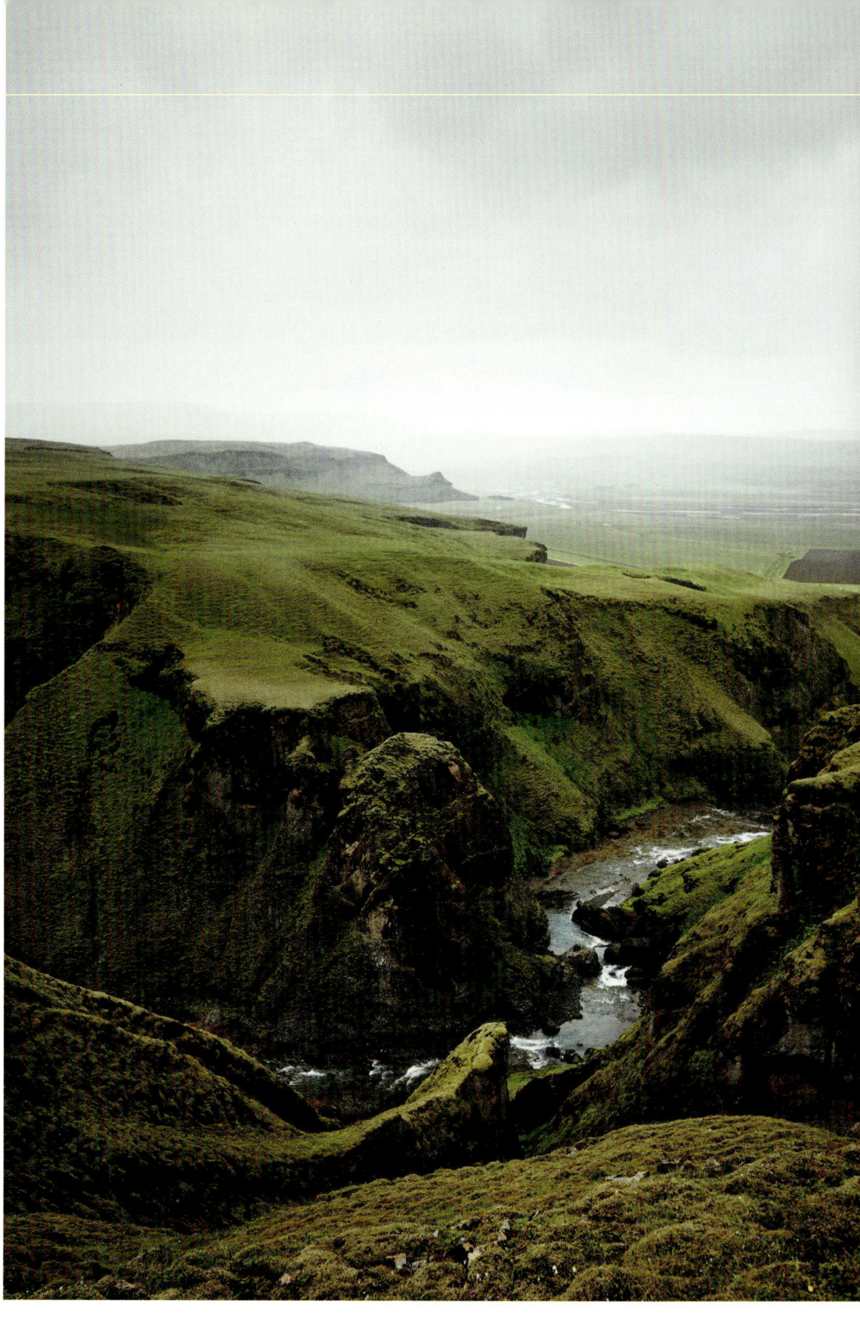

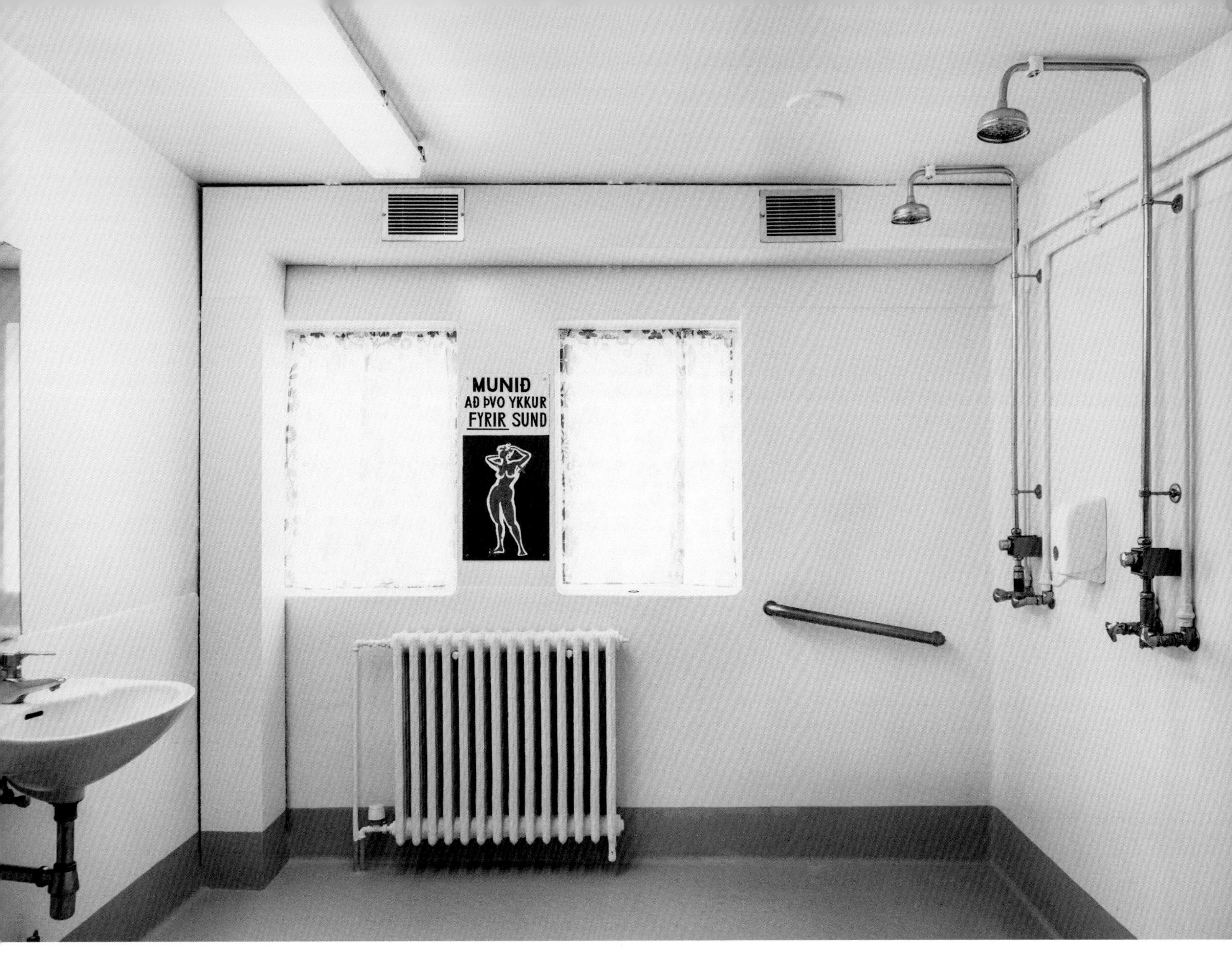

During my trip, I got into the habit of visiting public swimming pools. Just about any small village has one, usually with a lap pool and two of what are, in Iceland, called "hot pots." These—heitur pottur—are smaller pools supplied with water from hot springs. They are found at public baths or in the great outdoors (hot springs). They are an important part of traditional Icelandic bathing culture. After a long hike, little compares to going to the pool, washing up, and then relaxing in hot water.

Während meiner Reise gewöhnte ich mir an, regelmäßig in öffentliche Schwimmbäder zu gehen. Diese sind auf Island in fast jedem kleinen Dorf zu finden und bestehen in der Regel aus einem Sportbecken und zwei Hot Pots. Hot Pots – oder auf Isländisch: heitur pottur – sind kleinere Badebecken, gefüllt mit heißem Thermalwasser. Es gibt sie sowohl in Schwimmbädern, als auch in natürlichen Becken in der freien Natur und sie sind wichtiger Bestandteil der traditionellen isländischen Badekultur. Nach einer langen Wanderung gibt es kaum etwas Besseres, als sich in einem Schwimmbad zu waschen und anschließend im heißen Wasser zu entspannen.

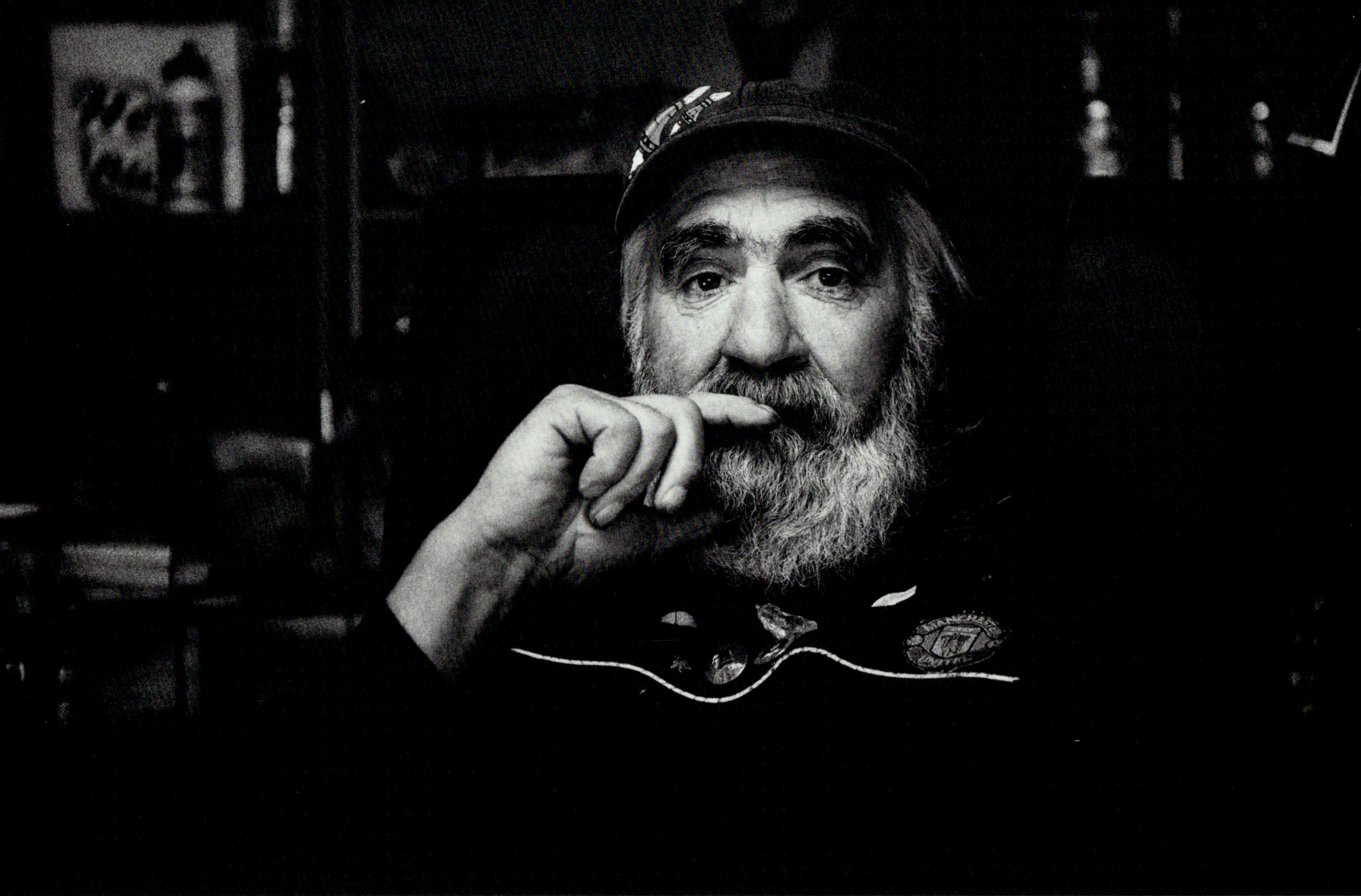

Made in Iceland.

In eastern Iceland, I got a ride from two students on their way from Reykjavík to an art exhibition in Djúpivogur. This is how I came upon Jón and his stones. Jón, a cheerful Icelander, derives great enjoyment from showing his stone collection to visiting strangers over a chat. For decades, he's been passionately collecting all kinds of stones. He processes some of them into artwork; in front of his house is an exhibit he calls his Rock Garden.

Im Osten Islands wurde ich von zwei Studentinnen aus Reykjavík mitgenommen, die unterwegs waren, um eine Kunstausstellung in Djúpivogur zu besuchen. So landete ich schließlich bei Jón und seinen Steinen. Er ist ein gut gelaunter Isländer, dem es sehr viel Freude bereitet fremden Besuchern seine Steinsammlung zu zeigen und etwas zu plaudern. Jón sammelt seit Jahrzehnten leidenschaftlich gerne unterschiedlichste Steine, verarbeitet diese teils zu Kunstwerken und hat vor seinem Haus eine Ausstellung, seinen „Steingarten".

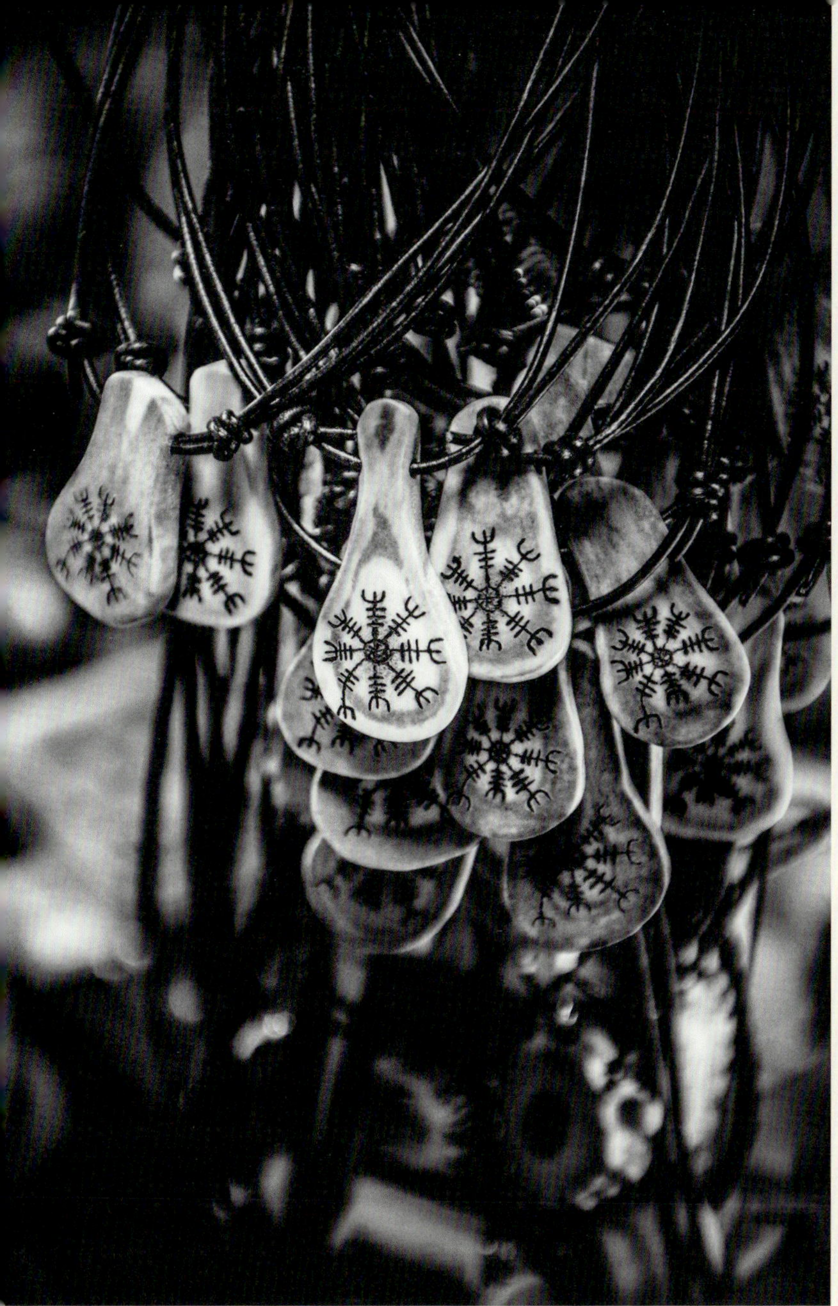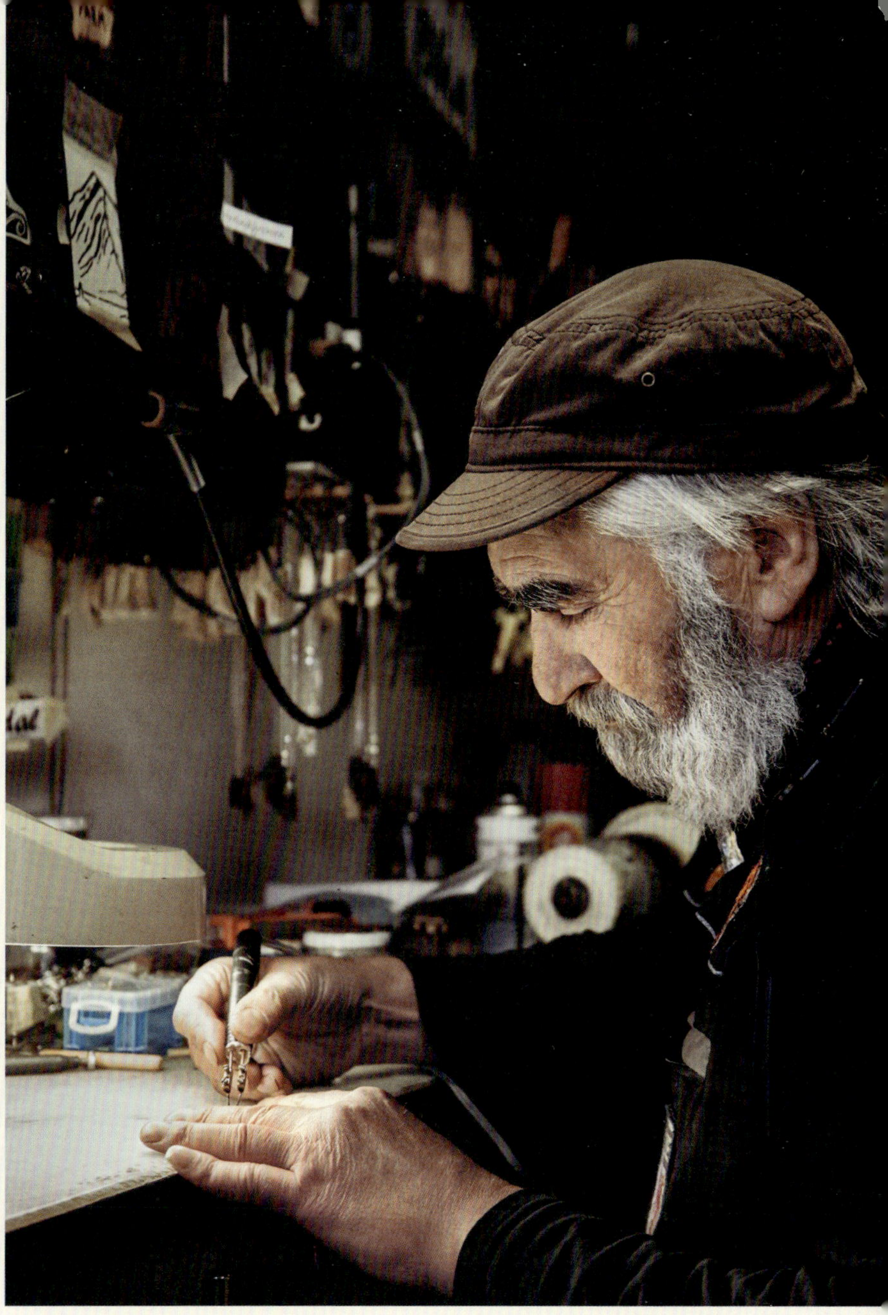

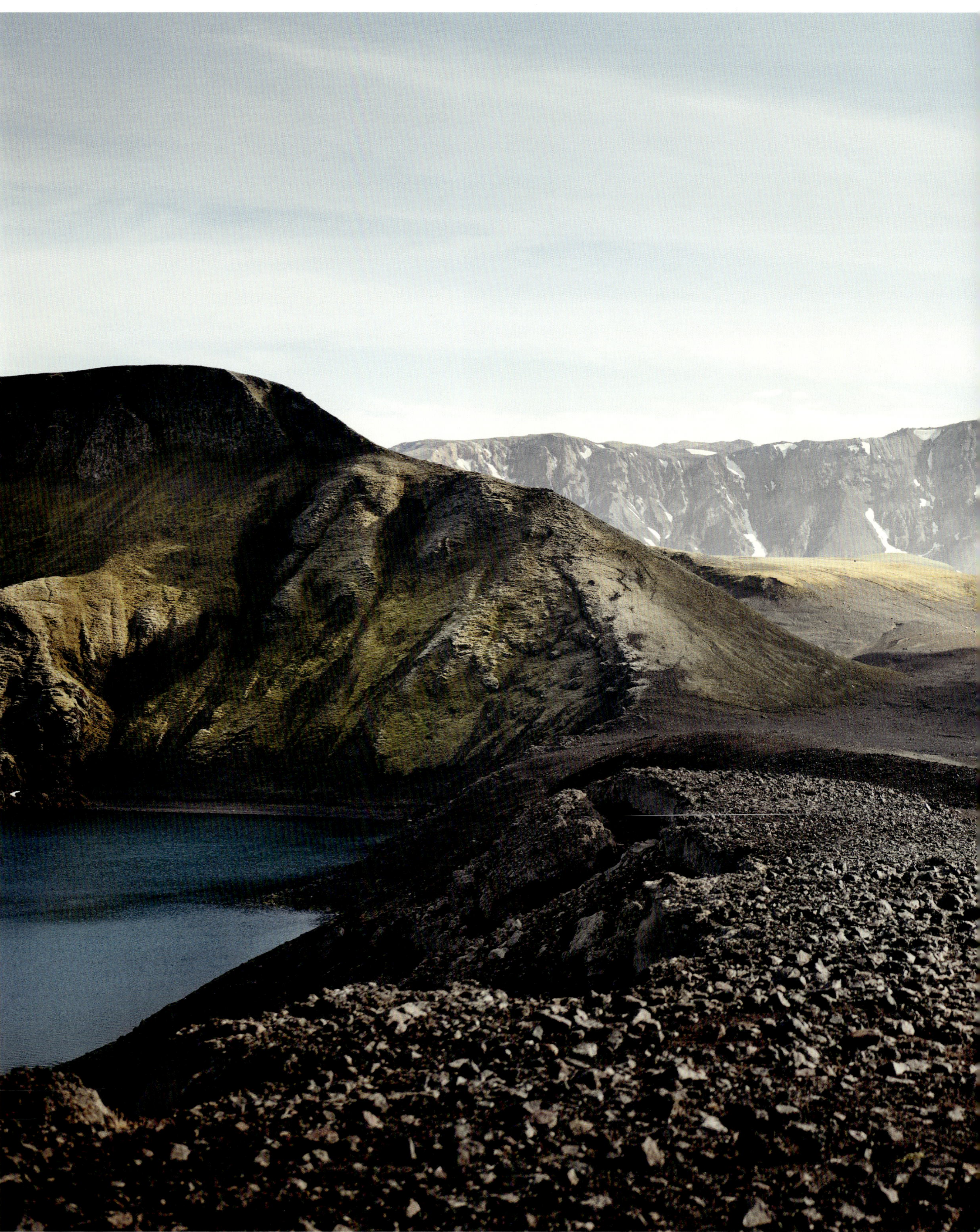

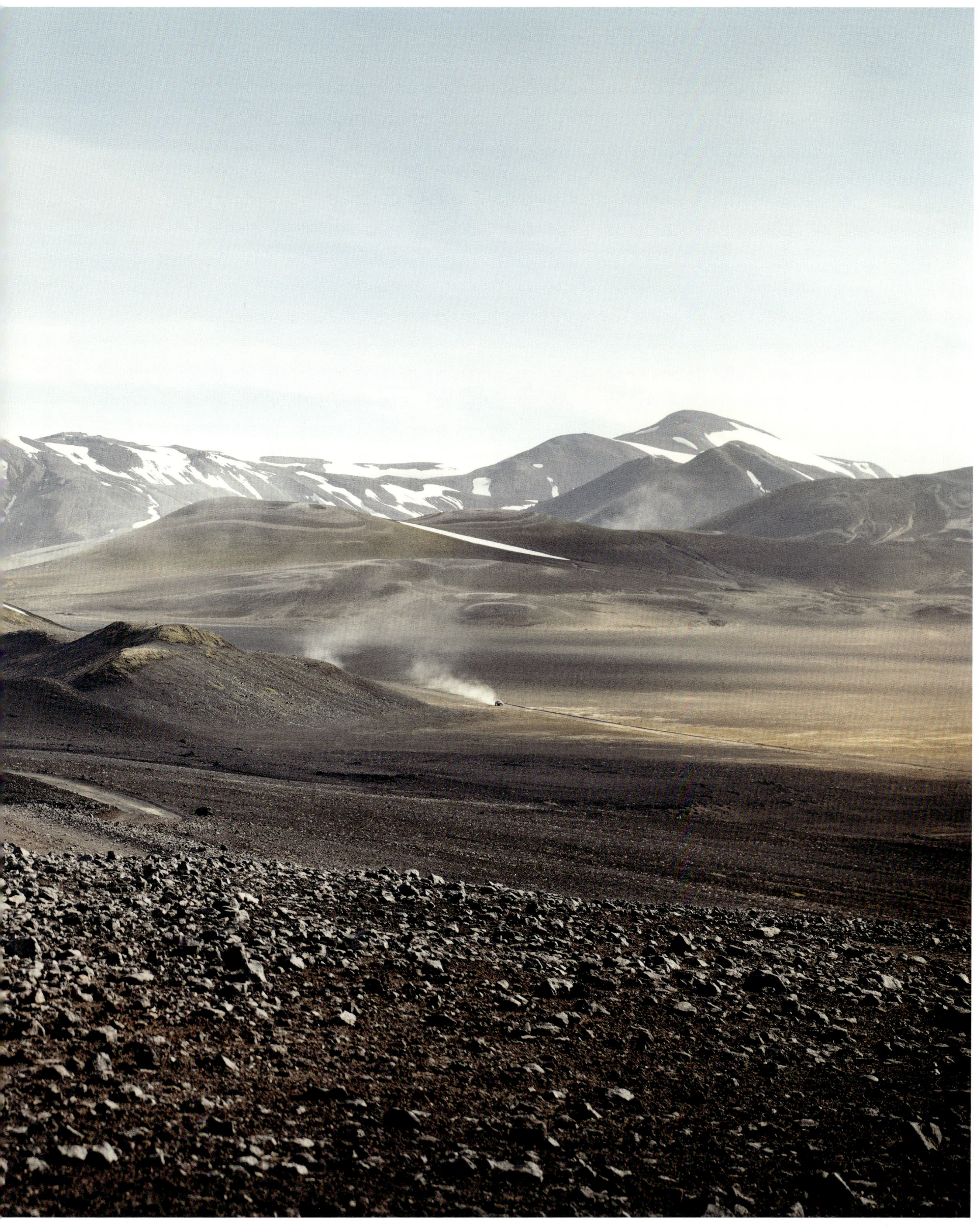

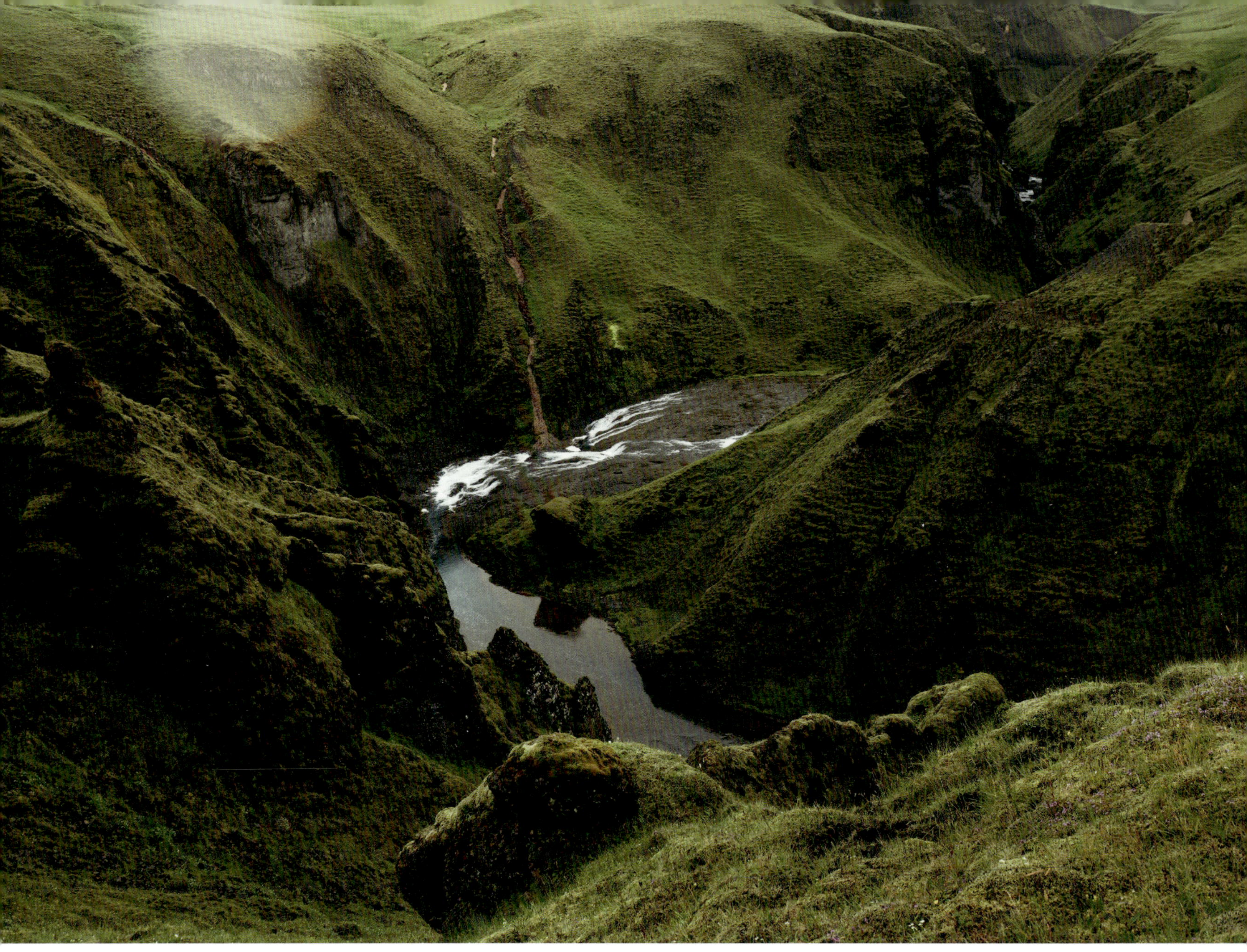

Because Iceland is just south of the Arctic circle, it never really gets dark at the height of summer. The sun goes down for a few hours, but the sky remains twilit. This is ideal for me as a photographer, of course; it gave me a longer window for great pictures, and, anyway, twilight is the most exciting time for photographers. But it did not necessarily make it easier to sleep in a tent. In order to fall asleep, I took to wearing an eye mask and listening to music through headphones.

Da Island knapp südlich des Polarkreises liegt, wird es im Hochsommer nie wirklich dunkel. Die Sonne geht zwar für ein paar wenige Stunden unter, aber es bleibt dämmrig. Das war für mich als Fotografen natürlich ideal, weil es mein Zeitfenster für tolle Bilder verlängerte und das Zwielicht ohnehin das für Fotografen spannendste Licht ist. Aber es vereinfachte das Schlafen im Zelt nicht unbedingt. Um einschlafen zu können, hatte ich mir daher angewöhnt eine Schlafbrille zu nutzen und über Kopfhörer Musik zu hören.

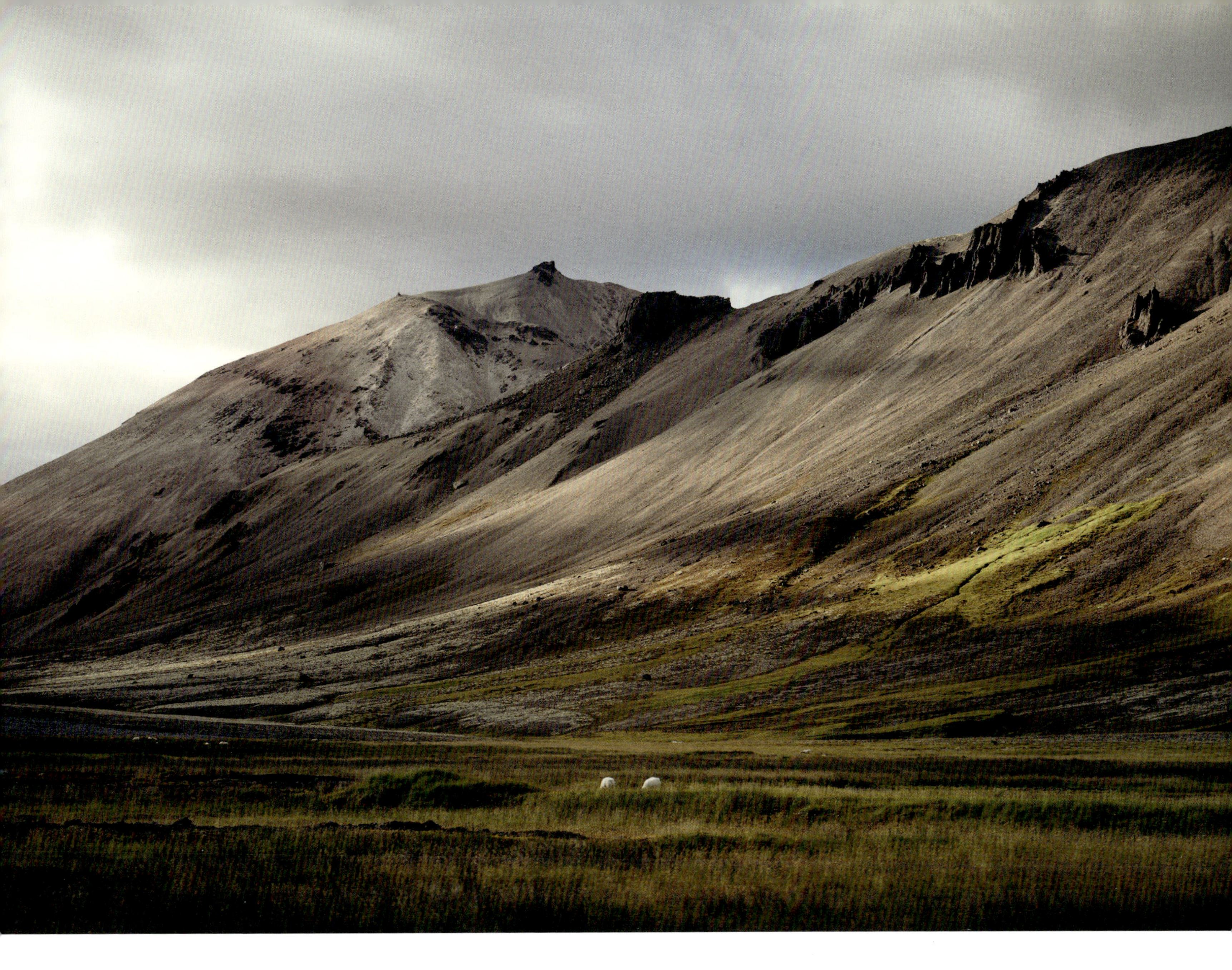

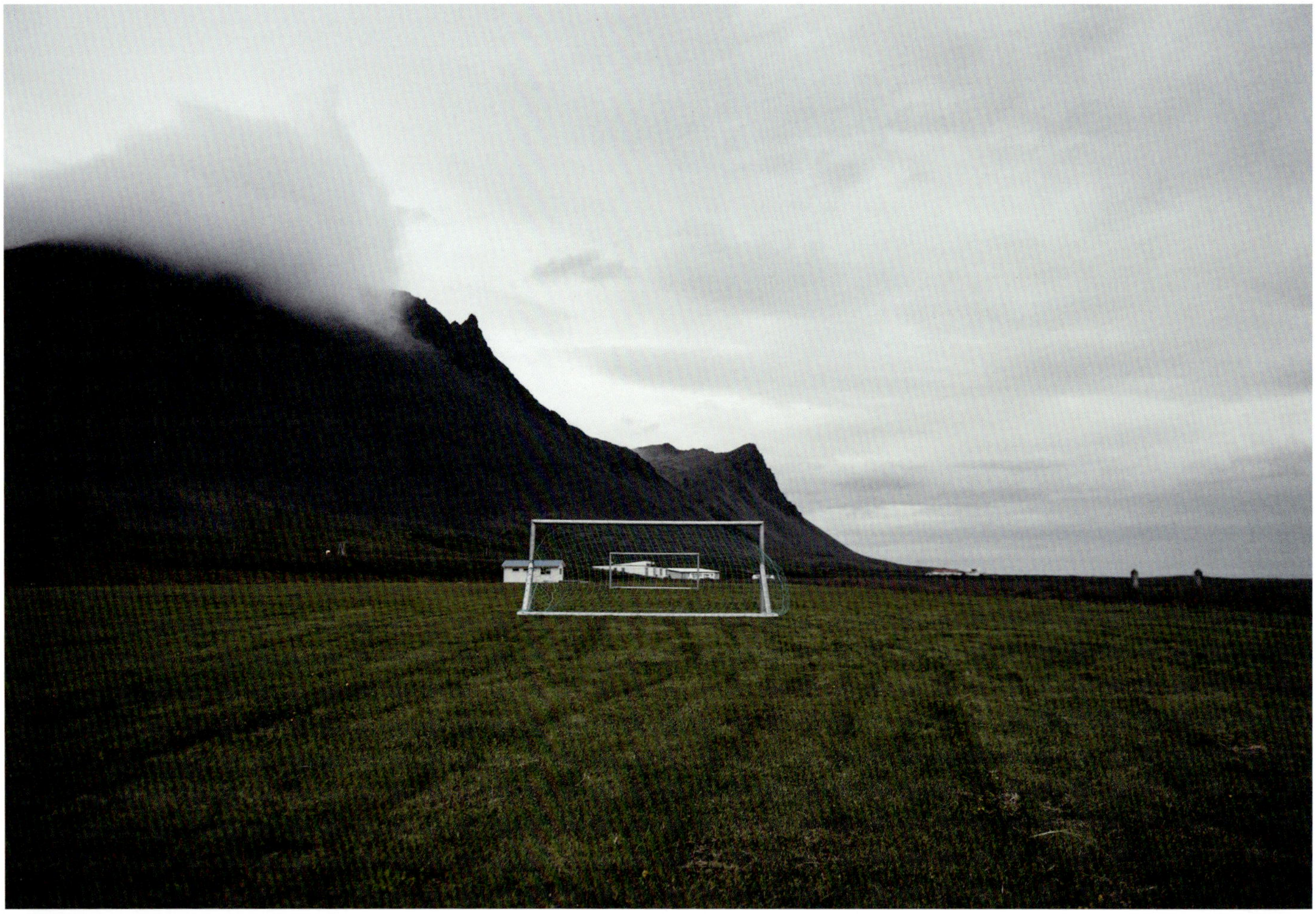

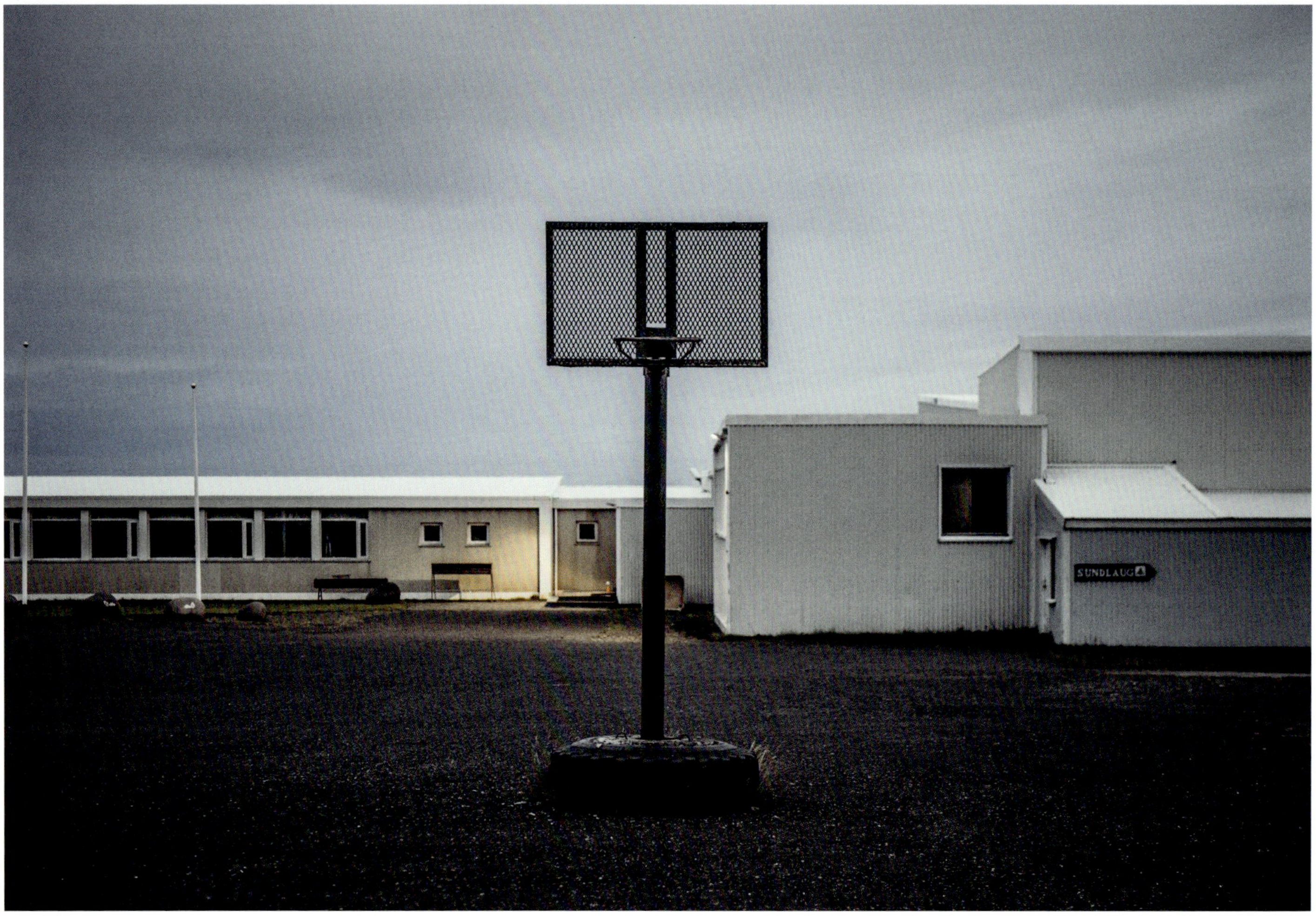

SUNDLAUG

My daily routine: Get up. Eat breakfast. Pack the tent. Hitchhike to wherever I liked. After being dropped off, pitch the tent again. Hike until I was dead tired. Dinner. Turn in.

Mein Tagesrhythmus: Aufstehen. Frühstücken. Zelt zusammenpacken. Trampen, wohin es mir gefiel, dann aussteigen und das Zelt wiederaufbauen. Wandern, bis ich todmüde war. Abendessen. Schlafengehen.

I was always on the go all day long, morning to night. I only spent time at my tent to eat, cook, and sleep, hiking the rest of the time. More or less haphazard hiking usually, off in an interesting-looking direction. Since it never really got dark, I just marched along for as long as I felt like, or until I was dead tired. And then it wasn't usually hard to fall asleep. I would sleep like a stone.

I ate very simply over the course of the month. I had a camp stove and would buy about a week's worth of supplies whenever I found a supermarket. For breakfast, I would eat a porridge with apple. I made sandwiches to take on hikes. I would make myself a warm meal at night, usually instant pasta and other ready-made dishes. Anything that makes a good one-pot meal. And sweets, of course—my little treat to myself.

Ich war immer den ganzen Tag unterwegs. Von früh bis spät. Nur zum Essen, Kochen und Schlafen hielt ich mich bei meinem Zelt auf. Die restliche Zeit wurde gewandert. Meistens eher planlos in irgendeine Richtung, in der mir etwas spannend erschien. Da es ja nie wirklich dunkel wurde, marschierte ich einfach, solange ich Lust hatte, oder bis ich todmüde war. Dann fiel es mir meist auch nicht besonders schwer einzuschlafen. Ich schlief wie ein Stein.

Das Essen in diesem Monat war sehr einfach. Ich besaß einen Campingkocher und kaufte für etwa eine Woche im Voraus ein, wenn ich auf einen Supermarkt traf. Zum Frühstück gab es meistens Brei mit Apfel. Für meine Wanderungen schmierte ich mir Brote. Abends wurde gekocht – meist Instant-Pasta oder andere Fertiggerichte. Alles, was man mit einem einzigen Topf zubereiten kann. Und Süßigkeiten natürlich – man gönnt sich ja sonst nichts!

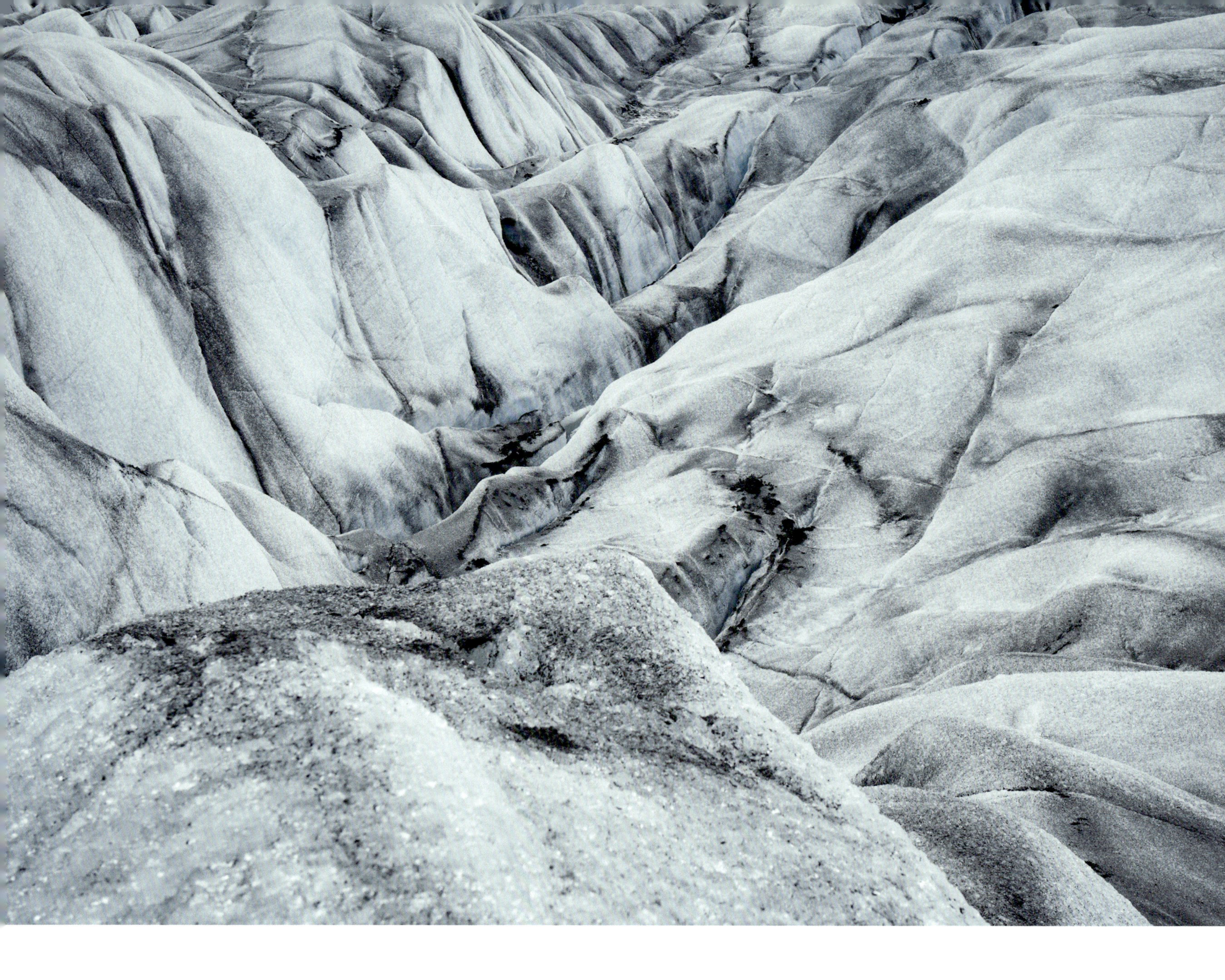

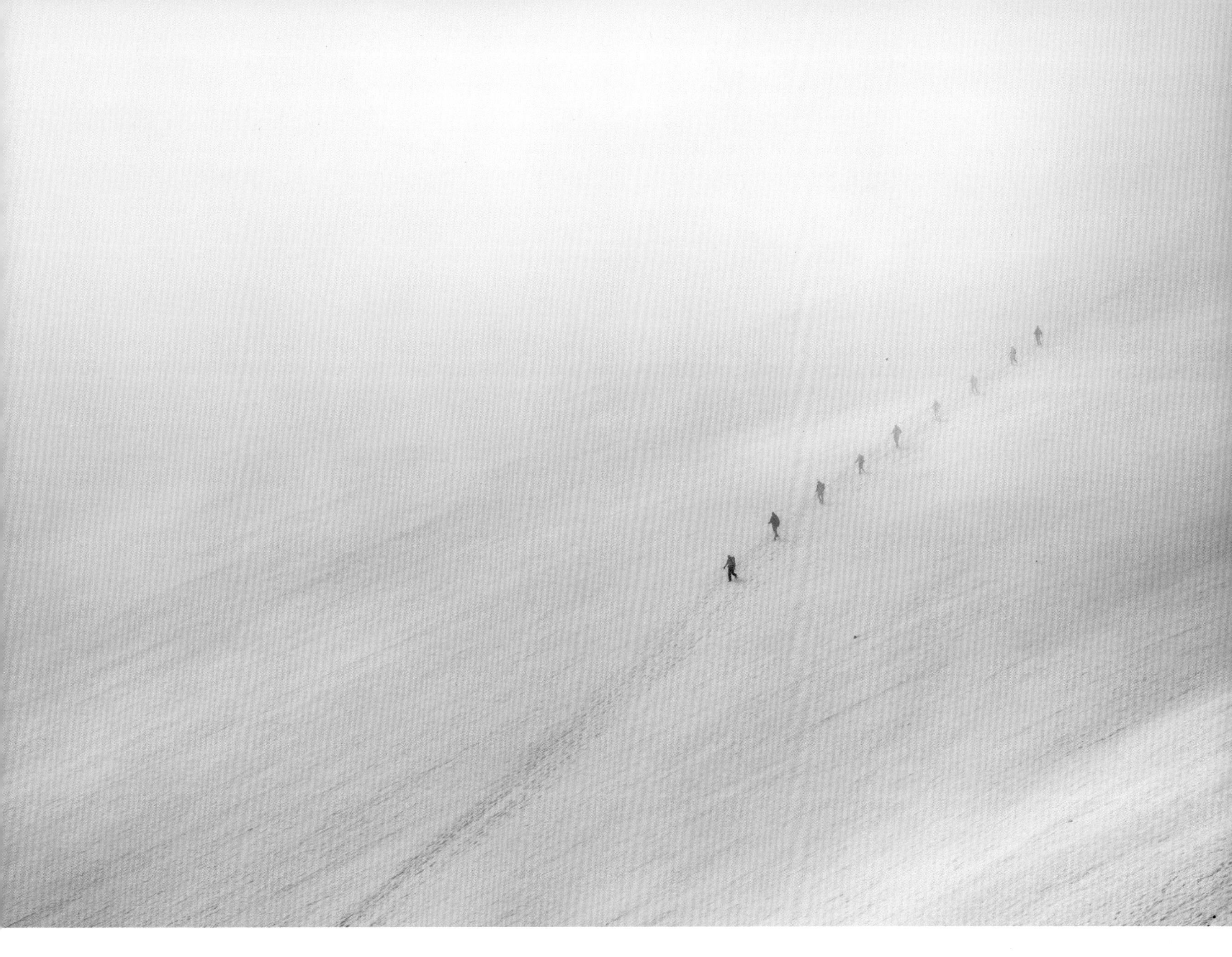

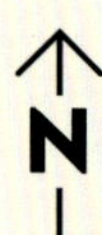

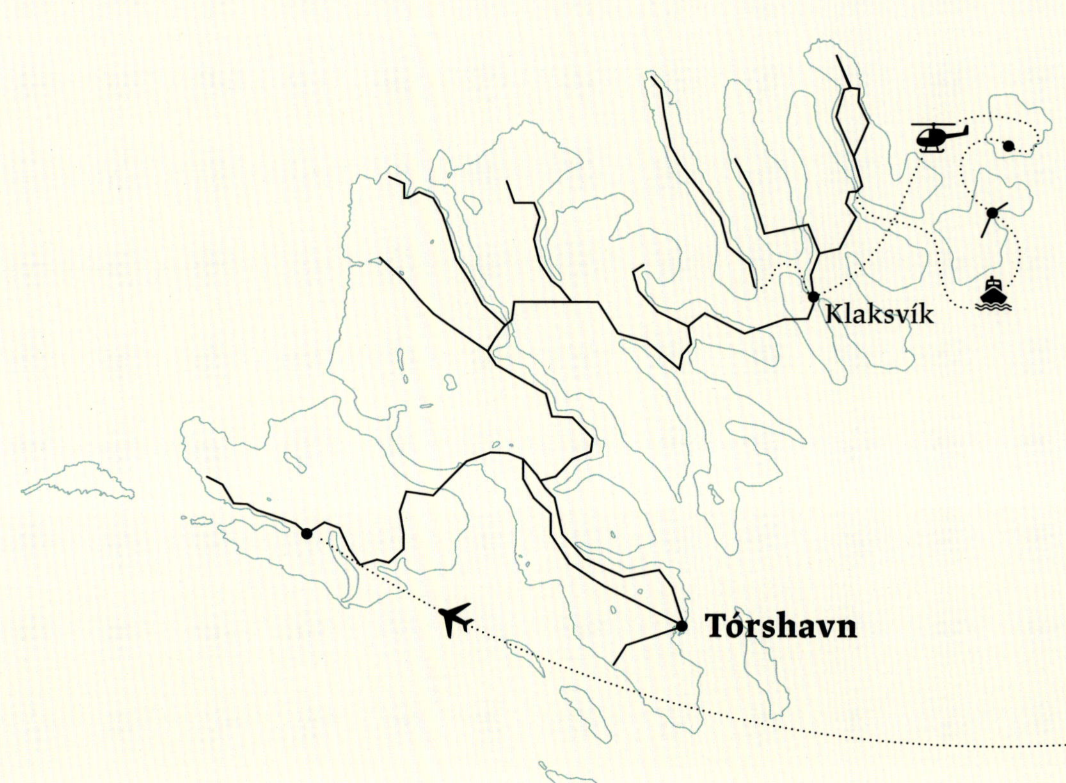

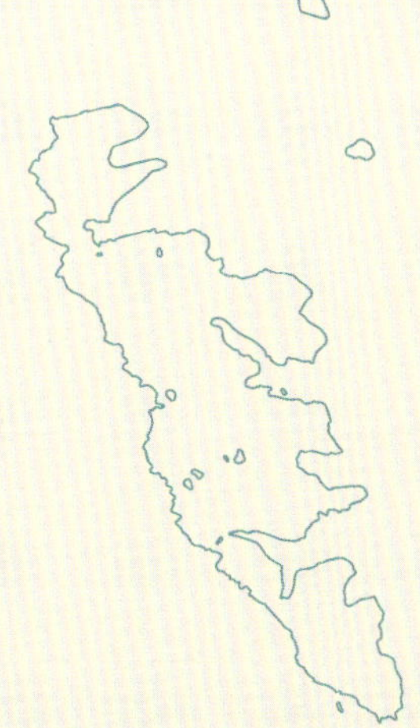

Traveldates / Reisezeitraum:
02.09.2017 – 02.26.2017

Facts & figures:

Official languages: Faroese and Danish
Capital city: Tórshavn
Area: 1.395 km²
Population of Tórshavn: ~12.400
Total population: approx. 51.400
Population density: 35 per km²

Zahlen & Fakten:

Amtssprache: Färöisch und Dänisch
Hauptstadt: Tórshavn
Fläche: 1.395 km²
Einwohnerzahl Tórshavn: ~12.400
Einwohnerzahl insgesamt: ~51.400
Bevölkerungsdichte: 35 pro km²

Faroe Islands

Färöer Inseln

The Faroe Islands archipelago is tiny. The eighteen islands, which are inhabited by 50,000 people, cover an area 118 kilometers long by 75 kilometers wide. The land is of volcanic origin and about sixty million years old, three times as old as Iceland. The archipelago is located in the North Atlantic, halfway between Iceland, Scotland, and Norway; remote, at the edge of the rough, cold Norwegian Sea. In February 2017, I spent two and a half weeks on these so-called "sheep islands."

I didn't think much about how I would get around here as I planned. I had walked so much during my previous trips, I assumed I could simply hike around the islands. Eventually, I reverted to hitchhiking, which had worked so well in Iceland. It was excellent here, too. In advance, I had booked seven different guest rooms, all over the islands; according to my research, there did not seem to be many winter tourist accommodations. On the landing approach, the view of the islands turned out to be breathtaking. I was able to watch the volcanic island's steep cliffs glide by through the airplane's small cabin window. The airport at Vágar was the smallest I had ever seen. About as large as a school auditorium, it had two gates and the charm of a bus stop, although much friendlier.

Die Inselgruppe der Färöer ist winzig! 118 km in die Länge und 75 km in die Breite erstrecken sich die 18 Inseln mit ihren insgesamt 50.000 Einwohnern. Das Land ist vulkanischen Ursprungs, etwa 60 Millionen Jahre alt und damit rund dreimal so alt wie Island. Der Archipel liegt im Nordatlantik auf halber Strecke zwischen Island, Schottland und Norwegen, abgelegen am Rand des rauen und kalten Europäischen Nordmeers. Im Februar 2017 verbrachte ich zweieinhalb Wochen auf den sogenannten „Schafsinseln".

Bei der Planung machte ich mir zunächst keine großen Gedanken über Fortbewegungsmittel vor Ort. Auf meinen letzten Reisen war ich so viel zu Fuß unterwegs, dass ich mir vorstellte, die Inseln einfach durchwandern zu können. Später sattelte ich wieder auf Trampen um, das sich in Island bewährt hatte. Auch hier funktionierte es ausgezeichnet. Ich hatte mir vorab sieben verschiedene Fremdenzimmer gebucht, verteilt auf die Inseln, da es – nach meinen Recherchen – im Winter nur sehr wenige Unterkünfte für Touristen zu geben schien. Der Anflug auf die Inseln schließlich war atemberaubend. Aus dem kleinen Fenster des Flugzeugs konnte ich sehen, wie die steilen Klippen der Vulkaninsel an mir vorbeizogen. Der Flughafen Vágar war der kleinste, den ich je gesehen hatte: Etwa so groß wie eine Schulaula, mit zwei Gates und insgesamt eher dem Charme einer Bushaltestelle – jedoch deutlich sympathischer.

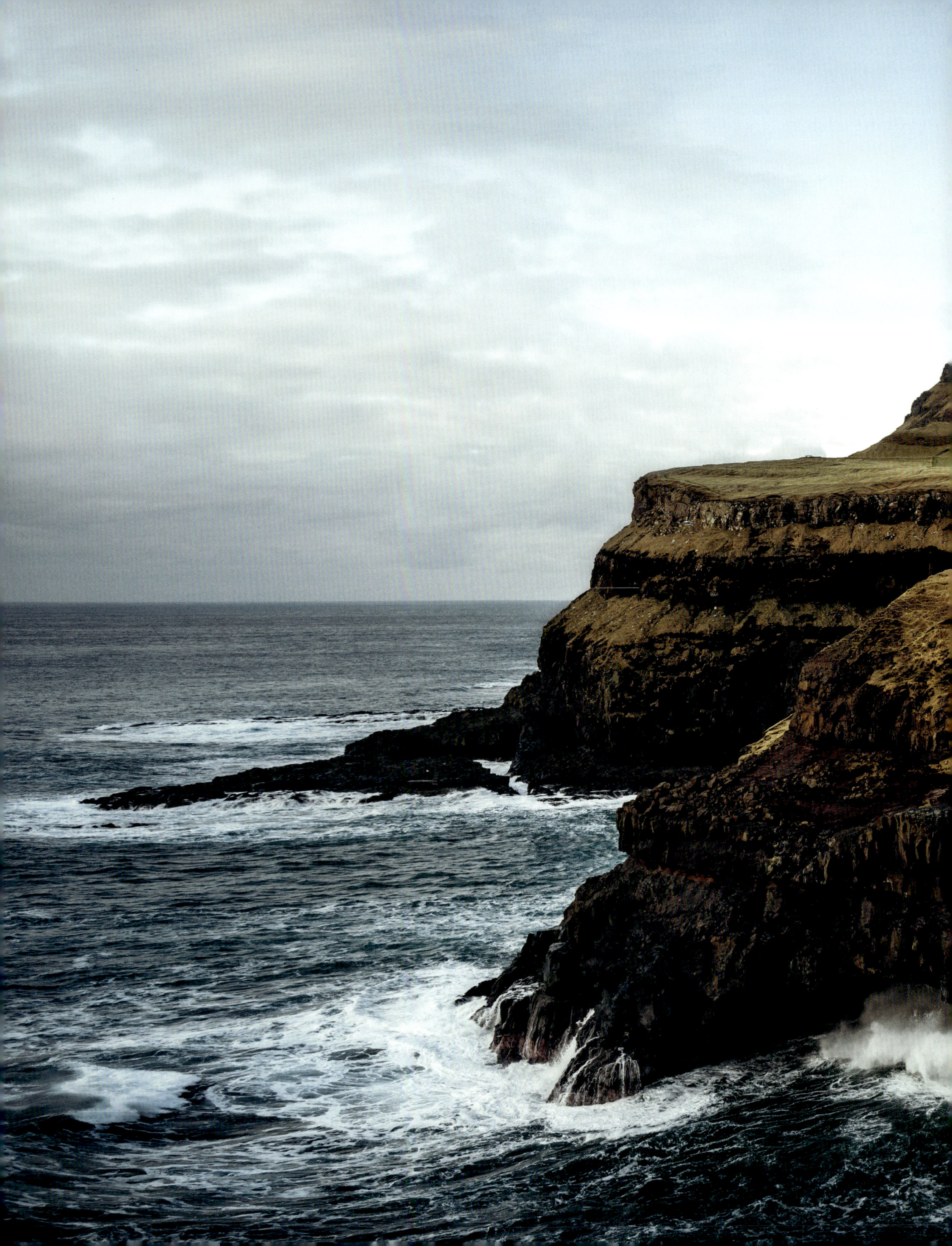

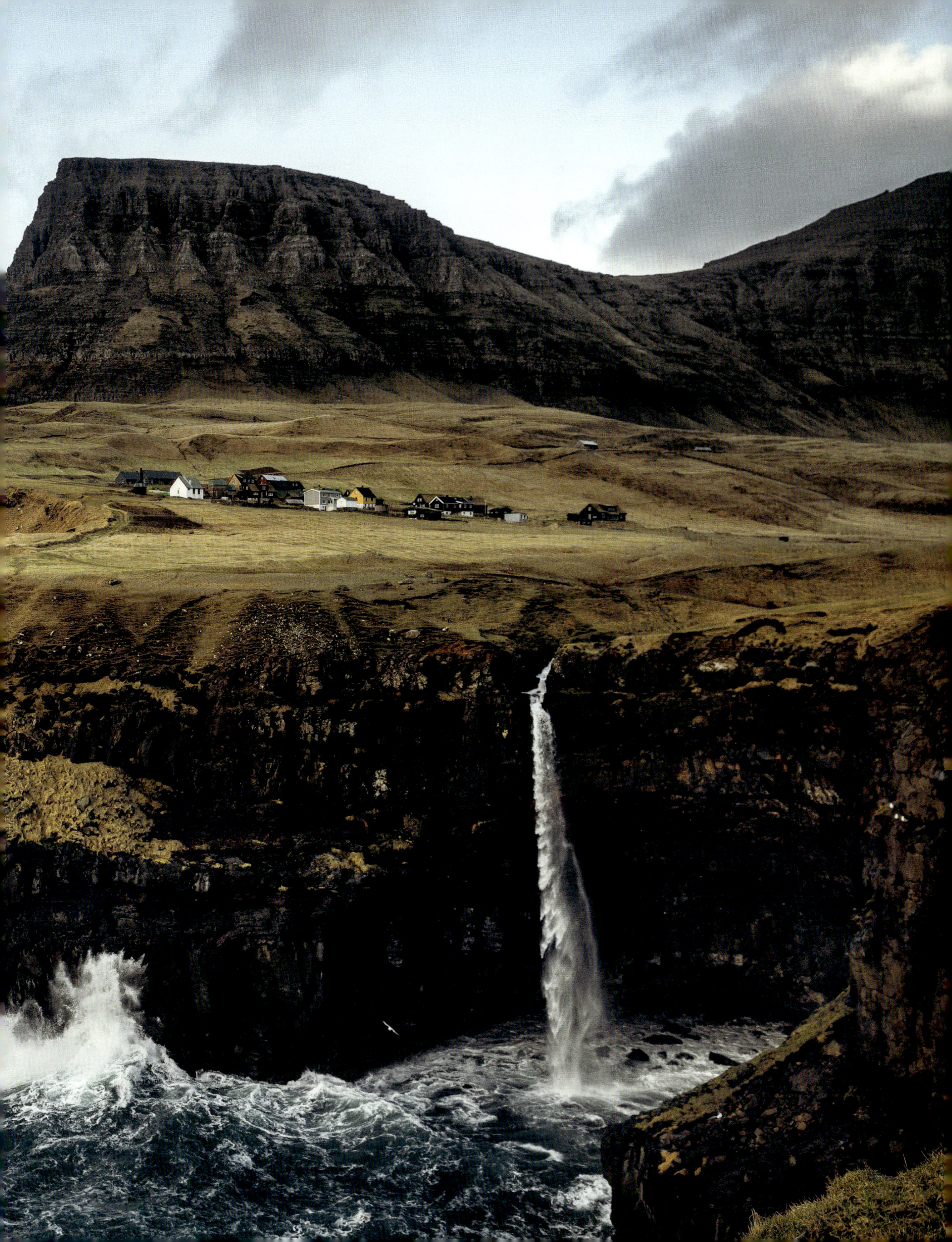

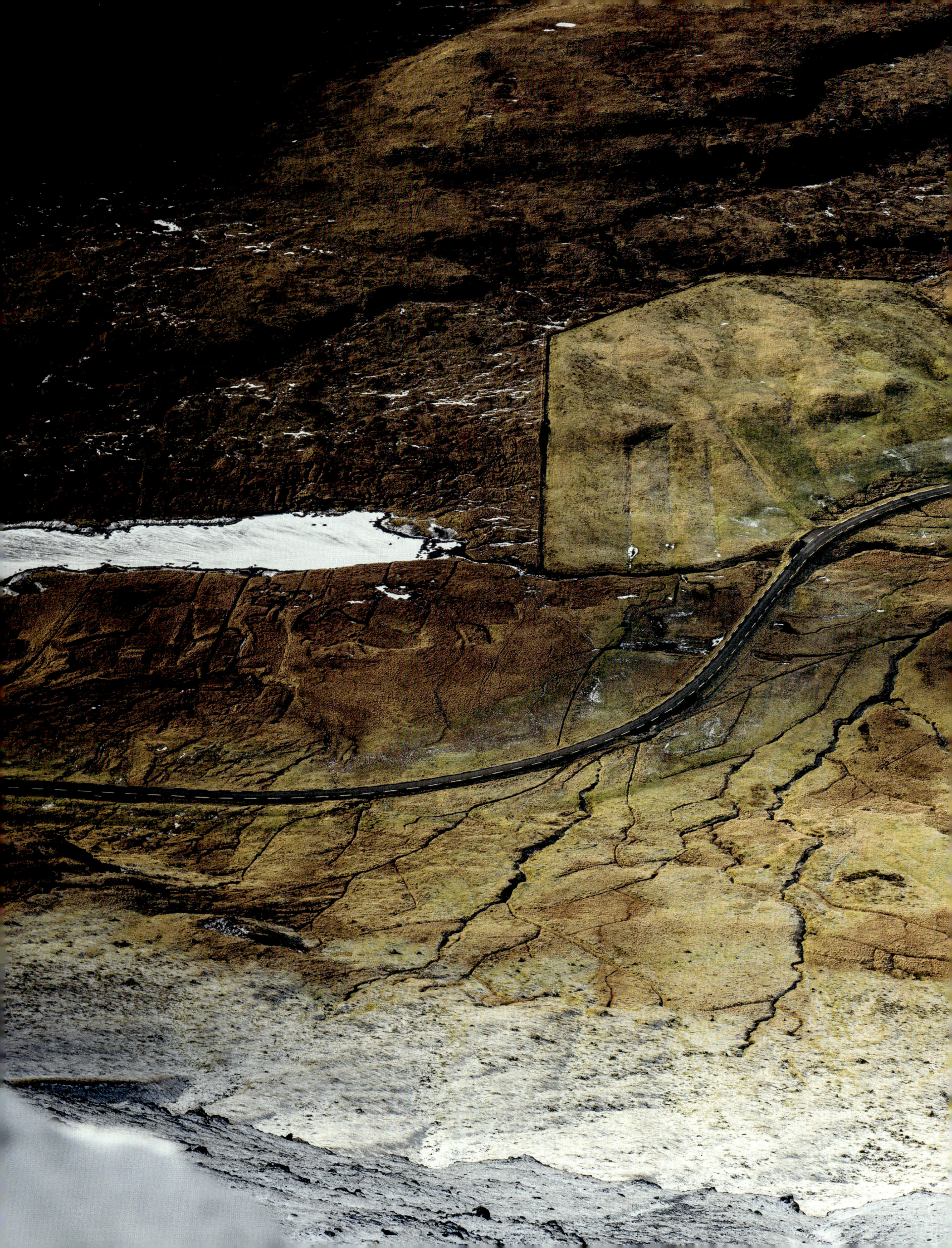

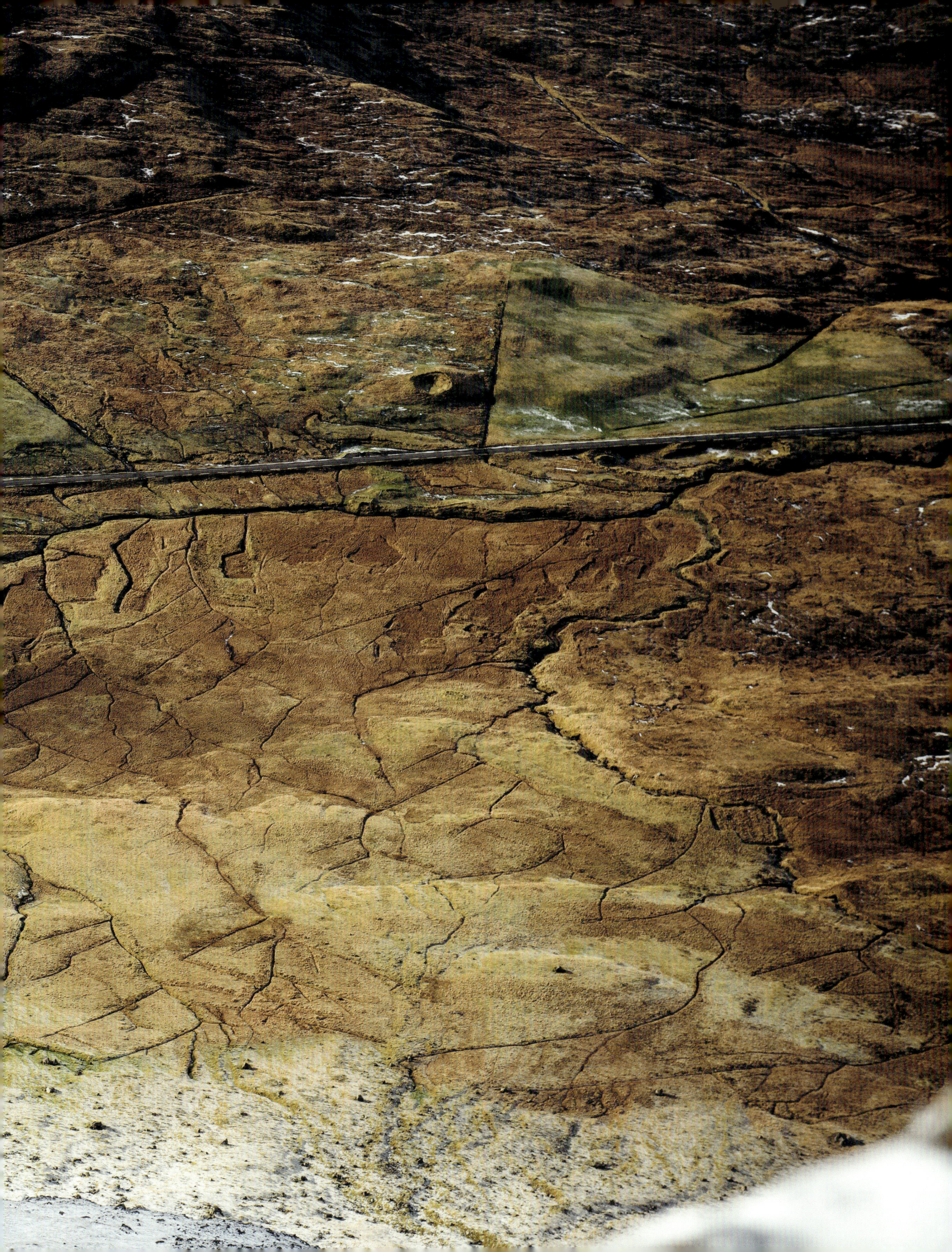

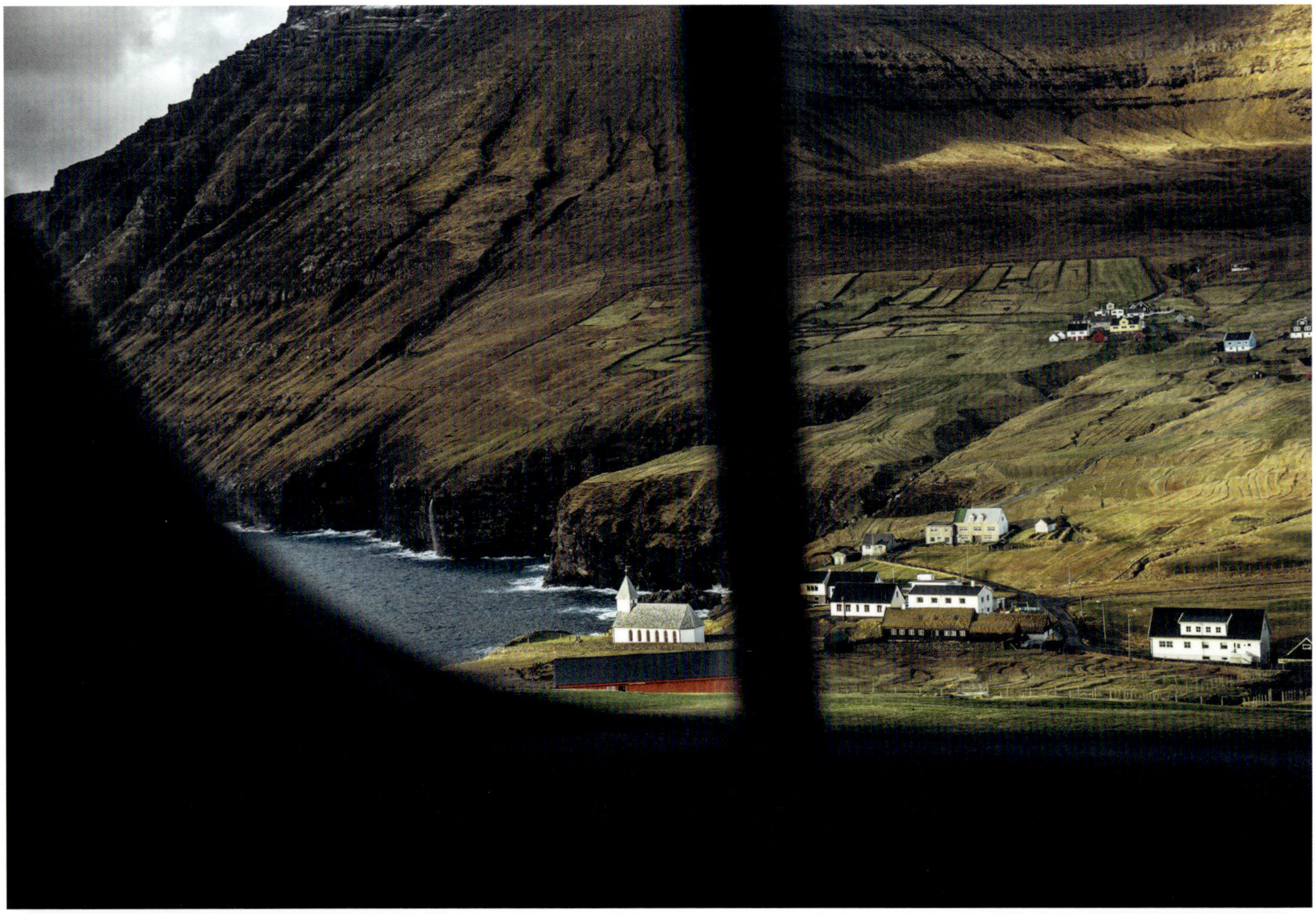

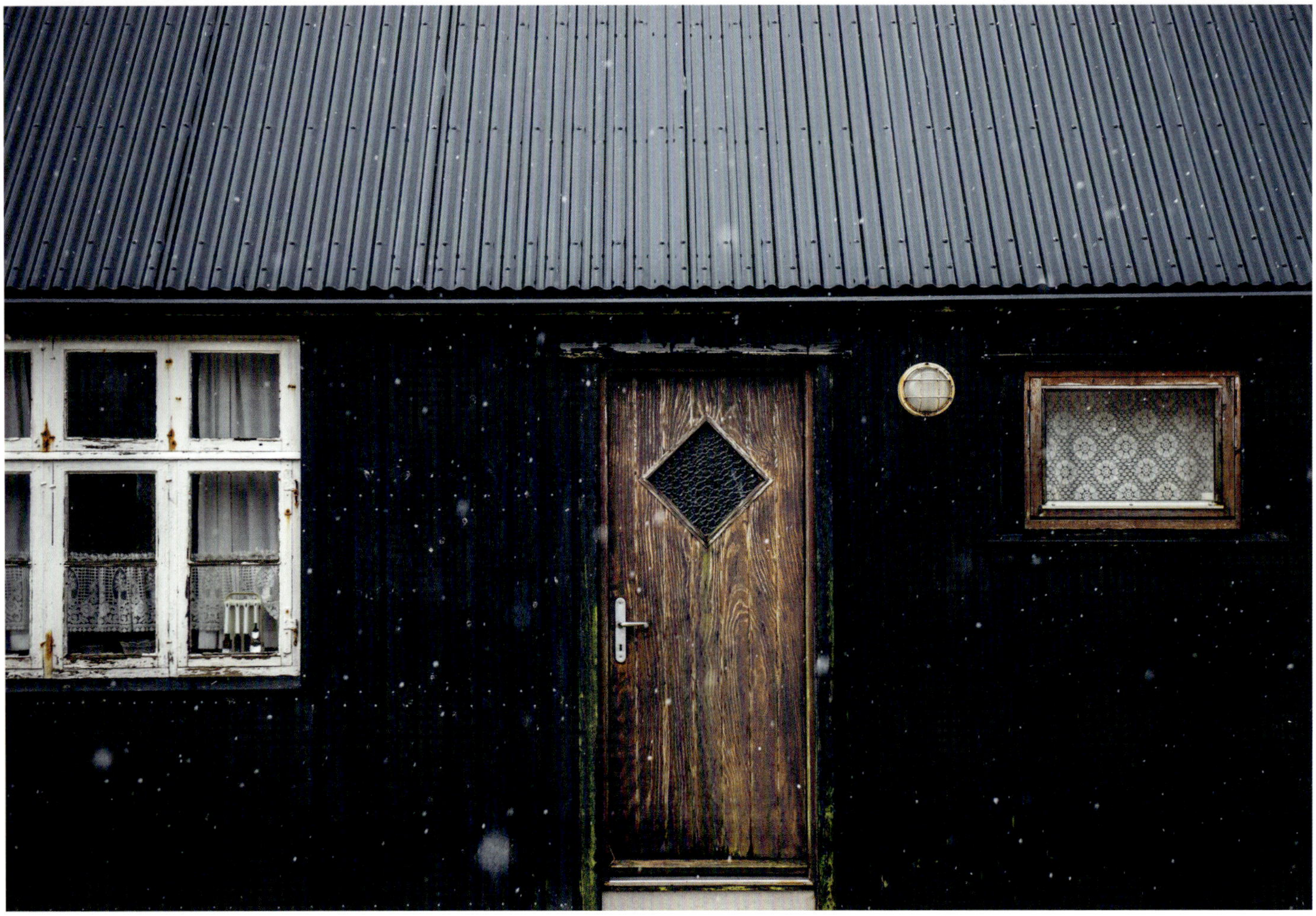

I was always happy with my accommodations, actually. I was staying with locals, and at some point, we always ended up talking.

Mit meinen Unterkünften war ich eigentlich immer zufrieden. Ich wohnte bei Einheimischen und kam dadurch immer wieder mit ihnen ins Gespräch.

Strikingly, I did not meet a single tourist on my entire trip, apart from in the capital city of Tórshavn. On all my hikes, I encountered nary a soul. But the reality was, it was February, and not exactly the classic sort of hiking weather. What fascinated me about the Faroe Islands were the small, picturesque villages, usually of no more than ten houses, so secluded that they seemed almost enchanted. Up until a few years ago, some of them were only accessible by boat. Since then the government has launched an infrastructure program with the goal of optimally connecting all the islanders. Tunnels have been dug, some of them kilometers long, to connect even the smallest villages with the rest of the archipelago. But "tunnel" might not be the right word. They are more like holes in the mountain: gravel, single-lane roads, with no artificial lighting, hewn out of solid rock.

Auffallend ist, dass ich – abgesehen von der Hauptstadt Tórshavn – auf der gesamten Reise keinen einzigen Touristen angetroffen habe. Auf all meinen Wanderausflügen begegnete ich keiner Menschenseele. Aber ganz ehrlich: Es war Februar und nicht gerade das klassische Wanderwetter. Faszinierend an den Färöer-Inseln waren für mich die kleinen, pittoresken Dörfer, meist bestehend aus nicht mehr als zehn Häusern, und so abgeschieden, dass sie fast wie entrückt wirkten. Einige davon waren noch bis vor ein paar Jahren ausschließlich mit dem Boot erreichbar. Mittlerweile jedoch gibt es ein Infrastrukturprogramm der Regierung, dass sich zum Ziel gesetzt hat, alle Bewohner der Inseln bestmöglich miteinander zu verbinden. Es wurden teils kilometerlange Tunnels gegraben, um selbst die kleinsten Dörfer mit dem Rest der Inselgruppe zu verbinden. Doch Tunnel ist vielleicht der falsche Begriff. Es sind eher Löcher im Berg. Einspurige Schotterpisten ohne jegliches elektrische Licht und aus bloßem Stein gehauen.

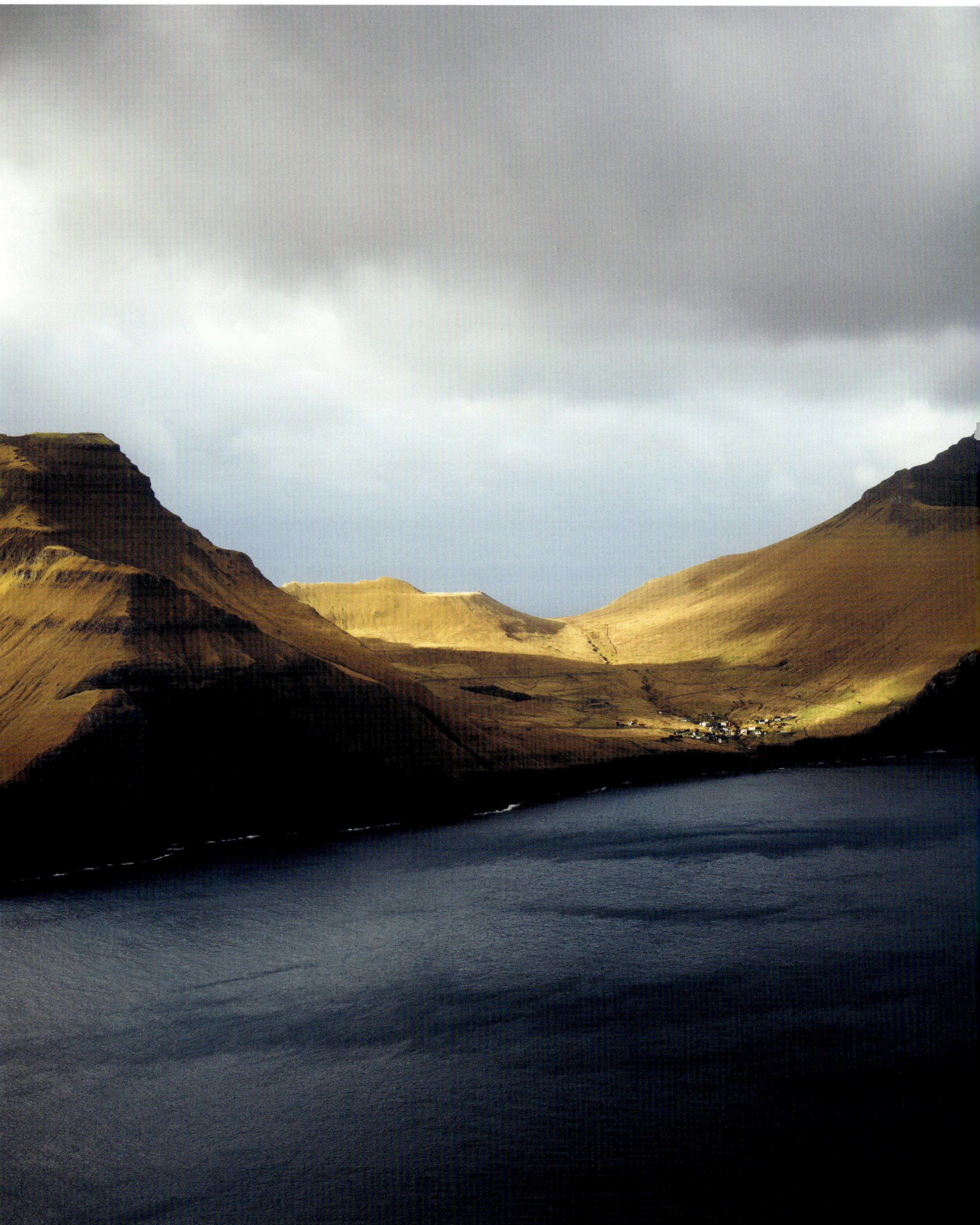

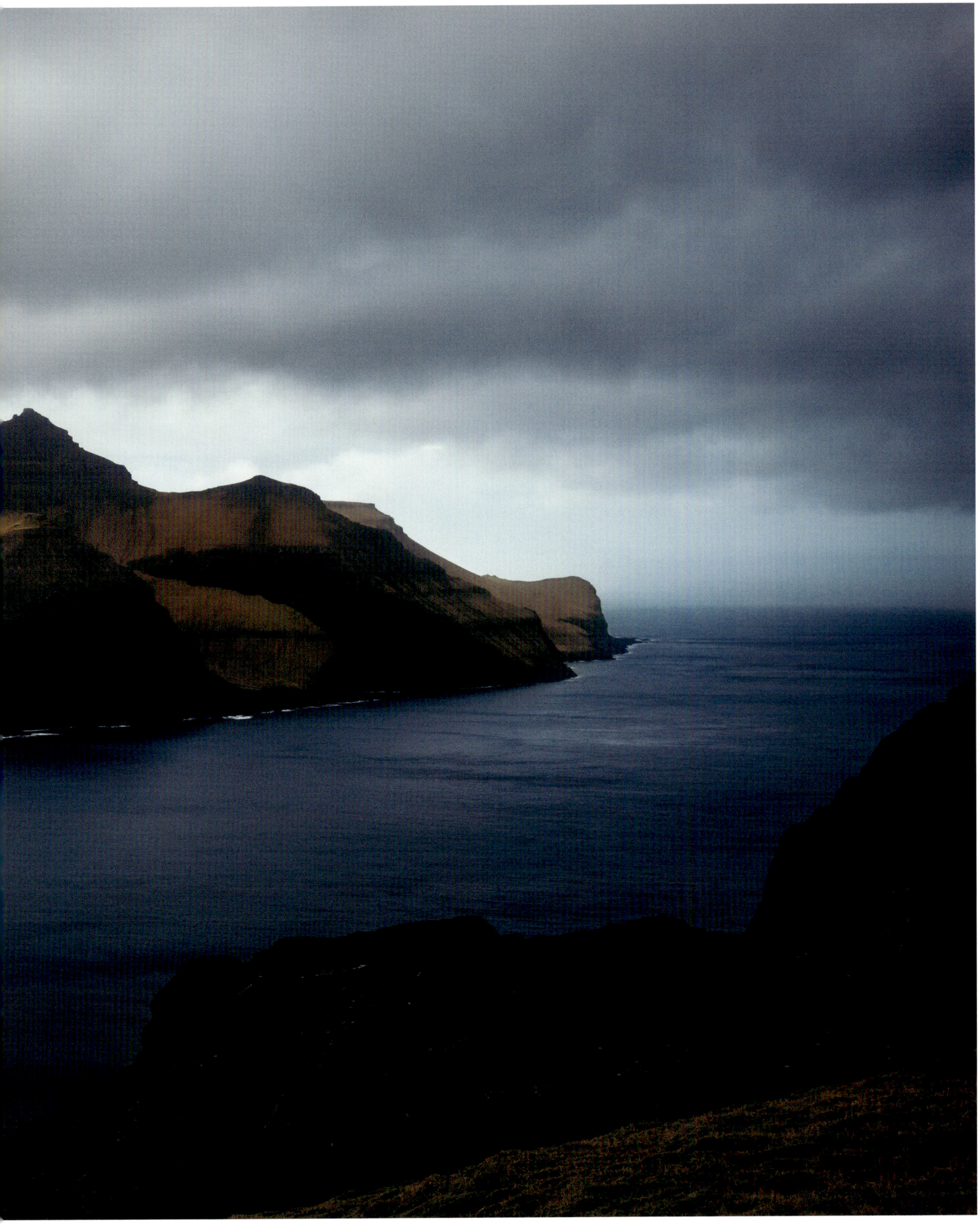

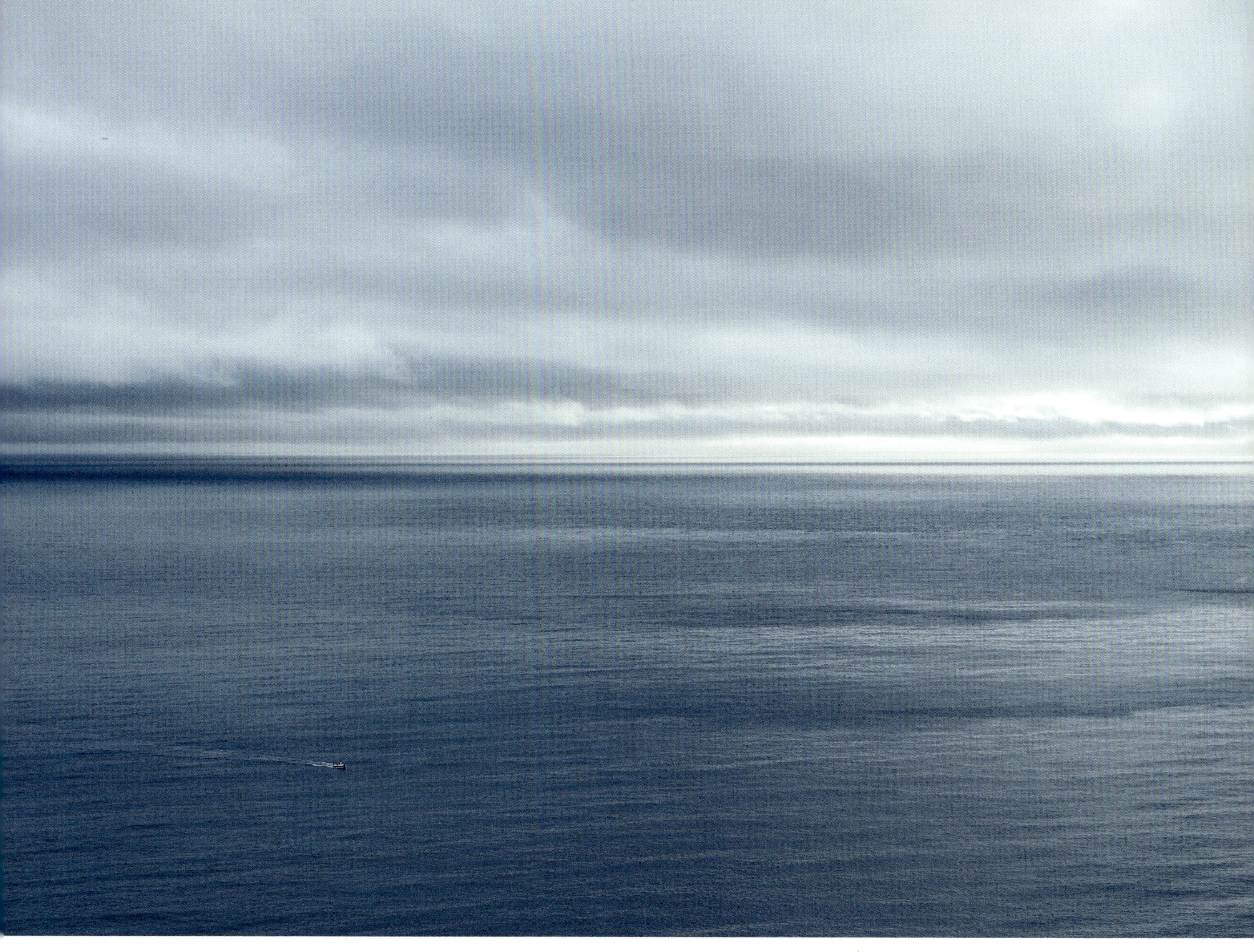

The Faroe Islands are known to many because whaling is still common here, mainly taking long-finned pilot whales. The grindadráp, as the Faroese call their hunt for the creatures, is an important tradition in the islands—it's taken for granted that it's part of keeping everyone fed. Whaling is legal, but heavily regulated, to protect the populations. The quarry is shared among the villagers and in the surrounding communities according to an ancient distribution key. Every part of the creatures' bodies finds a use; nothing must go to waste.

Vielen Menschen sind die Färöer-Inseln ein Begriff, weil Walfang – vor allem auf den Grindwal – hier nach wie vor gängig ist. Der sogenannte Grindadráp (Grindwalfang) ist wichtiger Teil der Tradition auf den Inseln und wird heute noch als selbstverständlich zur Ernährung der Bevölkerung angesehen. Der Walfang ist legal, aber gesetzlich stark reglementiert, um die Bestände zu schützen. Nach einem uralten Verteilerschlüssel wird die Beute im Dorf und den umliegenden Orten verteilt. Der Körper des Wals wird dabei vollständig verwertet, kein Teil soll ungenutzt bleiben.

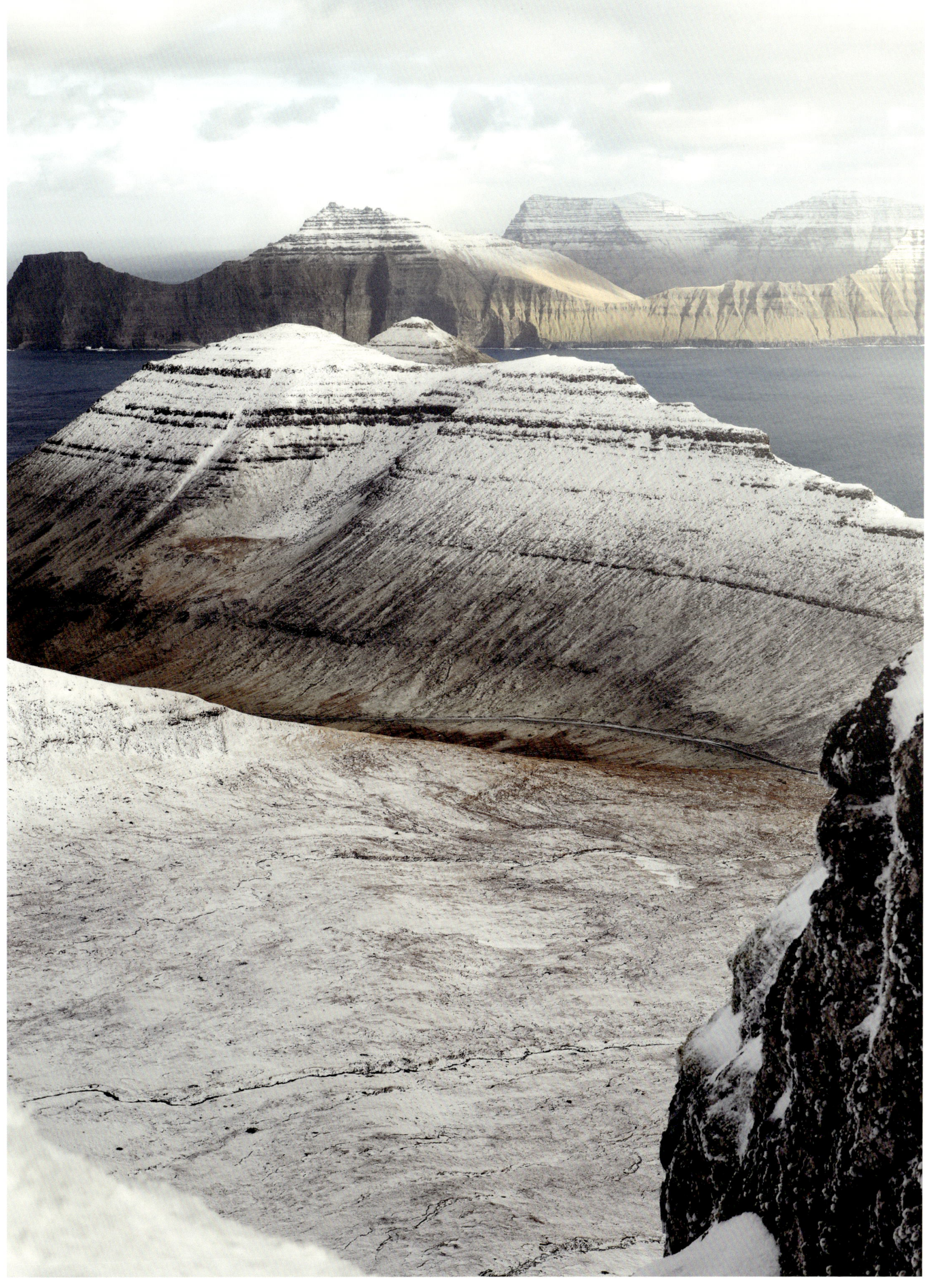

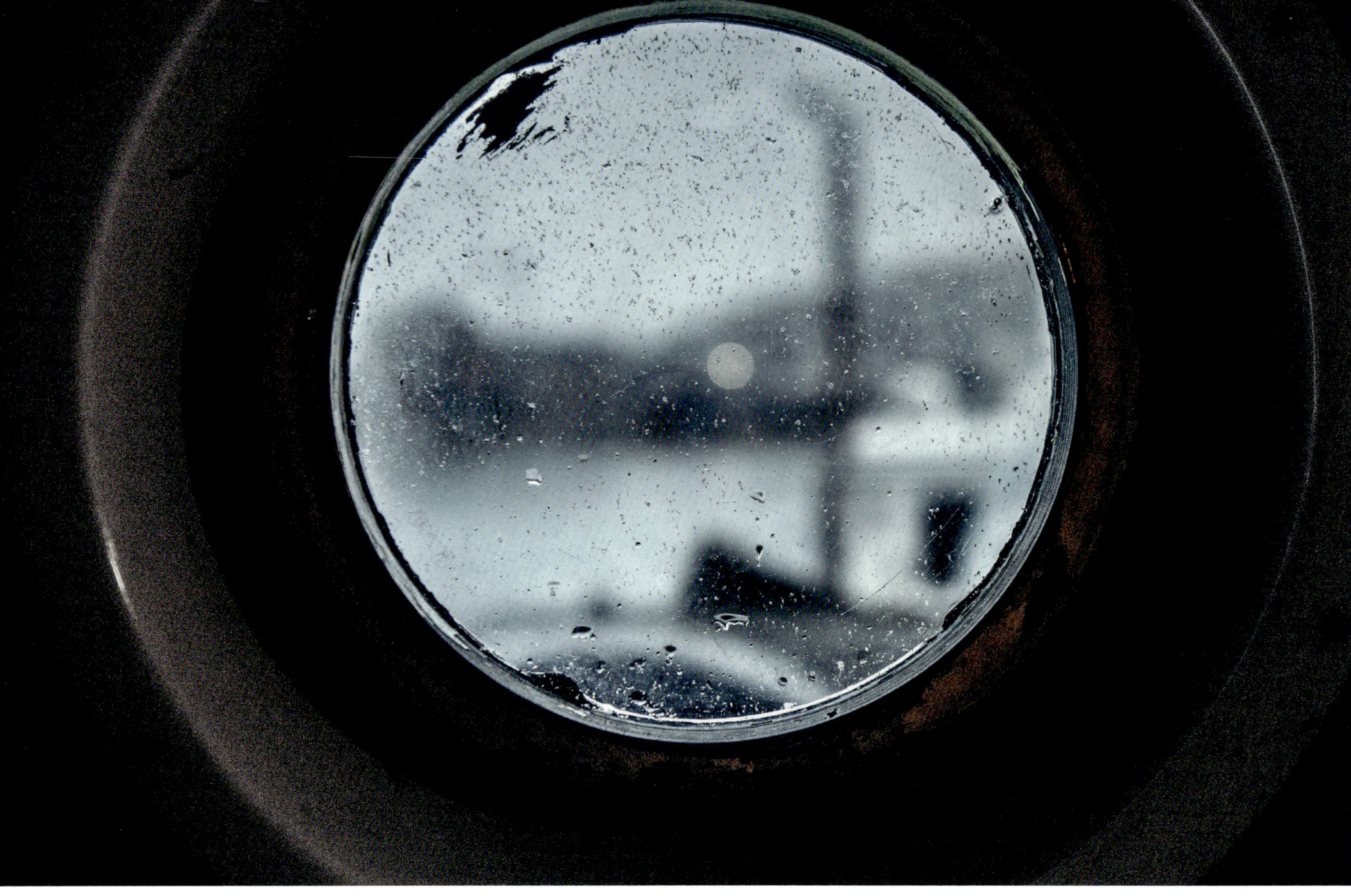

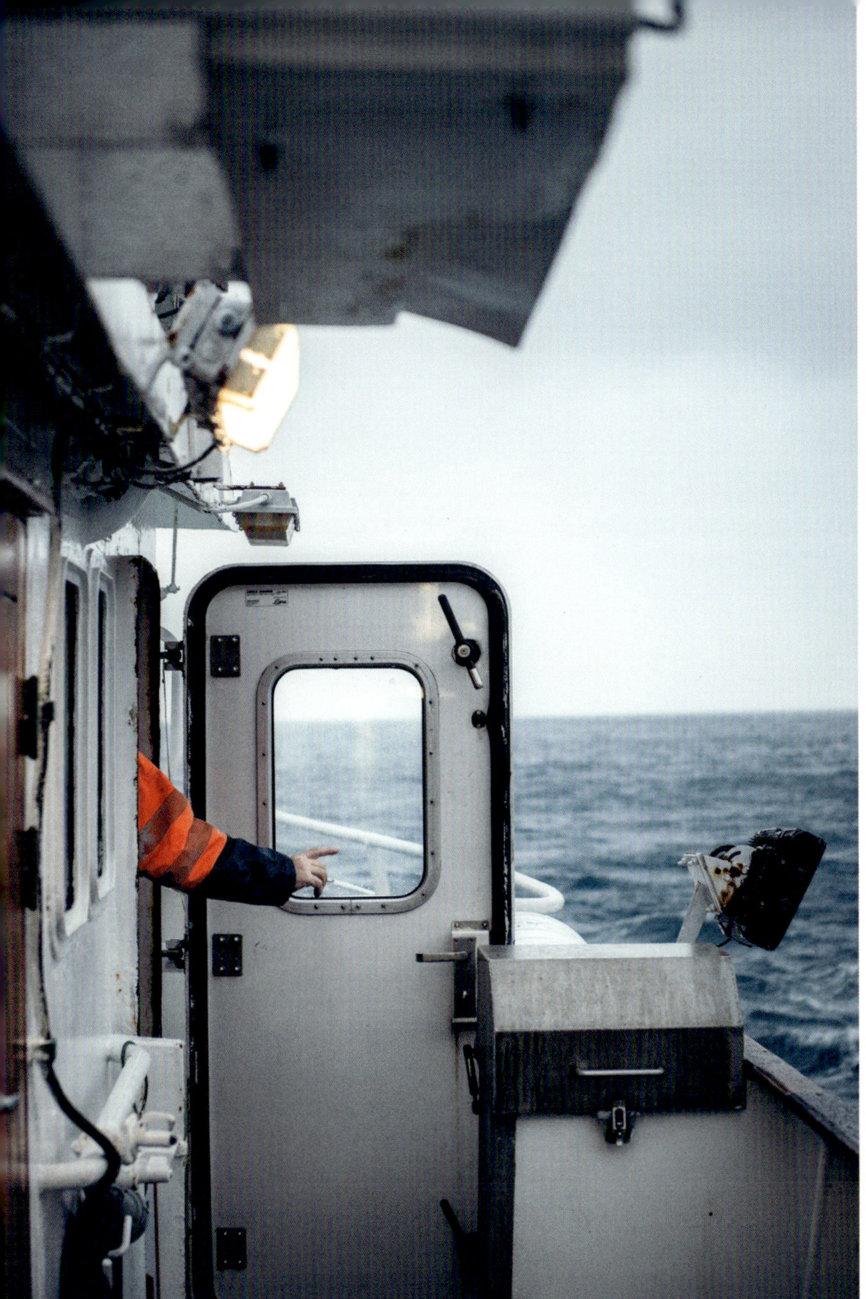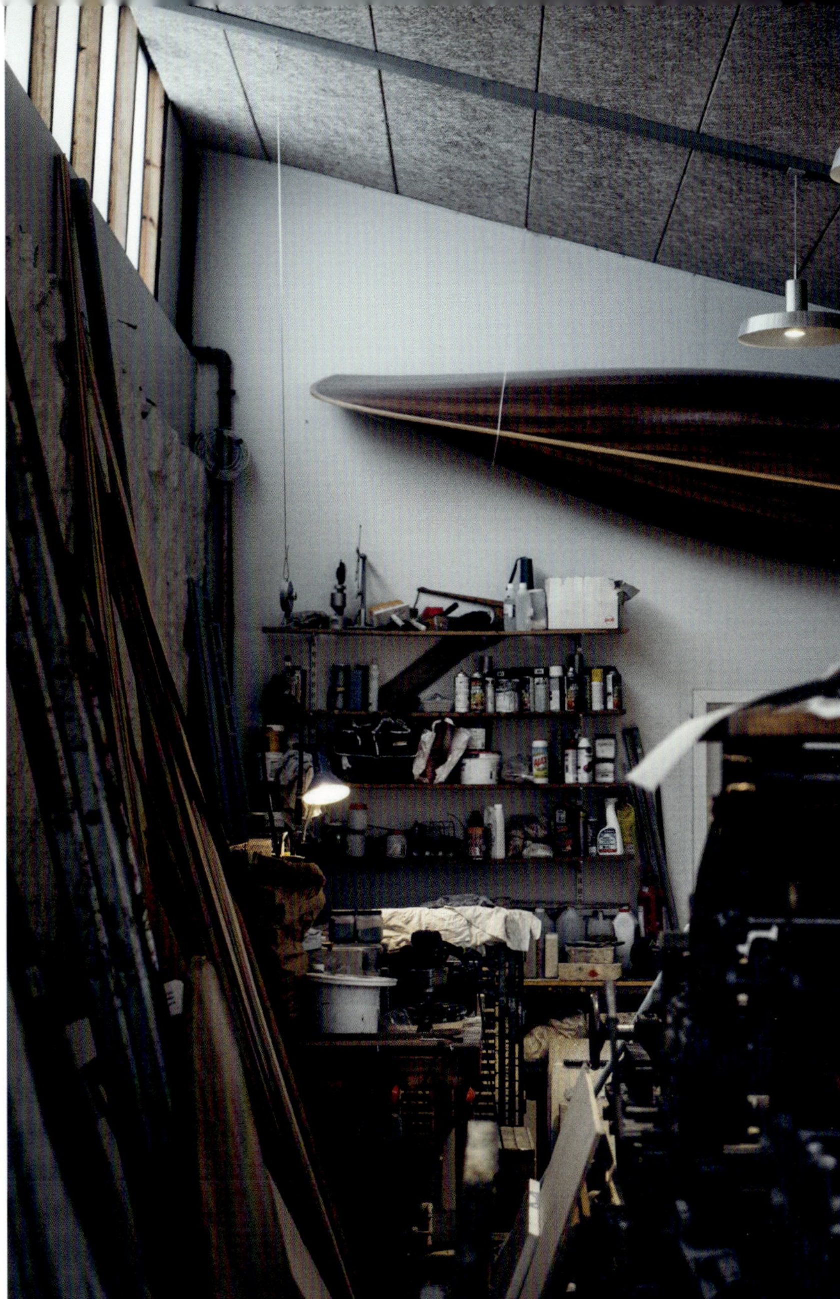

In the Faroe Islands, the helicopter is sometimes your completely normal mode of public transportation—it's like me, at home, taking the bus, and about as inexpensive. To forestall a presumptive onslaught of tourists, they only offer one-way fares. A host gave me a tip: just take a ferry to the tiny island of Svínoy in order to book a helicopter flight to Klaksvík from there. It worked fantastically. But the sea suddenly got so rough on the way to Svínoy that an alarm was constantly howling, warning that too much water was spraying on deck in the high seas. I, the only passenger, stood on deck, slightly out of my element, clutching a lifebuoy, longing for arrival.

Helikopter sind auf den Färöern ganz normale öffentliche Transportmittel – wie bei mir daheim der Bus. Und auch in etwa so günstig. Damit sie von Touristen nicht überstrapaziert werden, gibt es nur One-Way-Tickets. Ein Gastgeber gab mir den Tipp, einfach mit einer Fähre auf die winzige Insel Svínoy zu fahren, um von dort einen Helikopterflug nach Klaksvík zu buchen. Es hat fantastisch geklappt! Allerdings war die See bei der Hinfahrt plötzlich so wild, dass ständig die Alarmsirene heulte, weil durch den hohen Wellengang zu viel Wasser an Deck gepeitscht wurde. Ich, der einzige Passagier, stand leicht überfordert mit einem Rettungsring in Händen an Deck und sehnte die Ankunft herbei.

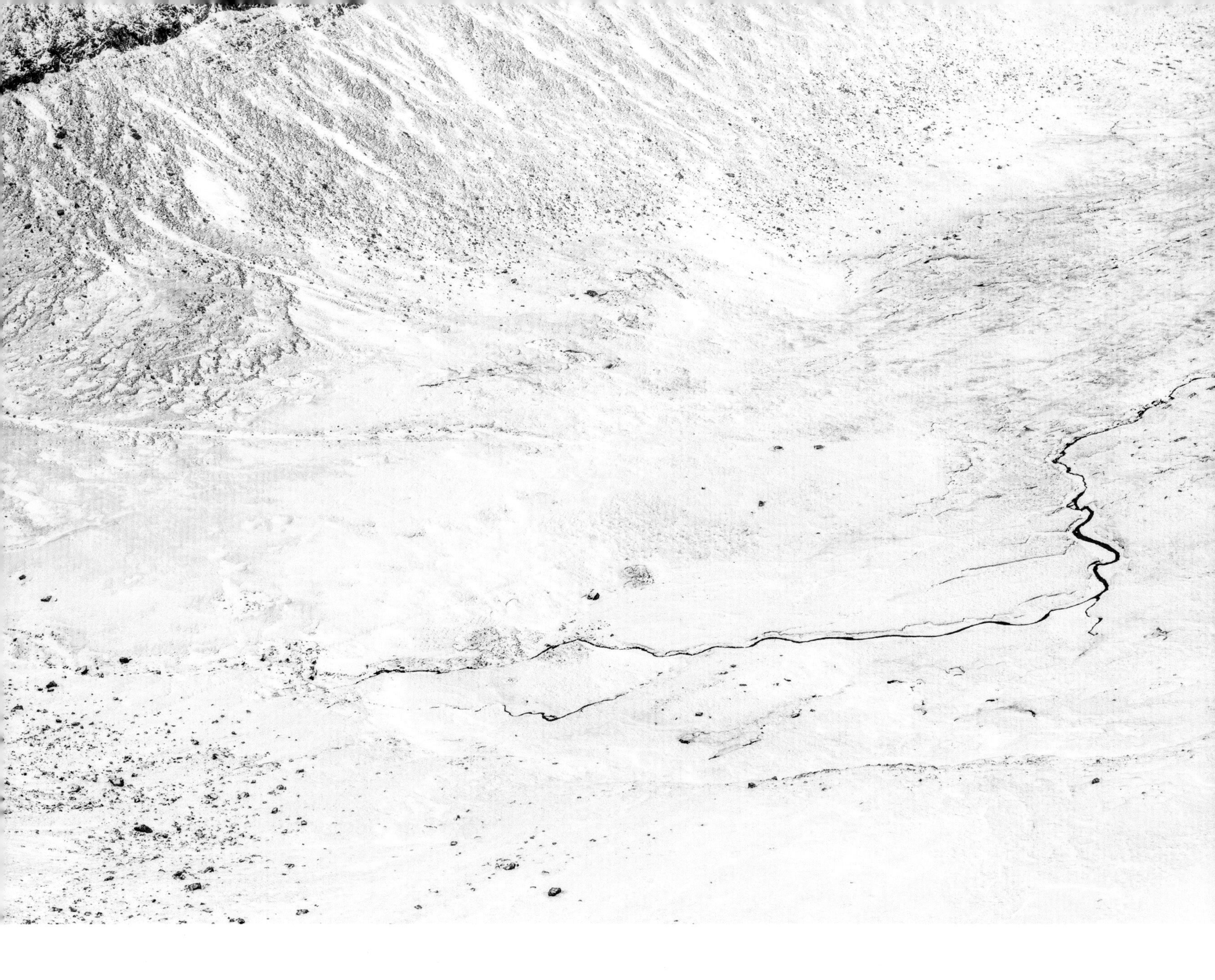

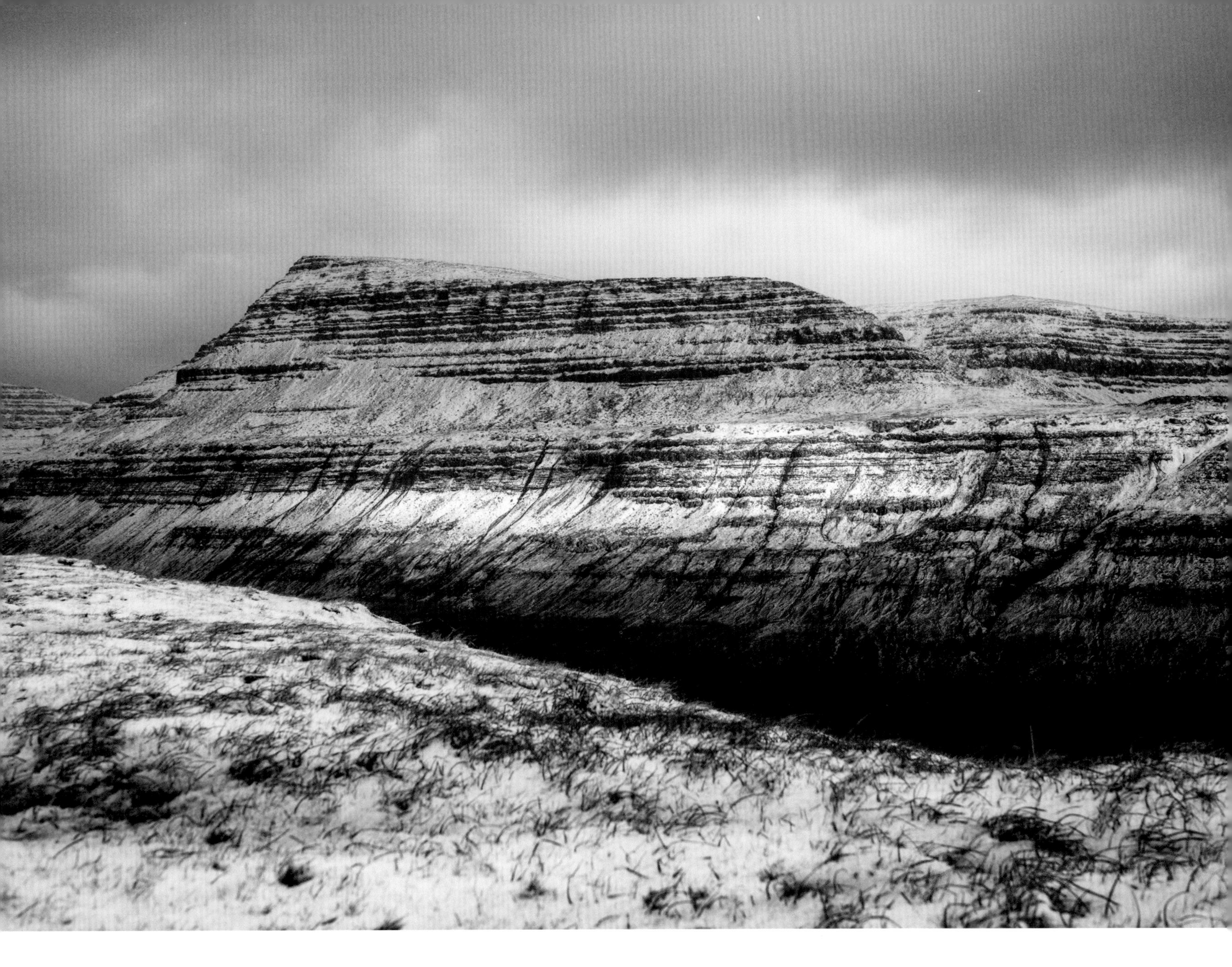

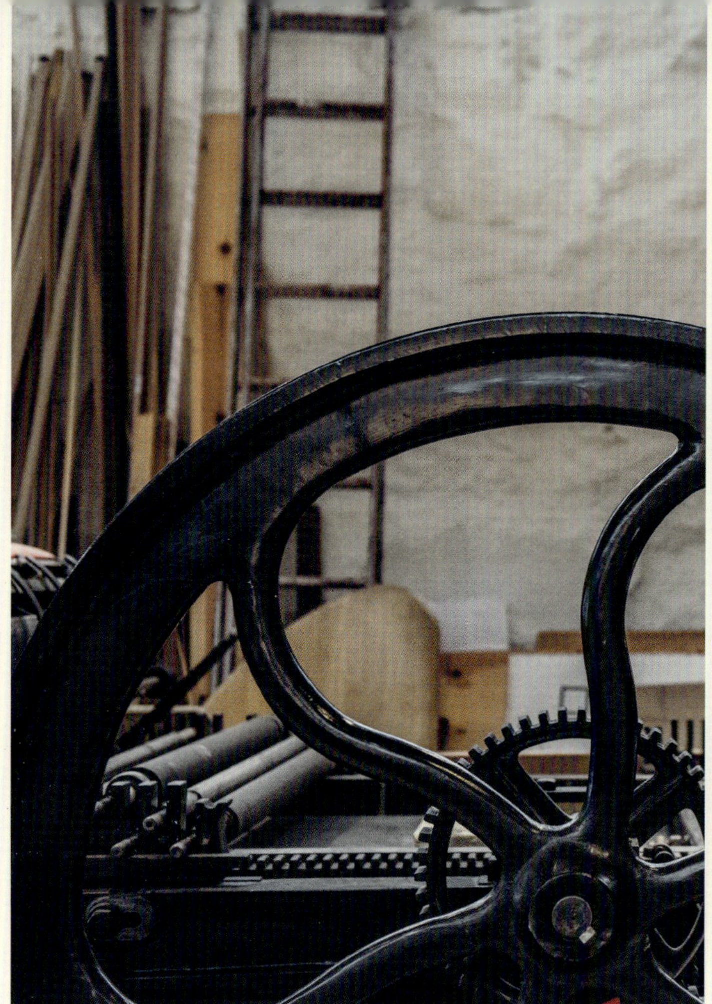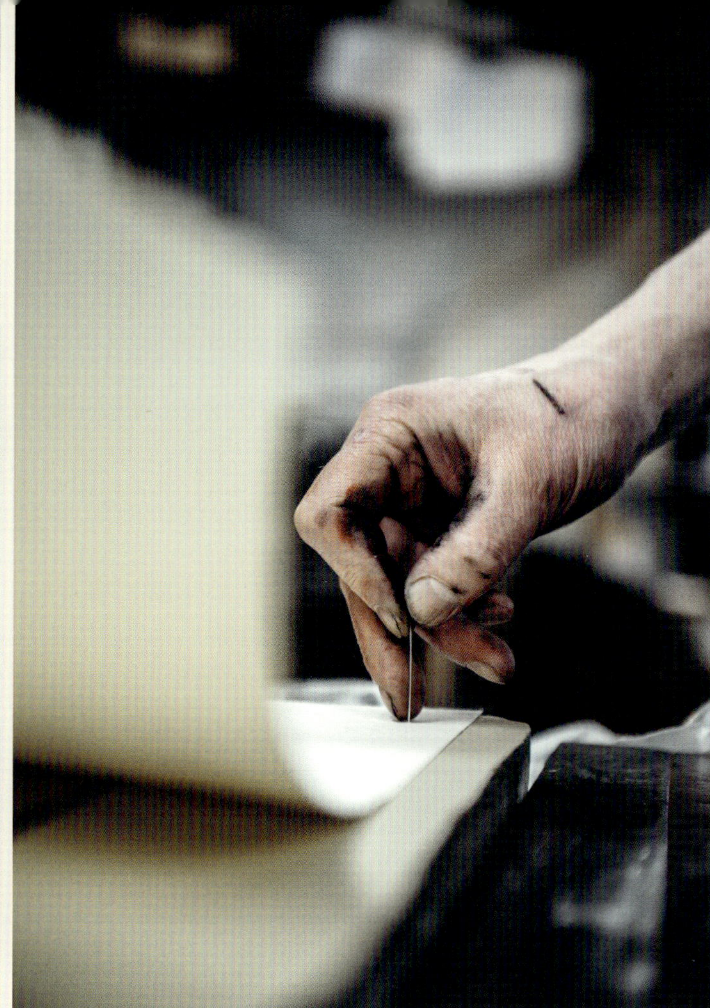

Made in
Faroe Island.

I randomly stumbled into a gallery in Tórshavn where a lithography workshop was being offered on the second floor. Yes—count me in! Upstairs, in the studio, I found that there were many old tools and machines still in use. It is a good place for calm, focused work.

Lithography is an old printing technique that involves an image being drawn on stone blocks, called lithographic stones, whose surfaces are then inked in preparation for printing on paper. For each color, the artist must work up a drawing on a different block of limestone. It is one of the oldest printing techniques and was, during the nineteenth century, one of the most widely used.

In Tórshavn stolperte ich zufällig in eine Galerie, die im ersten Stock gerade einen Lithographie-Workshop anbot. Klar mache ich mit! Hier oben, im Atelier, fand ich sehr viele alte Maschinen und Werkzeuge, die noch genutzt wurden. Es ist ein guter Ort, um ruhig und fokussiert zu arbeiten.

Lithographie ist eine alte Drucktechnik, bei der Farbe auf zuvor mit Steinzeichnungen versehenen Steinplatten, die sogenannten Lithographiesteine, aufgetragen wird, um damit anschließend Papier zu bedrucken. Für jede Farbe muss der Künstler einen neuen Kalkstein als Vorlage herstellen. Es ist eines der ältesten Druckverfahren und gehörte im 19. Jahrhundert zu den am meisten angewendeten Drucktechniken.

The printing house and gallery Steinprent is located directly at the port of Tórshavn. They use a traditional printing technique there found today only in fine art: lithography.

Direkt am Hafen von Tórshavn befindet sich die Druckerei und Galerie Steinprent. Dort arbeitet man mit einer alten, heute nur noch in der Kunst anzutreffenden, Drucktechnik: dem Steindruckverfahren.

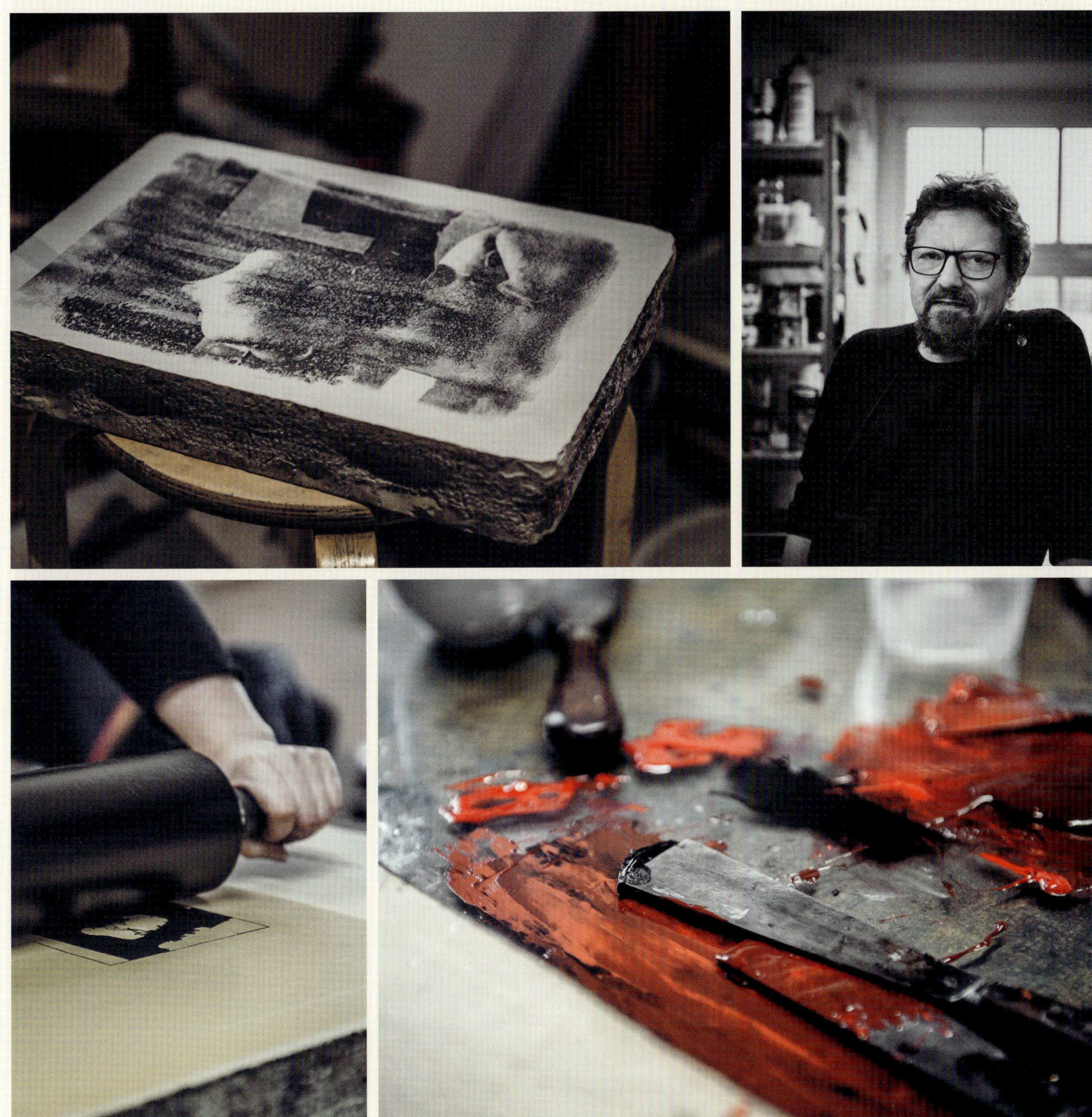

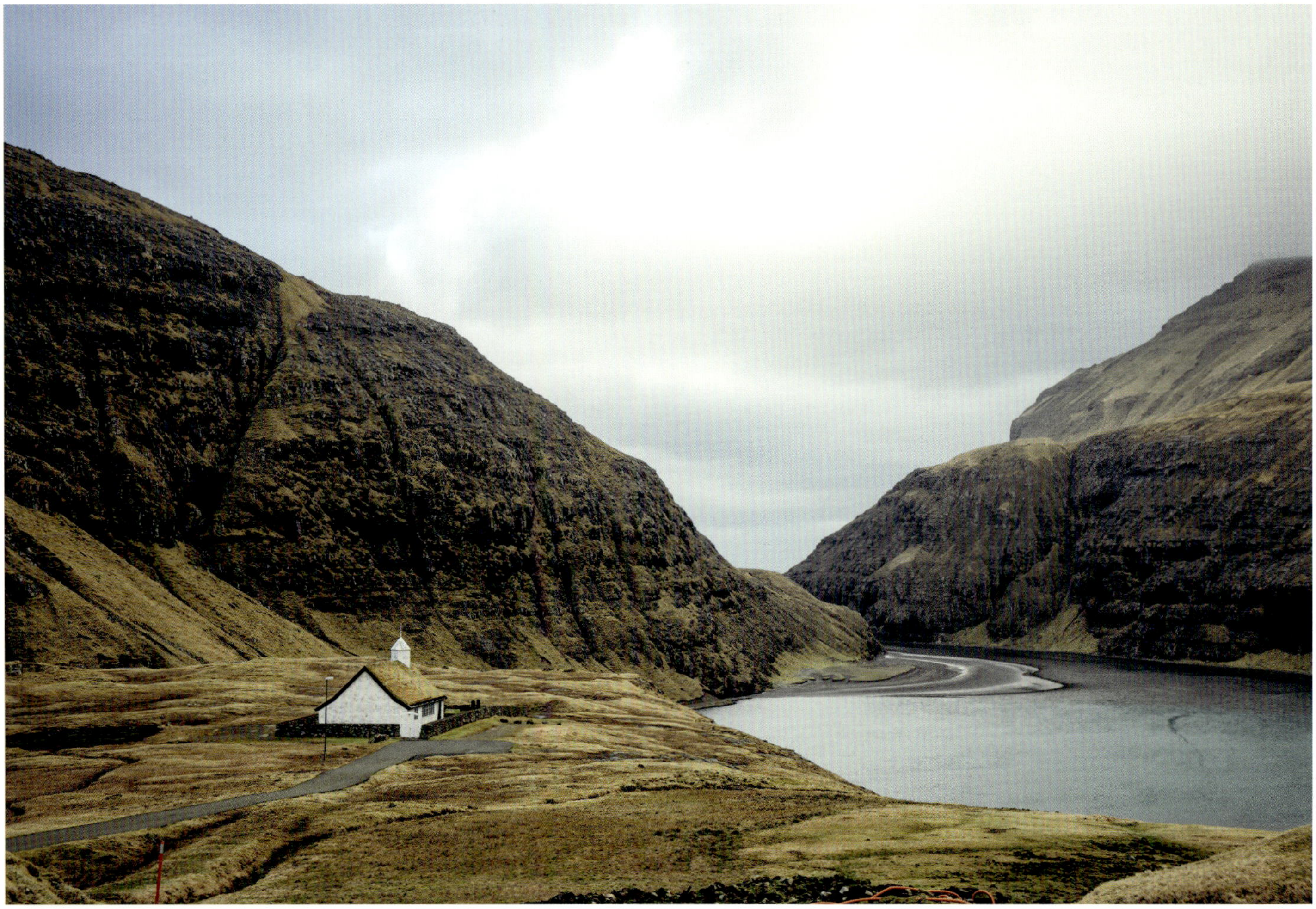

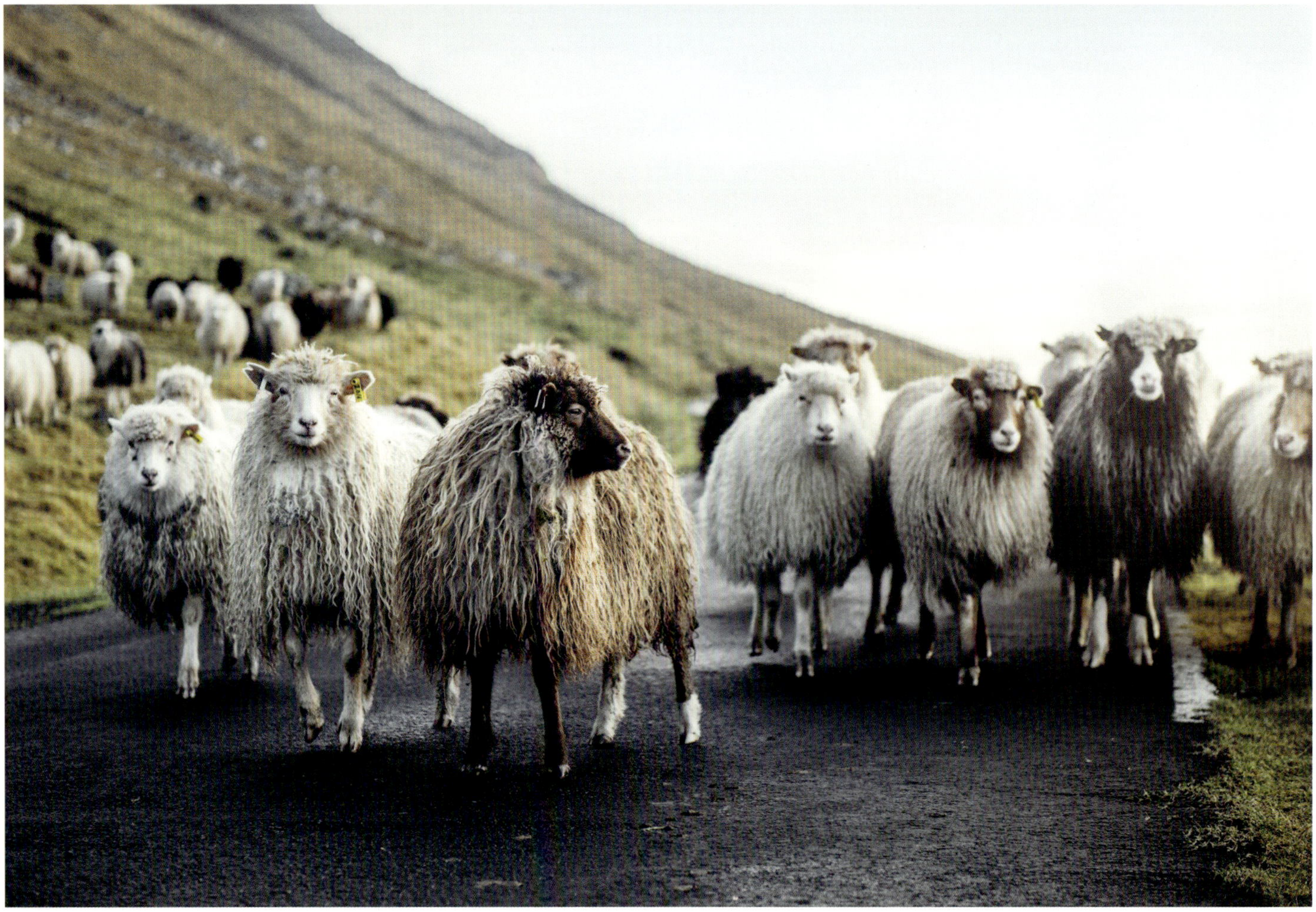

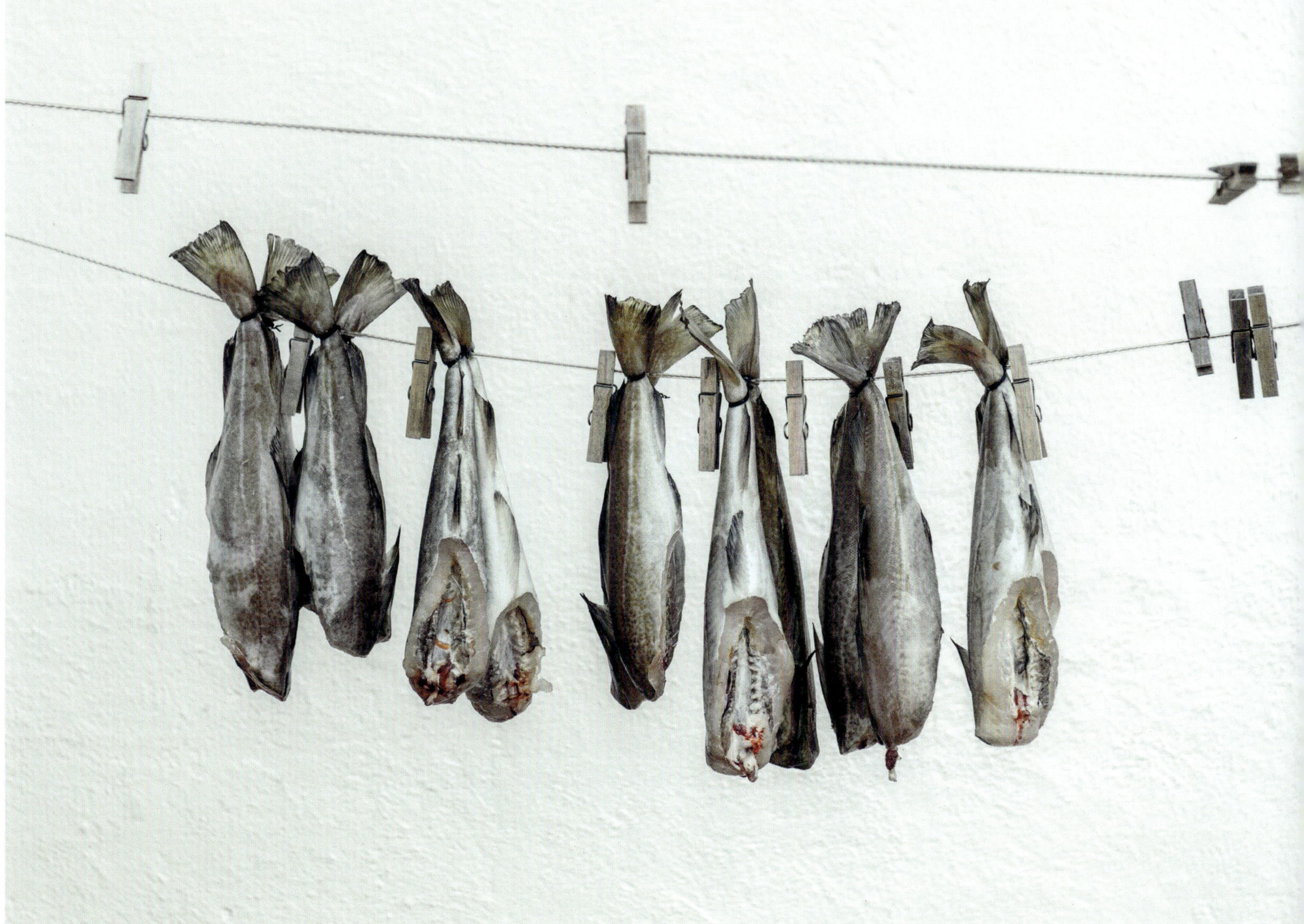

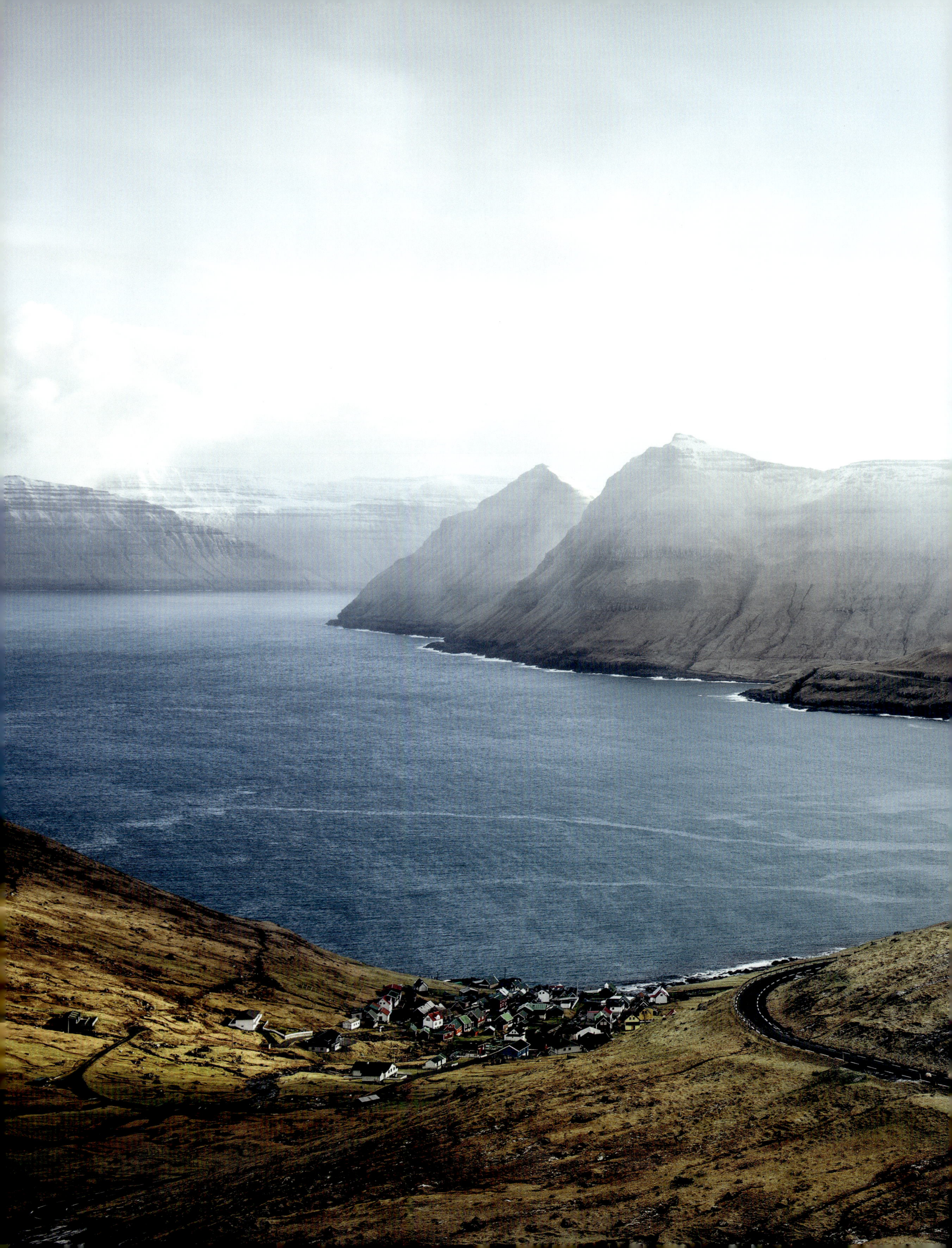

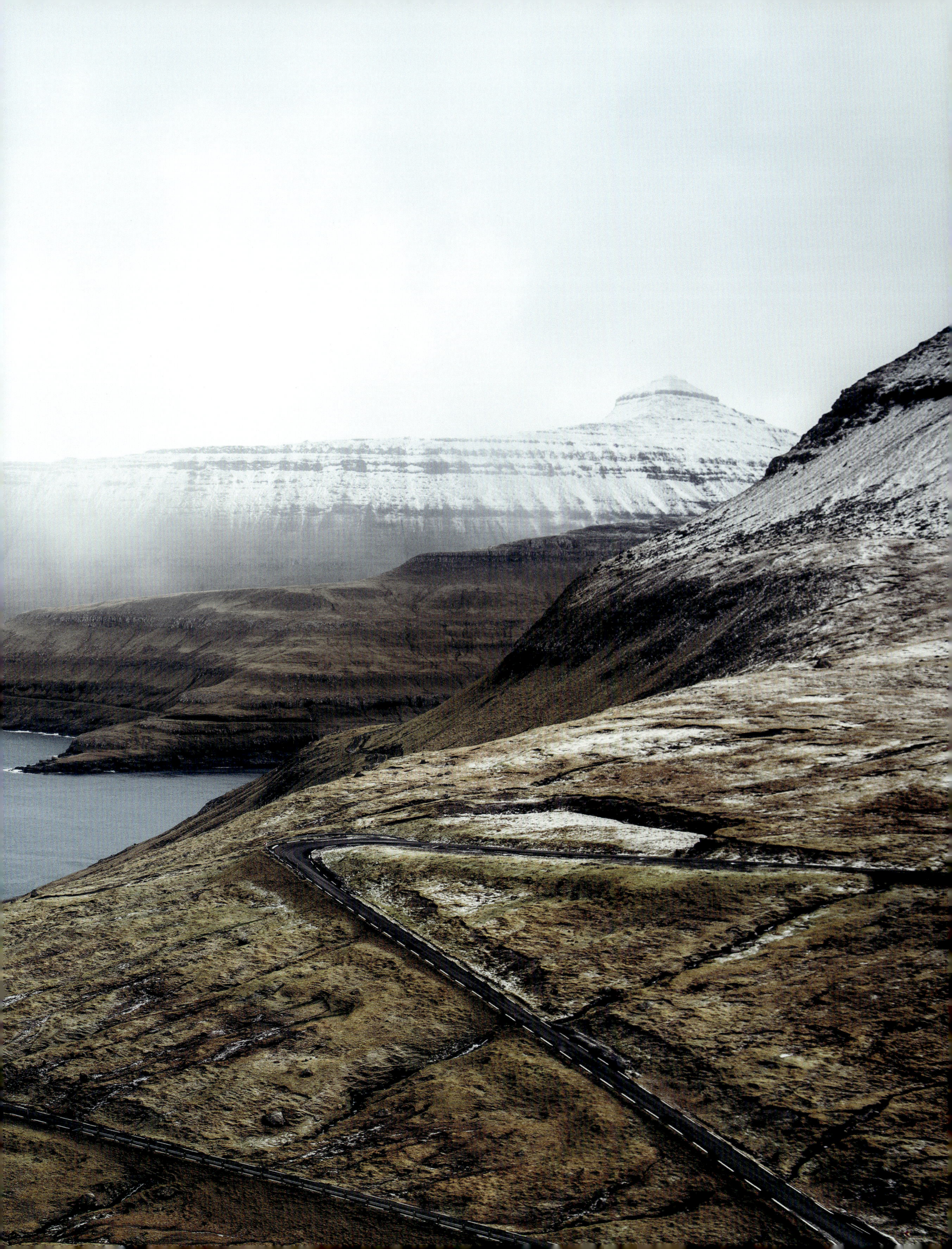

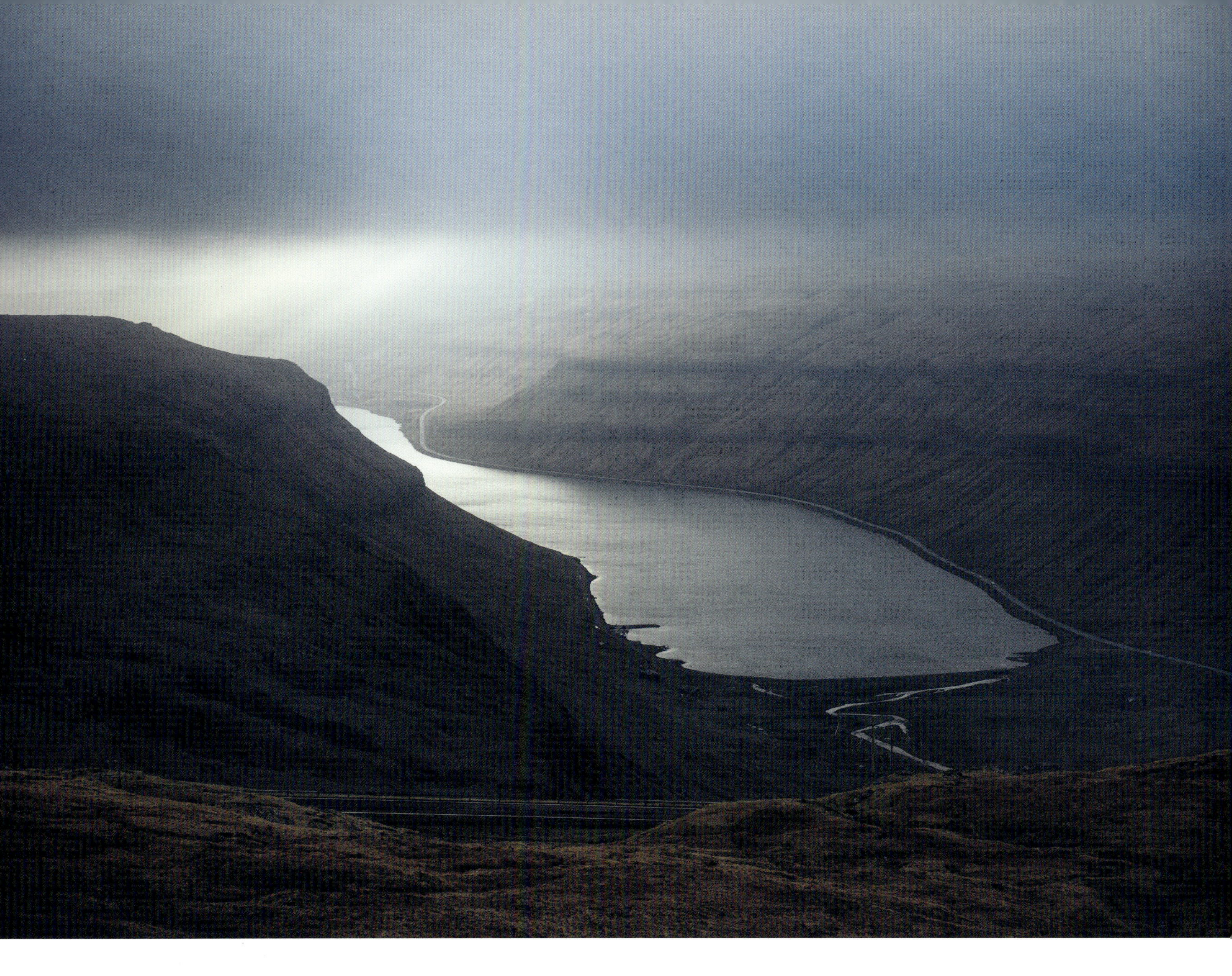

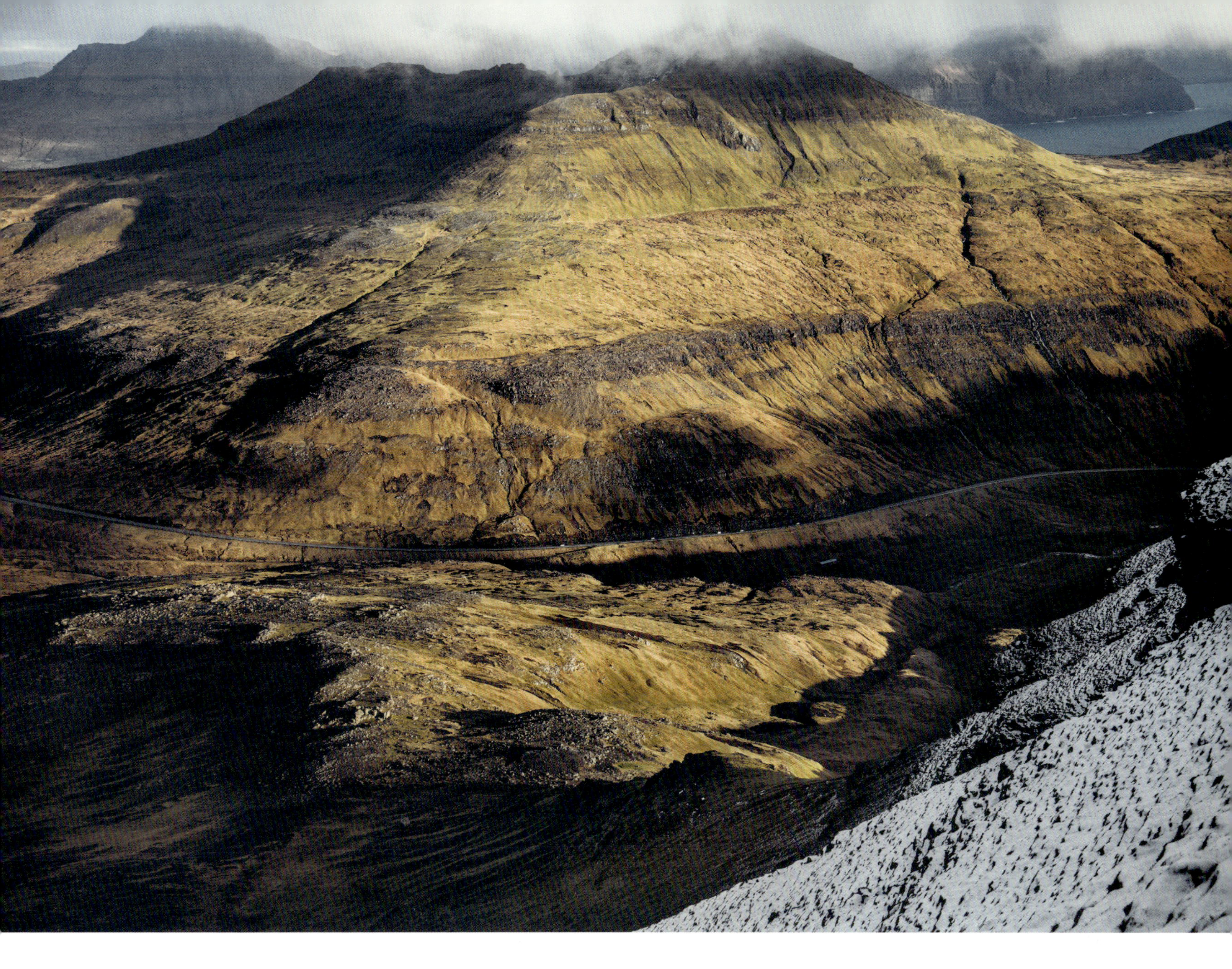

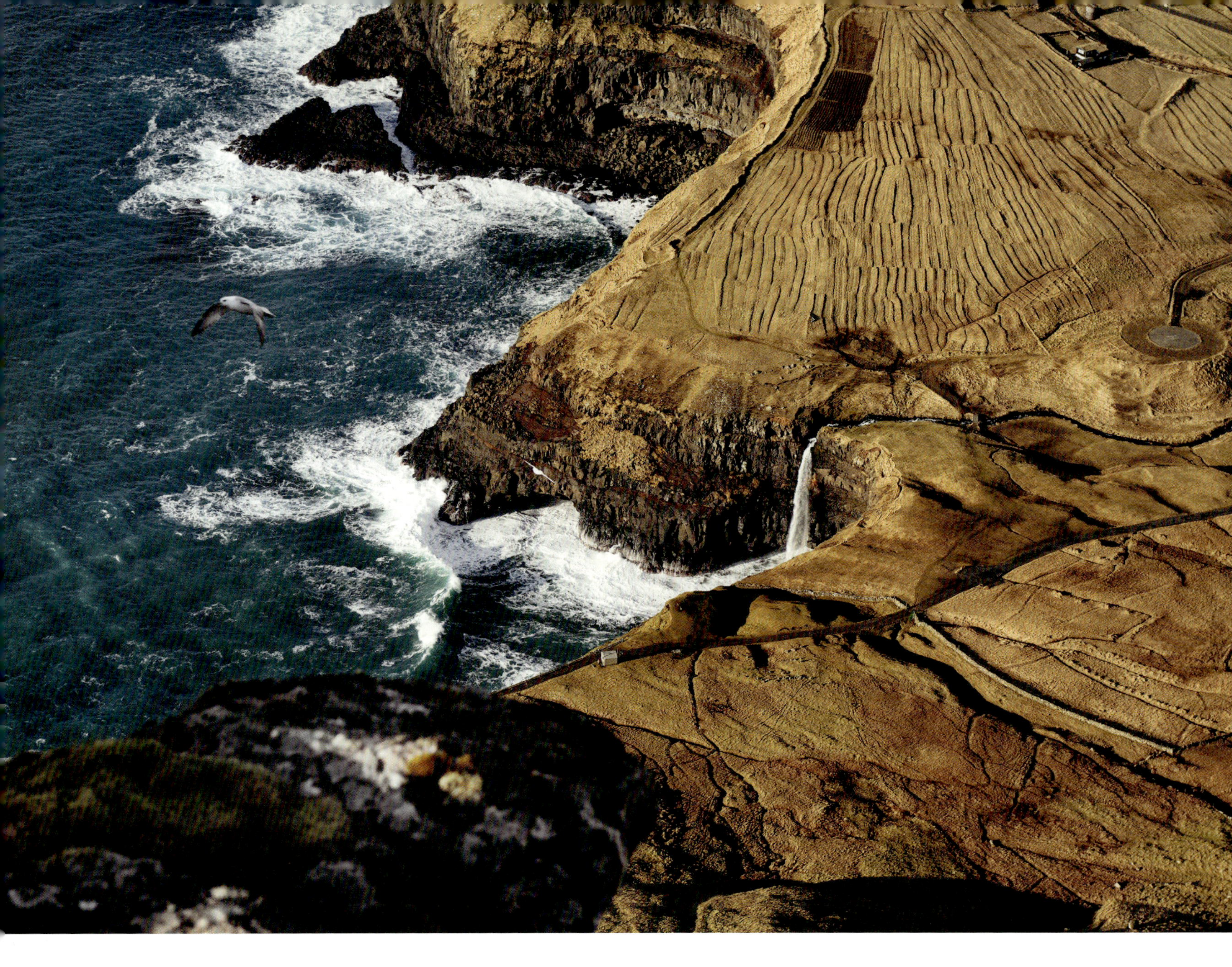

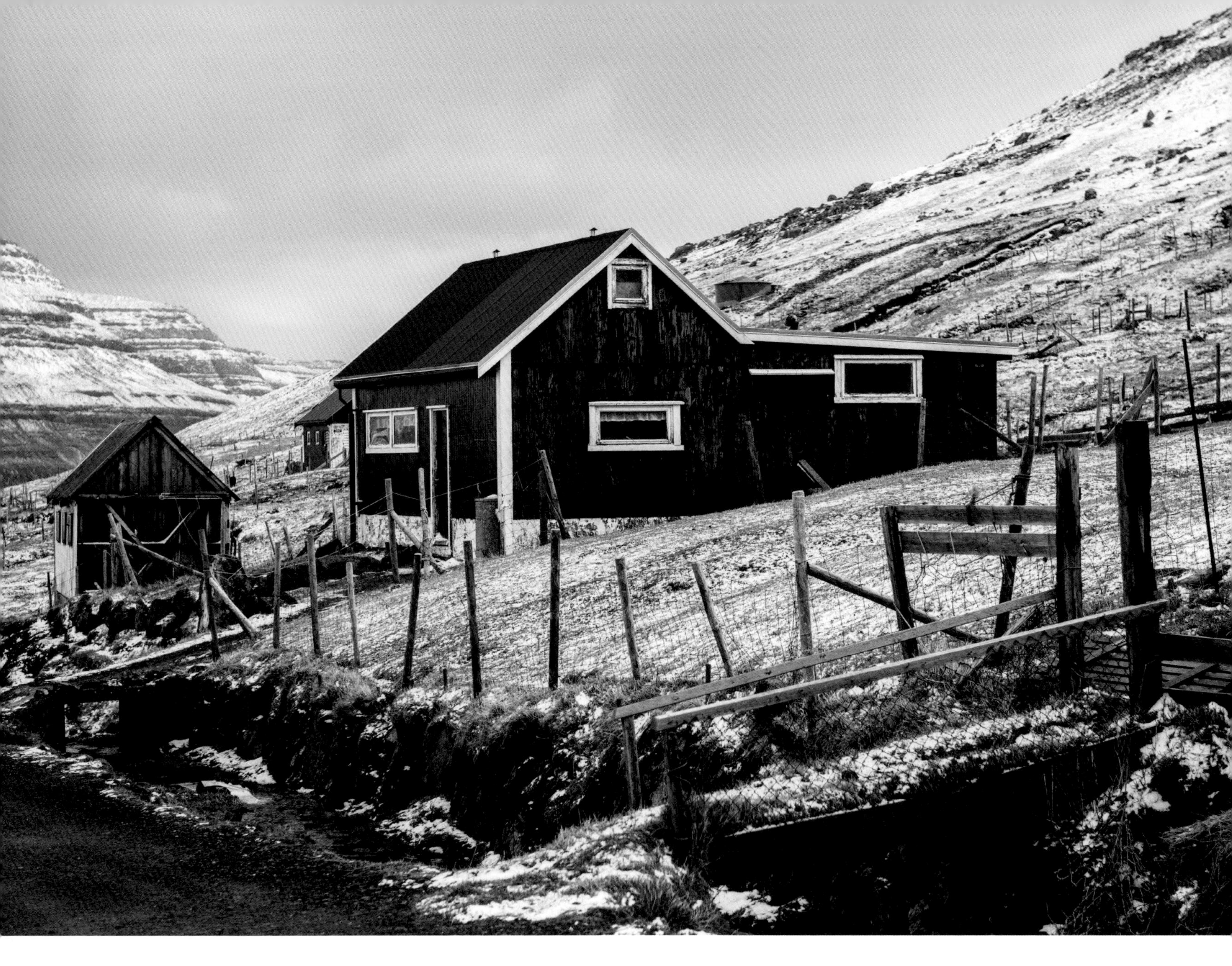

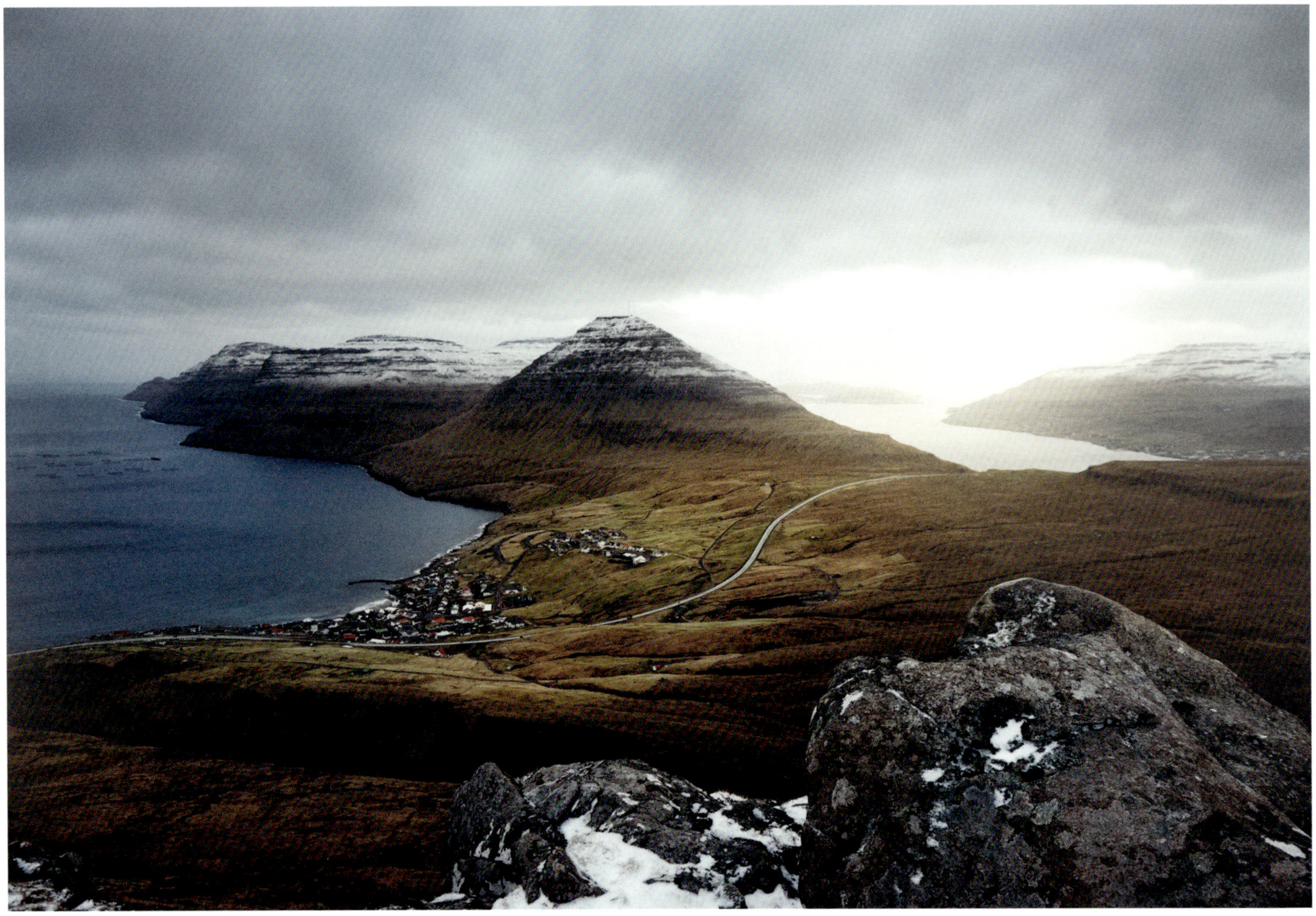

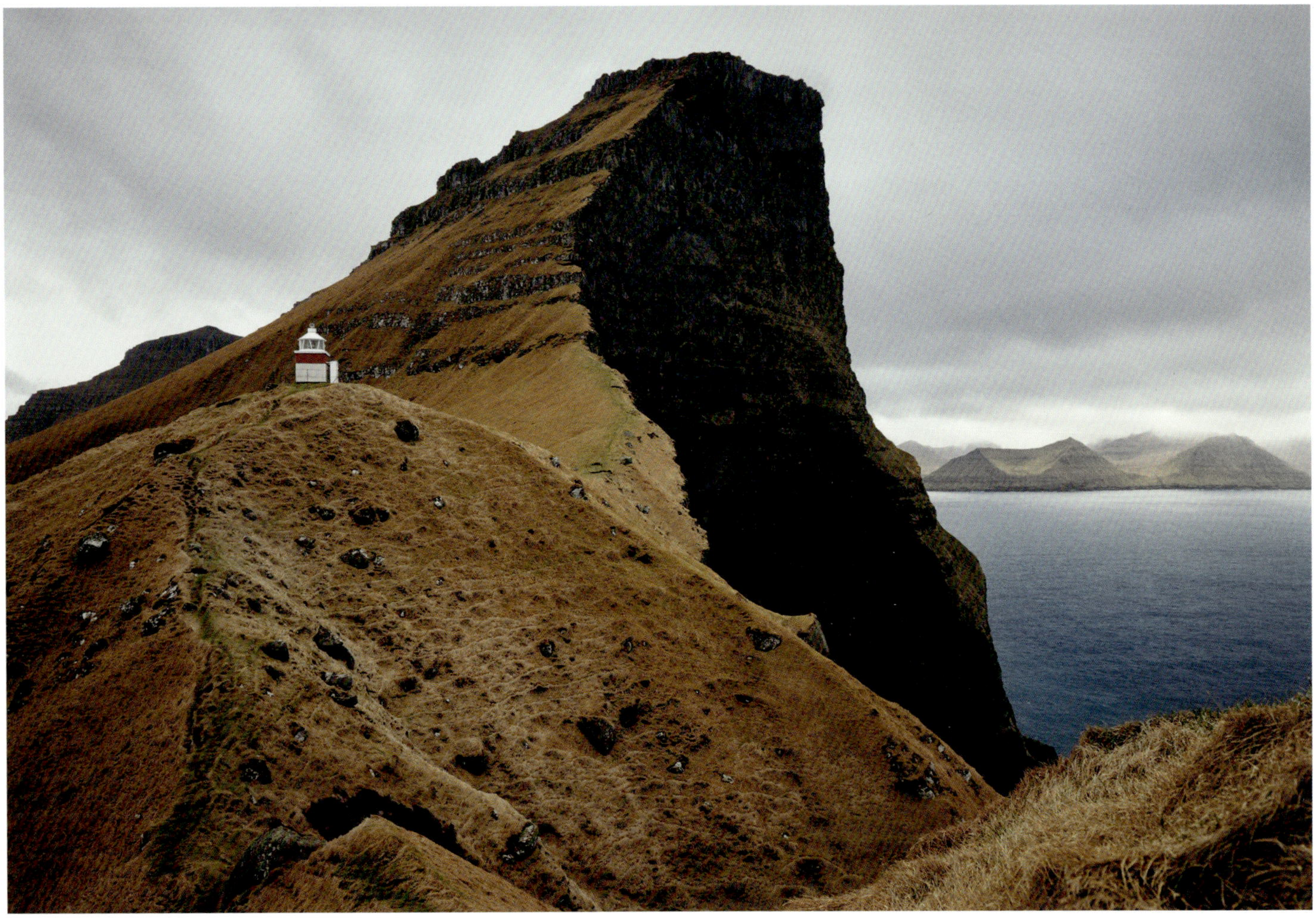

**The Faroe Islands are also called the "sheep islands."
No wonder—these curious but very skittish animals
are everywhere. The islands are inhabited by about
80,000 sheep. Their human counterparts only number
about 50,000.**

*Die Färöer-Inseln werden auch als die Schafsinseln
bezeichnet. Kein Wunder, denn diese neugierigen,
aber sehr schreckhaften Tiere sind hier einfach
überall anzutreffen. Rund 80.000 Schafe leben auf
den Inseln. Ihnen stehen nur etwa 50.000 Menschen
gegenüber.*

The animals stay outside all year, mostly unfenced, and are completely free to roam. They never get shorn; it isn't economical, so their wool is usually long and unkempt. The sheep are often kept only as a hobby, and as a private source of meat.

When Google "Streetview" created an Internet archive of just about the whole world but failed to include the Faroe Islands, the Faroese replied with "Sheepview": they mounted cameras on some free-roaming sheep and let them produce this vast quantity of images of the archipelago.

It was the only project of its kind in the world and proved the humor and independence of both the two- and the four-legged islanders.

Meist ohne Zäune und völlig frei sind die Tiere das ganze Jahr über draußen unterwegs. Geschoren werden sie nie. Es lohnt sich nicht. Ihr Fell ist deshalb meist lang und zottelig. Gehalten werden die Schafe nämlich oft nur als Hobby und für den Eigenbedarf an Fleisch.

Als Google mit ihrem Dienst „Streetview" fast die ganze Welt im Internet archivierte, die Färöer-Inseln dabei aber ausgelassen hatte, antworteten die Färinger mit „Sheepview". Sie montierten Kameras auf einigen der frei herumlaufenden Schafe, um diese Unmengen an Bildern von der Inselgruppe produzieren zu lassen.

Ein weltweit einzigartiges Projekt, das den Humor und die Unabhängigkeit der zwei- als auch vierbeinigen Inselbewohner beweist.

Facts & figures:

Official languages: English, Scots Gaelic, Lowland Scots
Capital city: Edinburgh
Area: 77.910 km²
Population of Edinburgh: approx. 518,500
Total population: approx. 5,438,100
Population density: 70 per km²

Zahlen & Fakten:

Amtssprache: Englisch, Gälisch, Scots
Hauptstadt: Edinburgh
Fläche: 77.910 km²
Einwohnerzahl Edinburgh: ~518.500
Einwohnerzahl insgesamt: ~5.438.100
Bevölkerungsdichte: 70 pro km²

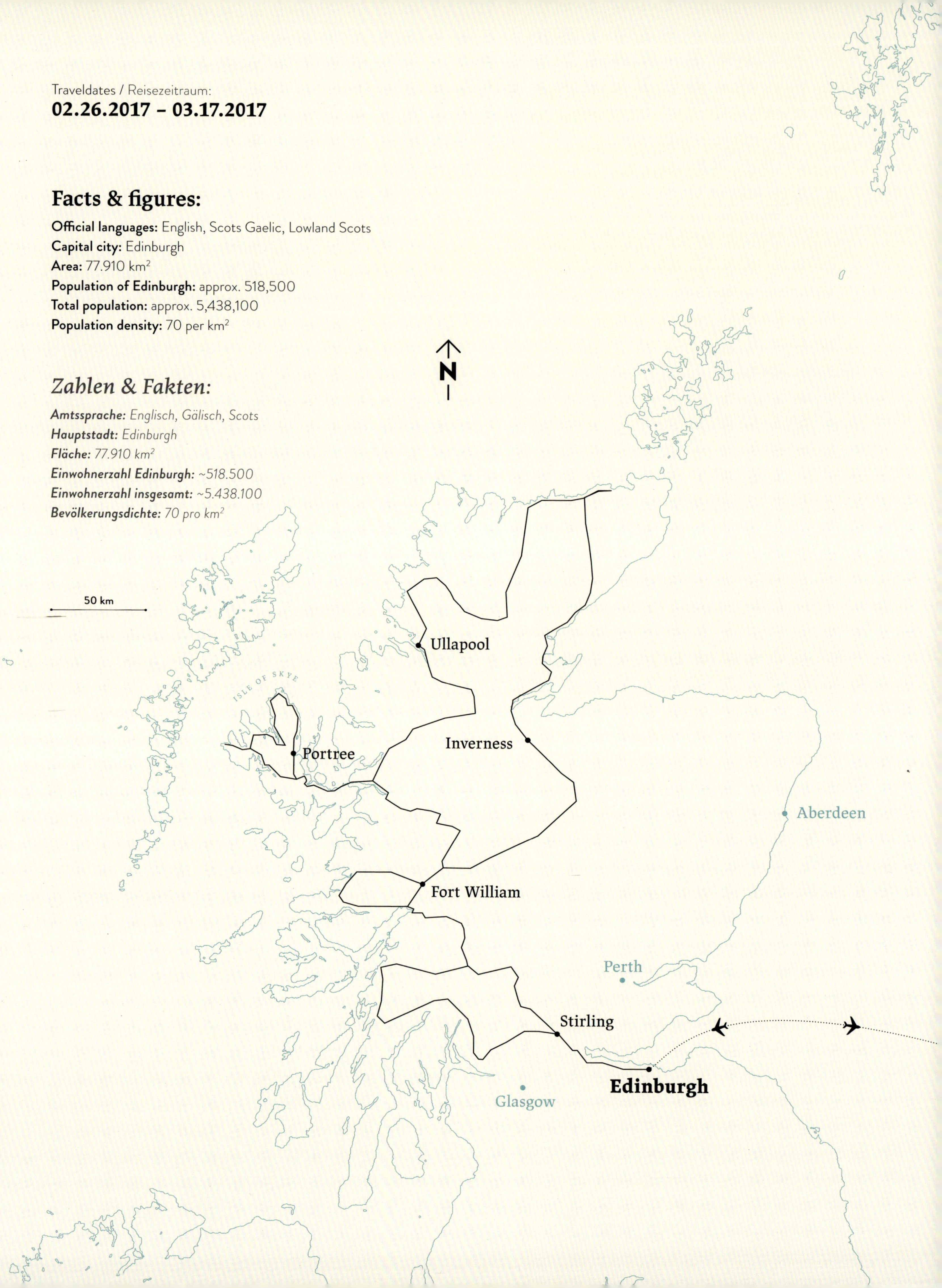

Scotland

Schottland

Two weeks on the road in the north of the United Kingdom. Driving on the left in a rental car, I searched out the most beautiful places in Scotland and made some finds, especially on the Isle of Skye, in the Fort William area, and in Edinburgh.

I decided to rent a car this time because of the long distances. It was my first time driving on the left. It was very strange at first, especially in roundabouts, but I got used to it pretty quickly in a day or two. There was not much traffic anyway, in this sparsely populated region.

I flew into Edinburgh at night. It was around midnight when I arrived in the city center; like any first-time visitor, I felt like I was in a Harry Potter film, surrounded by age-old mason-work buildings, ornate from top to bottom, with narrow, sometimes extremely steep cobblestone streets between them. The quiet in these streets was almost ghostly. I stayed with Dough, a fire-fighter, that first night. He was a helpful host, took an interest; he lived relatively close to the city center. I spent two nights at his place; my days I spent exploring the winding alleys and almost magical-seeming exteriors of Scotland's capital city. Every corner, every building, every little bookstore and pub gives the impression of having countless stories to tell.

Zweieinhalb Wochen unterwegs im nördlichen Teil Großbritanniens. Mit einem Mietauto auf der linken Fahrbahn begab ich mich auf die Suche nach den schönsten Orten Schottlands und wurde vor allem auf der Isle of Skye, in der Gegend von Fort William und in Edinburgh fündig.

Aufgrund der großen Distanzen entschied ich mich diesmal für ein Mietauto. Es war das erste Mal, dass ich es mit Linksverkehr zu tun hatte. Anfangs sehr ungewohnt, vor allem in Kreisverkehren, gewöhnte ich mich nach ein bis zwei Tagen doch recht schnell daran. Viel Verkehr herrschte in dieser dünn besiedelten Gegend ohnehin nicht.

Ich erreichte Edinburgh nachts mit dem Flugzeug. Bis ich im Stadtzentrum ankam, war es etwa Mitternacht – und es ging mir wie jedem, der zum ersten Mal Edinburgh besucht: Ich kam mir vor wie in einem Harry-Potter-Film. Umgeben von uralten, bis oben hin verzierten Steinbauten, dazwischen enge und teilweise extrem steile Gassen aus Kopfsteinpflaster. In den Straßen war es ruhig, fast ein wenig gespenstisch. Ich übernachtete in dieser ersten Nacht bei Dough, einem Feuerwehrmann. Ein hilfsbereiter und interessierter Gastgeber, der nicht besonders weit vom Zentrum wohnt. Bei ihm blieb ich zwei Nächte und erkundete tagsüber die verwinkelten Gässchen und beinahe magisch wirkenden Gemäuer der schottischen Hauptstadt. Jede Ecke, jedes Gebäude, jeder kleine Buchladen und Pub erwecken den Eindruck, als hätten sie unendlich viele Geschichten zu erzählen.

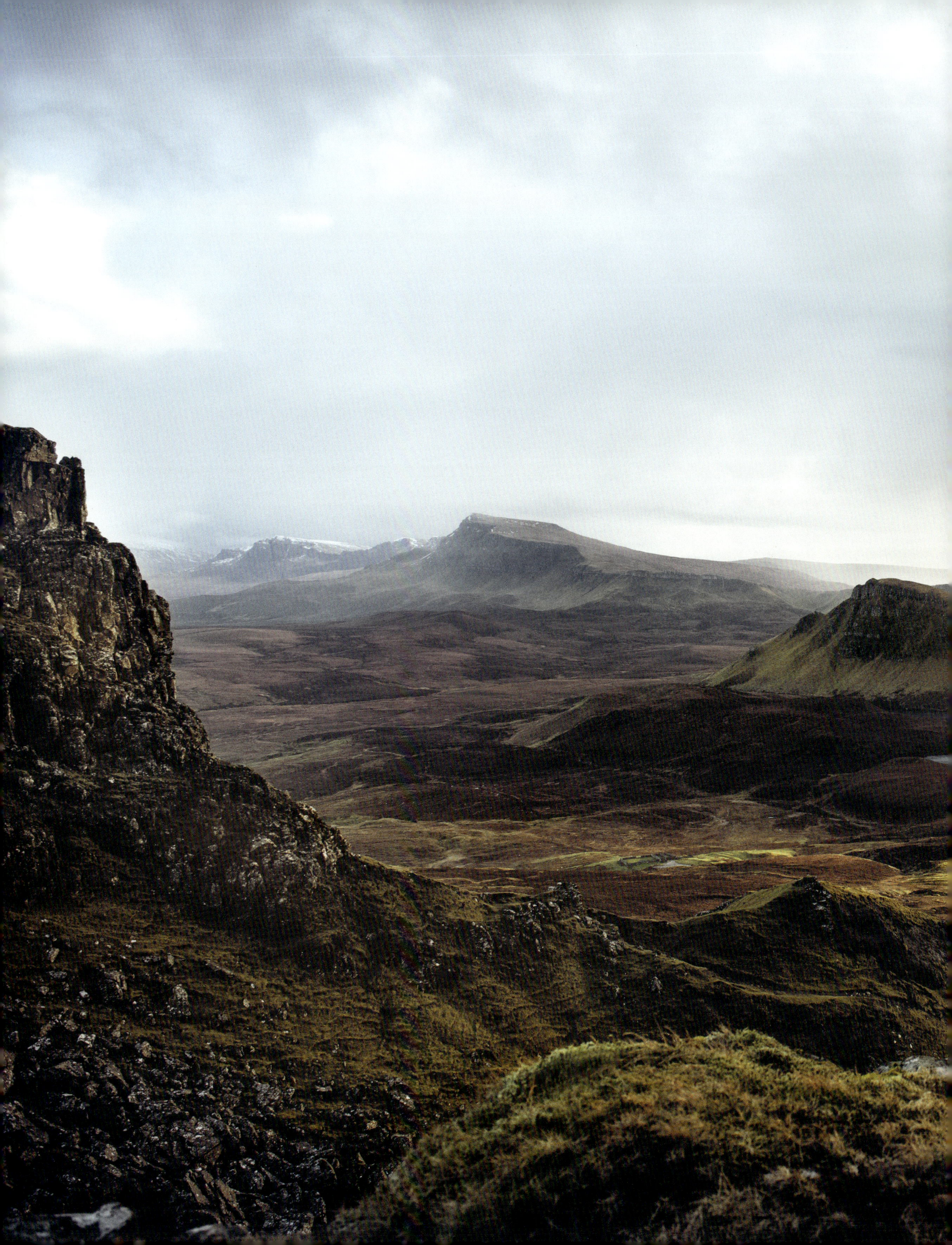

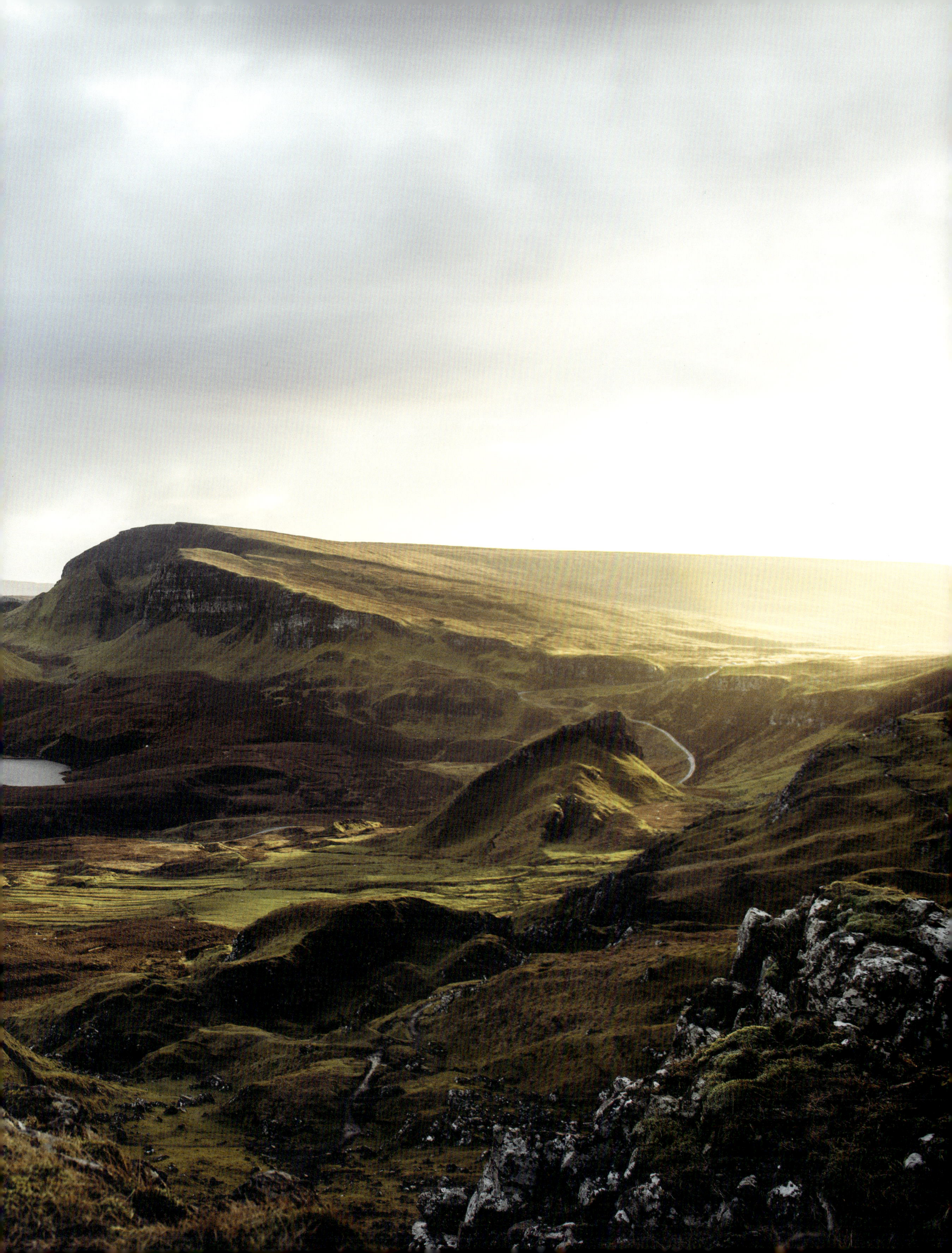

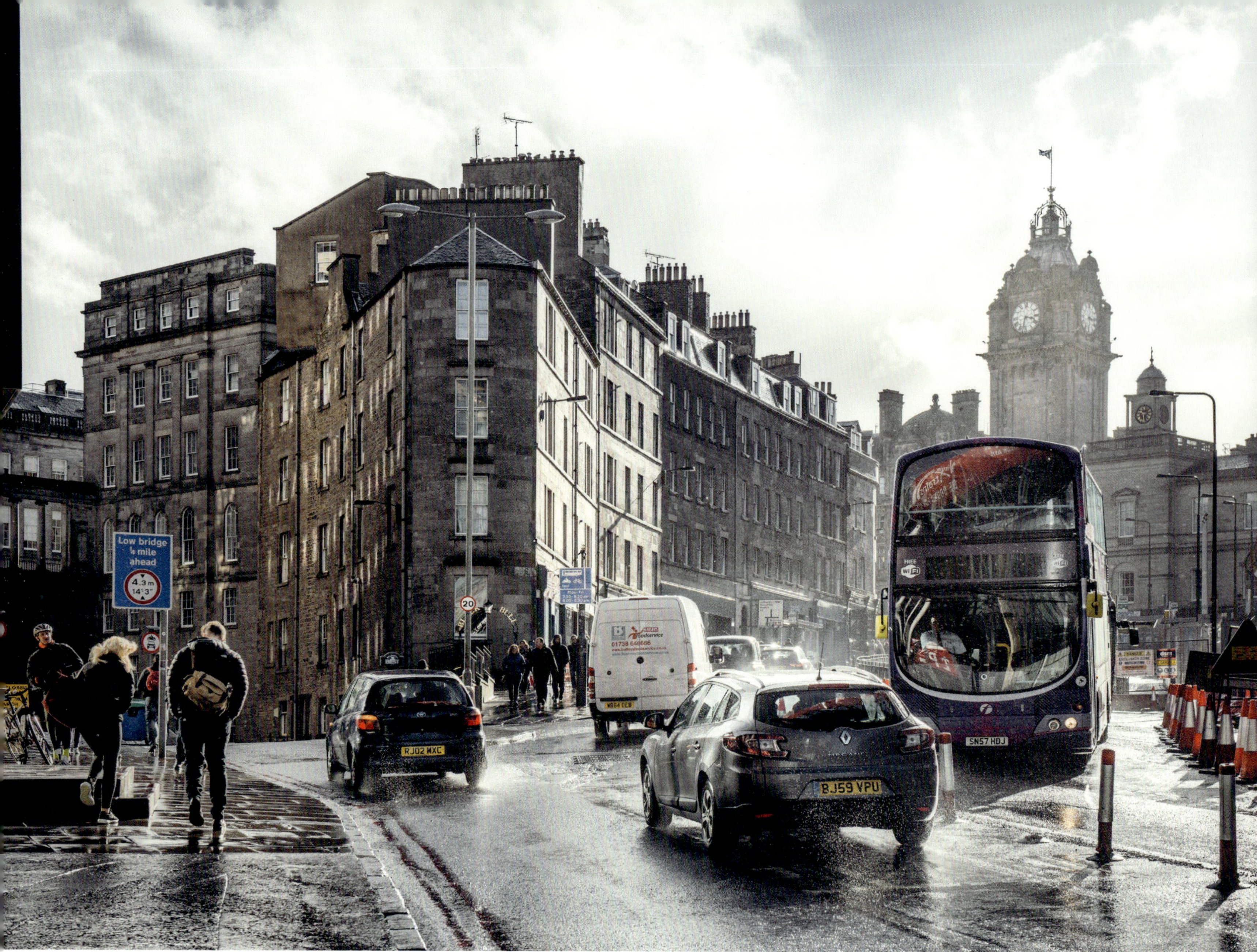

No matter whether the sun is shining, or low clouds are hanging menacingly over the city, I was enchanted by Edinburgh's flair. It is a peculiar mixture with a very special charm: very British, and yet somehow punk, international, multicultural, and down-to-earth.

Egal ob die Sonne scheint, oder Wolken bedrohlich tief über der Stadt hängen – Edinburgh verzauberte mich mit seinem Flair. Es ist eine eigentümliche Mischung mit ganz besonderem Charme: very british und doch irgendwie Punk, international, multikulturell und bodenständig zugleich.

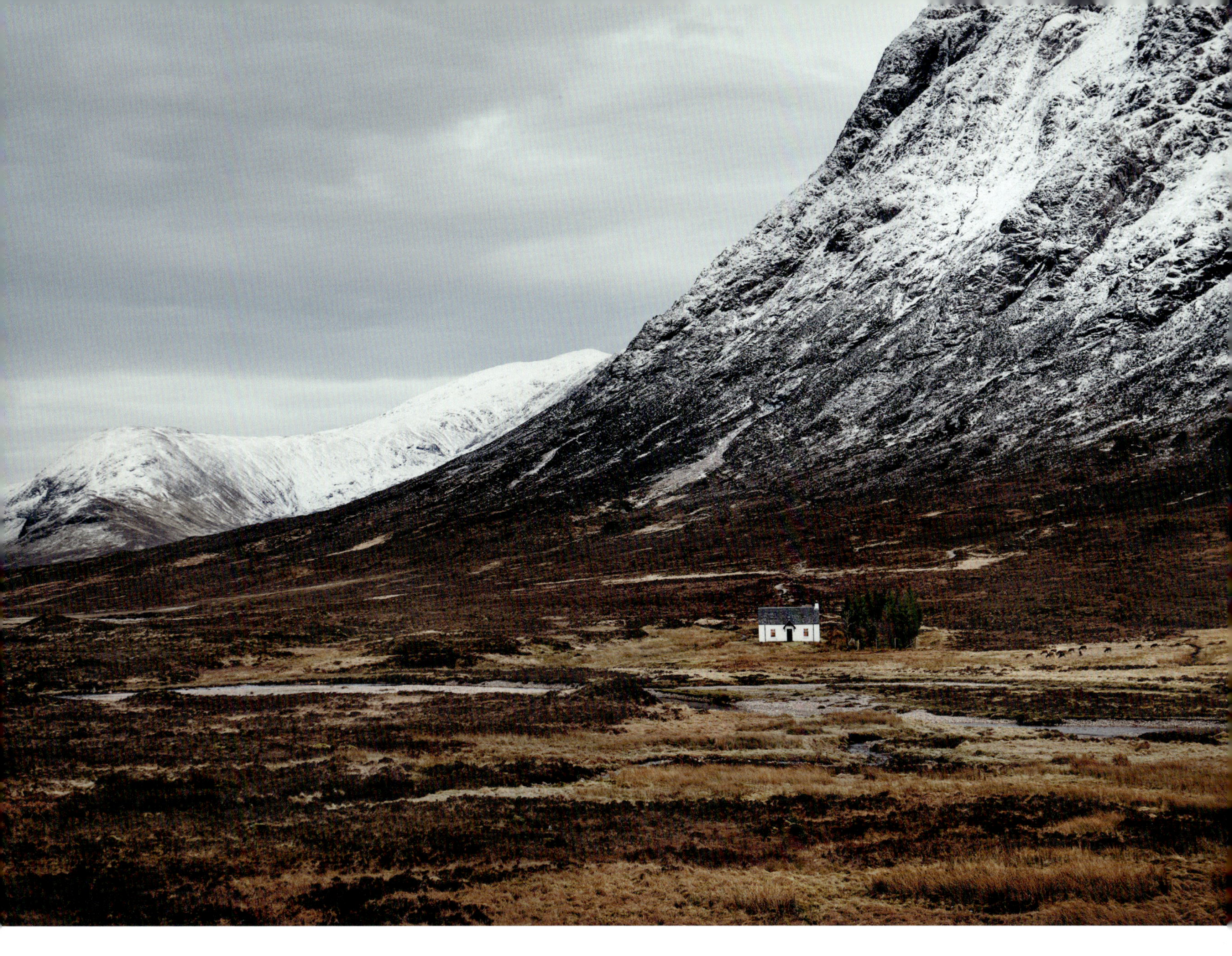

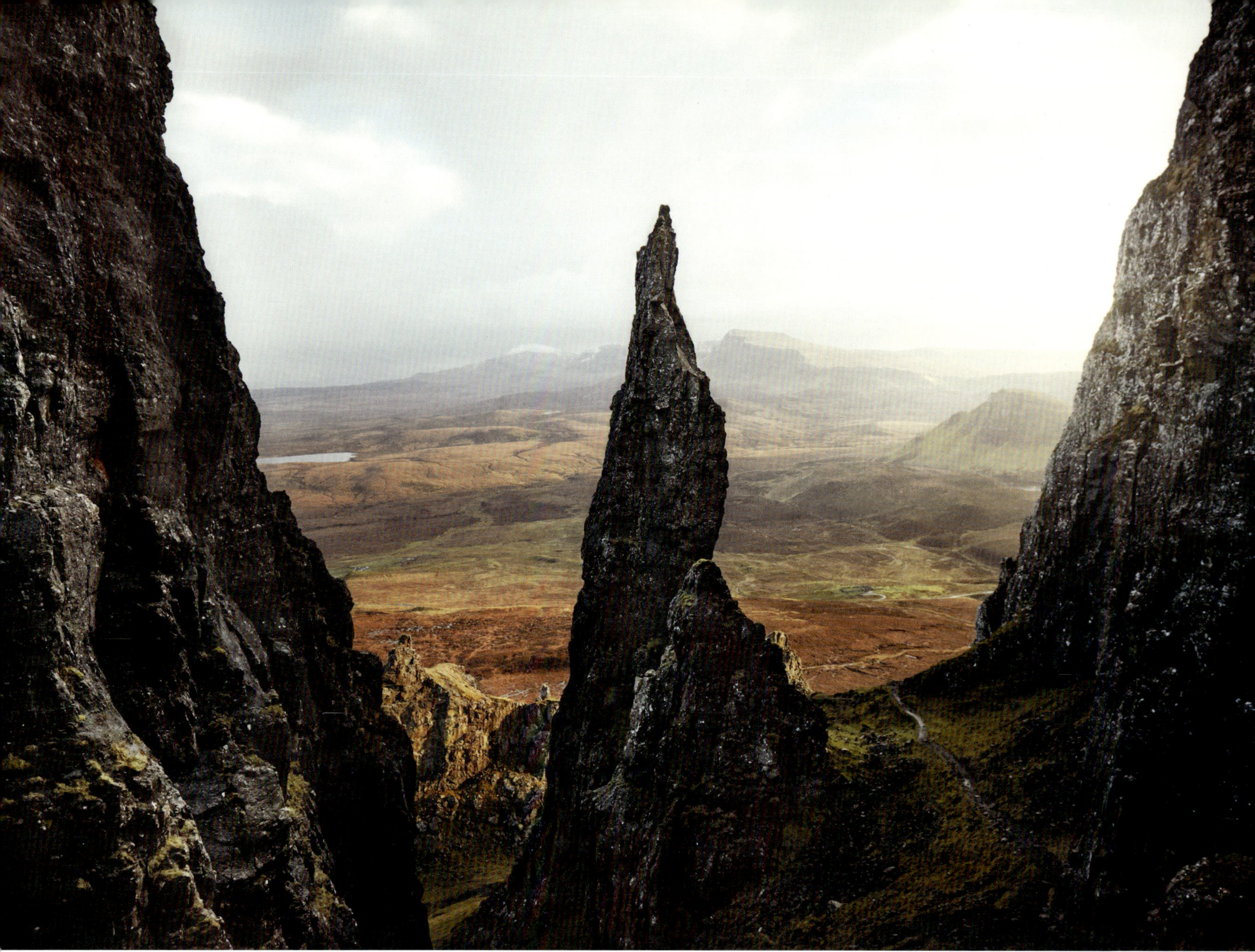

On day three, it was finally time to get back to the outdoors. I drove first toward the Isle of Skye. The forests in the south of the country yielded to an increasingly rugged landscape as I crossed toward the north-west. At first, I was surrounded by deserted heath and moor landscapes, which soon gave way to the often-mountainous terrain of the Grampian Mountains and the High-lands. It was simply overwhelming to finally reach the Isle of Skye; this largest island in the Inner Hebrides is a distillation of just about every highlight of the Scottish landscape.

Am dritten Tag ging es endlich wieder in die Natur, ich fuhr zunächst in Richtung Isle of Skye. Die Wälder im Süden des Landes wichen einer immer schroffer werdenden Landschaft, während ich das Land gen Nordwesten durchquerte. Zunächst war ich umgeben von menschenleeren Heide- und Moorlandschaften, die schon bald dem teils gebirgigen Gelände der Grampian Mountains und der Highlands wichen. Als ich schließlich die Isle of Skye erreichte, war ich schlicht überwältigt: Auf der größten Insel der Inneren Hebriden finden sich komprimiert beinahe alle landschaftlichen Highlights Schottlands.

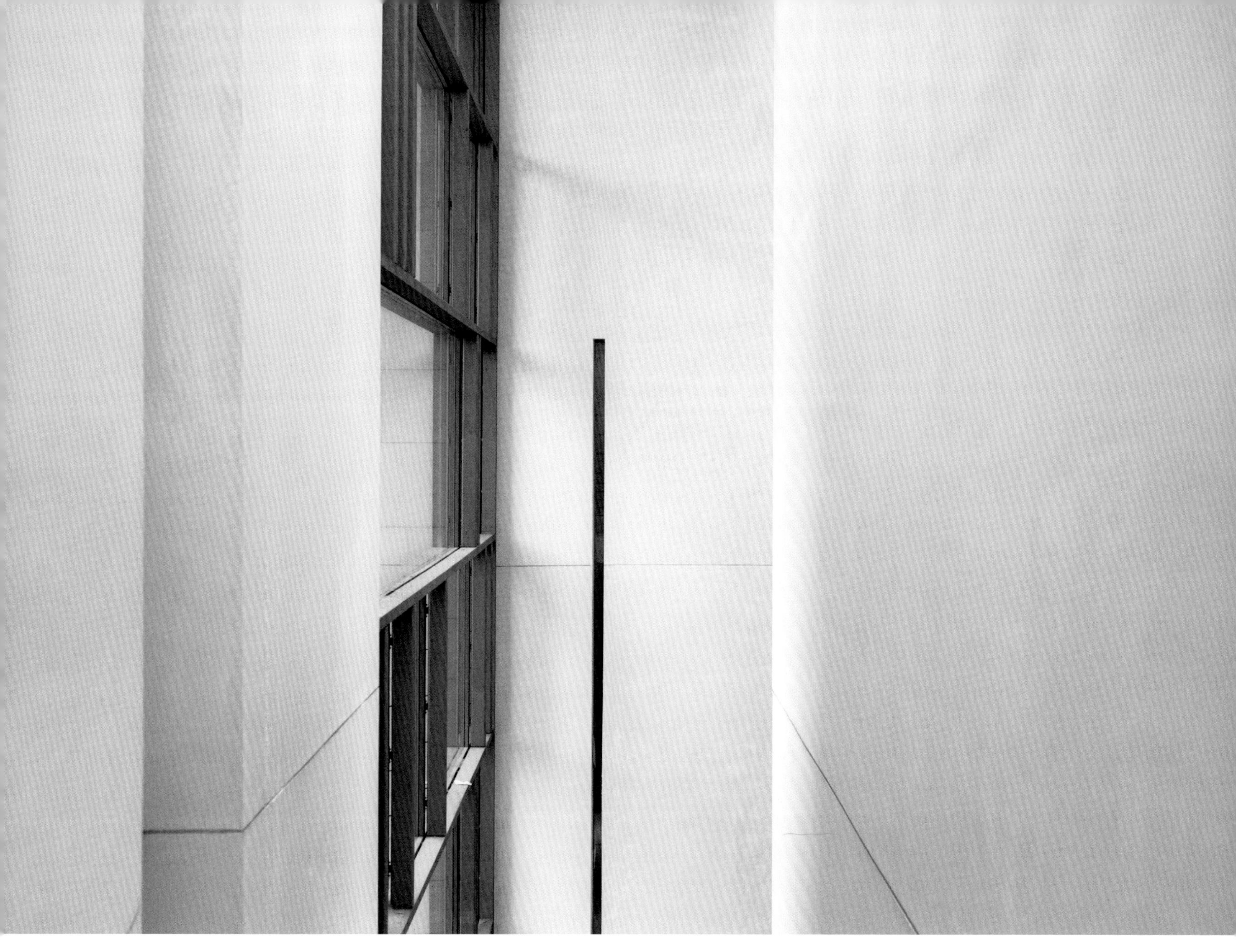

In Scotland I relied on the bed-and-breakfasts, so typical for the United Kingdom. Because there are many to choose from, and because I was driving, I usually did not start looking for a place to stay until sometime toward evening.

In Schottland verließ ich mich auf die für Großbritannien typischen Bed & Breakfast-Unterkünfte. Da es eine große Auswahl gibt und ich mit einem Auto unterwegs war, machte ich mich meist erst gegen Abend auf die Suche nach einer Übernachtungsmöglichkeit.

It was at one of these bed-and-breakfasts that I became acquainted with the national dish of Scotland: haggis. Chopped pluck is mixed with beef suet, onions, rolled oats, and herbs, and then cooked in a sheep's stomach for around three hours. This one time will do me forever.

One striking thing about Scotland's pristine landscape is the way animal life can run its course. I would stumble into situations that made me realize I am a guest in another's habitat. Once, on a hike near Glencoe at dusk, I suddenly find myself face to face with two deer. Only then do I notice this entire herd of deer and bucks, moving in my immediate vicinity. Twenty meters away from me, about a hundred of them emerge from the undergrowth to drink from a nearby river. At first I am immobilized, uncertain how to react. A large group of animals such as this is overwhelming, and despite their shy nature, a little intimidating. After spending more time in these parts, I realize this spectacle repeats itself every evening. The animals always come to the same place to quench their thirst at dusk.

In einer meiner Bed & Breadfast Unterkünfte lernte ich schon beim Frühstück das schottische Nationalgericht kennen: Haggis. Gehackte Schafsinnereien werden mit Rindernierenfett, Zwiebeln, Haferflocken und Kräutern vermischt und in einem Schafsmagen für circa drei Stunden gekocht. Ich belasse es bei dem einen Mal.

Auffällig ist, dass in der unberührten Natur Schottlands die Tierwelt sich sehr frei entfalten kann. Immer wieder stolpere ich in Situationen, die mir bewusst machen, dass ich nur Gast in einem anderen Lebensraum bin. Als ich zur Dämmerung eine Wanderung in der Nähe von Glencoe mache, stehe ich plötzlich zwei Rehen direkt gegenüber. Erst da bemerke ich, dass eine ganze Horde von Rehen und Hirschen in meiner unmittelbaren Umgebung unterwegs ist. Etwa um die Hundert Stück sind es, die zwanzig Meter von mir entfernt aus dem Unterholz treten, um am nächsten Fluss zu trinken. Ich bin zunächst so verblüfft, dass ich regungslos stehen bleibe und gar nicht weiß, wie ich darauf reagieren soll. Eine solch große Ansammlung dieser Tiere ist überwältigend und trotz ihrer scheuen Natur auch ein wenig einschüchternd. Da ich länger in dieser Gegend bin, stelle ich fest, dass sich dieses Spiel jeden Abend wiederholt. In der Dämmerung kommen die Tiere immer an dieselbe Stelle, um ihren Durst zu stillen.

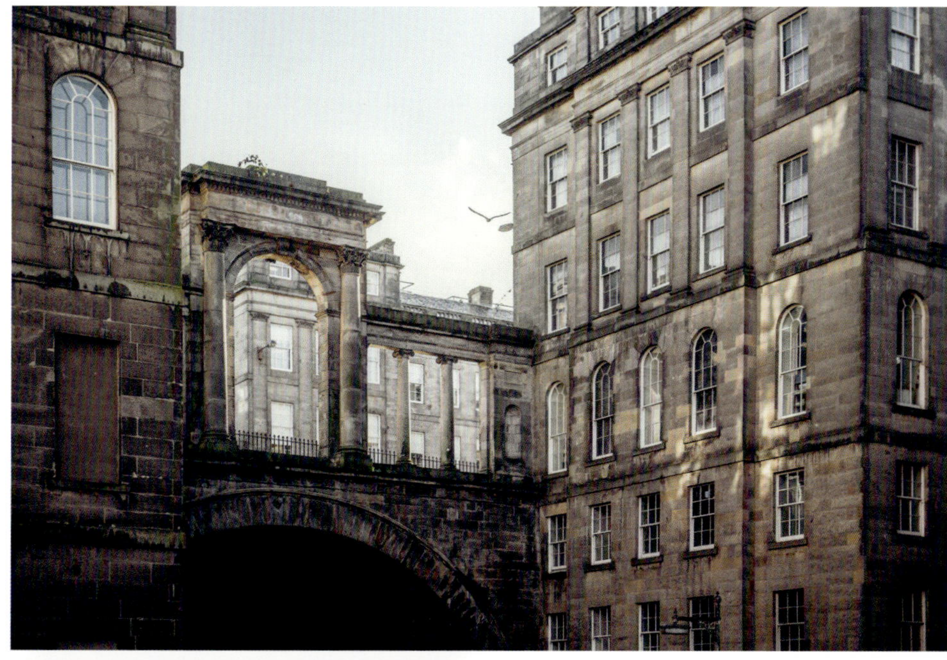
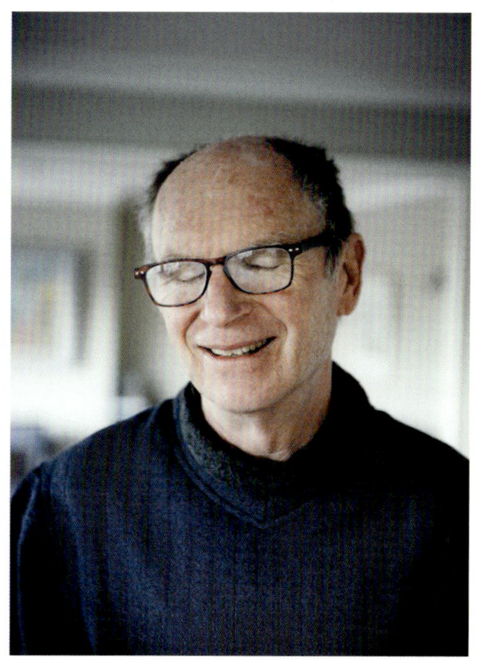
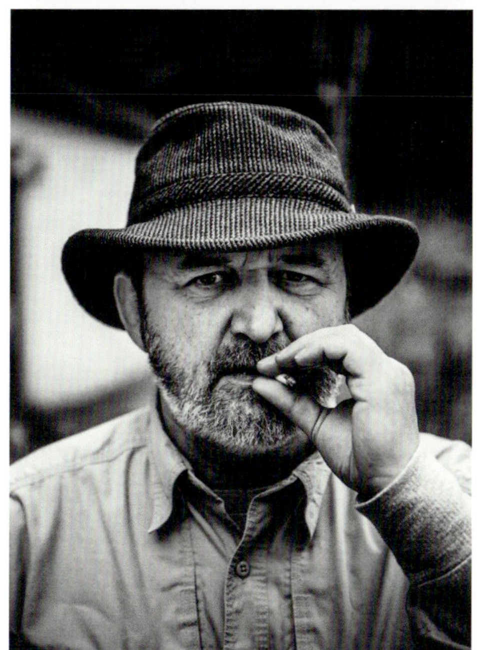
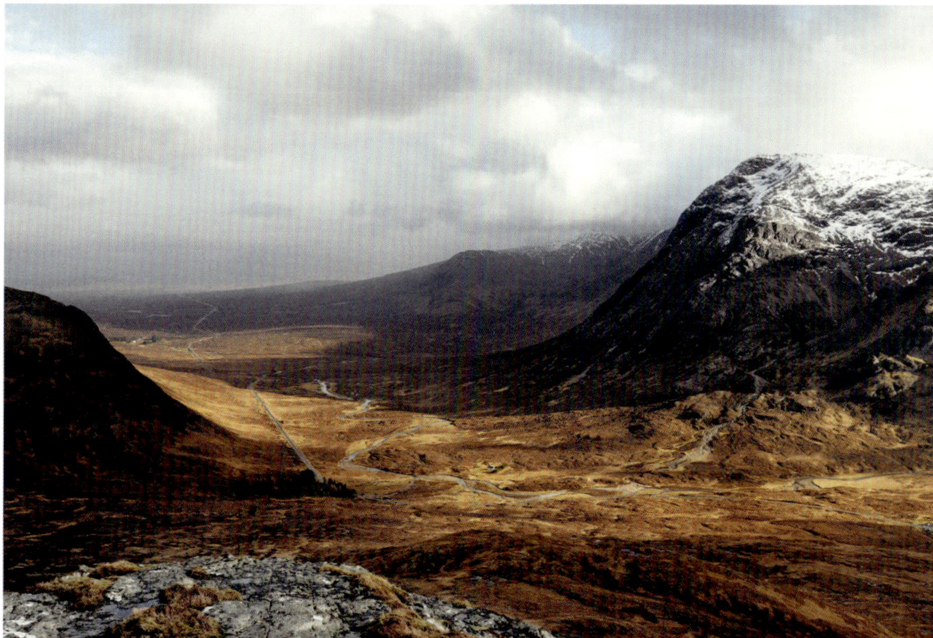
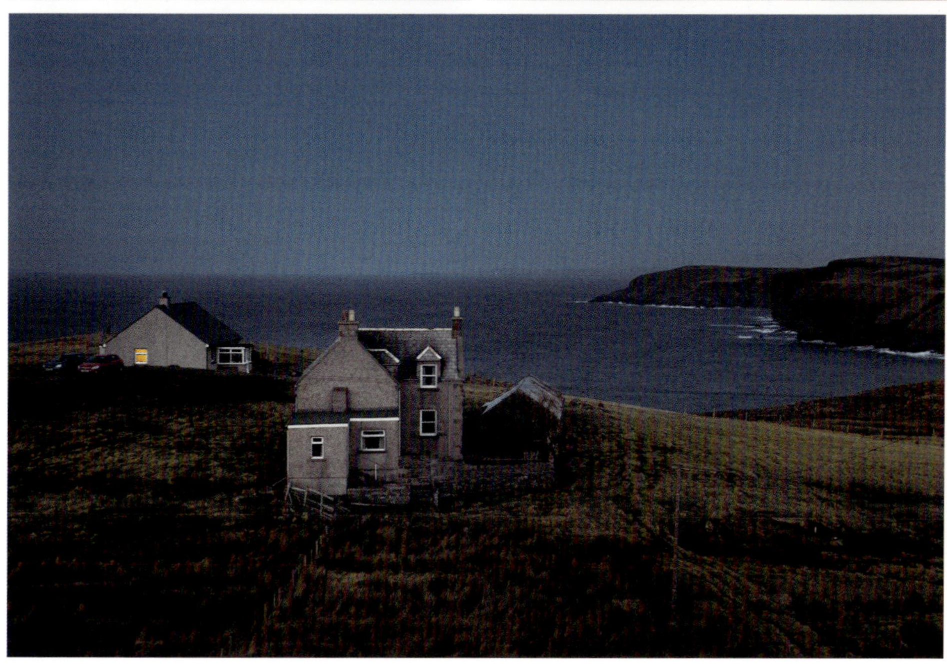
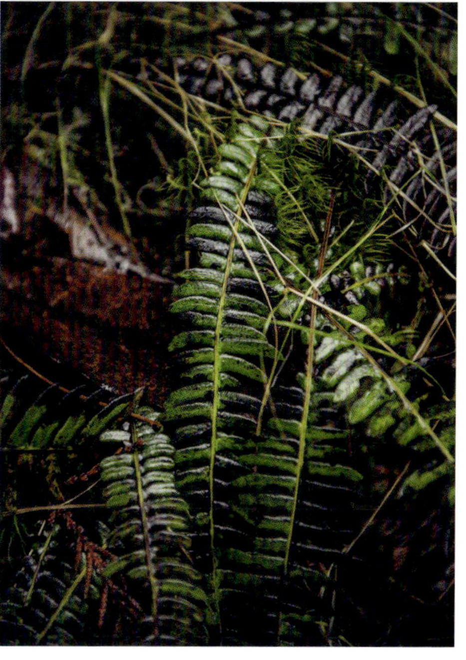

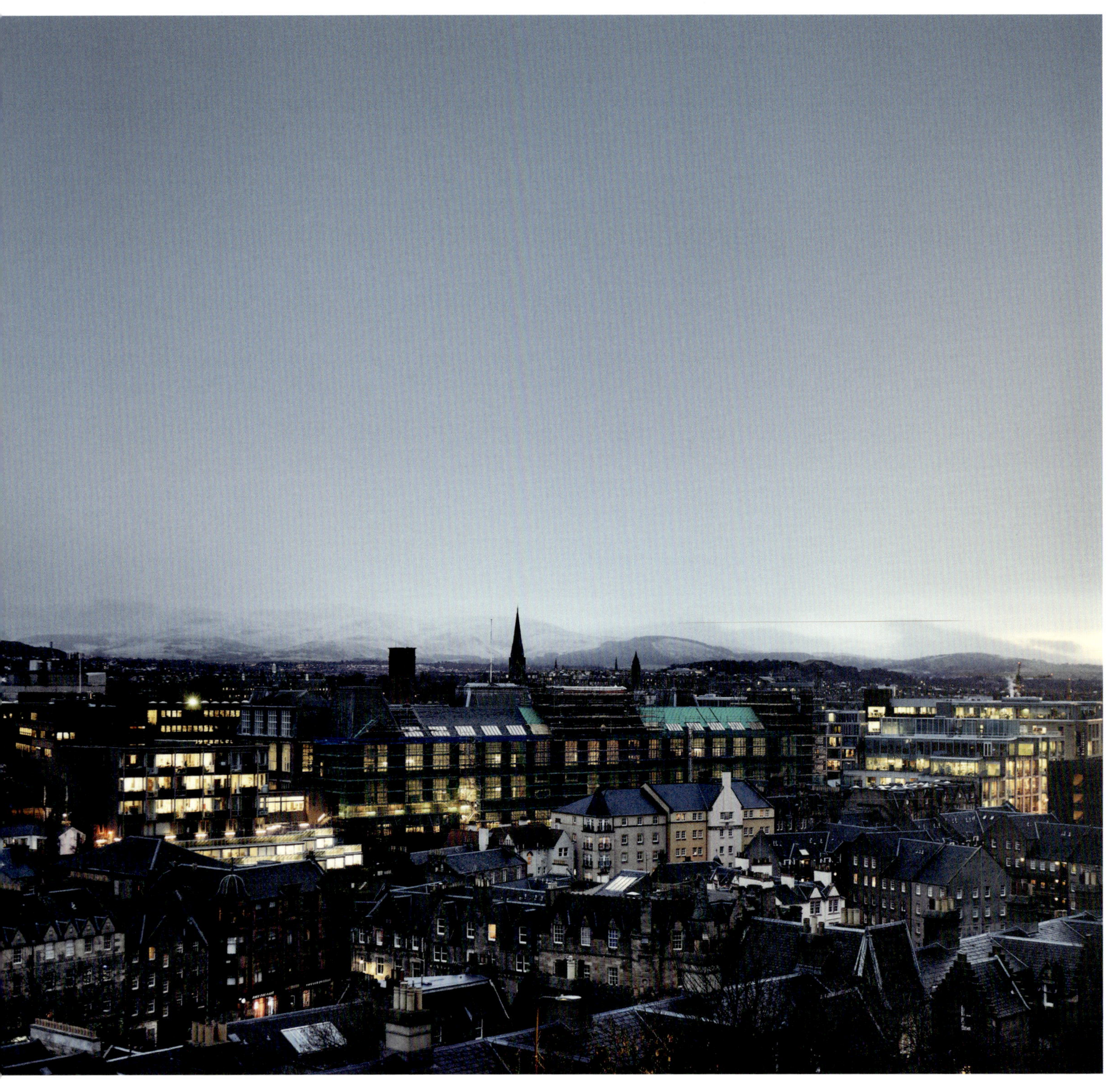

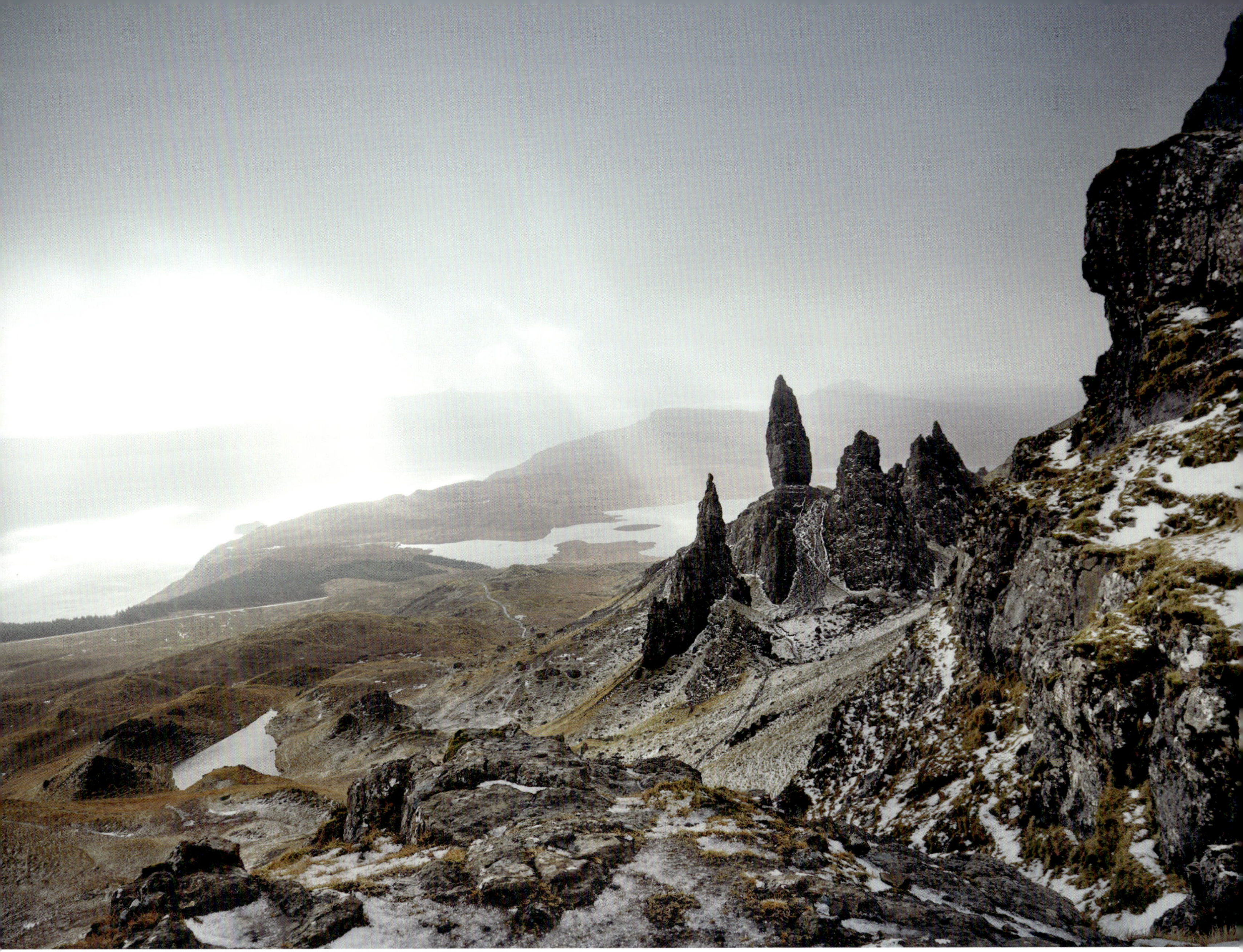

The weather in Scotland is thoroughly un-settled. Rain, sun, rain, sun, rain—the best conditions for photography, because the contrasts make for very beautiful moods. The Western Highlands are one of the rainiest regions in Europe, with 120–180 inches of precipitation falling annually; annual precipitation in Germany averages around 28 inches.

Das Wetter in Schottland ist durchwegs sehr unbeständig. Regen, Sonne, Regen, Sonne, Regen – beste Voraussetzungen zum Fotografieren, denn dieser Kontrast bringt sehr schöne Stimmungen hervor. Die Western Highlands sind mit 3000-4500 mm jährlichem Niederschlag eine der regenreichsten Regionen Europas – in Deutschland beträgt der jährliche Durchschnittswert 710 mm.

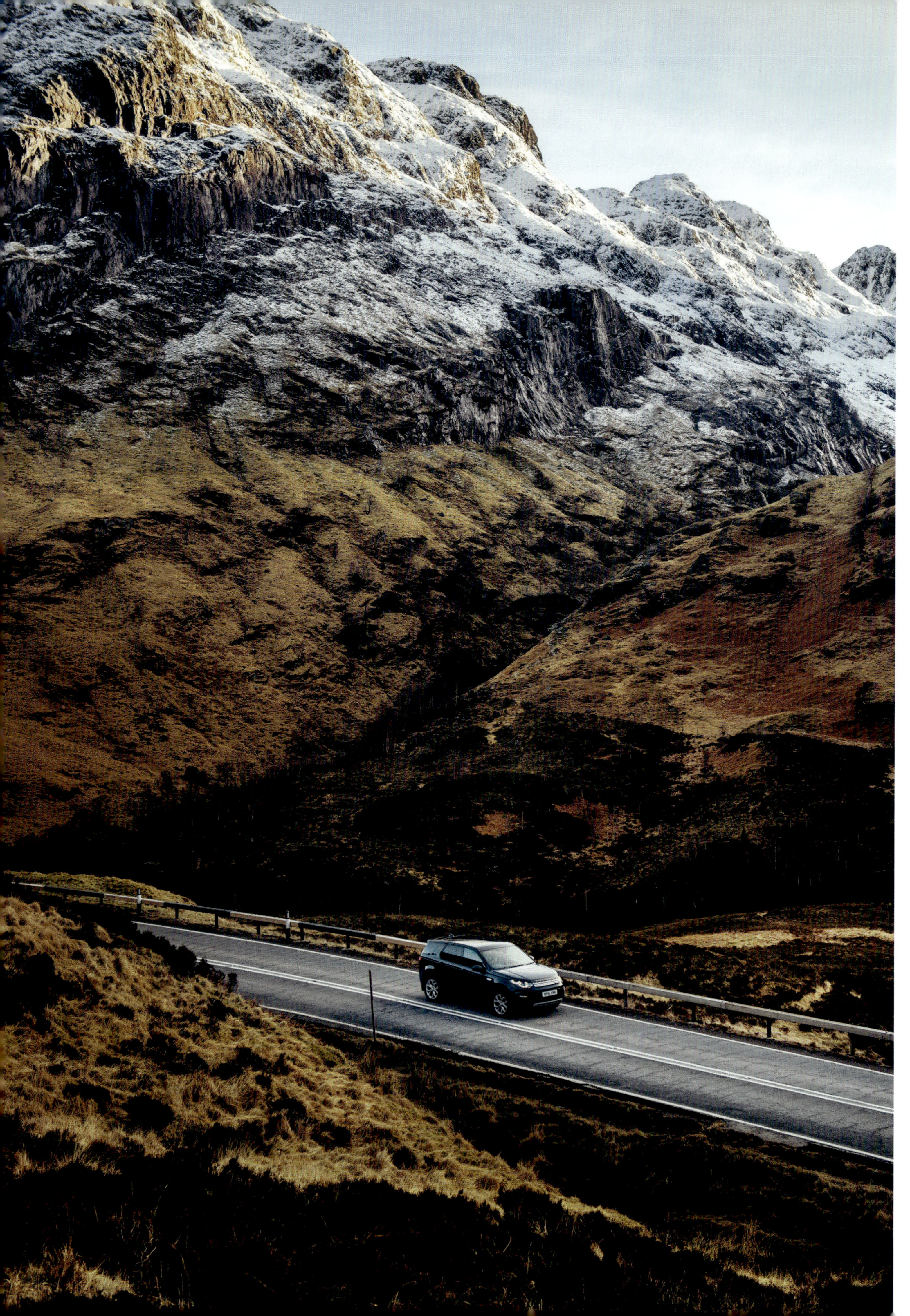

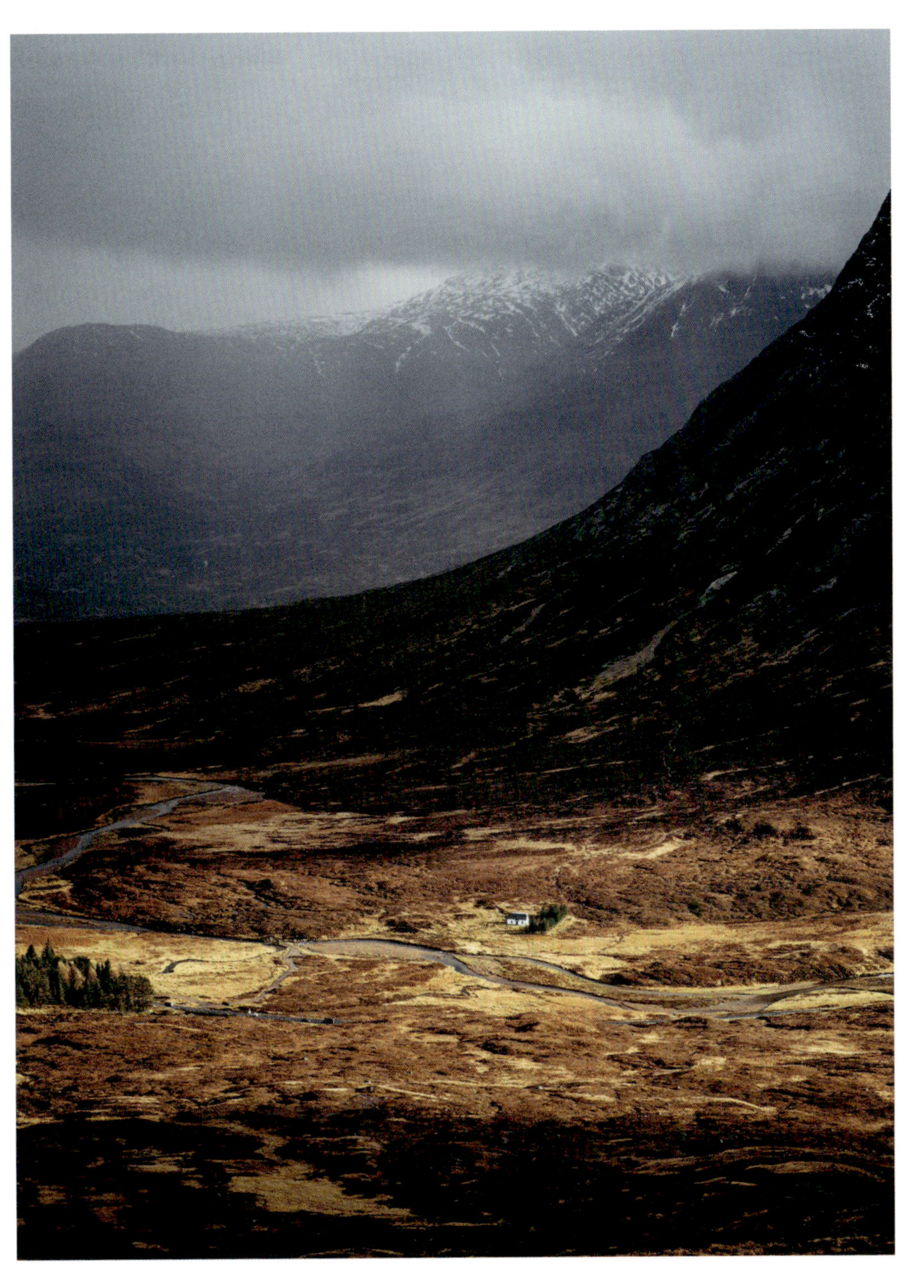

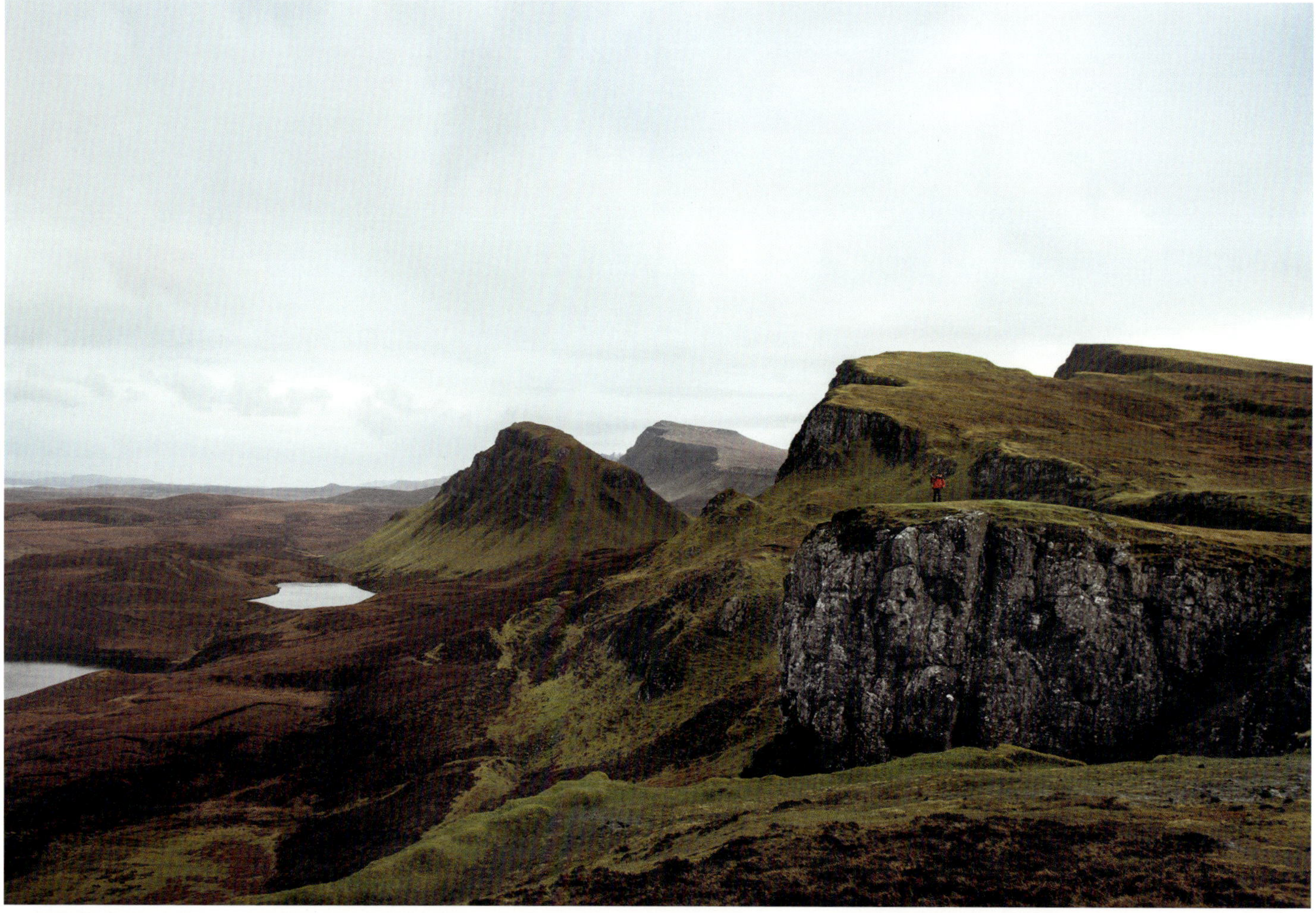

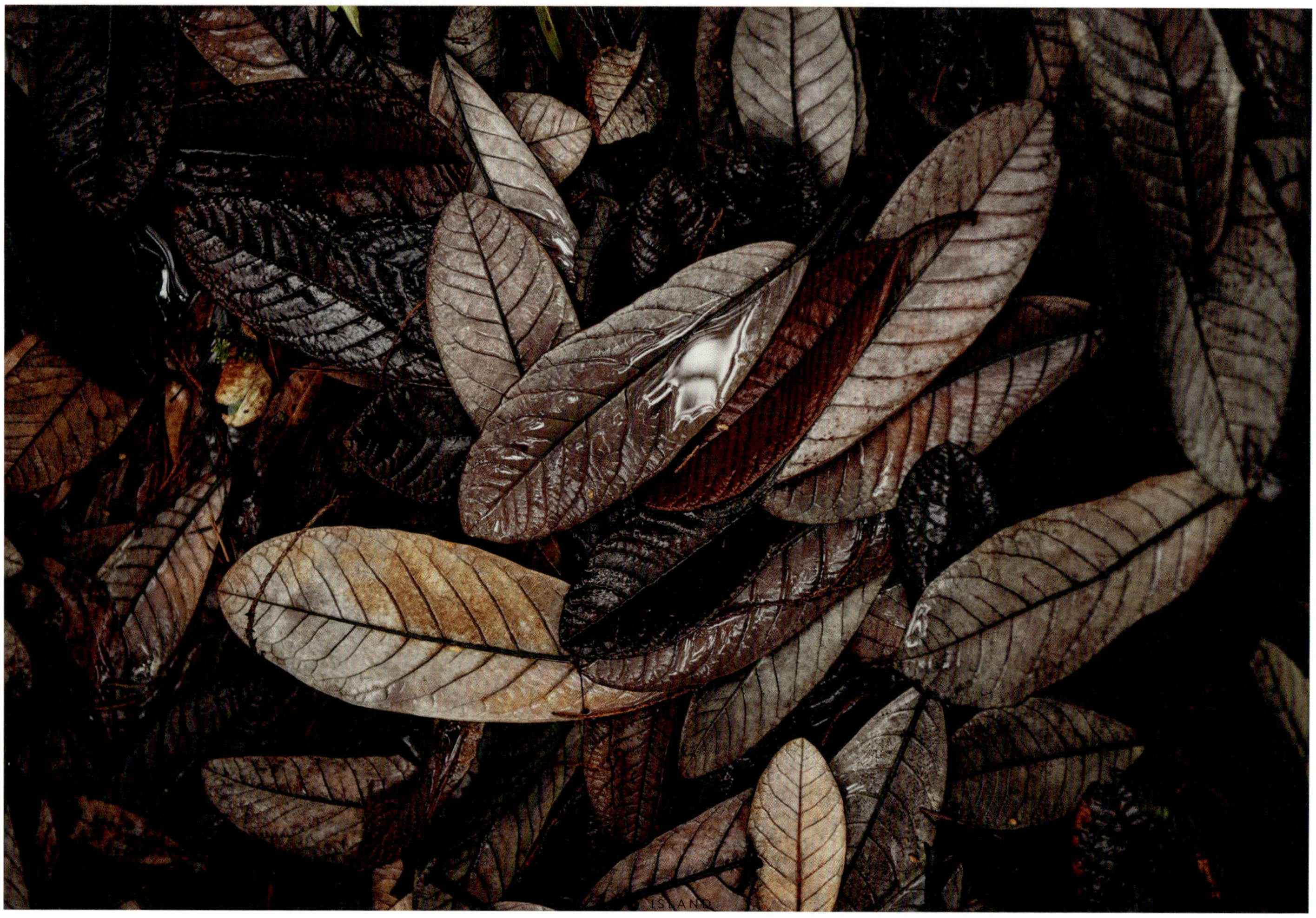

I've never hiked on such wet ground as I did in Scotland. I am perpetually trudging through a morass; neither in Iceland nor the Faroe Islands was the ground this wet. Thank goodness for the new waterproof shoes I bought before my trip. And thank goodness I was there before the mosquito season kicks off in June.

Noch nie bin ich auf so nassem Untergrund gewandert wie in Schottland. Ständig stapfe ich durch morastiges Gelände, weder auf Island noch auf den Färöer-Inseln war der Boden so nass. Ich bin heilfroh, dass ich mir vor der Reise neue wasserfeste Schuhe gekauft hatte und dass ich hier war, bevor im Juni die Moskito-Zeit beginnt.

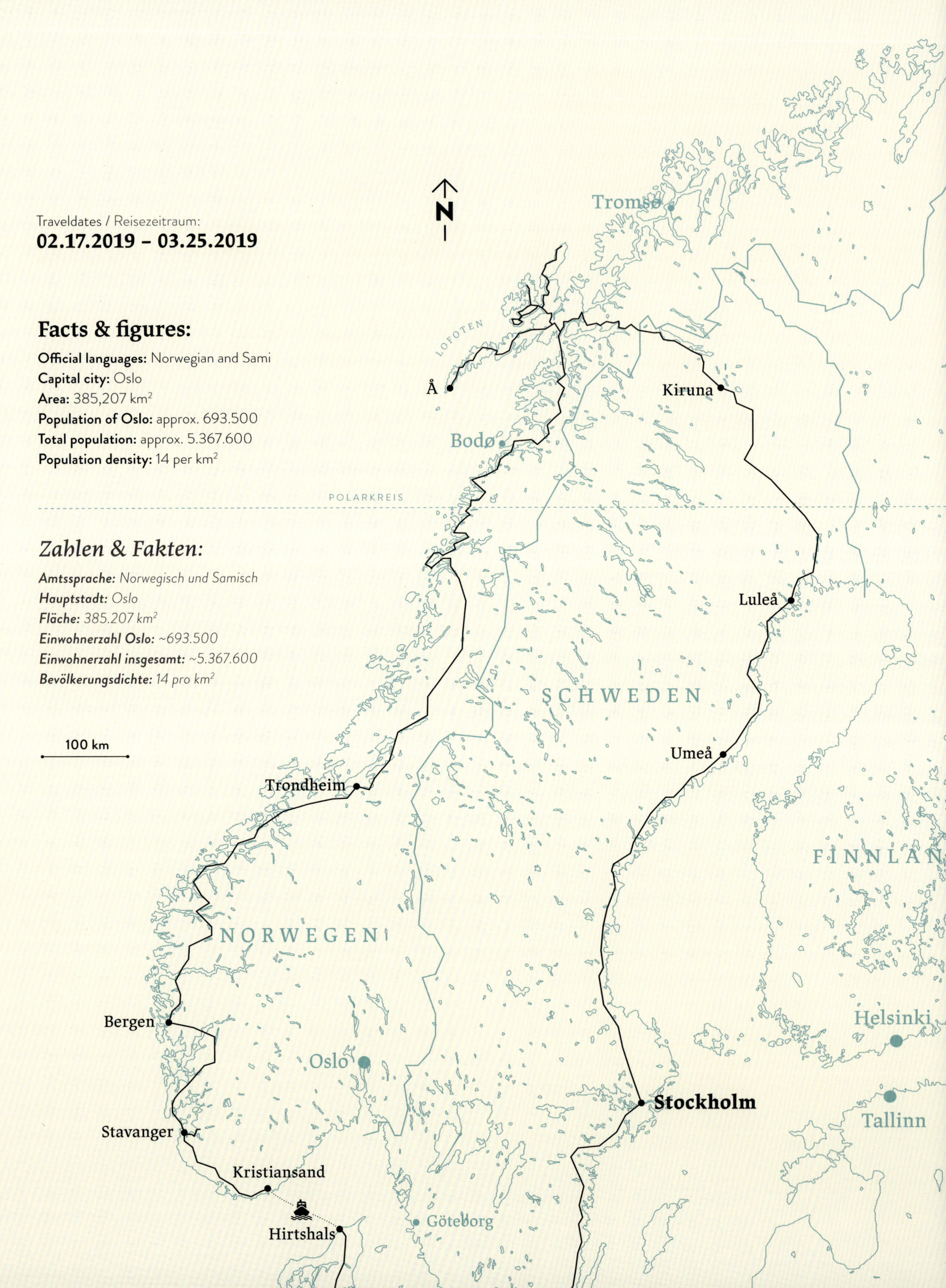

N
Traveldates / Reisezeitraum:
02.17.2019 – 03.25.2019
Facts & figures:
Official languages: Norwegian and Sami
Capital city: Oslo
Area: 385,207 km²
Population of Oslo: approx. 693.500
Total population: approx. 5.367.600
Population density: 14 per km²
Zahlen & Fakten:
Amtssprache: Norwegisch und Samisch
Hauptstadt: Oslo
Fläche: 385.207 km²
Einwohnerzahl Oslo: ~693.500
Einwohnerzahl insgesamt: ~5.367.600
Bevölkerungsdichte: 14 pro km²
POLARKREIS
100 km
Tromsø
LOFOTEN
Å
Kiruna
Bodø
Luleå
SCHWEDEN
Umeå
Trondheim
FINNLAN
NORWEGEN
Bergen
Helsinki
Oslo
Stavanger
Stockholm
Tallinn
Kristiansand
Hirtshals
Göteborg

Norway²

Norwegen²

My second trip to the land of the midnight sun was clearly much different than when I visited Lofoten. This time I was driving my own car. I followed the coast of Norway from south to north and drove the length of Sweden on the way back. The entire trip totaled more than 5,500 kilometers and took five weeks.

I simply had to go back to Norway. I had only seen a fraction of this incredibly large country the first time. I wanted to take it easier this time around, and so I drove there myself. For the most part, I decided spontaneously about where to stay. With a decent bed in my VW Touran, I was well prepared for the eventuality of not finding a place. The bed was only 160 centimeters (five feet three inches) long but as comfortable as an ordinary mattress, nevertheless. In southern Norway, at least, where the nights are not as cold as they are in the north, I could have stopped anywhere for the night. Anything above 0 °C would have been no problem. Under the bed was enough space to store food, clothes, books, snowshoes, a snowboard, a camp stove, and much more. But the need never materialized, because it was never hard to find a place. The bed, though, became a kind of faithful companion: few luxuries match that of taking a refreshing midday snooze amid the vast, pristine landscape of Norway.

Meine zweite Reise ins Land der Mitternachtssonne unterschied sich deutlich von meinem Besuch auf den Lofoten: Dieses Mal war ich mit dem eigenen Auto unterwegs und fuhr entlang der Küste von Süden nach Norden, auf dem Rückweg durchquerte ich das Nachbarland Schweden der Länge nach: Insgesamt über 5.500 km, für die ich mir fünf Wochen Zeit nahm.

Norwegen musste ich einfach nochmals bereisen. Dieses wunderschöne Land ist so unglaublich groß und ich hatte bisher nur einen Bruchteil davon gesehen. Dieses Mal wollte ich mir mehr Zeit nehmen und war mit dem eigenen Auto unterwegs. Meine Unterkünfte für die Nacht hatte ich diesmal meist spontan gebucht. Hätte ich einmal keinen Schlafplatz gefunden, wäre ich bestens vorbereitet gewesen: In meinen VW Touran hatte ich mir ein richtiges Bett eingebaut, es ist zwar nur 1,60 m lang, aber immerhin bietet es den Komfort einer ordentlichen Matratze! Zumindest im Süden Norwegens, wo die Nächte nicht so kalt werden, wie im Norden des Landes, hätte ich so überall mein Nachtlager aufschlagen können. Alles über 0°C wäre kein Problem gewesen. Unter dem Bett war zudem genug Platz um Essen, Kleidung, Bücher, Schneeschuhe, ein Snowboard, einen Camping-Kocher und vieles anderes zu verstauen. Doch es blieb bei dem Notfallplan, denn ich fand immer problemlos eine Unterkunft. Das Bett wurde dennoch mein treuer Reisebegleiter: Es gibt kaum etwas feineres, als ein erholsamer Mittagsschlaf inmitten der endlosen unberührten Natur Norwegens.

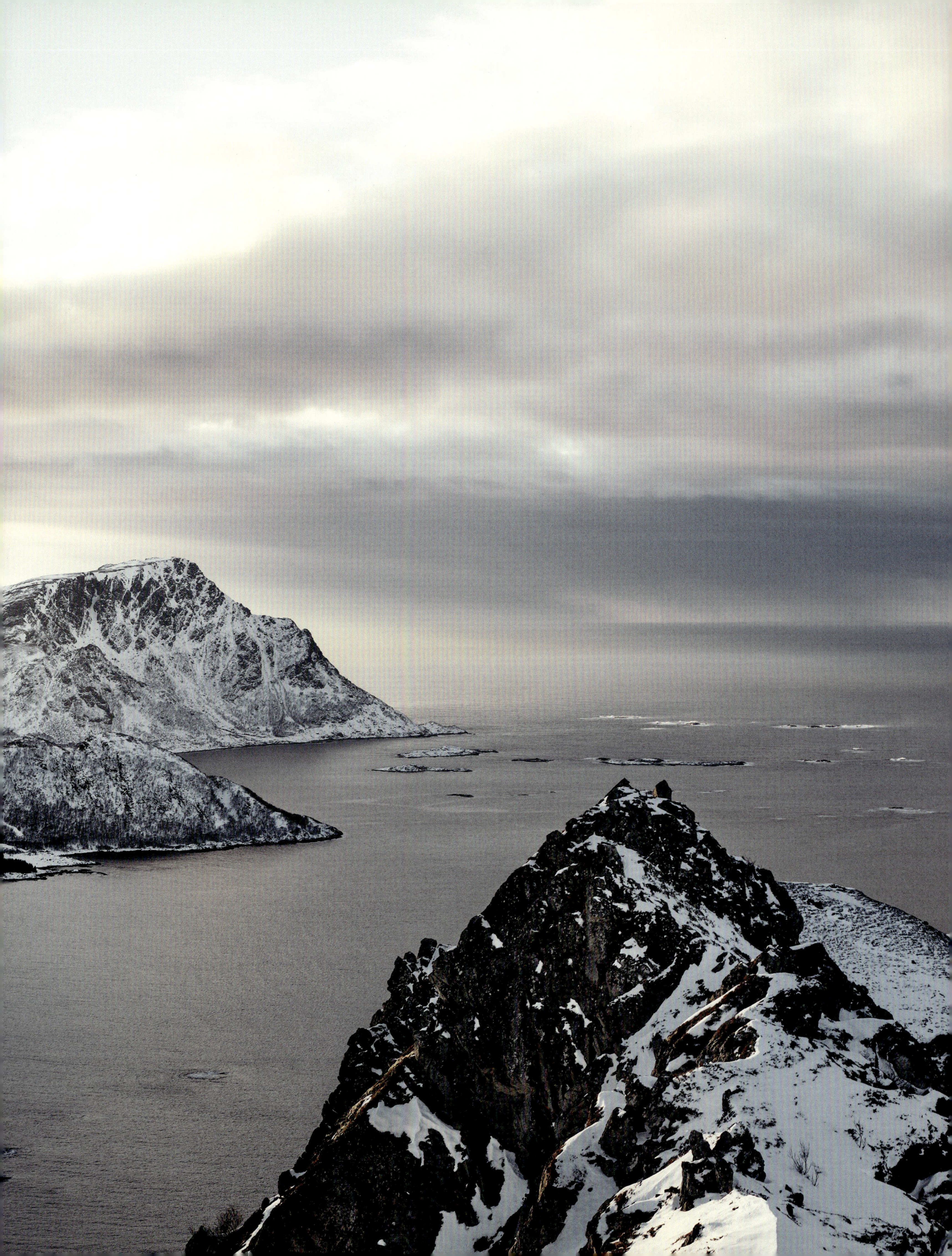

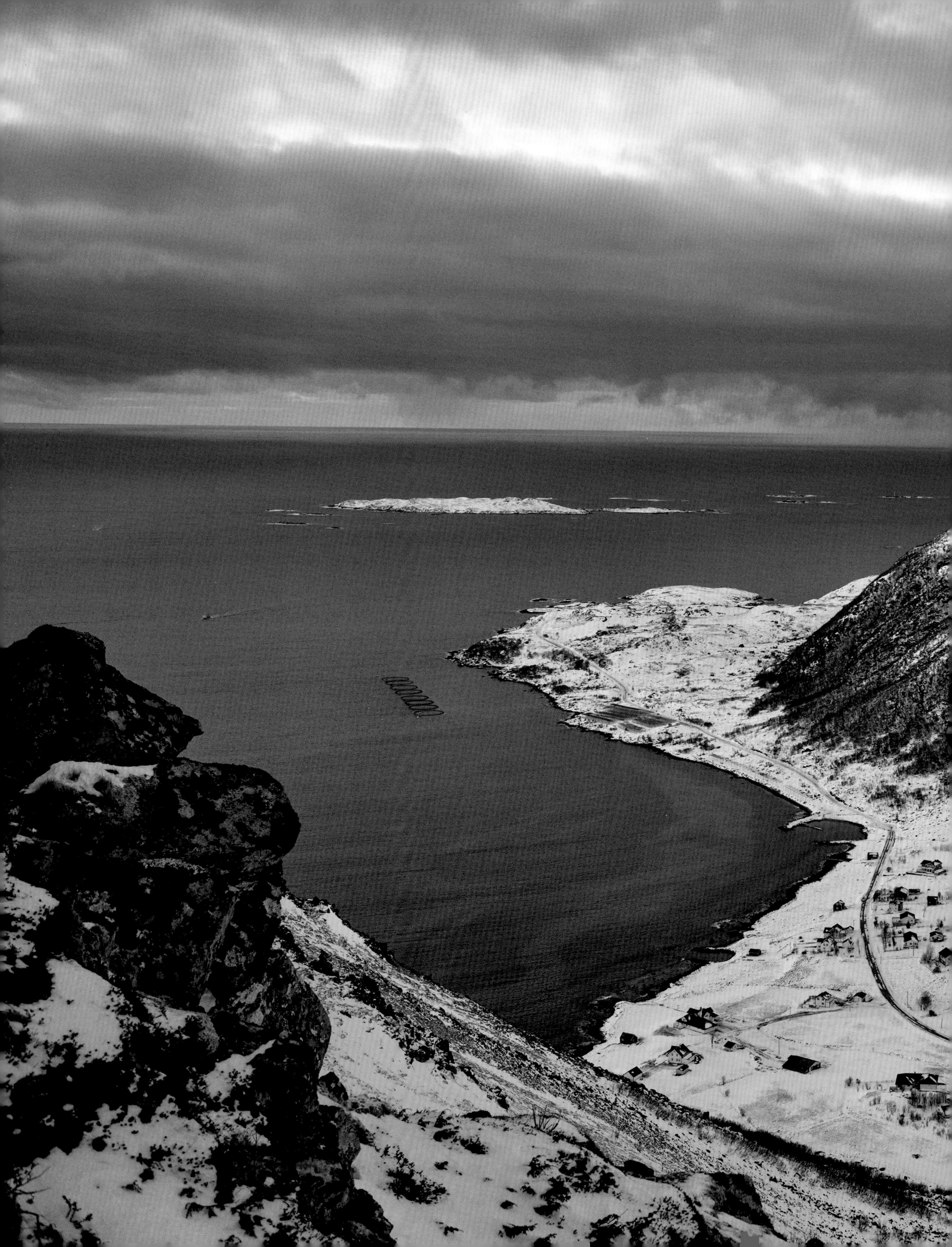

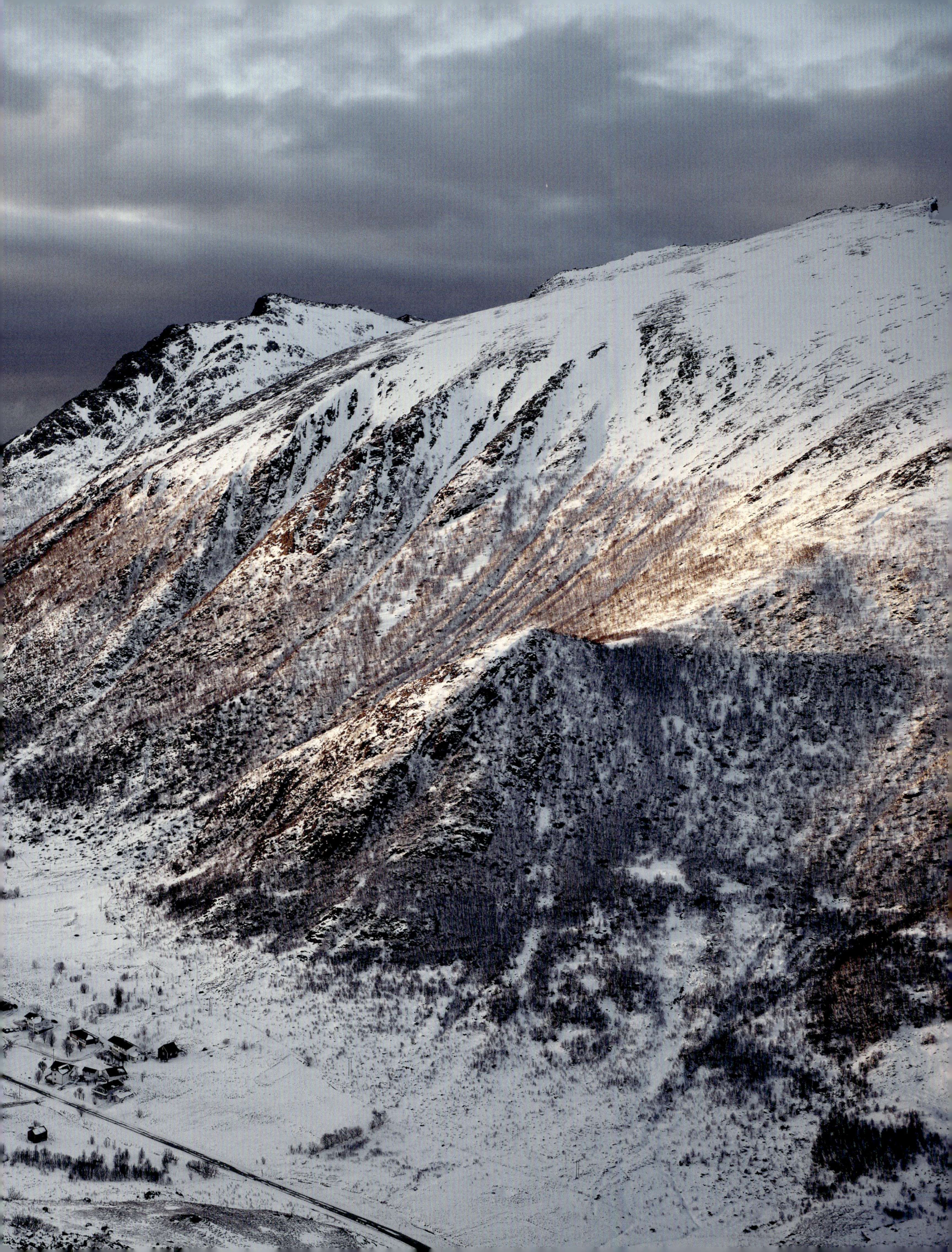

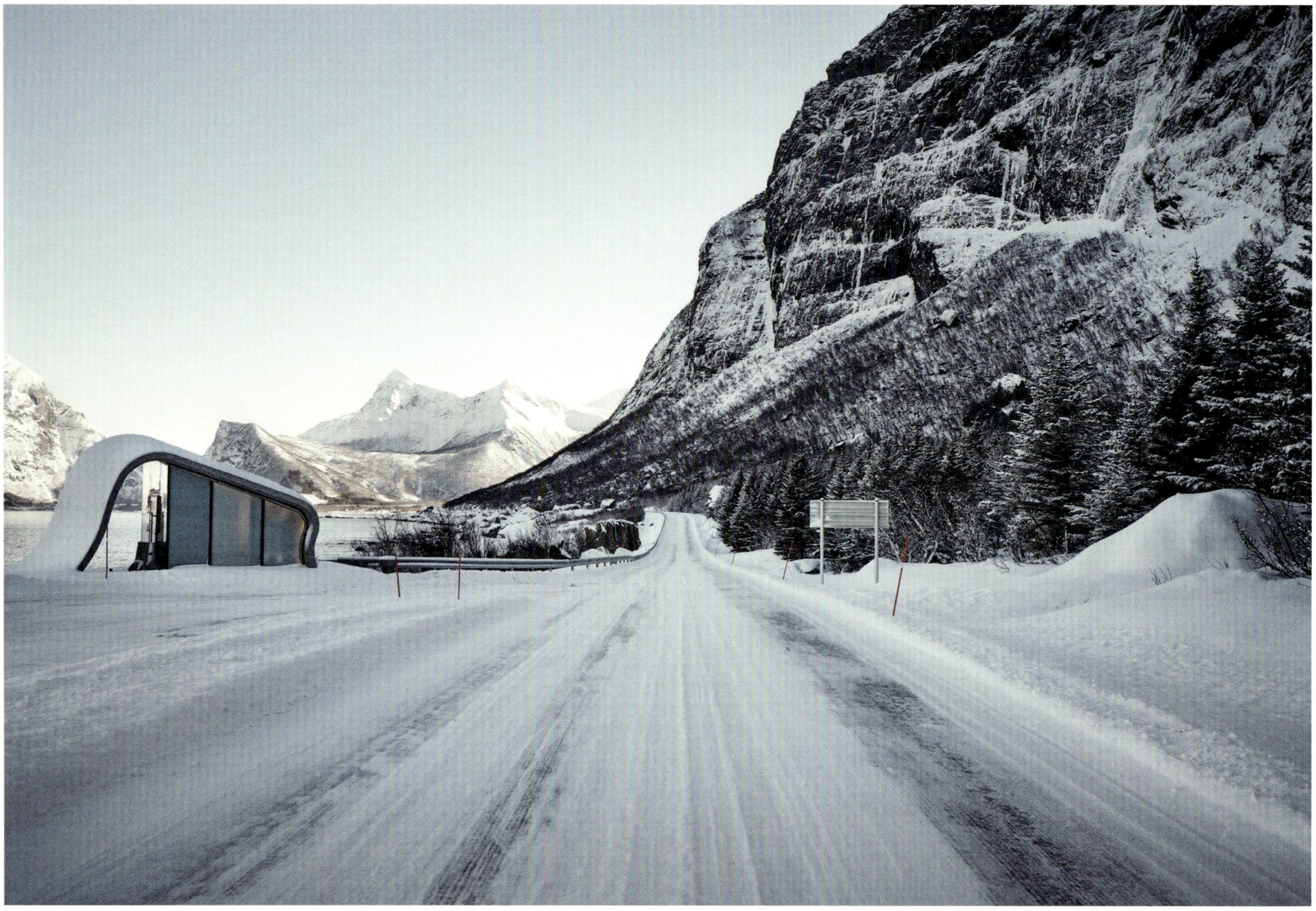

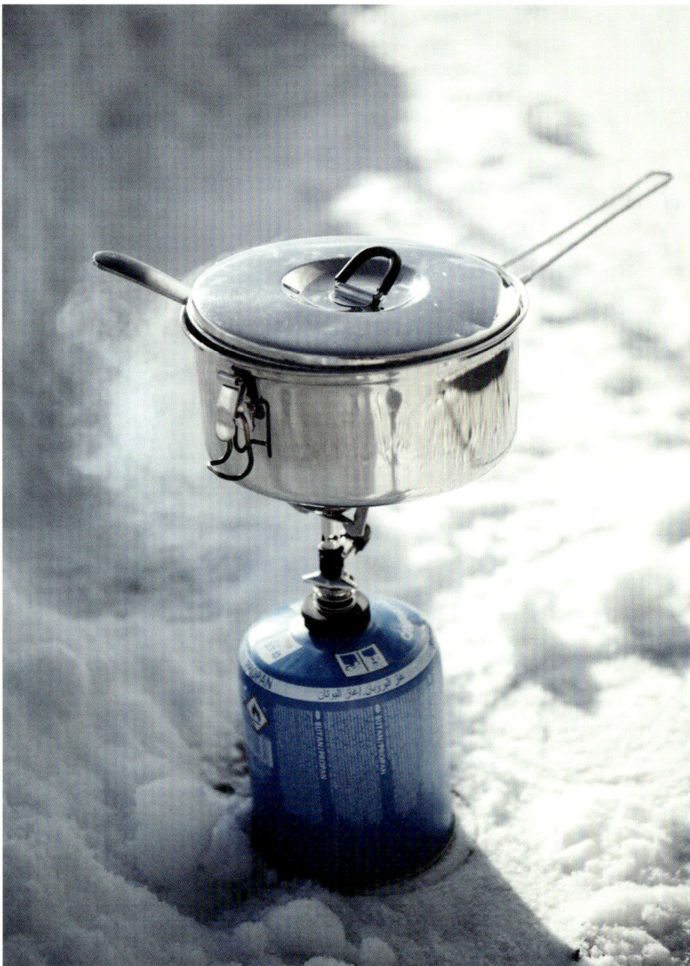
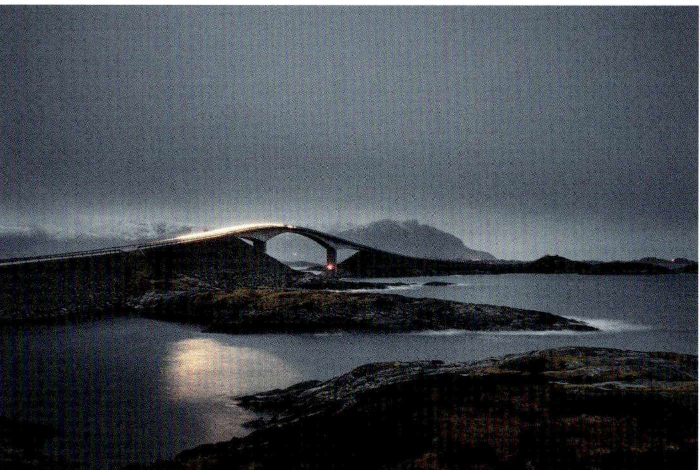
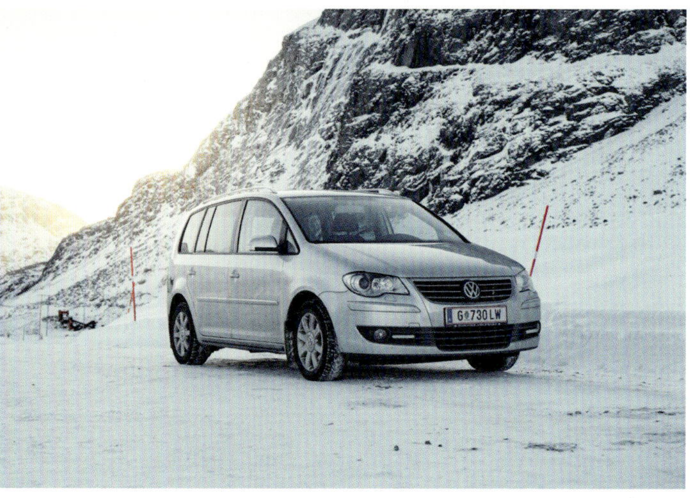

The driving starts to get adventurous just past Trondheim. From there on, even the streets are coated in ice. The locals all have studded tires, which I of course don't.

Kurz nach Trondheim wurde die Reise zunehmend abenteuerlicher: Selbst die Straßen sind fortan von einer Eisschicht bedeckt. Die Einheimischen fahren alle mit Spikes an den Rädern, ich natürlich nicht.

For the trip to Norway, I had booked a motorail service for the Vienna-to-Hamburg leg, which saved me more than 1,000 kilometers of autobahn driving through Germany. I got behind the wheel myself in Hamburg and drove north, through Denmark, to the country's tip at Hirtshals, from where I took the ferry across to Kristiansand, Norway. When I first arrived in the south of Norway, I was surprised at the total lack of snow. It was February. Only on the mountaintops along the coast was there a white ribbon stretching away northward. Once you get inland and away from the coast, however, you are confronted with snow, and it's meters deep. But here, past Trondheim, was the winter wonderland just as I had imagined it. The farther north I drove, the more beautiful it became. The temperature fell in equal measure. The coldest it got was when the route I was following went a ways inland north of Trondheim; partway across a broad and nearly deserted landscape, the dashboard thermometer read −25 °C.

Um nach Norwegen zu kommen, hatte ich den Autoreisezug von Wien nach Hamburg gebucht, so sparte ich mir insgesamt 2000 km Autobahnfahrt durch Deutschland. Ab Hamburg fuhr ich selbst, einmal quer durch Dänemark, bis an den nördlichsten Zipfel des Landes, um dort bei Hirtshals die Fähre nach Kristiansand, Norwegen zu besteigen. Bei meiner Ankunft im Süden Norwegens war ich zunächst überrascht, dass im Februar gar kein Schnee lag. Nur auf den Berggipfeln entlang der Küste zog sich eine weiße Spur bis in den Norden – doch sobald man die Küste hinter sich ließ, wurde man im Landesinneren von meterhohem Schnee begrüßt. Ab Trondheim begann es dann aber, ganz so, wie ich es mir vorgestellt hatte: das Winterwunderland. Je weiter in den Norden ich fuhr, umso schöner wurde es. Und parallel dazu sanken die Temperaturen. Am kältesten war es, als ich nach Trondheim weiter ins Landesinnere fahren musste, um meiner Route zu folgen: Mitten in einer weitläufigen und beinahe menschenleeren Gegend zeigte die Temperaturanzeige am Armaturenbrett -25°C.

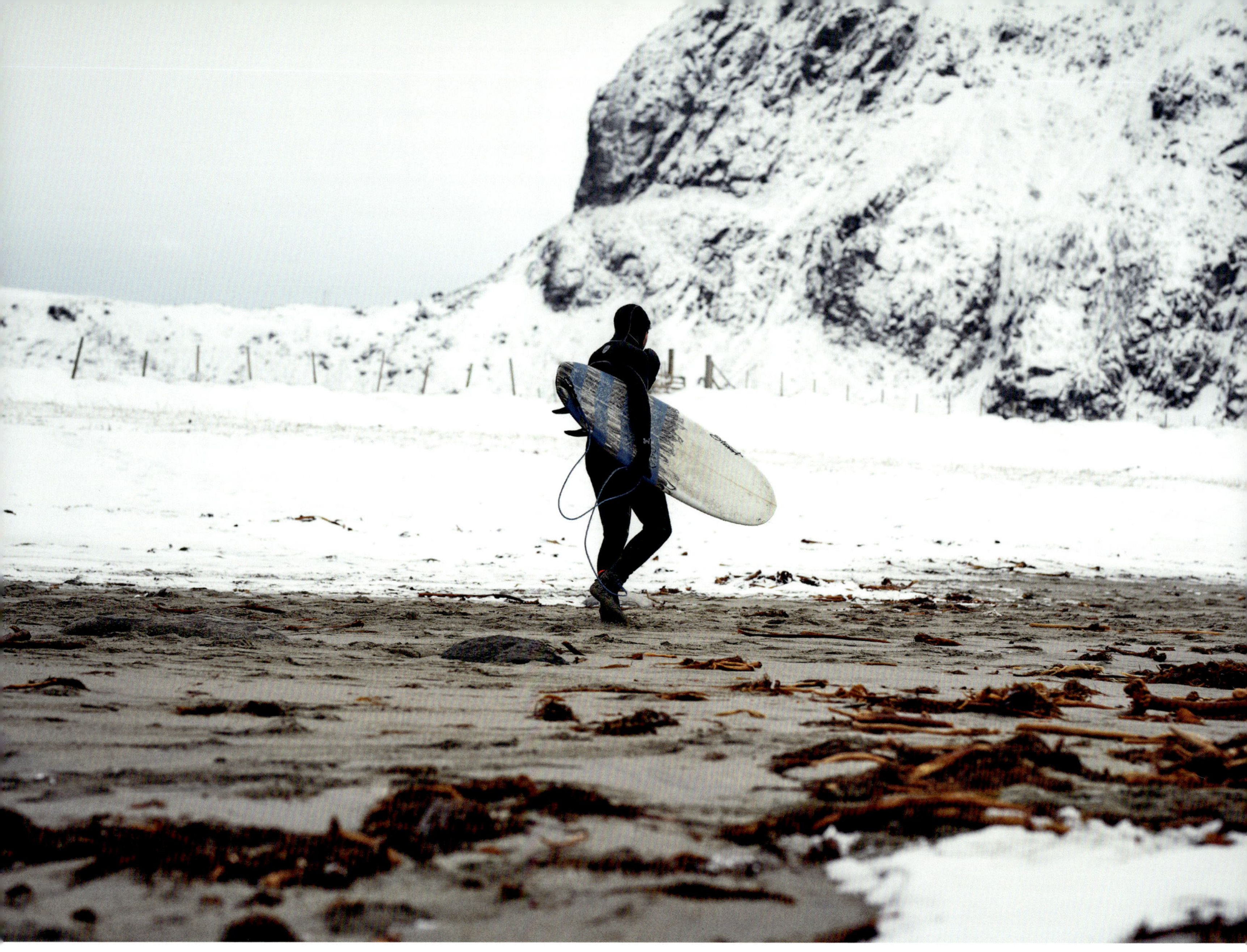

One day, unexpectedly, at the beach in Unstad, I came across the northernmost surf school in the world. The school's motto: Arctic surfing. They run their own surf camp and attract enough courageous souls who get in the ice-cold water at sub-zero temperatures. As I passed by one afternoon, two people were out, and it looked like they knew their way around a surfboard. After twenty minutes, one of them came out of the water, freezing but happy, watched the other surfer for a while, and then went to the surf camp, where, as I later learned, a sauna and hot tub were waiting for him.

Durch Zufall entdeckte ich eines Tages am Strand von Unstad die nördlichste Surfschule der Welt: Arctic Surfing lautet hier die Devise. Es gibt ein eigenes Surf-Camp und genug Mutige, die sich bei Minusgraden ins eiskalte Wasser begeben. Als ich eines Nachmittages hier vorbeikam, waren gerade zwei Surfer im Wasser und hatten ihr Brett offenbar gut unter Kontrolle. Nach 20 Minuten kam einer von ihnen, durchgefroren, aber glücklich, aus dem Wasser, sah dem anderen Surfer noch eine Weile zu und ging dann ins Surfcamp – wo eine Sauna und Hot Tub auf ihn gewartet haben, wie ich später erfuhr.

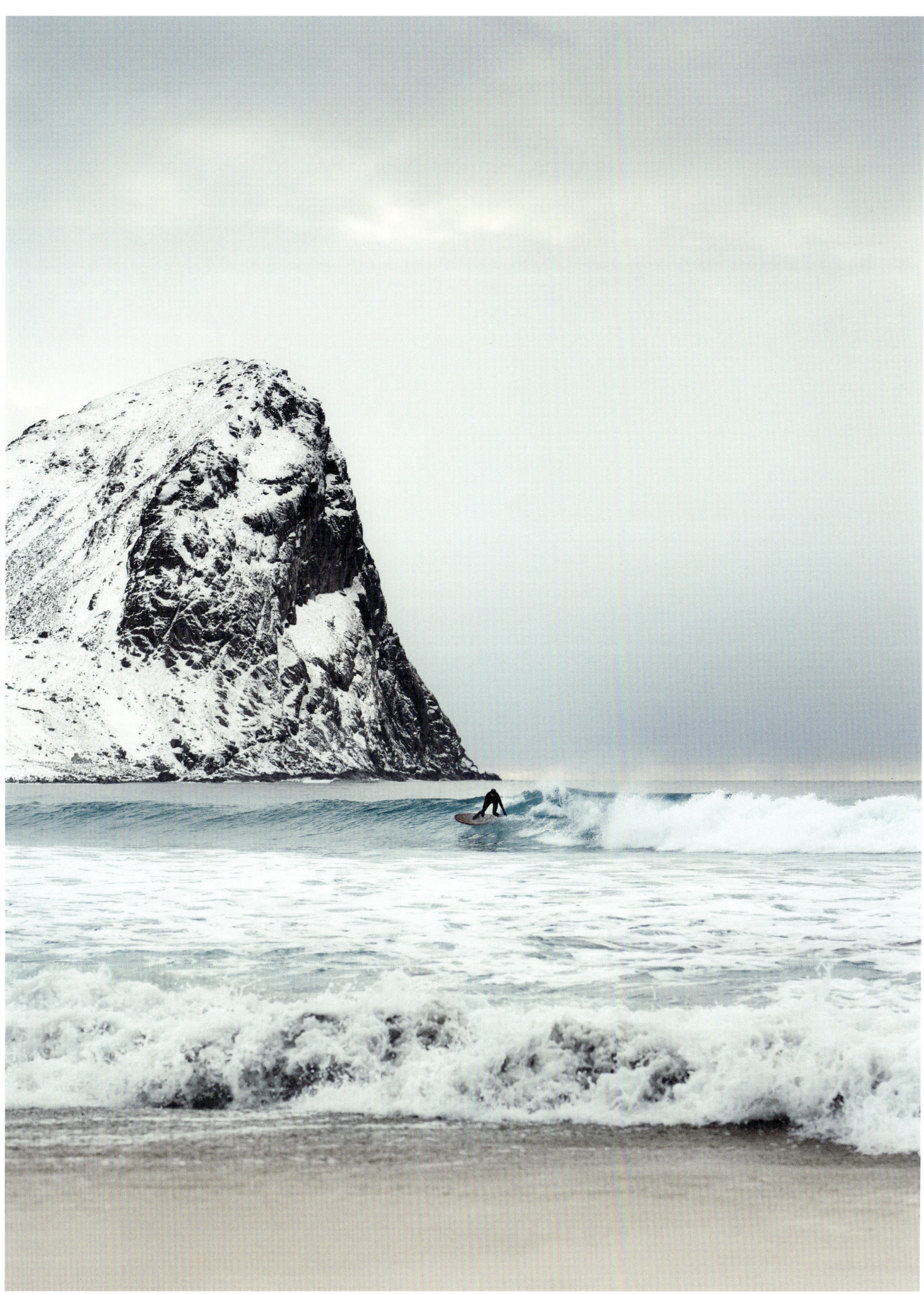

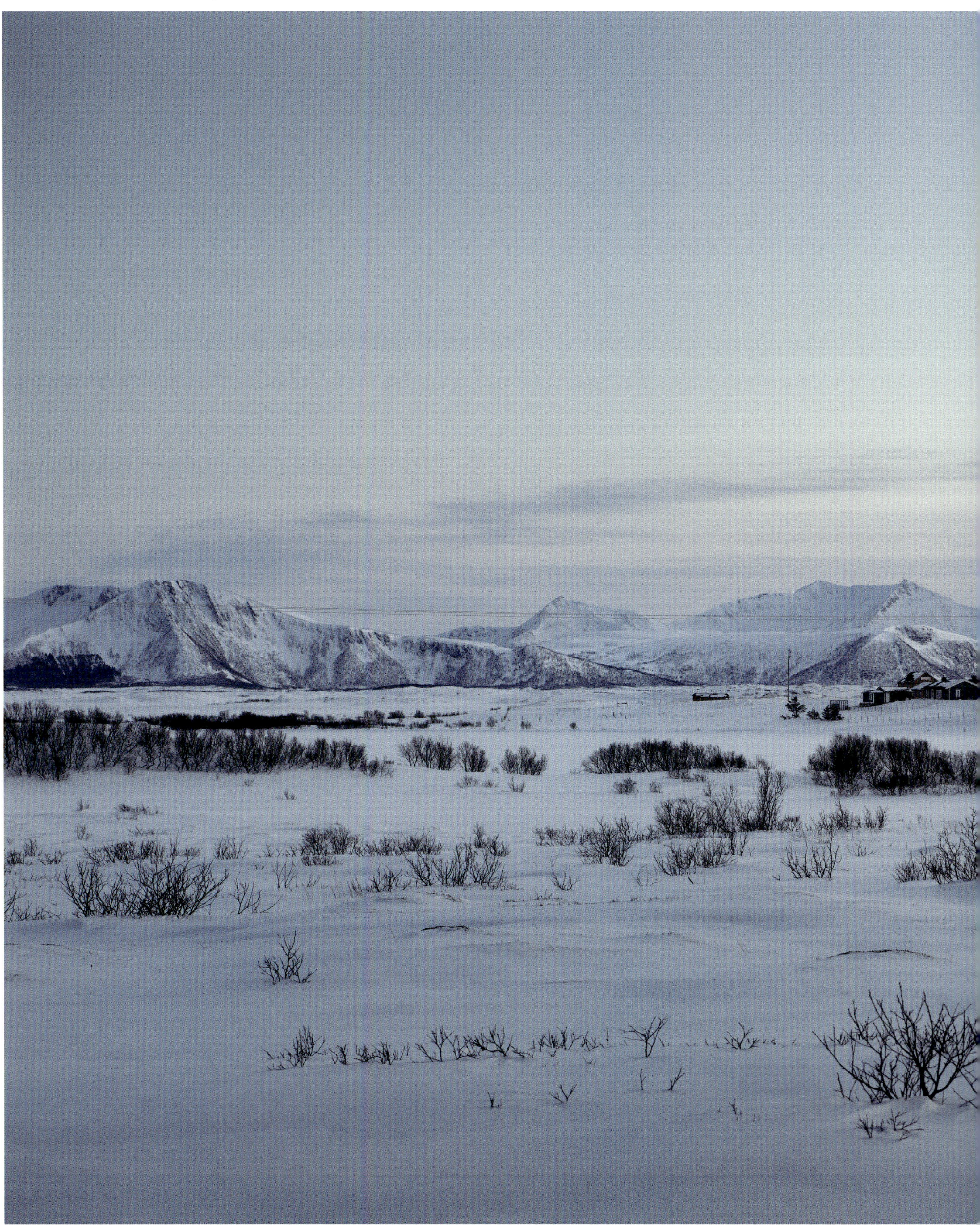

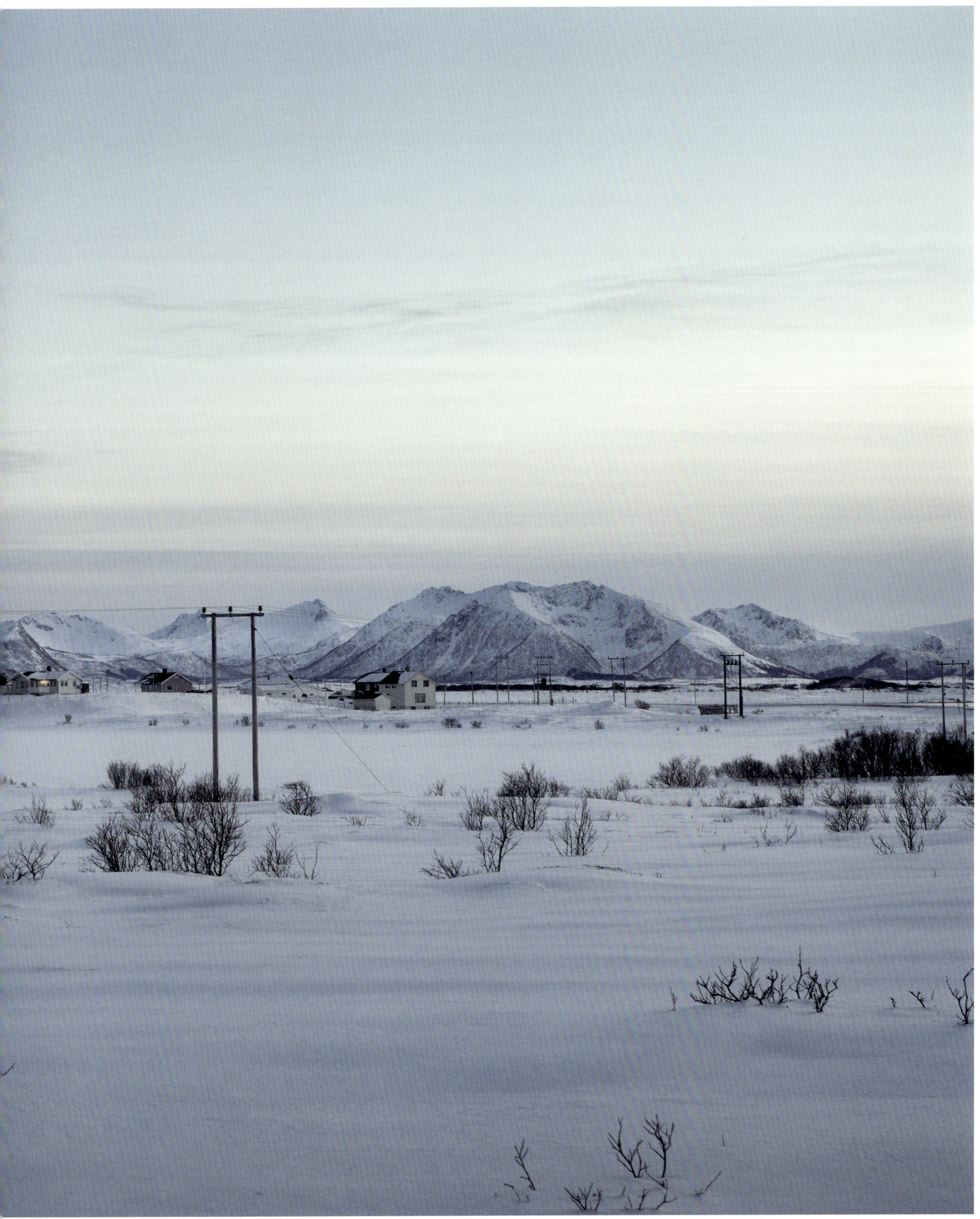

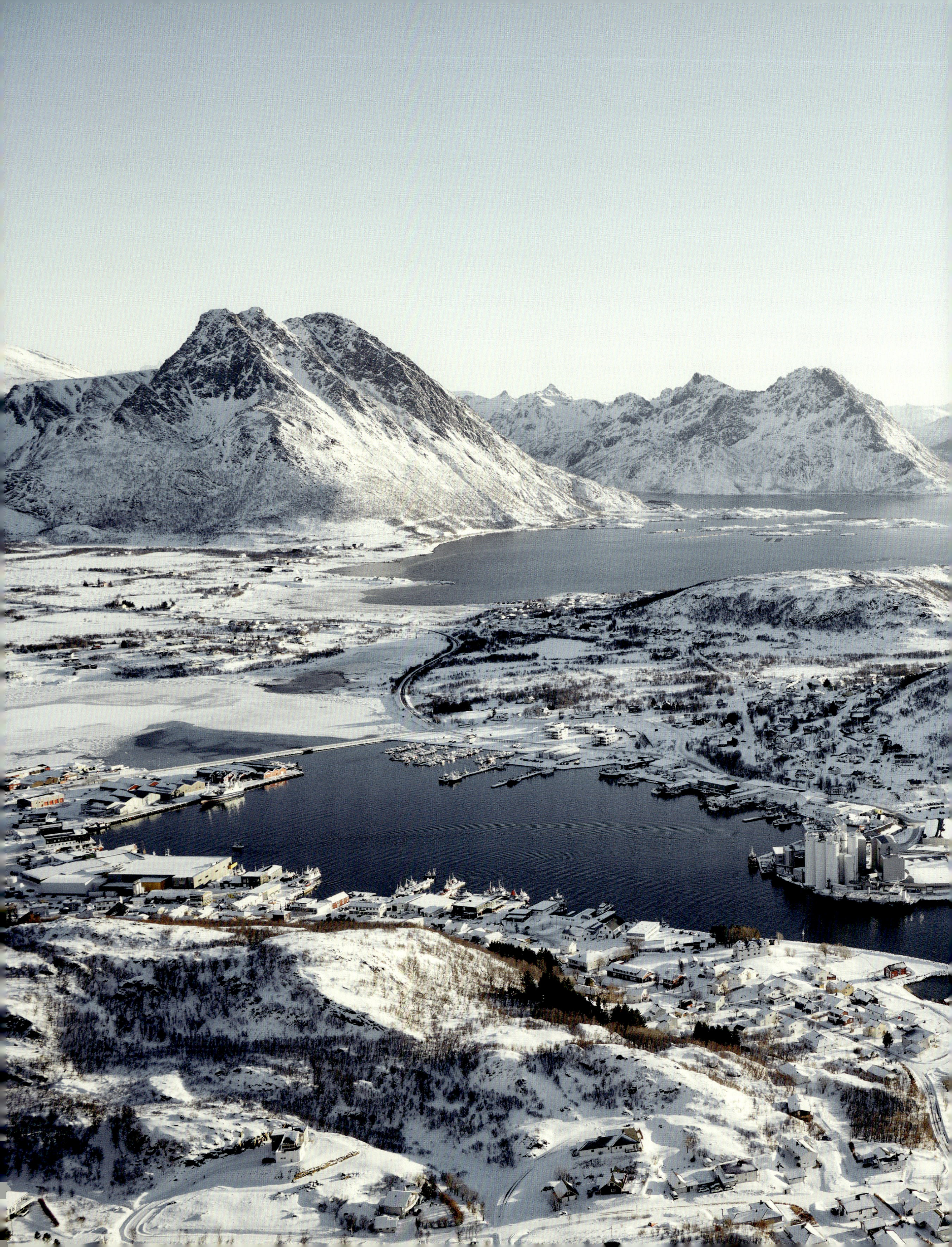

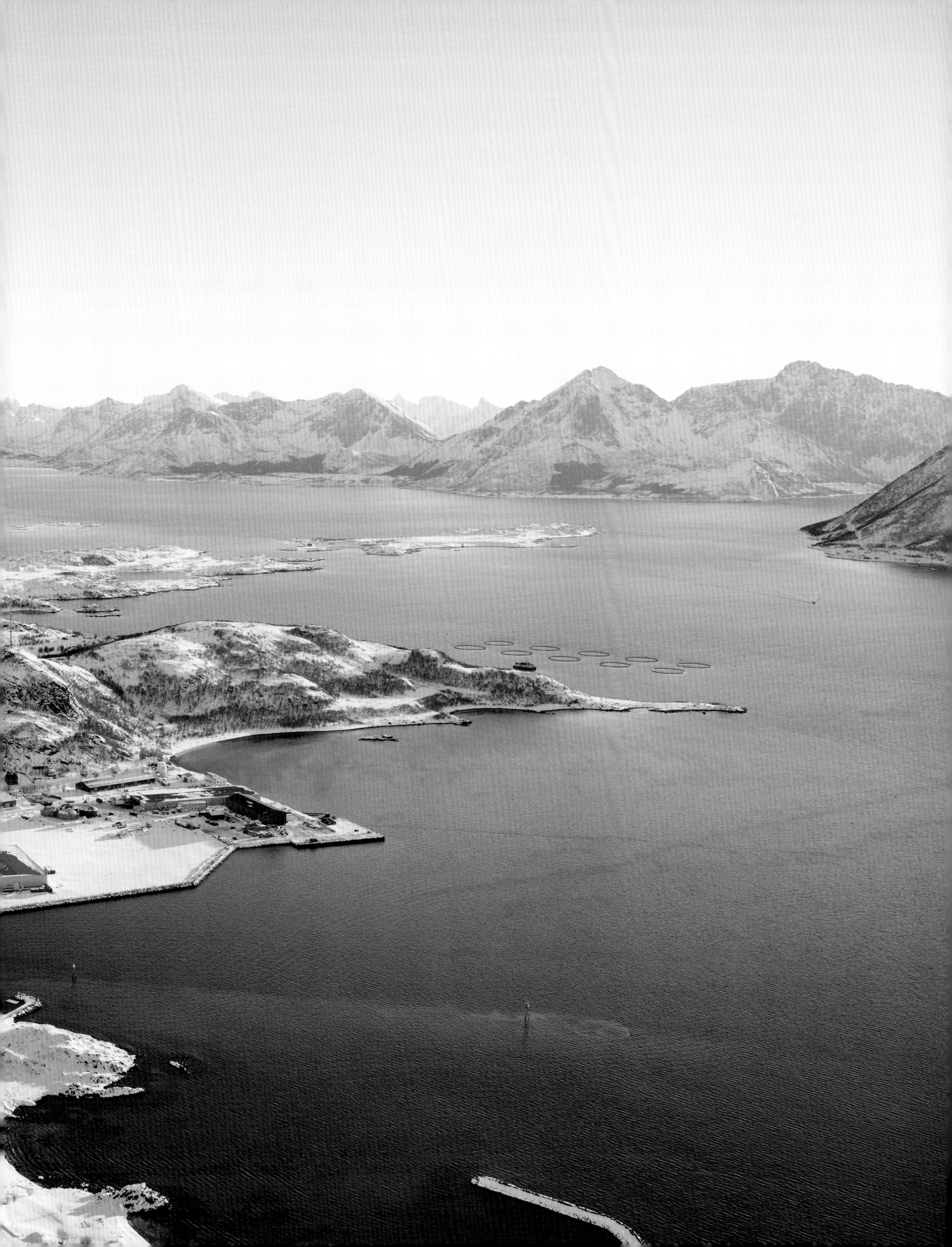

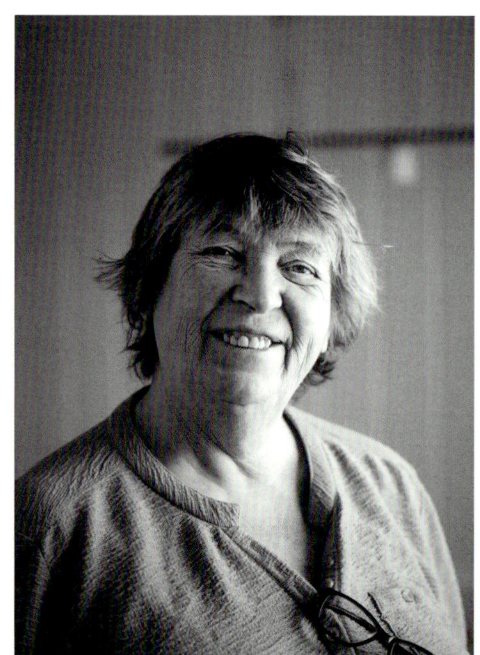
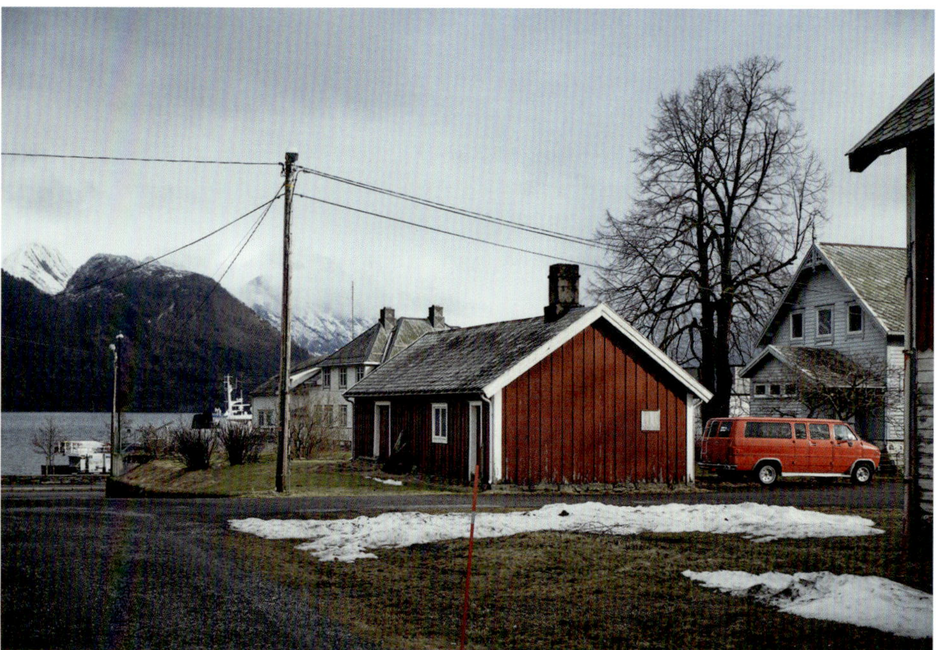
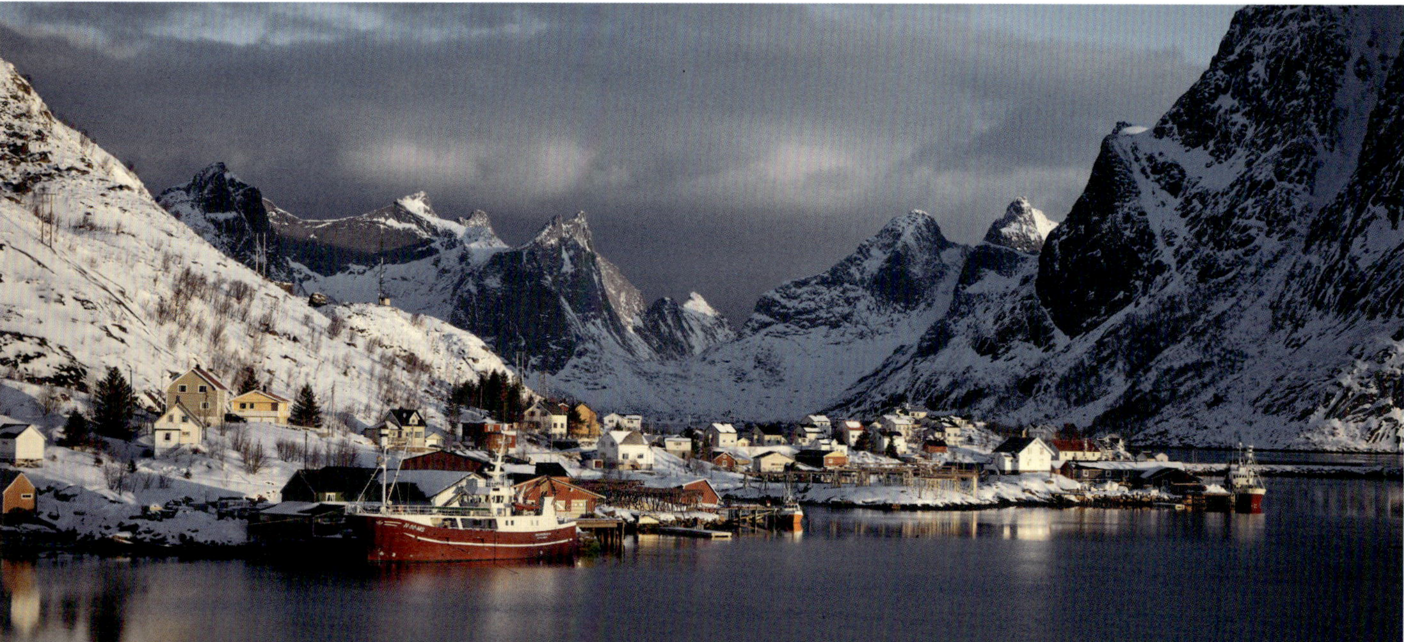
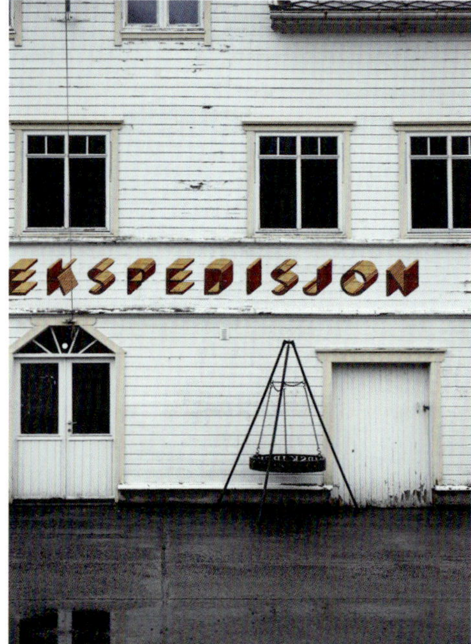
EKSPEDISJON
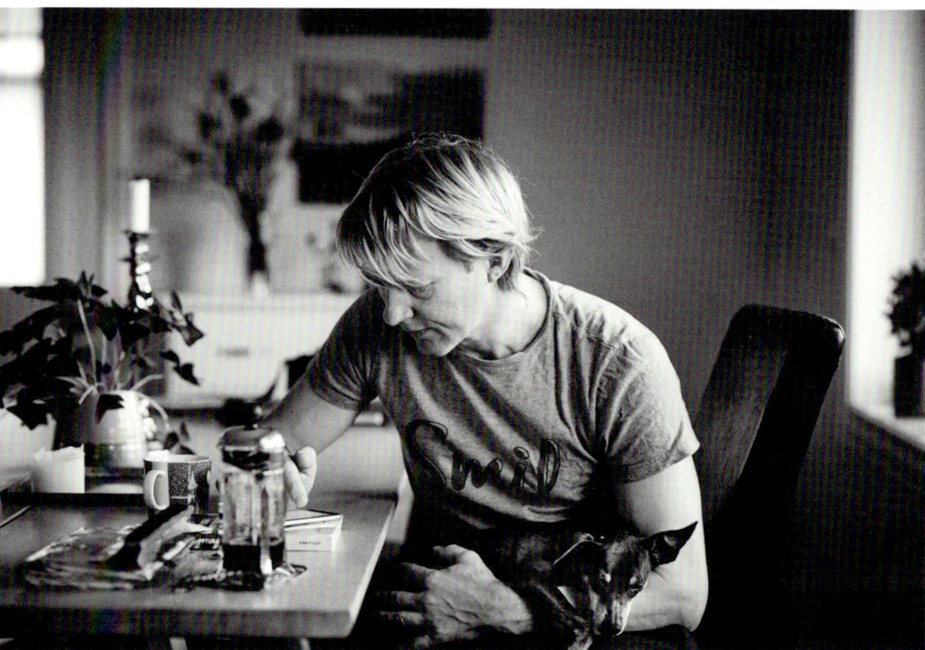
Smil

During this trip, I stayed at twenty-five different places. That means my average stay was one or two nights. I would go on hikes and little outings nearby during the day before continuing to the next destination and place to stay.

Between Bergen and Trondheim, near Ørsta, I stayed with Frode. A Norwegian in his 40s, he works as a chief cook on the high seas and, like me, is a passionate hiker. We would have liked to go hiking together, but unfortunately he had a broken foot at the time. (This did free him up to give me advice on where to go.) We got along very well and spent the evening hours talking about anything and everything. I had originally planned to spend one night at his placed but ended up staying there for three.

In Lofoten, I spent two nights at the home of a woman named Eldrid. Joyful and getting on in years, she was unusually internet- and iPad-savvy. Fond of company, she has a spare room she rents out, and she is always happy to have a chat. I had only reserved the room for one night, but as she was so friendly and kind, she invited me to spend a second night on her couch, free of charge. She would have let me have the room, but another guest had already reserved it.

Während dieser Reise übernachtete ich in 25 verschiedenen Unterkünften. Ich war also durchschnittlich ein bis zwei Nächte am selben Ort, unternahm tagsüber Ausflüge und Wanderungen in der Gegend, bevor ich weiterfuhr, zum nächsten Ziel und zur nächsten Unterkunft.

In der Nähe von Ørsta (zwischen Bergen und Trondheim) kam ich bei Frode unter. Ein Norweger um die 40, der als Koch auf hoher See arbeitet und wie ich leidenschaftlich wandert. Frode hätte mich sehr gern auf einer meiner Touren begleitet, doch leider hatte er sich zu der Zeit den Fuß gebrochen. Dafür konnte er mir umso mehr Wandertipps geben, überhaupt hatten wir uns sehr gut verstanden und unterhielten uns abends stundenlang über Gott und die Welt. Aus dem eigentlich geplanten Aufenthalt für eine Nacht wurden drei Nächte, die ich in seinem Haus verbrachte.

Auf den Lofoten war ich zwei Nächte bei Eldrid zu Gast, einer lebensfrohen älteren Dame, die für ihr Alter ungewöhnlich fit im Umgang mit dem Internet und ihrem iPad war. Da sie gerne Menschen um sich hat, vermietet sie ein Zimmer ihrer Wohnung und freute sich immer sehr, wenn man ein wenig mit ihr plauderte. Ich hatte nur eine Nacht bei Eldrid gebucht, aber, da sie so wahnsinnig freundlich war, hatte sie mir angeboten, eine zusätzliche Nacht umsonst auf ihrer Couch zu schlafen. Sie würde mir ja das Zimmer geben, in dem ich die erste Nacht verbracht hatte, aber der nächste Gast hatte sich schon angekündigt.

This time, on my second trip to Norway, I had my own car, which allowed me to see many of the places in Lofoten that had been out of my reach the first time around. I also spent a lot of time a bit north of Lofoten, in the Sortland area as well as on the island of Andøya. Temperatures during my stay were constantly between −5 °C and −15 °C, but I didn't really mind. I was well equipped for the cold, and if I started to feel it, all I had to do was a little physical activity.

There was always plenty of food in a large box I kept in my car. Most of the places I stayed let me use the kitchen, I always had something to snack on when I was out and about, and if necessary, I could just set up my camp stove in the snow and heat up some soup.

My days all followed a very similar rhythm: I would get up very early, often before sunrise, so that I had good morning light to record images by; then I would make breakfast (mostly porridge), vacate my accommodation, and head for the outdoors. I would usually spend the whole day snowshoeing, looking for a new motif or a novel vantage point for even more photography. When it got dark, I would make my way to wherever I was staying next. Usually, I would chat with my host a little before ultimately taking a shower and making myself dinner. If it wasn't too late or I wasn't too tired, I would usually spend some time with a novel. But often, I would just fall into bed—dead tired, and happy with the day's efforts.

Da ich auf meiner zweiten Norwegenreise mit dem eigenen Auto unterwegs war, hatte ich die Möglichkeit, auf den Lofoten viele derjenigen Orte zu sehen, die ich bei meinem ersten Besuch hier nicht erreichen konnte. Viel Zeit verbrachte ich auch etwas nördlich der Lofoten, in der Gegend um Sortland und auf der Insel Andøya. Während meines Aufenthalts hielt sich die Temperatur hier konstant zwischen -5 C° und -15 C°, was mir aber wenig ausmachte: Durch die warme Ausrüstung war ich gut geschützt und wenn mir doch einmal kalt wurde, musste ich mich einfach mehr bewegen.

Eine große Kiste, vollgepackt mit Essen, war mir im Auto stets ein treuer Begleiter. In den meisten Unterkünften konnte ich die Küche mitbenutzen, unterwegs hatte ich so immer etwas zum Naschen dabei, und wenn es notwendig war, konnte ich einfach meinen Camping-Kocher in den Schnee stecken und eine Suppe kochen.

Meine Tage waren meist ganz ähnlich strukturiert: Ich stand sehr früh auf (oftmals vor Sonnenaufgang, damit ich gutes Morgenlicht zum Fotografieren hatte), machte mir Frühstück (meist Porridge) und verlies meine Unterkunft in Richtung wilde Natur. Meist wandere ich den ganzen Tag auf Schneeschuhen, immer auf der Suche nach einem neuen Motiv oder einer Perspektive, aus der ich noch mehr fotografieren kann. Wenn es dunkel wurde, machte ich mich auf den Weg zur nächsten Unterkunft. Dort plauderte ich meist ein wenig mit meinem Host, bevor ich schließlich duschen ging und mir ein Abendessen kochte. Wenn es dann nicht schon zu spät war und ich noch nicht zu müde, habe ich meist noch in einem Roman gelesen. Doch oft fiel ich – todmüde und glücklich von den Anstrengungen des Tages – einfach in mein Bett.

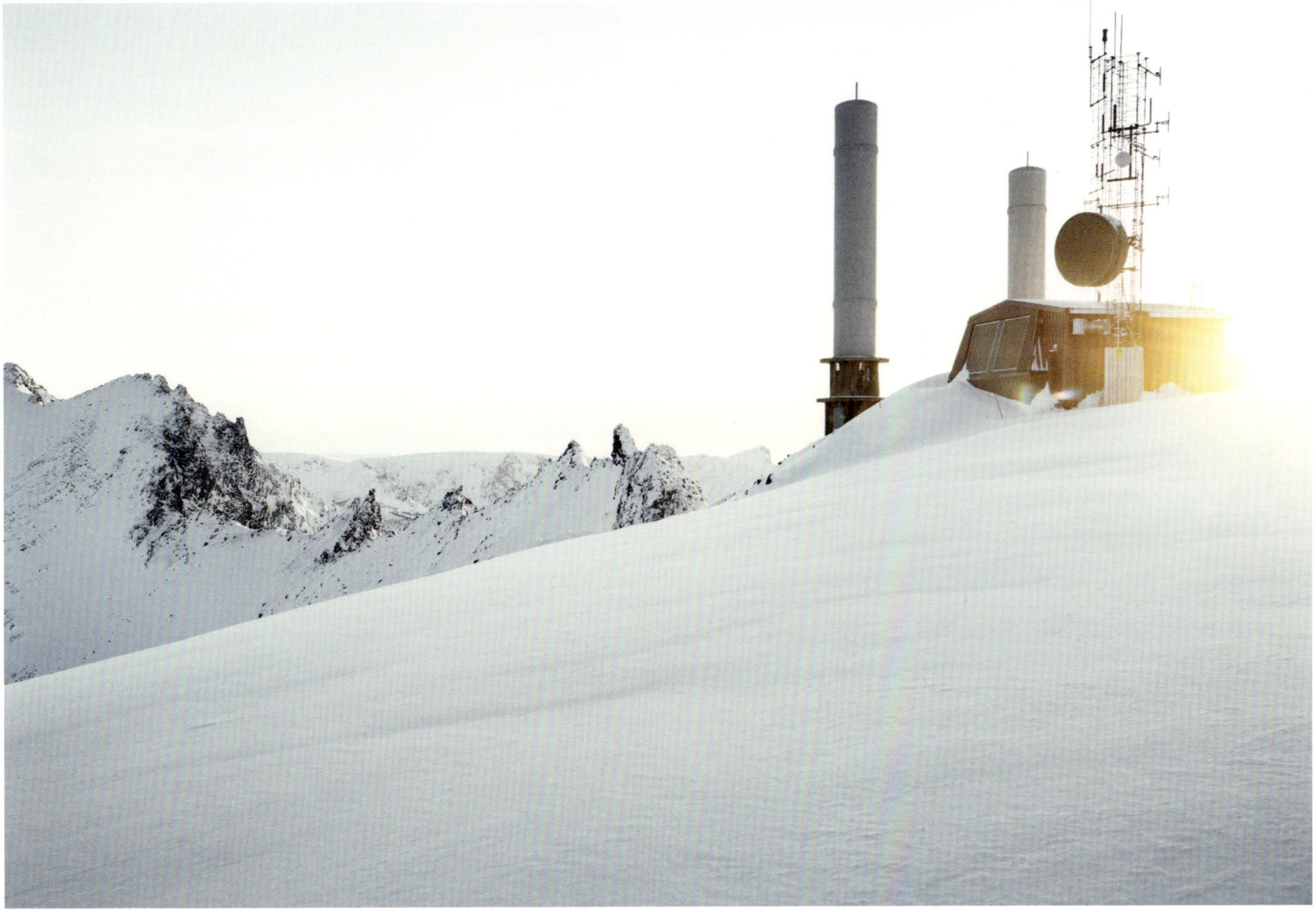

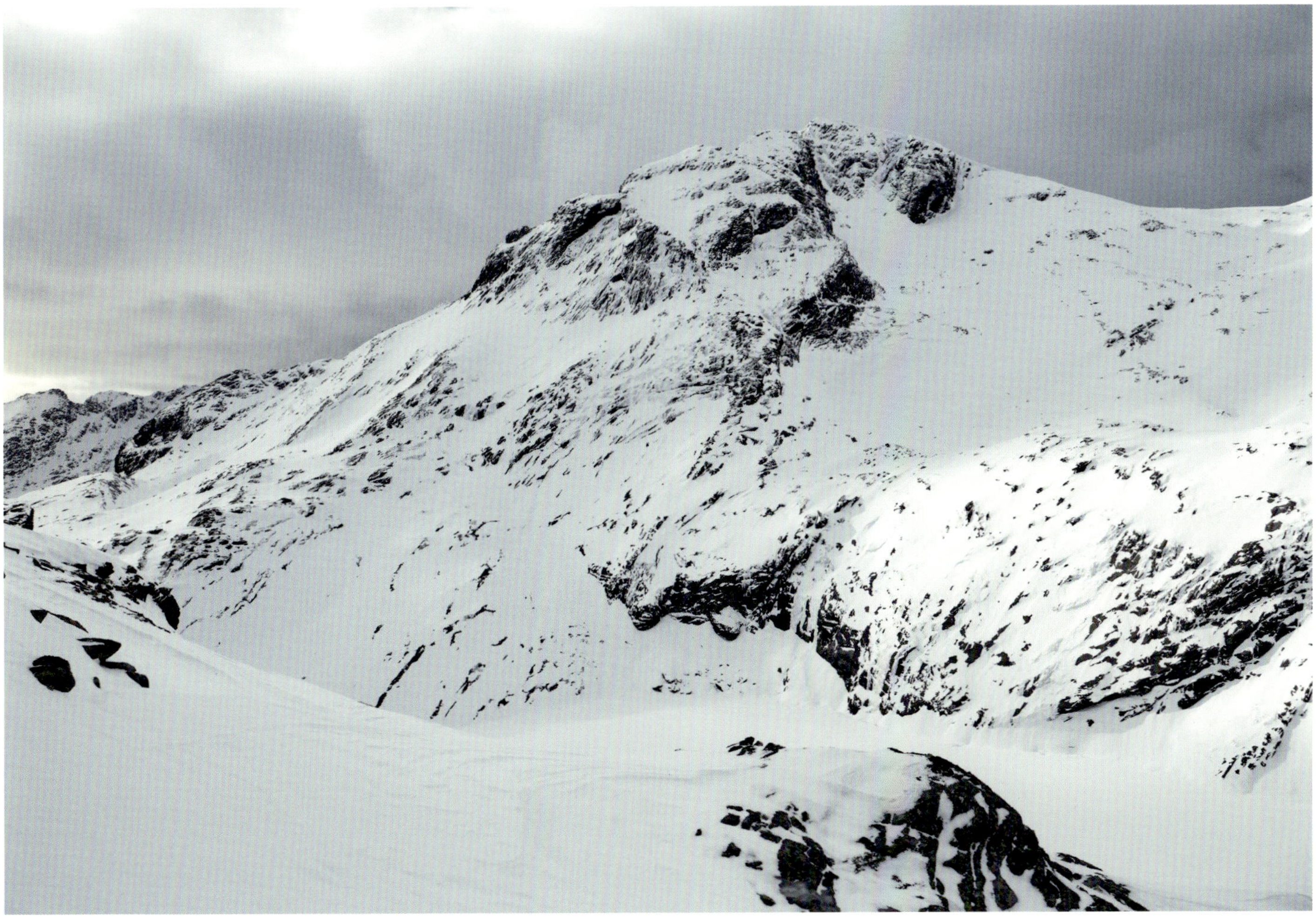

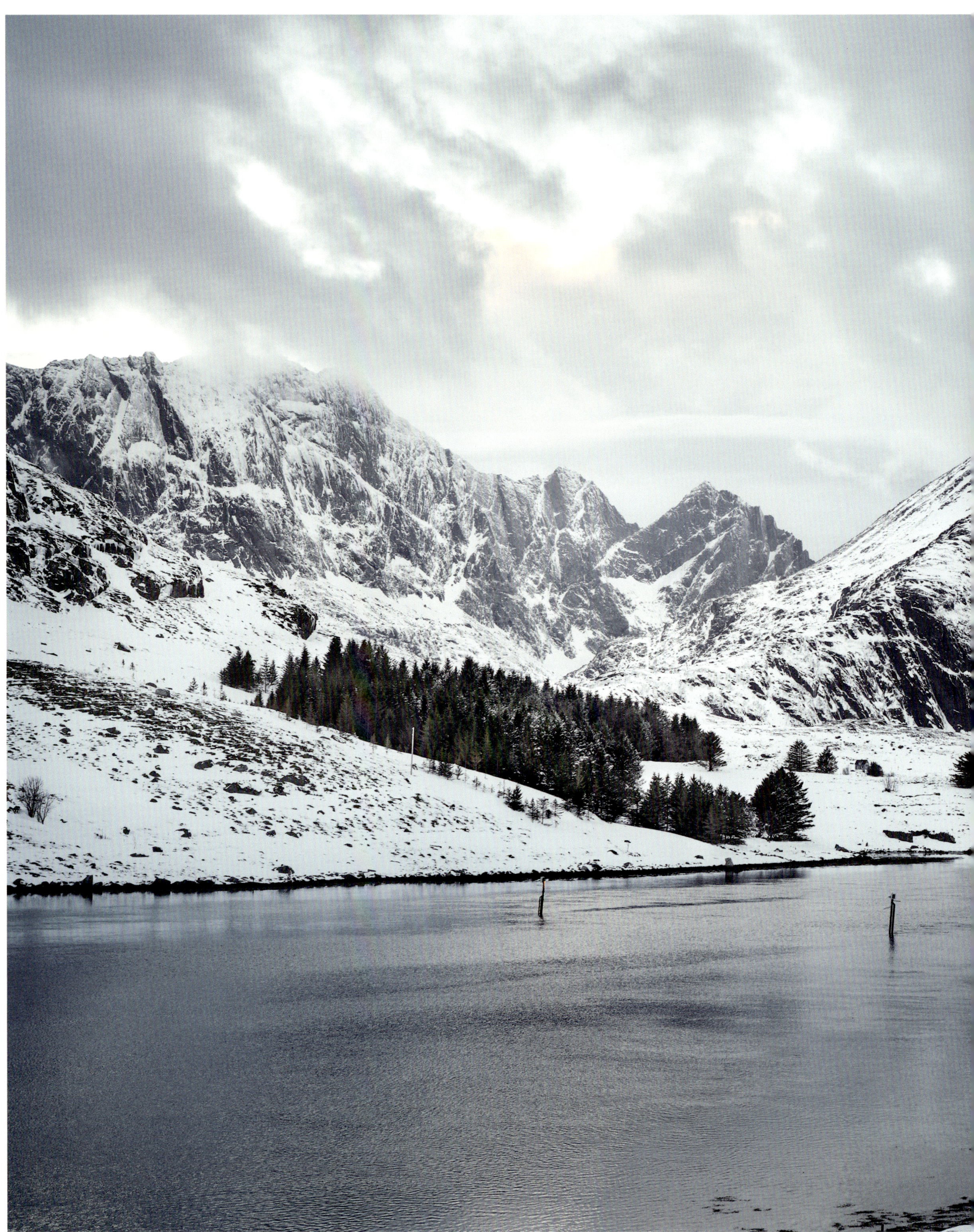

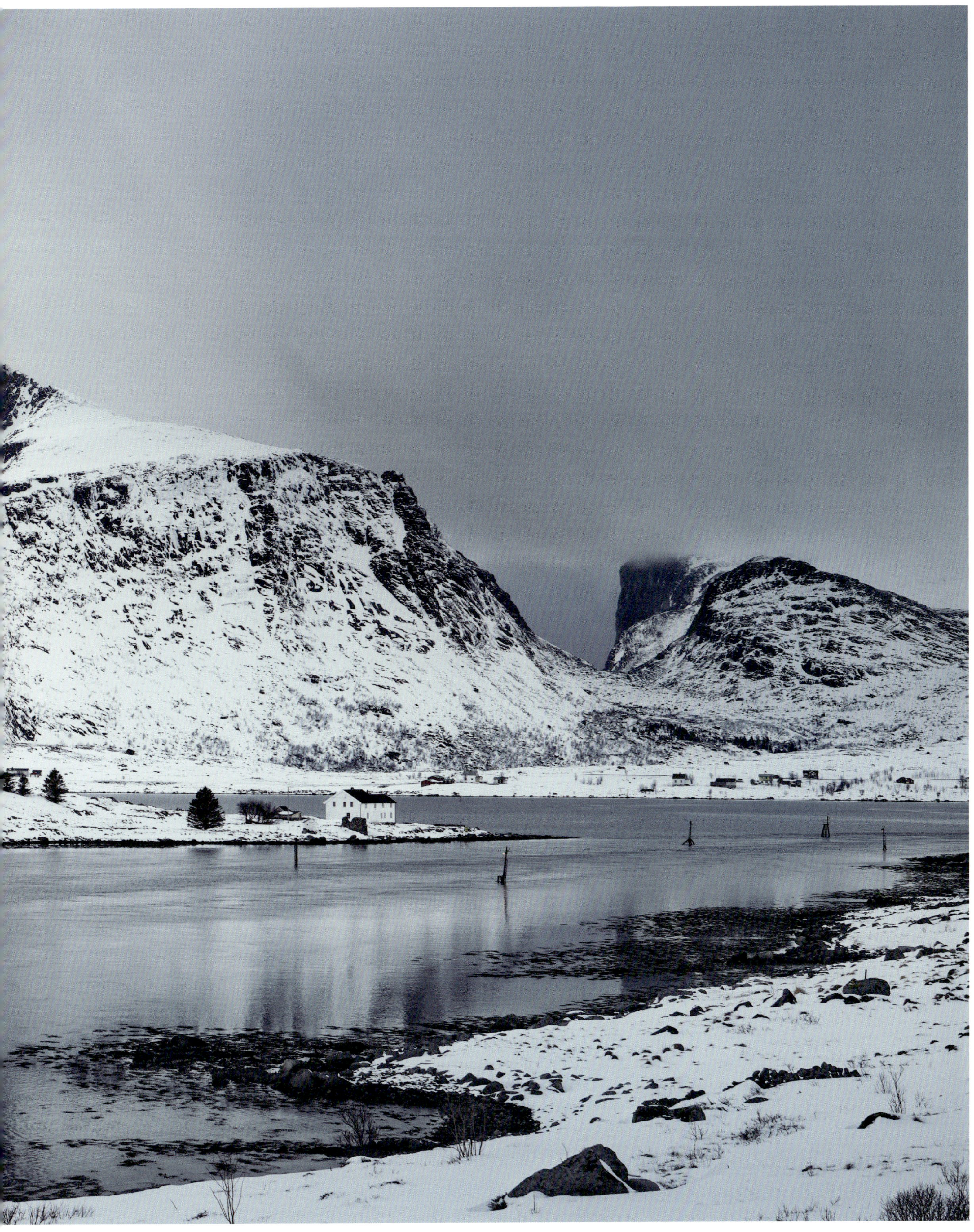

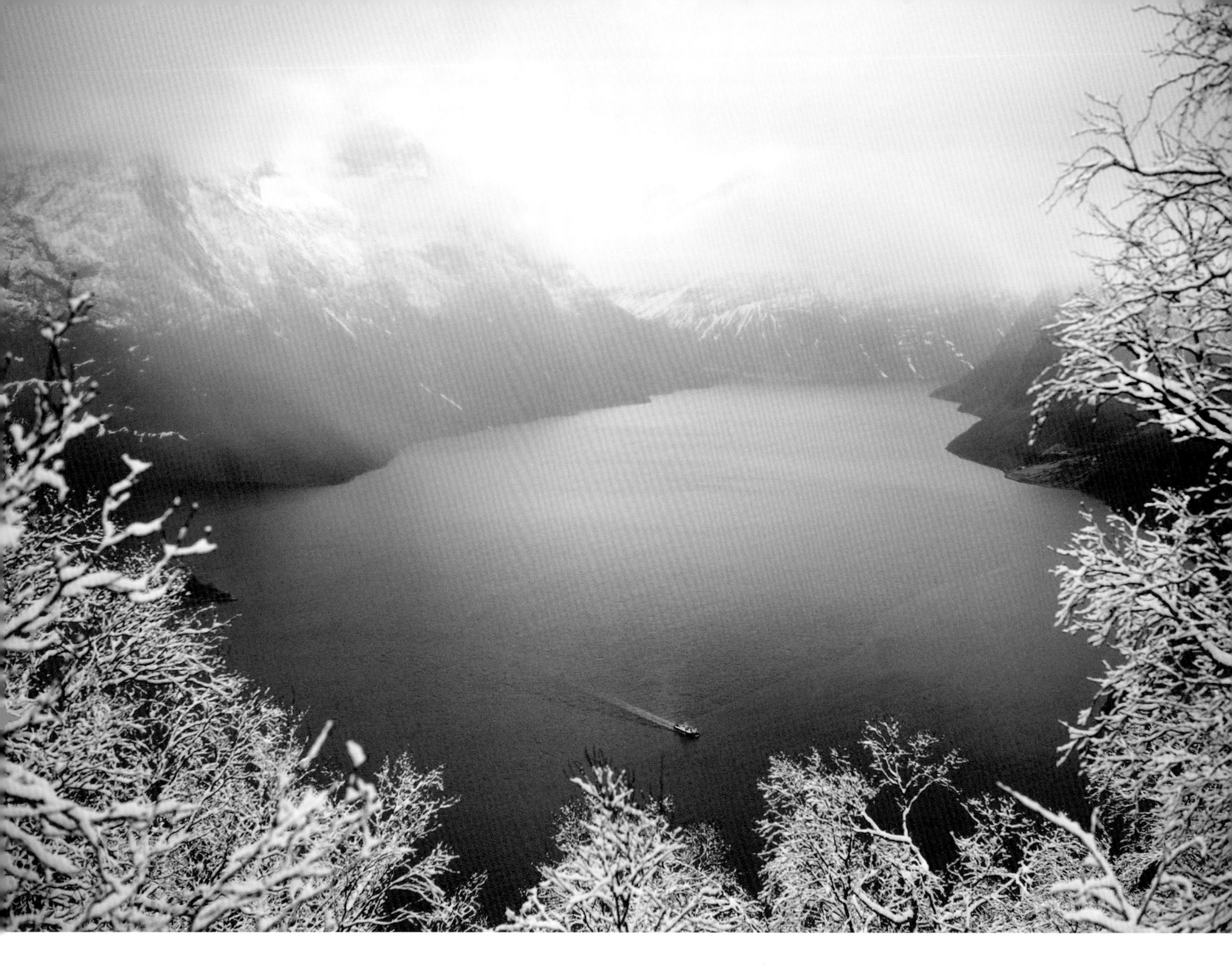

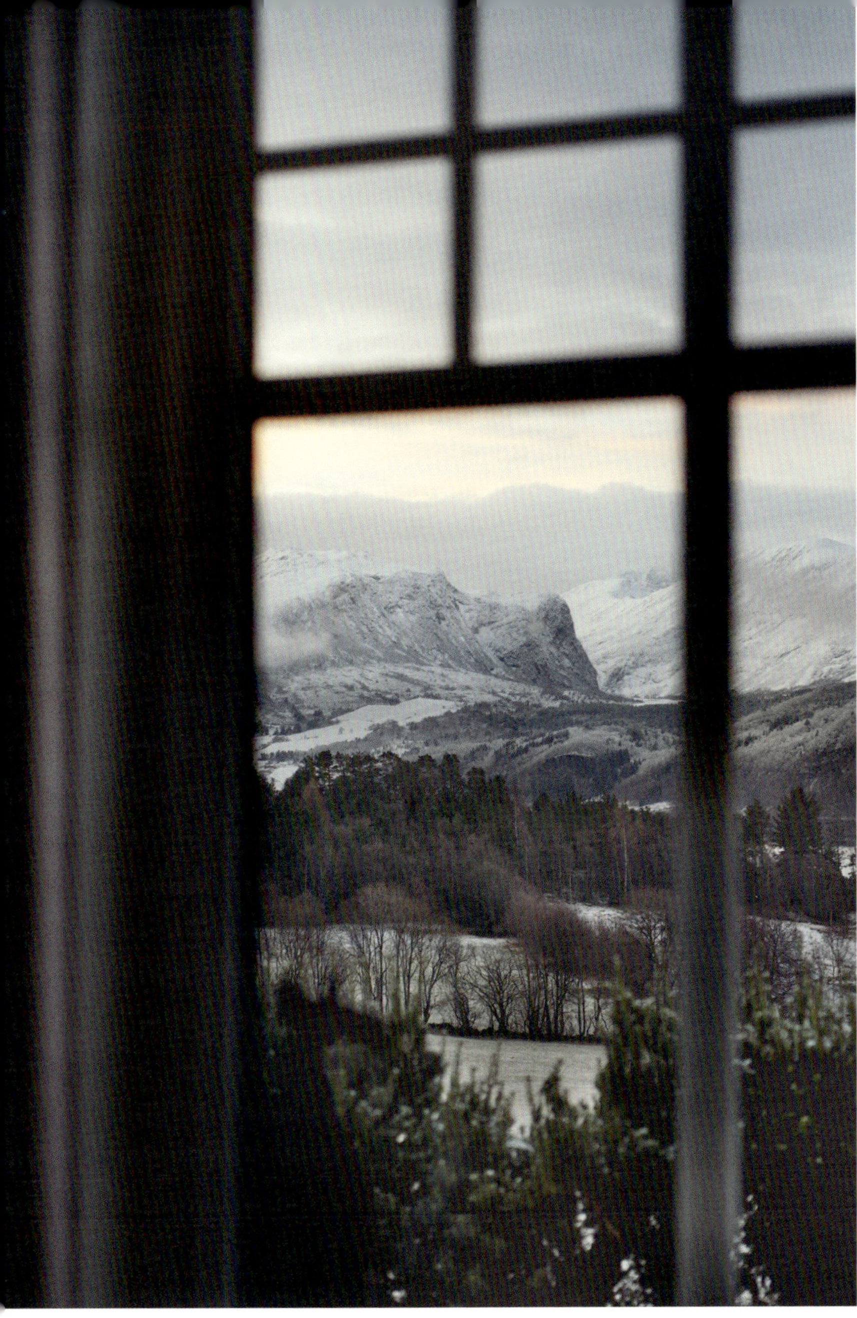
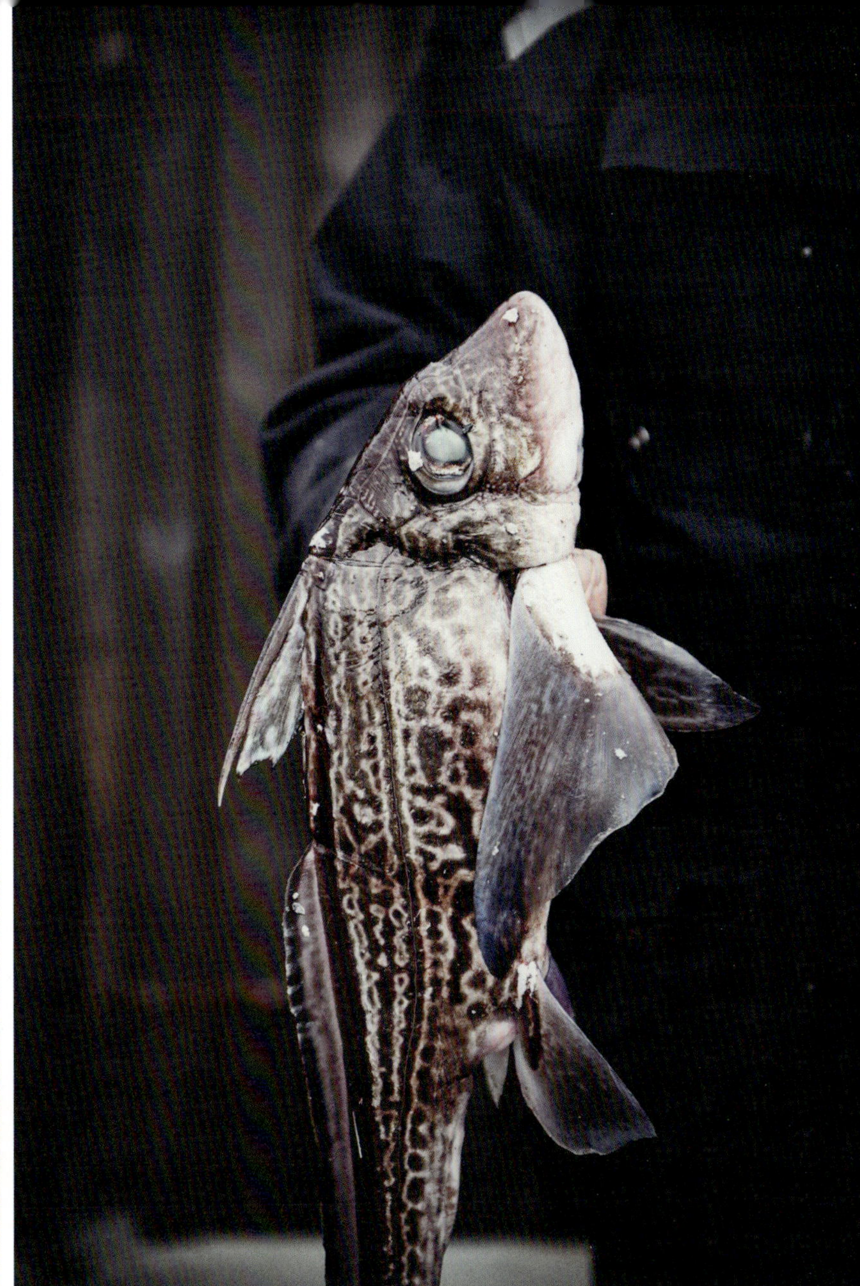

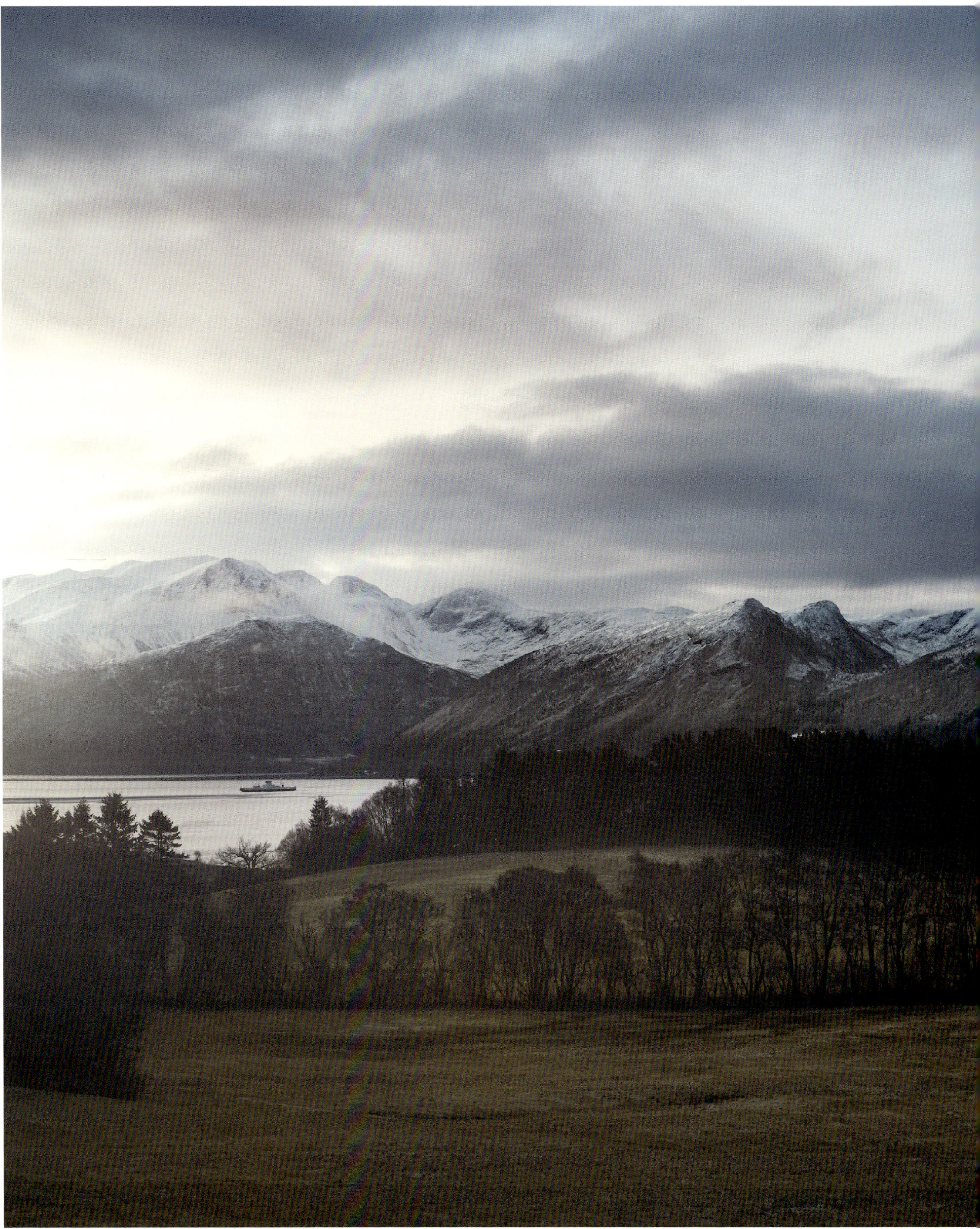

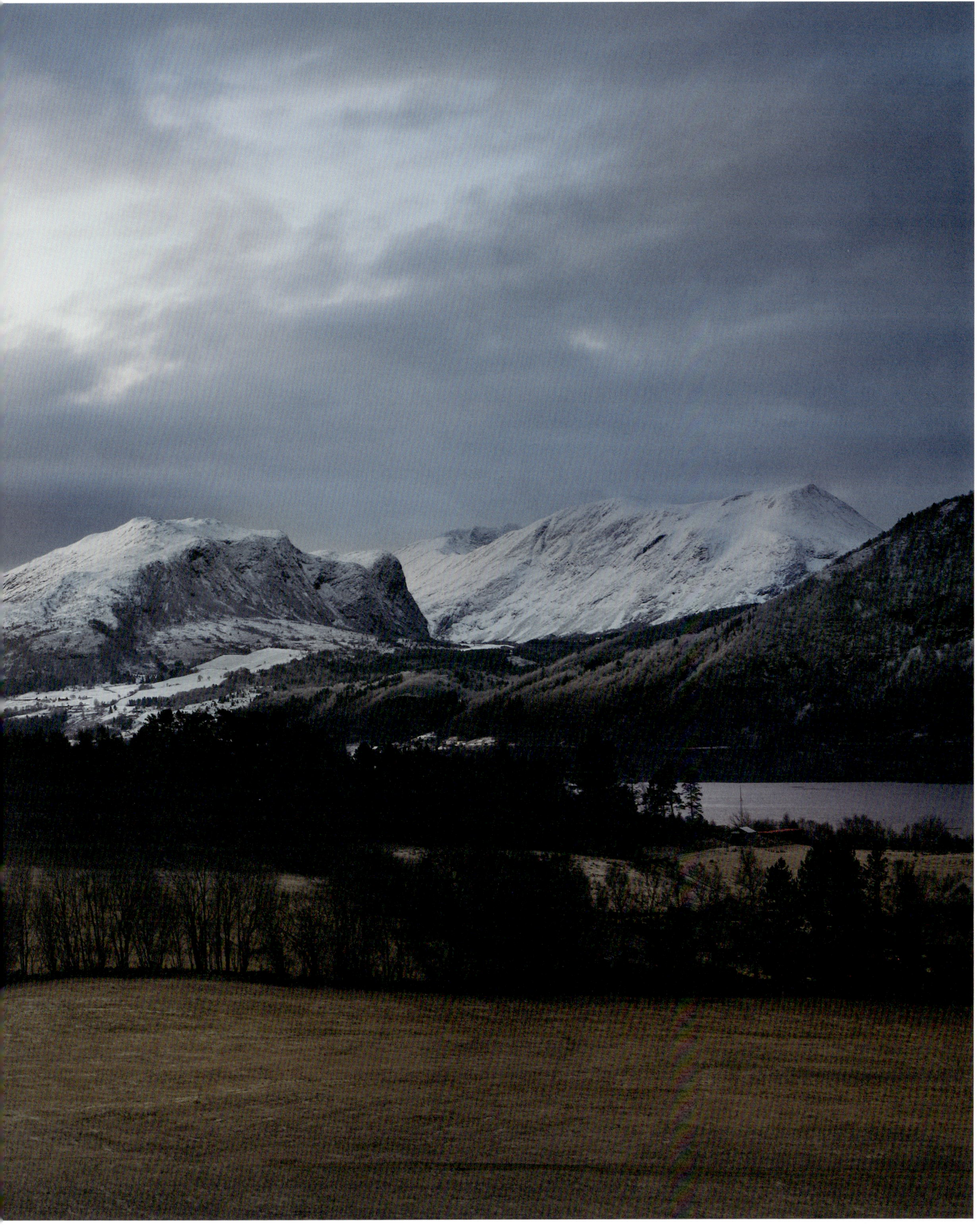

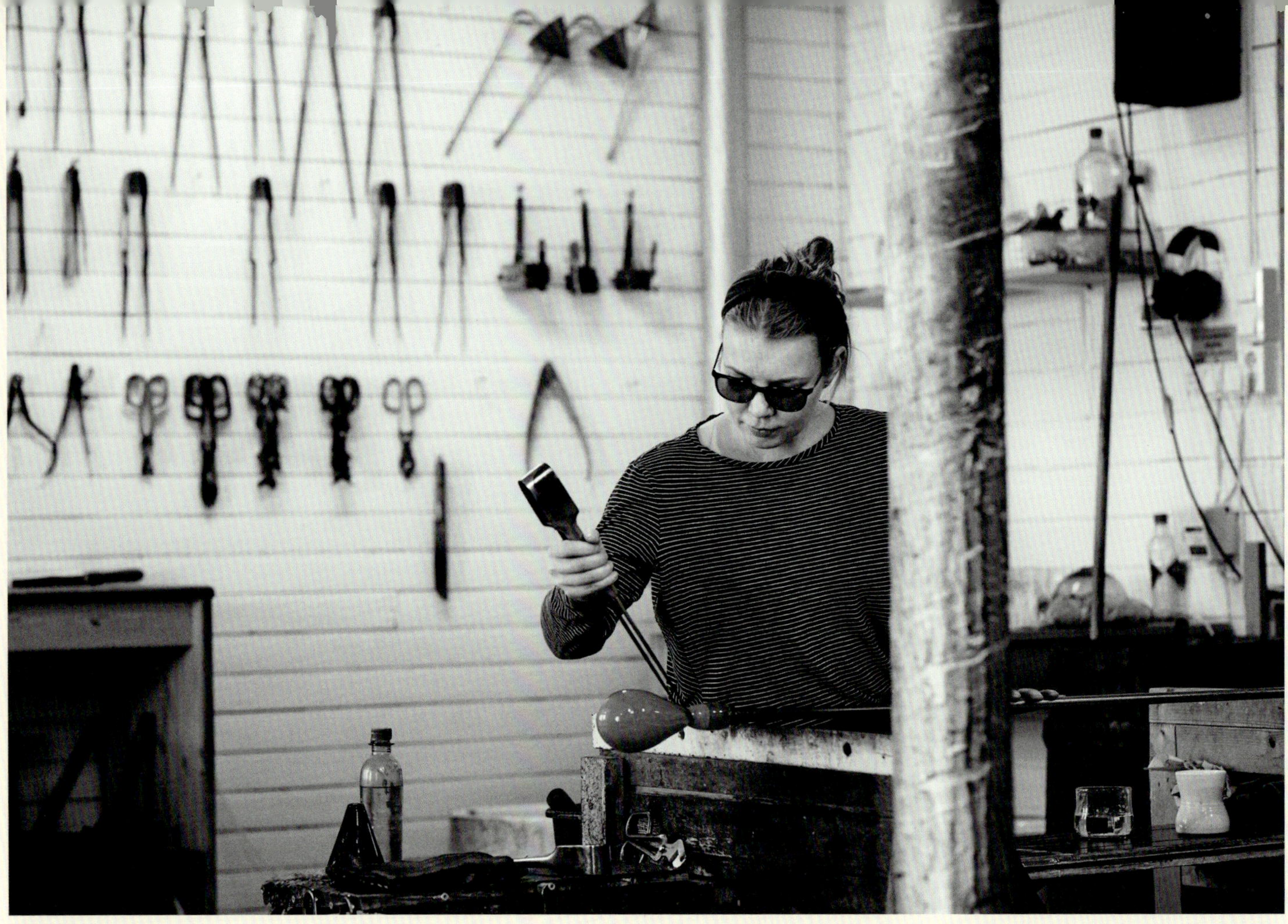

Made in
Norway.

There is a building in the center of Henningsvær prominently inscribed with the word "Engelskmannsbrygga." Four artists jointly operate a gallery and have set up their workshops there together. One of the artists, Mette Paalgard, works with glass. She heats it in an oven until it glows, at 1,250 °C, and then coaxes it into artistic designs. From an unremarkable lump, Mette can conjure up a vase in about twenty minutes. I had the privilege of watching her at work one day when she was creating vases of various shapes and colors. At work in her shop, she wears special protective goggles because she must constantly peer into the bright stove.

Im Zentrum von Henningsvær steht ein Haus mit der Aufschrift Engelskmannsbrygga. Hier haben vier Künstler gemeinsam eine Galerie und ihre jeweiligen Werkstätten eingerichtet. Eine der Künstlerinnen ist Mette Paalgard, Glas ist ihr Medium. Sie bringt es im Ofen bei bis zu 1250° C zum Glühen, um es anschließend in kunstvolle Formen zu bringen. Etwa 20 Minuten dauert es, bis Mette aus einem schmucklosen Klumpen eine Vase gezaubert hat. An dem Tag, als ich ihr bei der Arbeit zusehen durfte, hat sie Vasen in unterschiedlichen Farben und Formen hergestellt. In ihrer Werkstatt trägt sie zum Schutz spezielle Brillengläser, weil sie bei ihrer Arbeit immer wieder in den grellen Ofen sehen muss.

Henningsvær has a population of about 560 and is one of the smallest villages in Lofoten. It's only been accessible by road, via two bridges, since 1983. A few artists settled here at some point, joining the local fishermen.

Henningsvær ist mit seinen rund 560 Einwohnern eines der kleinsten Dörfer auf den Lofoten, erst seit 1983 ist es über zwei Brücken erreichbar. Mittlerweile haben sich hier einige Künstler niedergelassen, die sich zu den ortsansässigen Fischern gesellen.

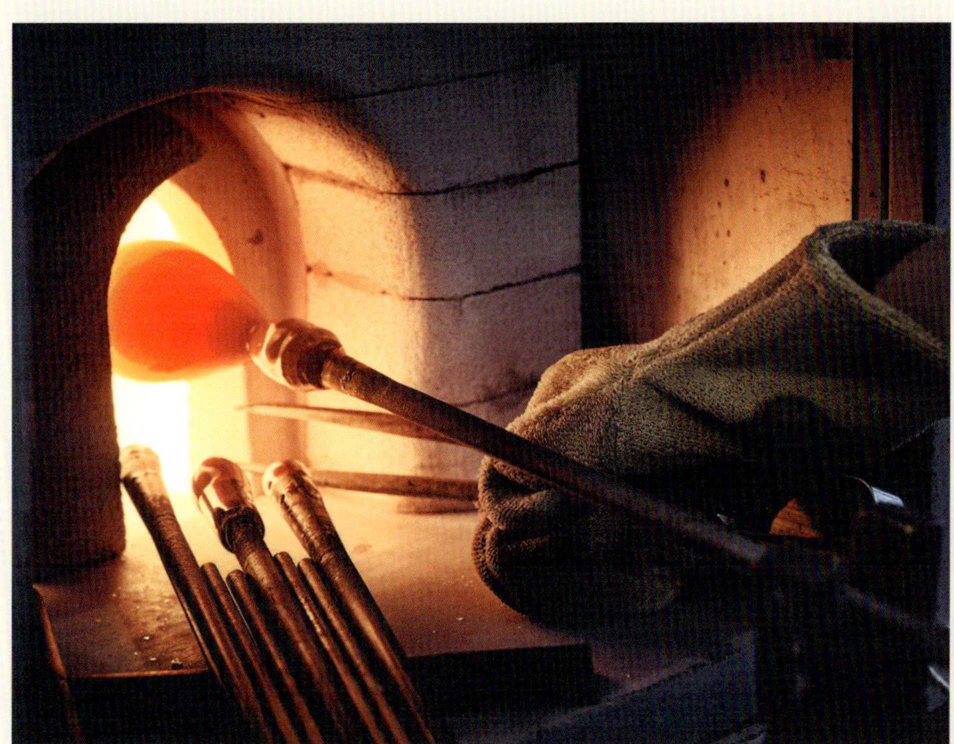
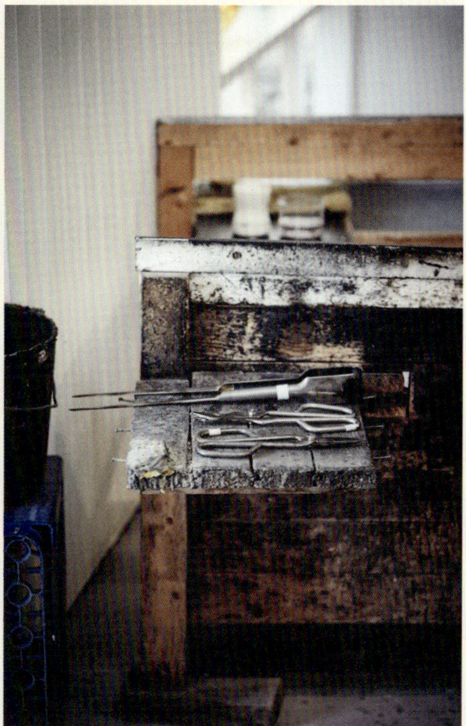
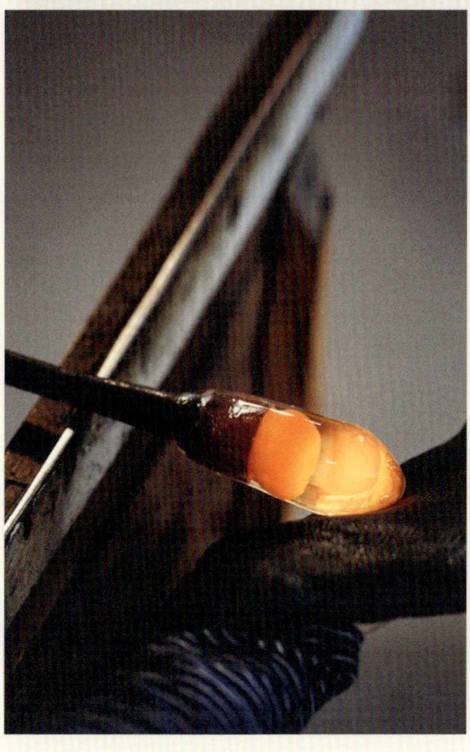
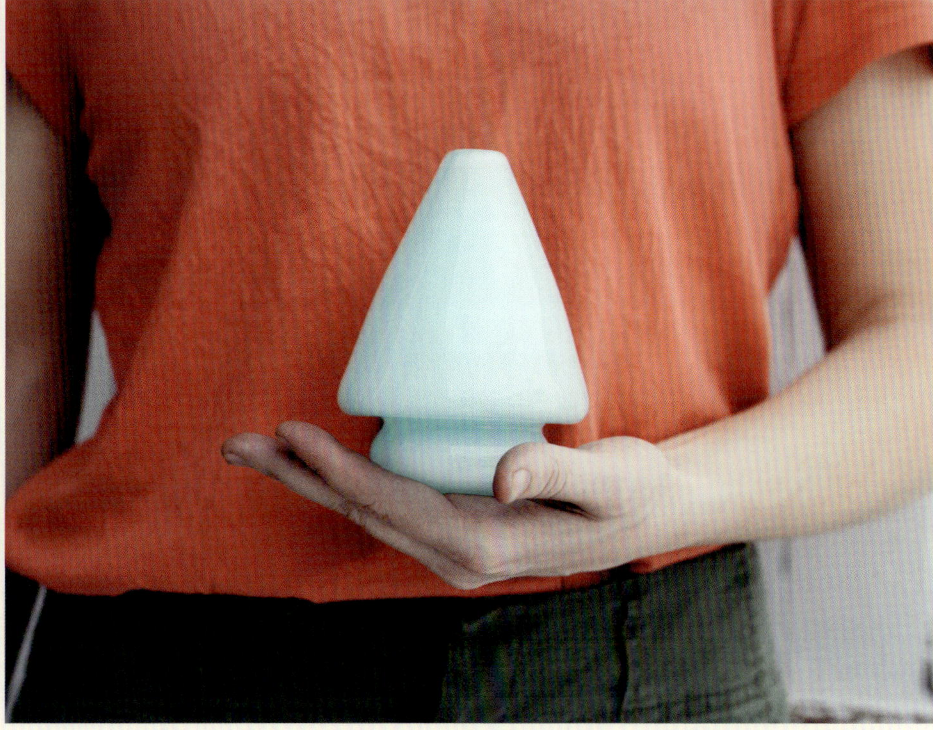

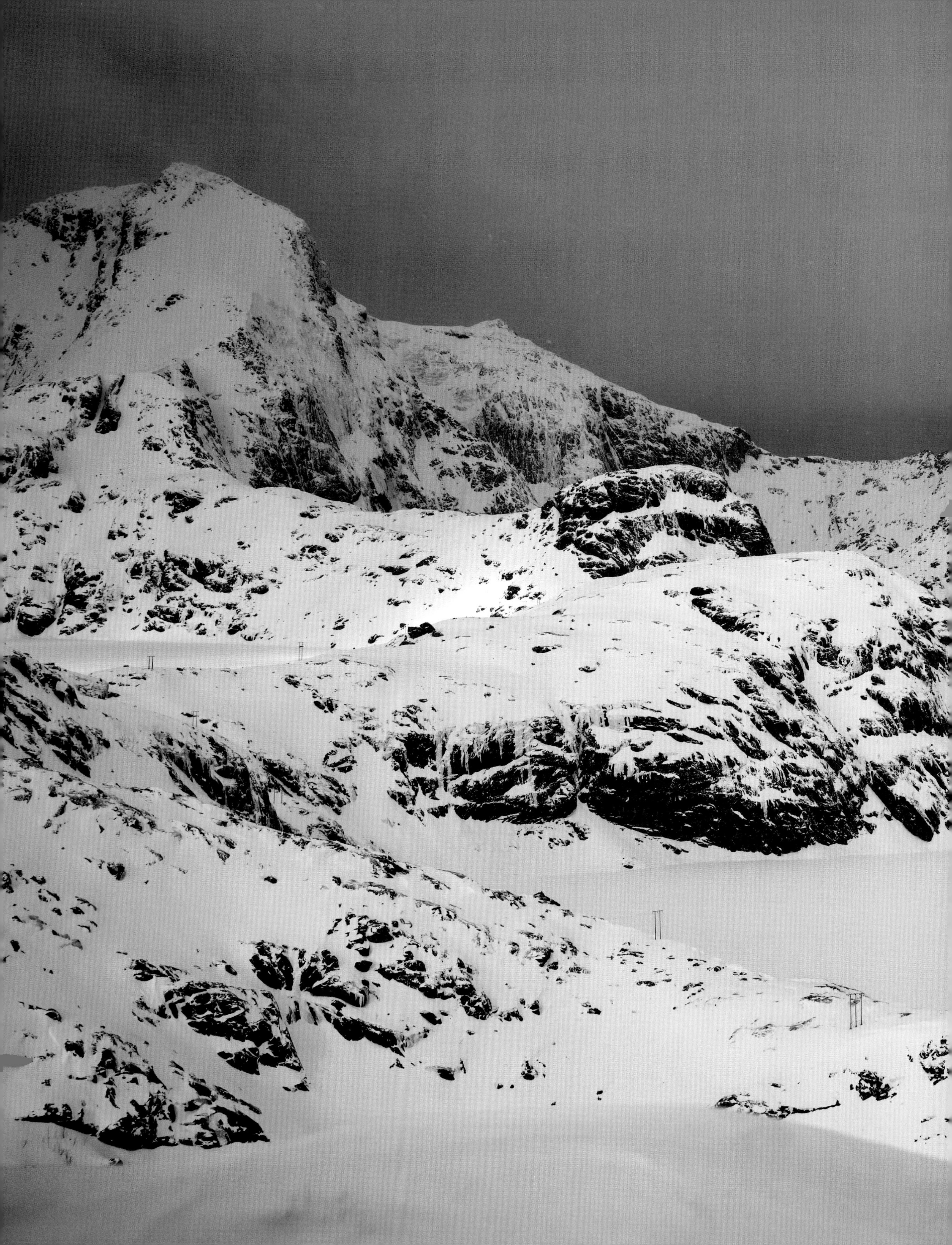

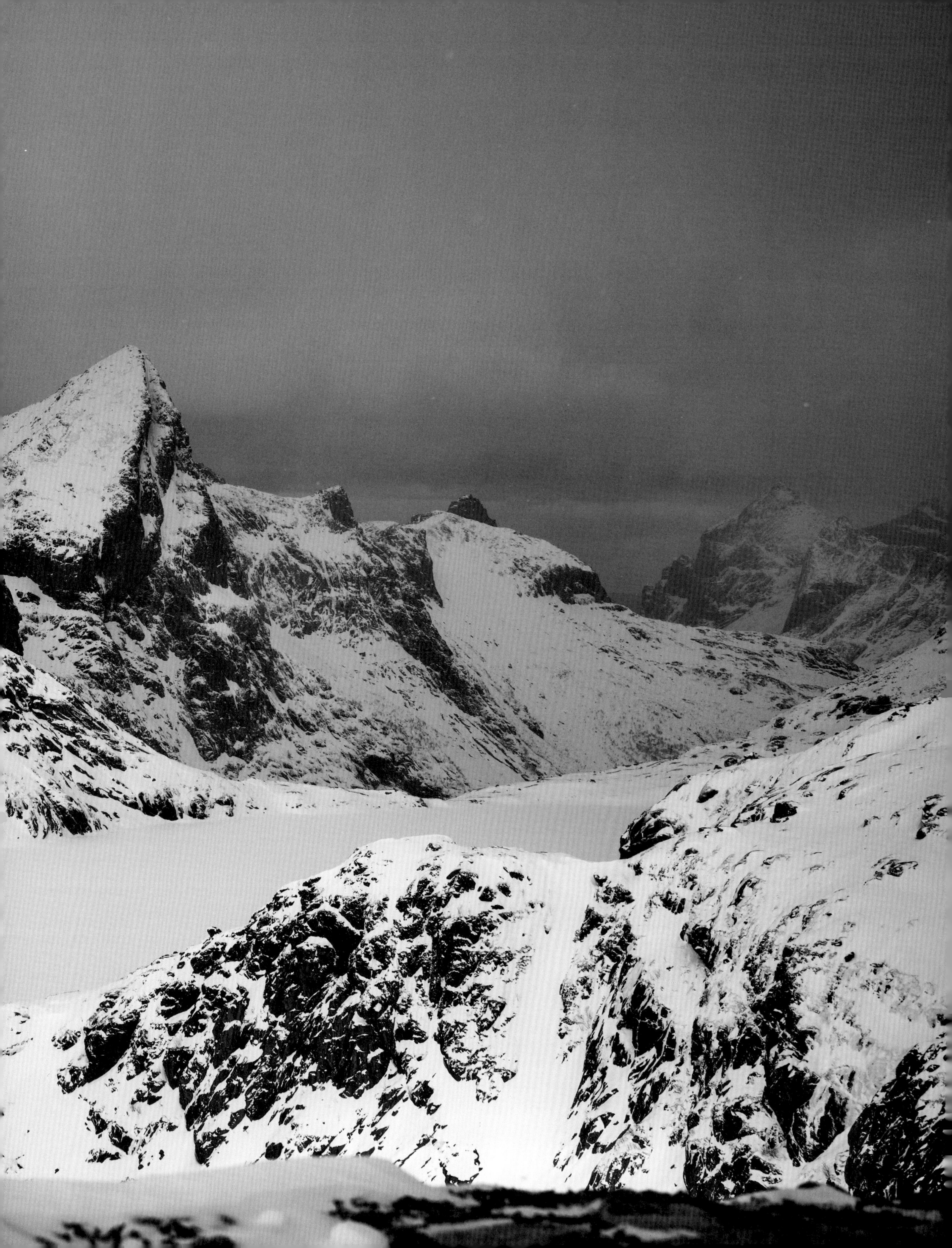

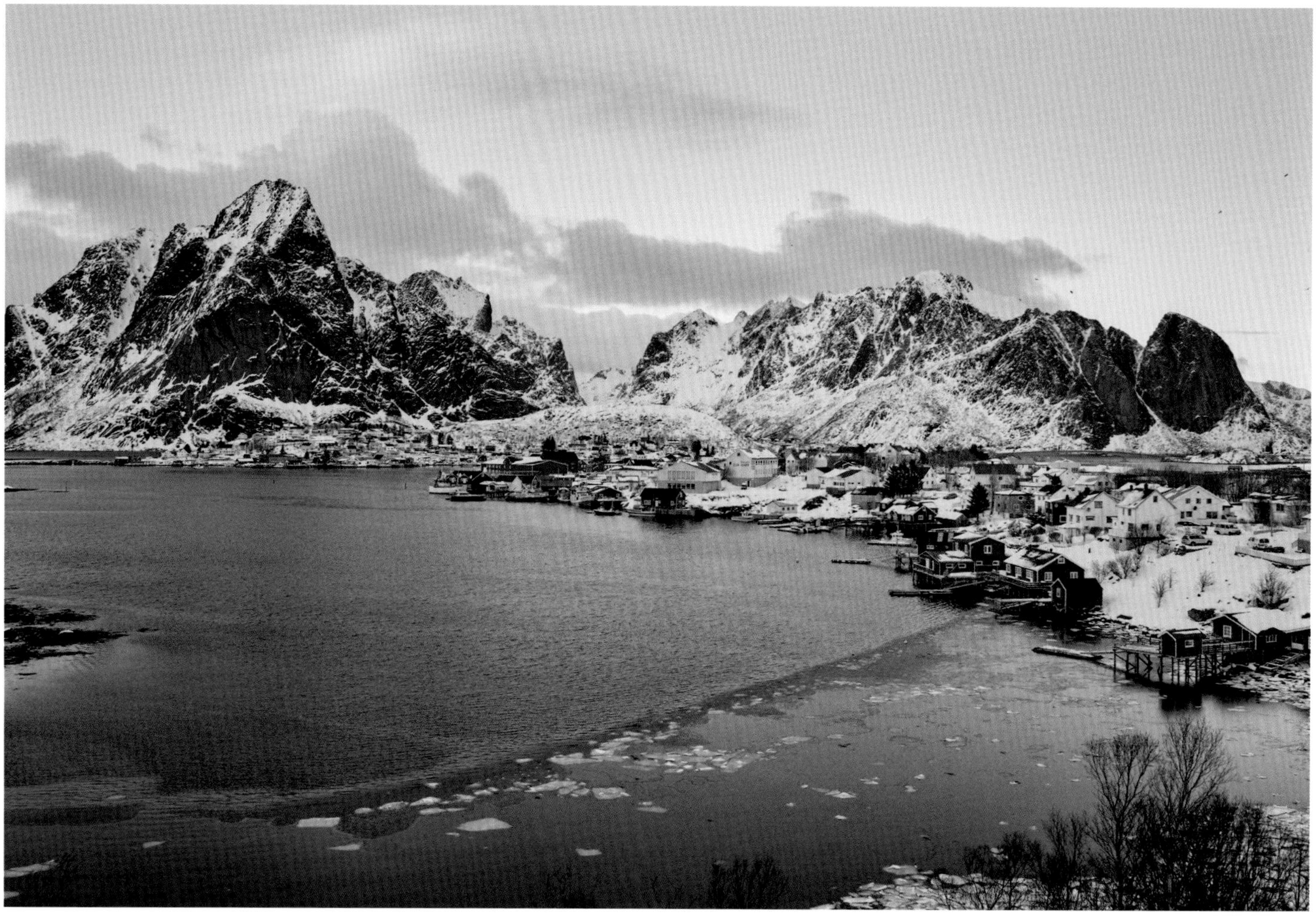

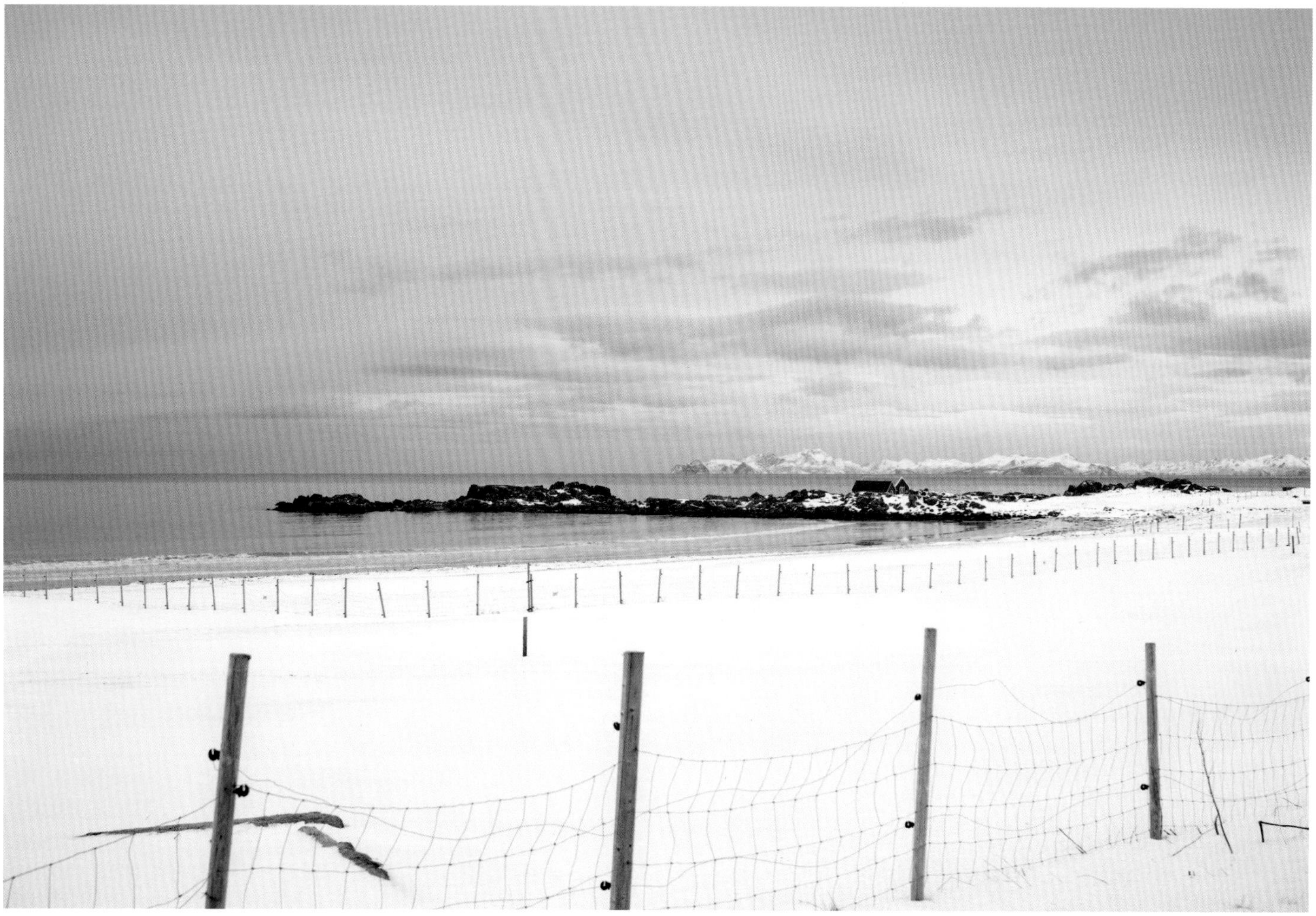

After four and a half weeks in wonderful Norway, I drove south again through Sweden. I made much faster progress than I did going north—there are hardly any highways through Norway. It only took me two days to get from Kiruna, in the far north, to Stockholm. My next stop from there was Copenhagen, where I parked my car and left it for three weeks. Next on my agenda: a flight to Greenland, where the next adventure was already waiting for me.

Nach viereinhalb Wochen im großartigen Norwegen fuhr ich über Schweden wieder zurück in den Süden. Das ging deutlich schneller als die Fahrt in den Norden, da es in Norwegen so gut wie keine Autobahnen gibt. Ich brauchte nur zwei Tage vom hoch im Norden gelegenen Kiruna bis Stockholm, von dort ging es weiter nach Kopenhagen, wo ich mein Auto für drei Wochen stehenließ – denn das nächste Ziel stand schon fest: Ab Kopenhagen nahm ich den Flieger in Richtung Grönland, wo das nächste Abenteuer schon auf mich wartete.

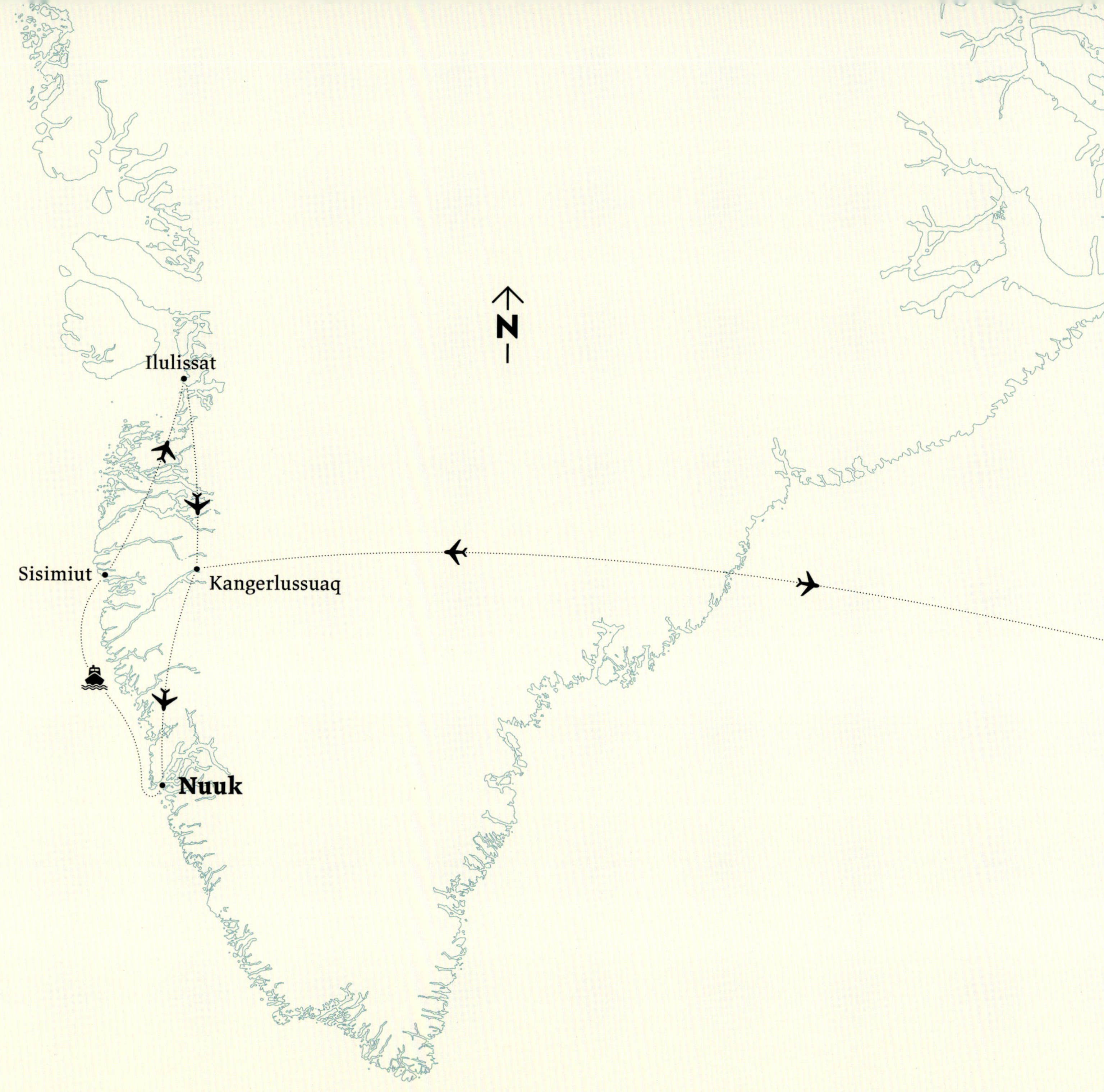

Facts & figures:

Official language: Greenlandic
Capital city: Nuuk
Area: 2,166,086 km²
Population of Nuuk: approx. 18.000
Total population: approx. 55.900
Population density: 0,026 per km²

Zahlen & Fakten:

Amtssprache: Grönländisch
Hauptstadt: Nuuk
Fläche: 2.166.086 km²
Einwohnerzahl Nuuk: ~18.000
Einwohnerzahl insgesamt: ~55.900
Bevölkerungsdichte: 0,026 pro km²

Greenland

Grönland

There are around a hundred towns and villages on the largest island in the world. Places with names like Qeqertarsuatsiaat or Ittoqqortoormiit I will probably never be able to pronounce quite right. At least the capital city of Nuuk is not too challenging in that regard.

My interest in Greenland as a potential destination was kindled shortly after my first trip to Iceland. But I soon shelved my research when I discovered, using Google Maps, that there are no roads in Greenland. Granted, the larger communities all have streets; but there are no roads between towns. Having had such a good time hitchhiking in Iceland and in Lofoten, it seemed inconceivable to me at the time how I could get around in Greenland. But the travel bug got me again about two years later, and I picked up my research where I had left off. I quickly realized this was such a fascinating, out-of-the-ordinary island that I had to see it for myself. And with the necessary planning, it looked possible to do without the hitchhiking I had come to rely on so much. I eventually settled upon three places in Greenland that are reachable by plane or ship. These would become, in a sense, my base camps for day trips during my visit. I ultimately chose the capital Nuuk as well two other places, Ilulissat and Sisimiut. Nuuk, population 17,984, is the largest city in Greenland; Ilulissat, population around 4,500 (with just as many sled dogs), is a place of humongous icebergs; Sisimiut, about 5,500 inhabitants, just looked nice according to my research.

Auf der größten Insel der Welt gibt es rund 100 Städte und Dörfer. Ortsnamen wie Qeqertarsuatsiaat oder Ittoqqortoormiit werde ich wohl nie ganz korrekt über die Lippen bringen. Zumindest die Hauptsadt Nuuk bereitet mir in der Aussprache wenig Probleme.

Schon nach meinem ersten Aufenthalt auf Island wurde mein Interesse an Grönland als potenzielles Reiseziel geweckt. Allerdings hatte ich damals die Recherchen gleich eingestellt, als ich auf Google Maps feststellen musste: Es gibt keine Straßen auf Grönland! Naja, innerhalb der größeren Orte gibt es schon Straßen, aber es bestehen keine Straßenverbindungen von Ort zu Ort. Da das Reisen per Anhalter auf Island und auf den Lofoten so gut geklappt hatte, war es für mich somit zunächst undenkbar, Grönland zu bereisen. Etwa zwei Jahre später packte mich doch wieder das Reisefieber und ich begann nochmals zu recherchieren. Dabei kam ich schnell zu dem Schluss: Diese Insel ist so einzigartig und faszinierend, dass ich sie unbedingt mit eigenen Augen sehen muss – und mit entsprechender Vorausplanung sollte die Reise auch ohne das mir bisher so vertraute Trampen möglich sein. Ich entschied mich schließlich dafür drei Orte auf Grönland auszuwählen, die per Flugzeug oder Schiff erreichbar sind. Sie sollten während meines Aufenthalts sozusagen mein Basislager für Tagestouren werden. Am Ende fiel meine Wahl auf die Hauptstadt Nuuk und die beiden Orte Ilulissat und Sisimiut. Nuuk ist mit seinen 17.984 Einwohnern die größte Stadt Grönlands, Ilulissat mit rund 4.500 Einwohnern (und ebenso vielen Schlittenhunden) gilt als die Heimat riesiger Eisberge und Sisimiut (ca. 5.500 Einwohner) machte bei meiner Recherche einfach einen sehr sympathischen Eindruck.

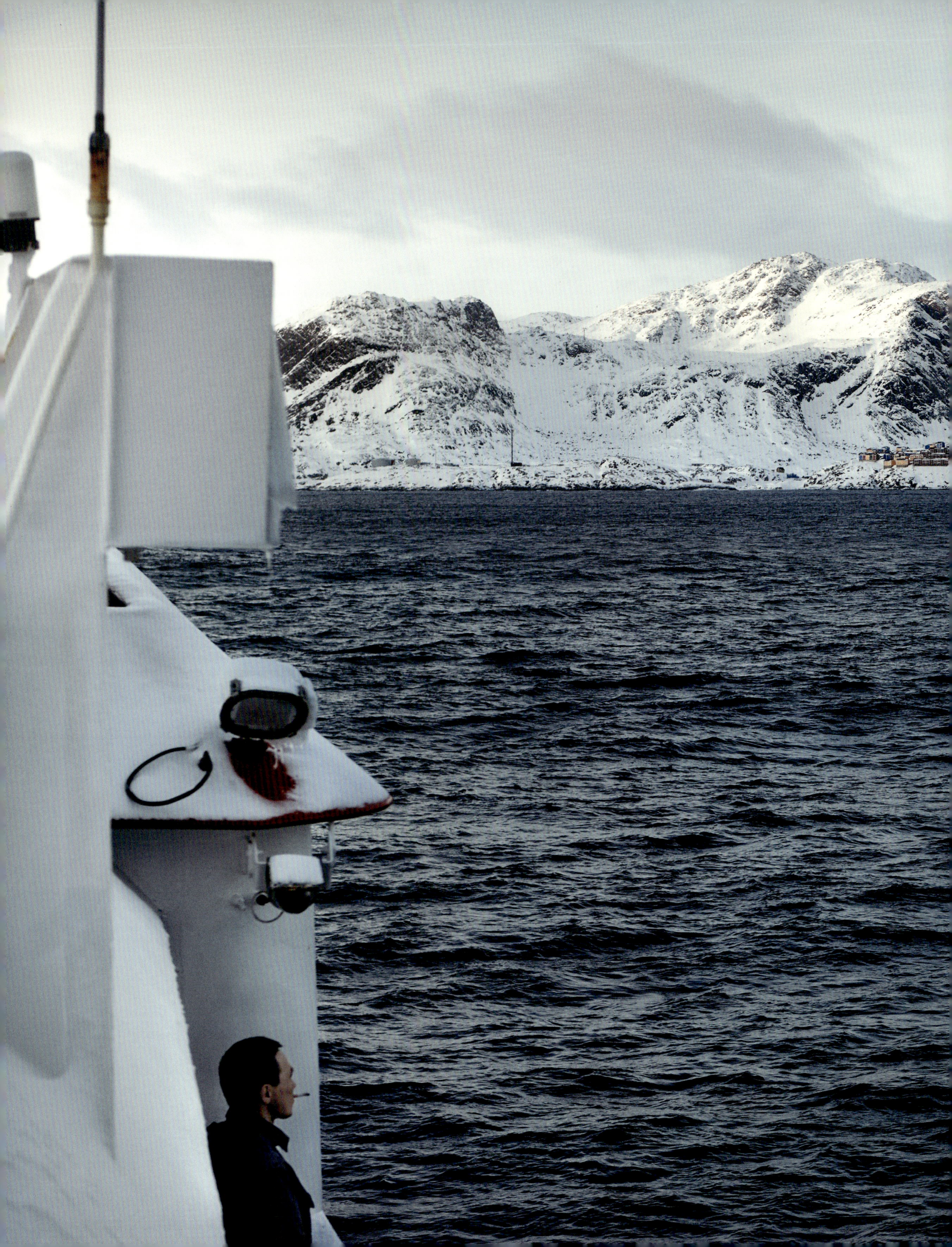

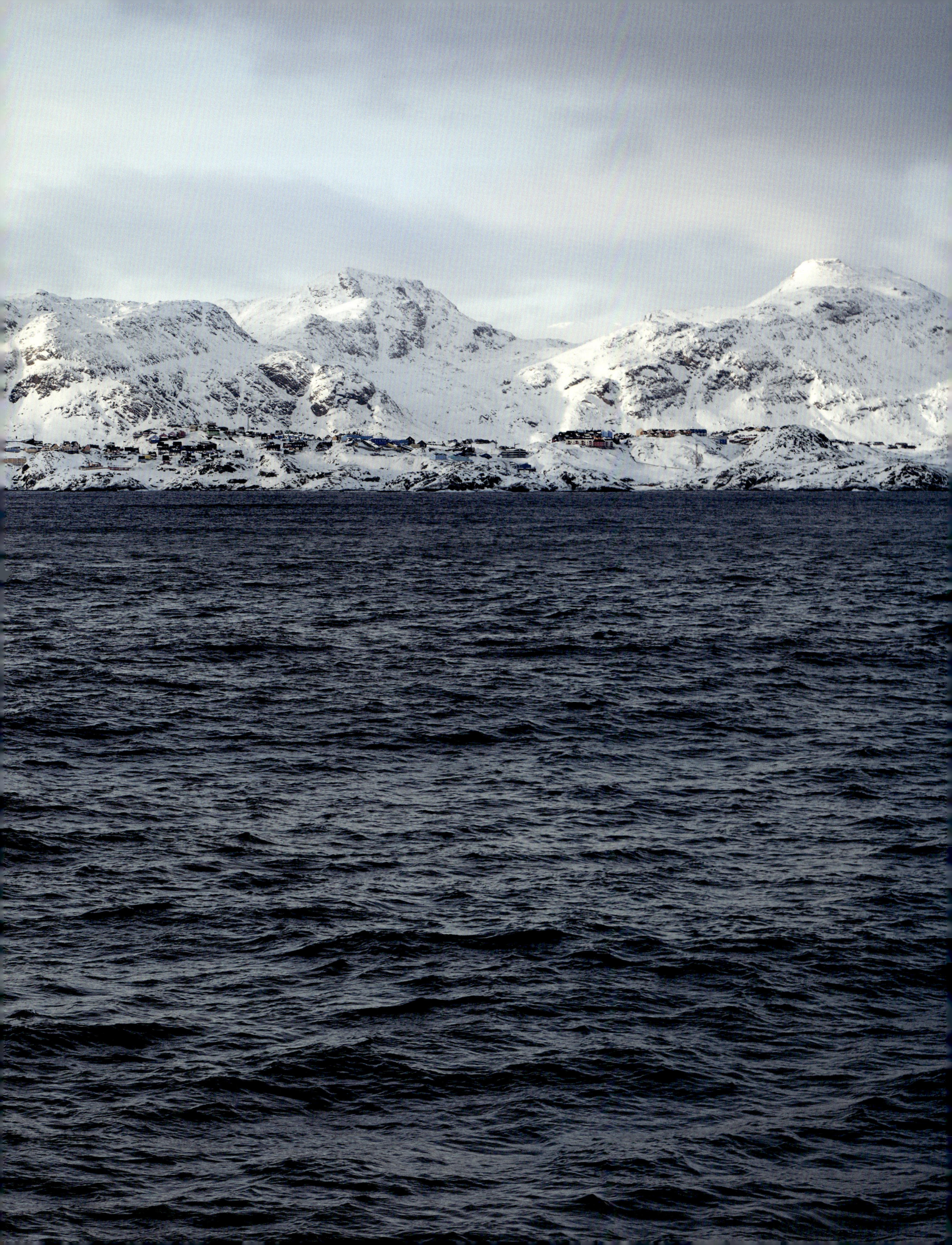

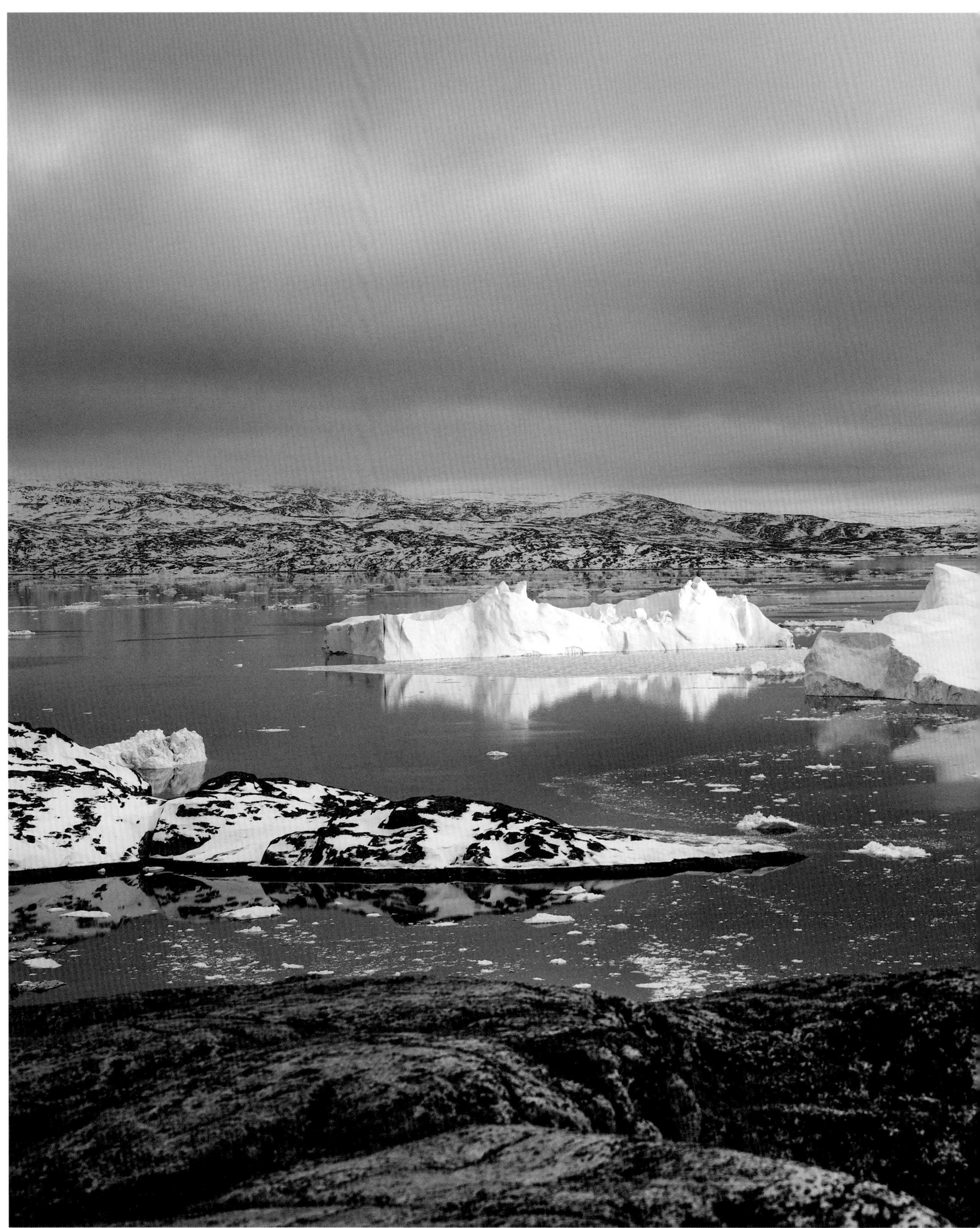

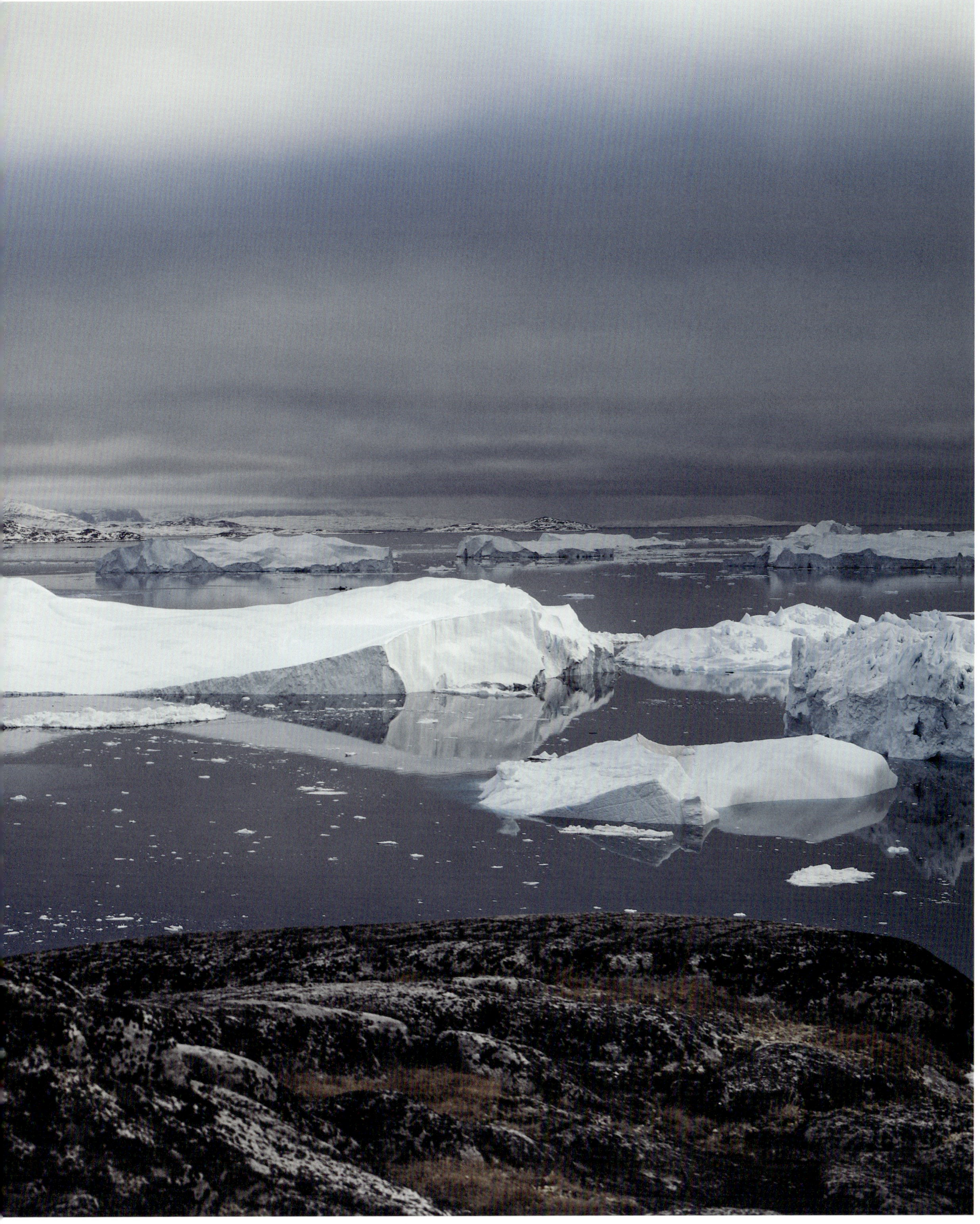

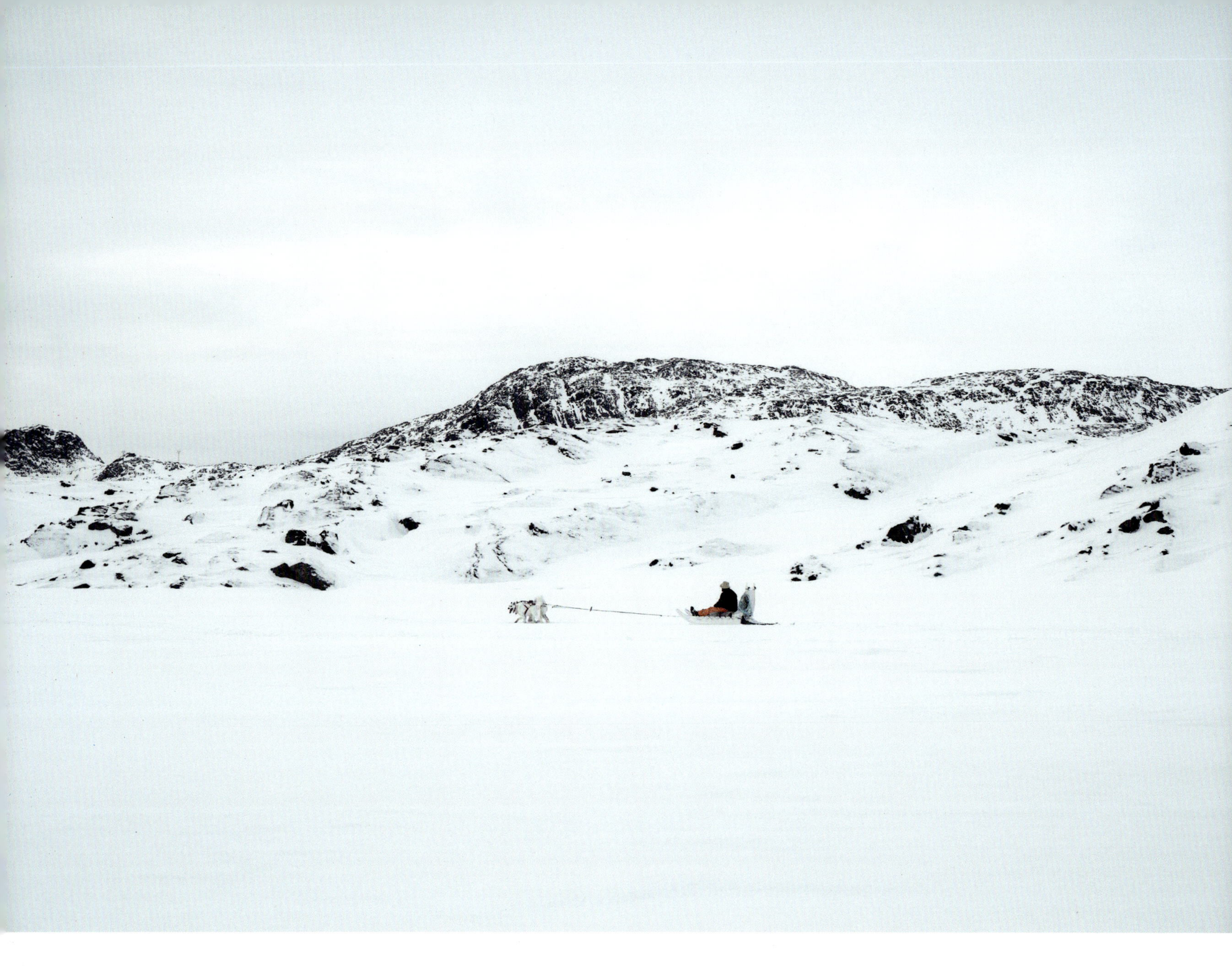

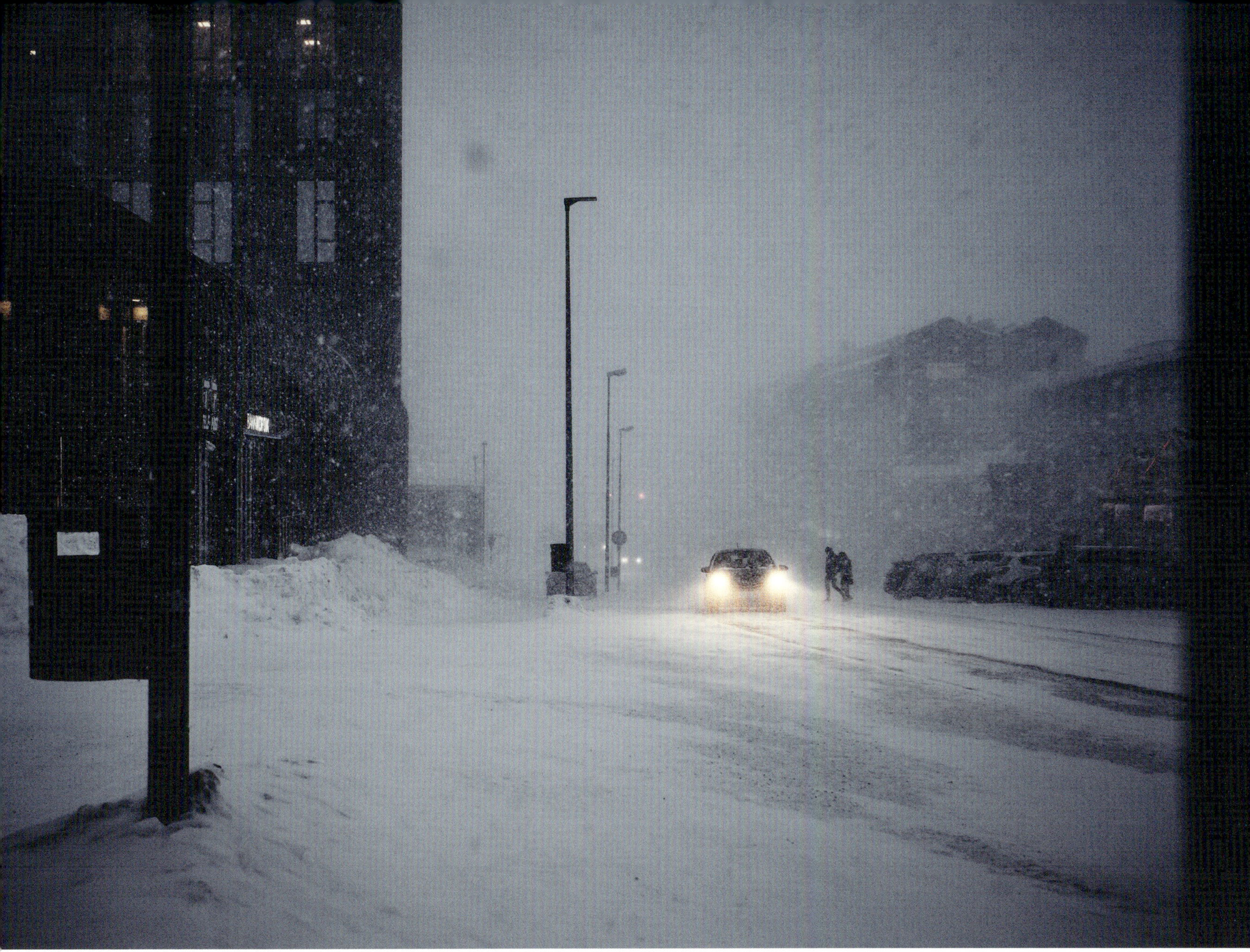

I was greeted upon arrival by a most beautiful snowstorm that lasted all day. Snow flew in my face in great shreds. I watched the thrilling spectacle for almost two hours before retreating into my warm accommodation.

Gleich bei meiner Ankunft wurde ich von einem richtig schönen Schneesturm begrüßt, der den ganzen Tag anhielt. Die Fetzen beziehungsweiße Flocken flogen mir um die Ohren und ich verfolgte mit großem Vergnügen das Spektakel für knapp zwei Stunden, bevor ich mich in meine warme Unterkunft zurückzog.

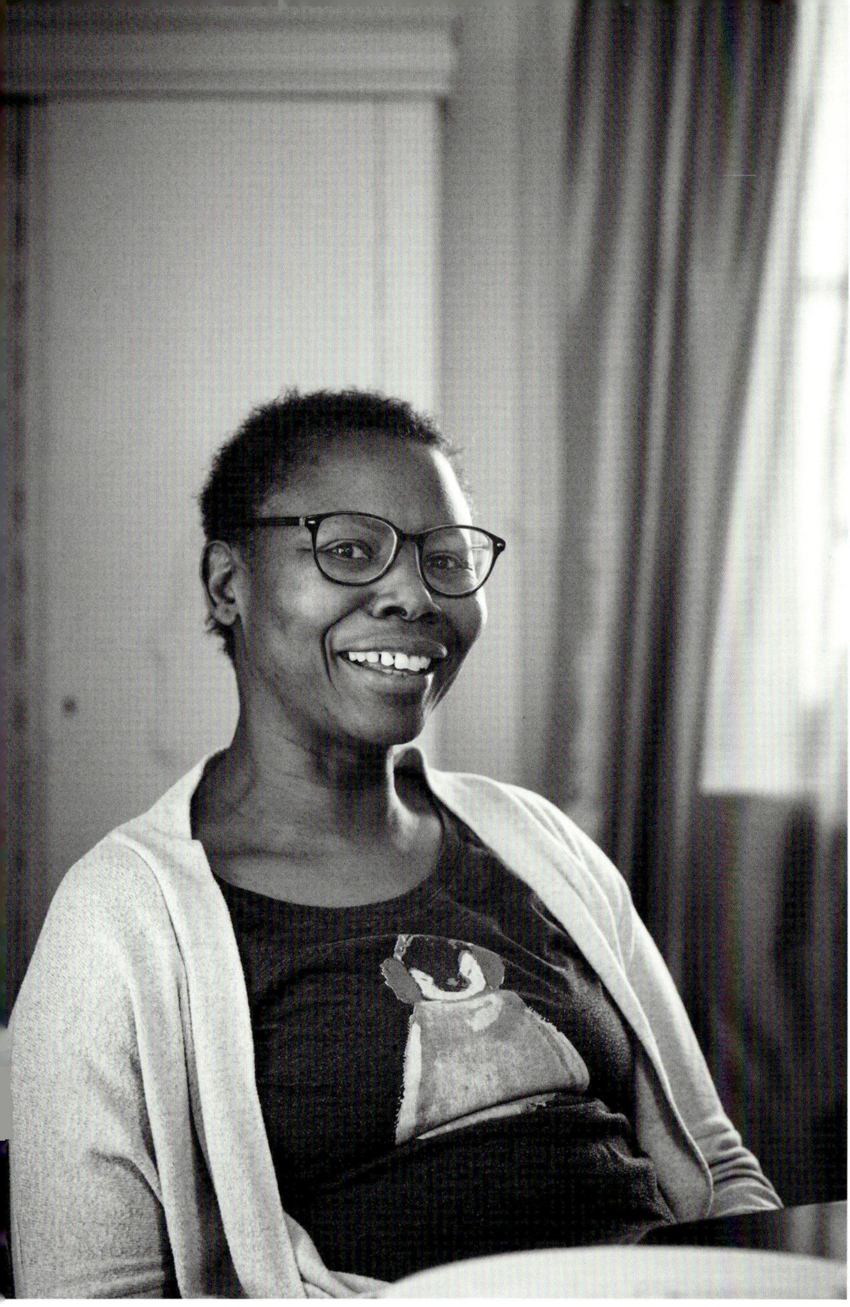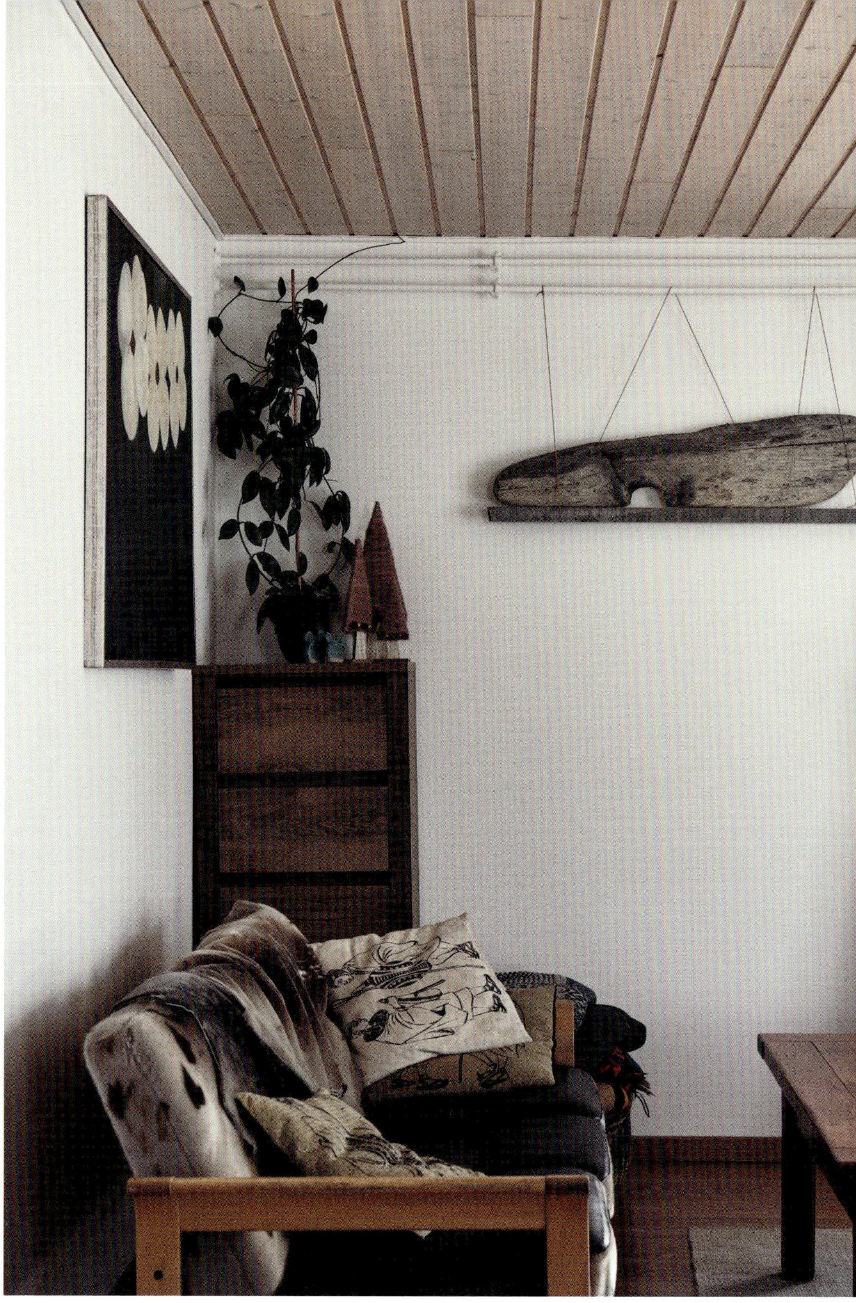

Sophia rented out a room to me for a week. Love had brought her to Greenland. Originally from Tanzania, she moved here with her Danish husband Knut and works as an occupational therapist.

Sophia hatte mir für eine Woche ein Zimmer vermietet. Sie arbeitet hier als Ergotherapeutin, stammt aber ursprünglich aus Tansania und ist der Liebe wegen, gemeinsam mit ihrem dänischen Mann Knut, auf Grönland gelandet.

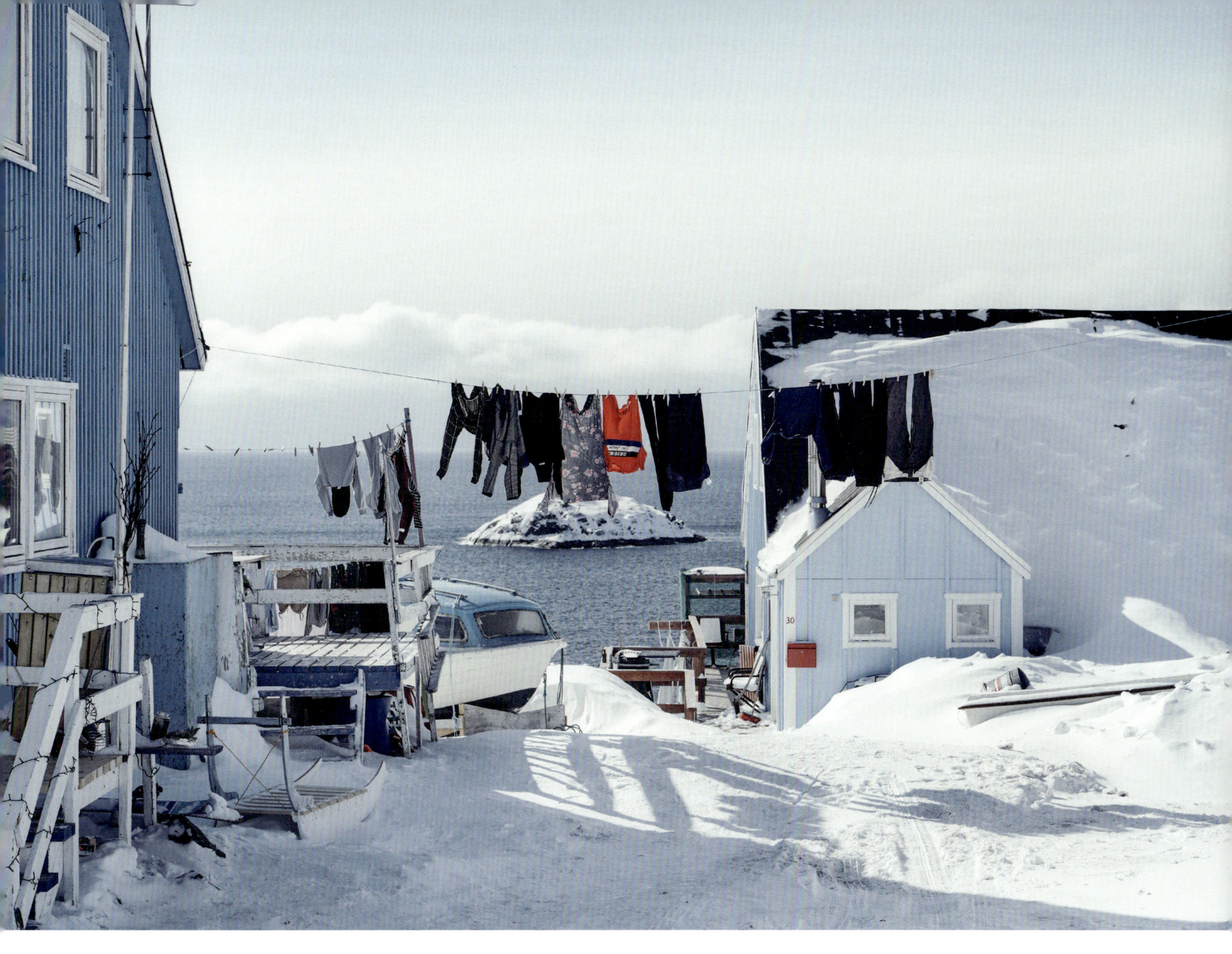

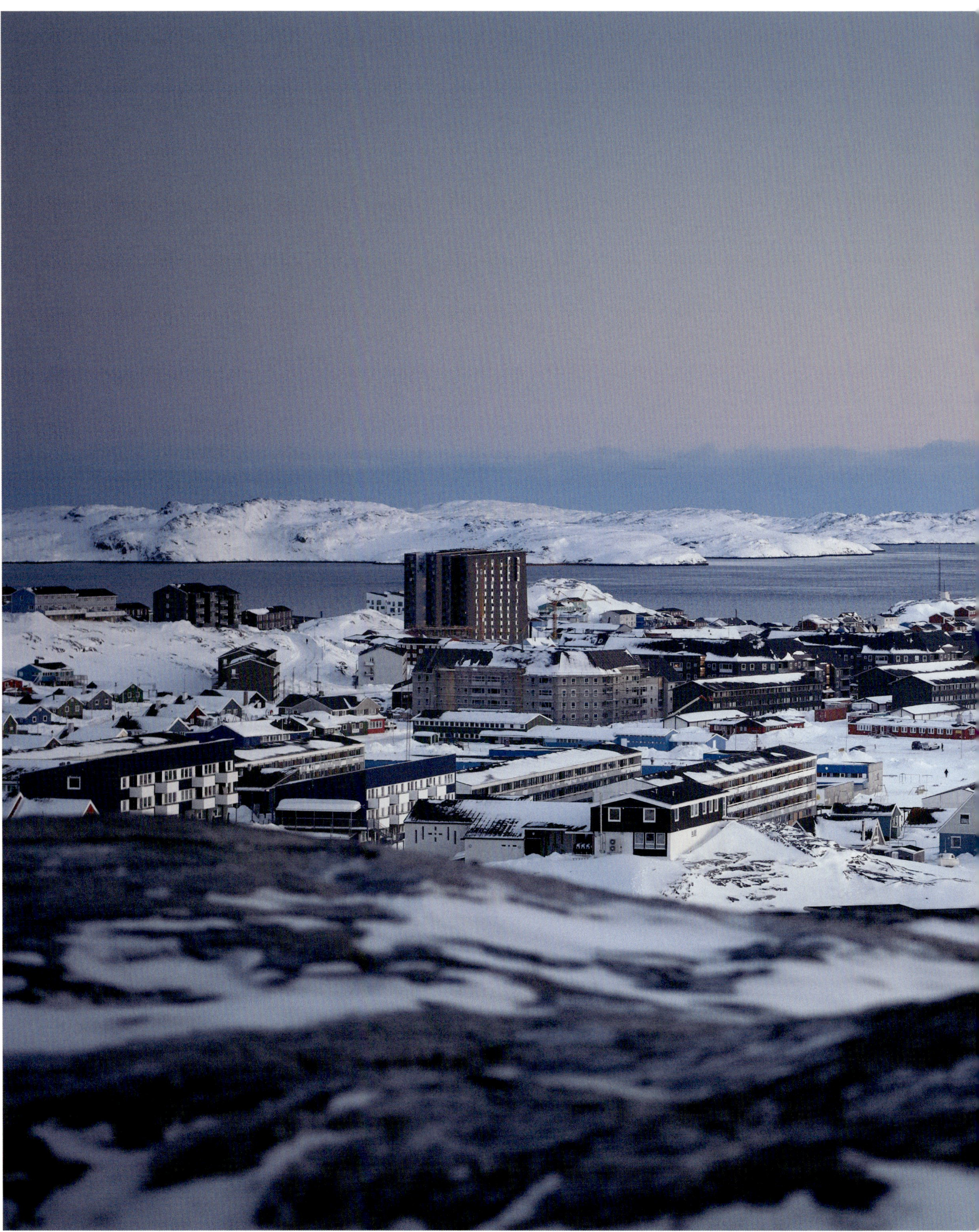

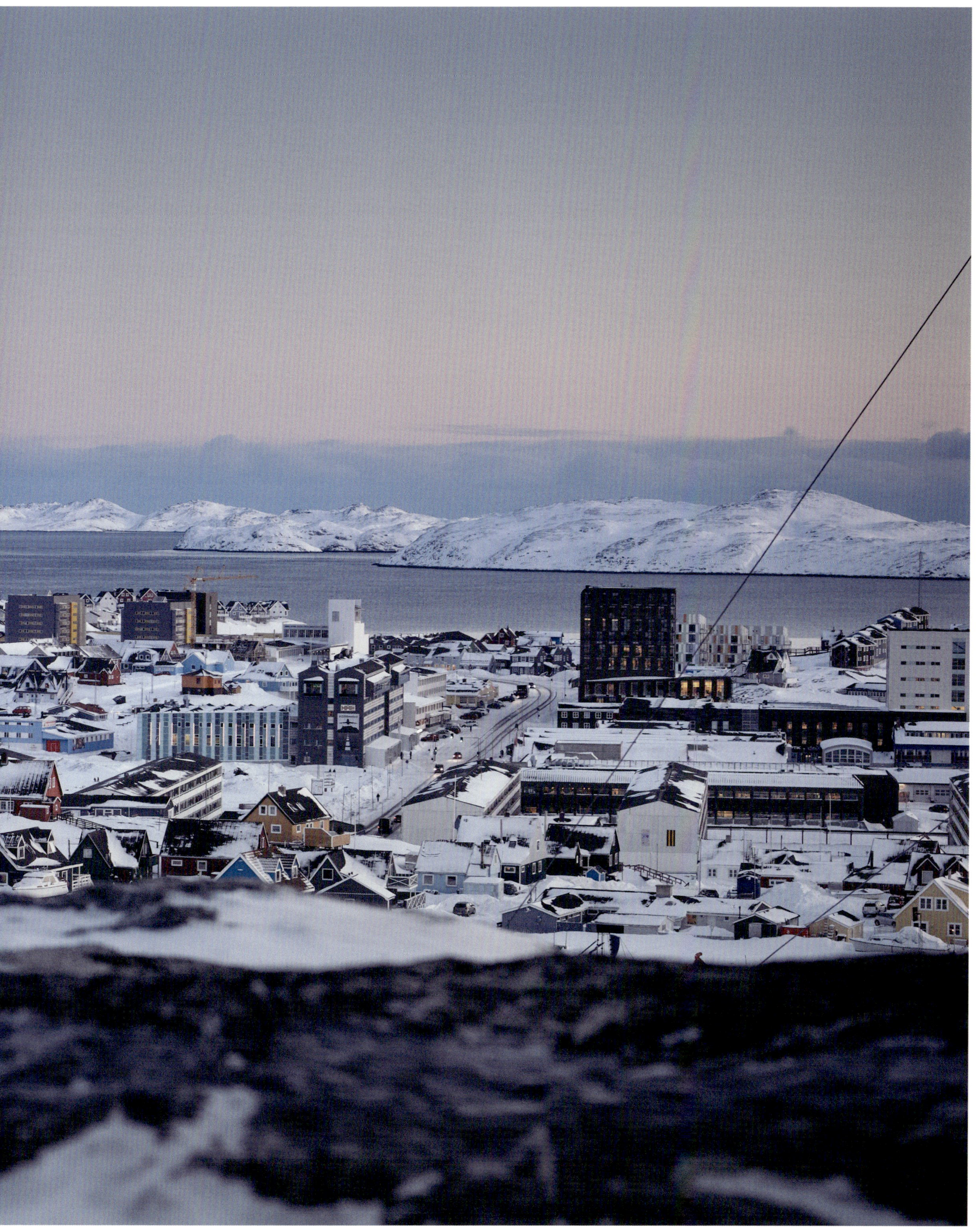

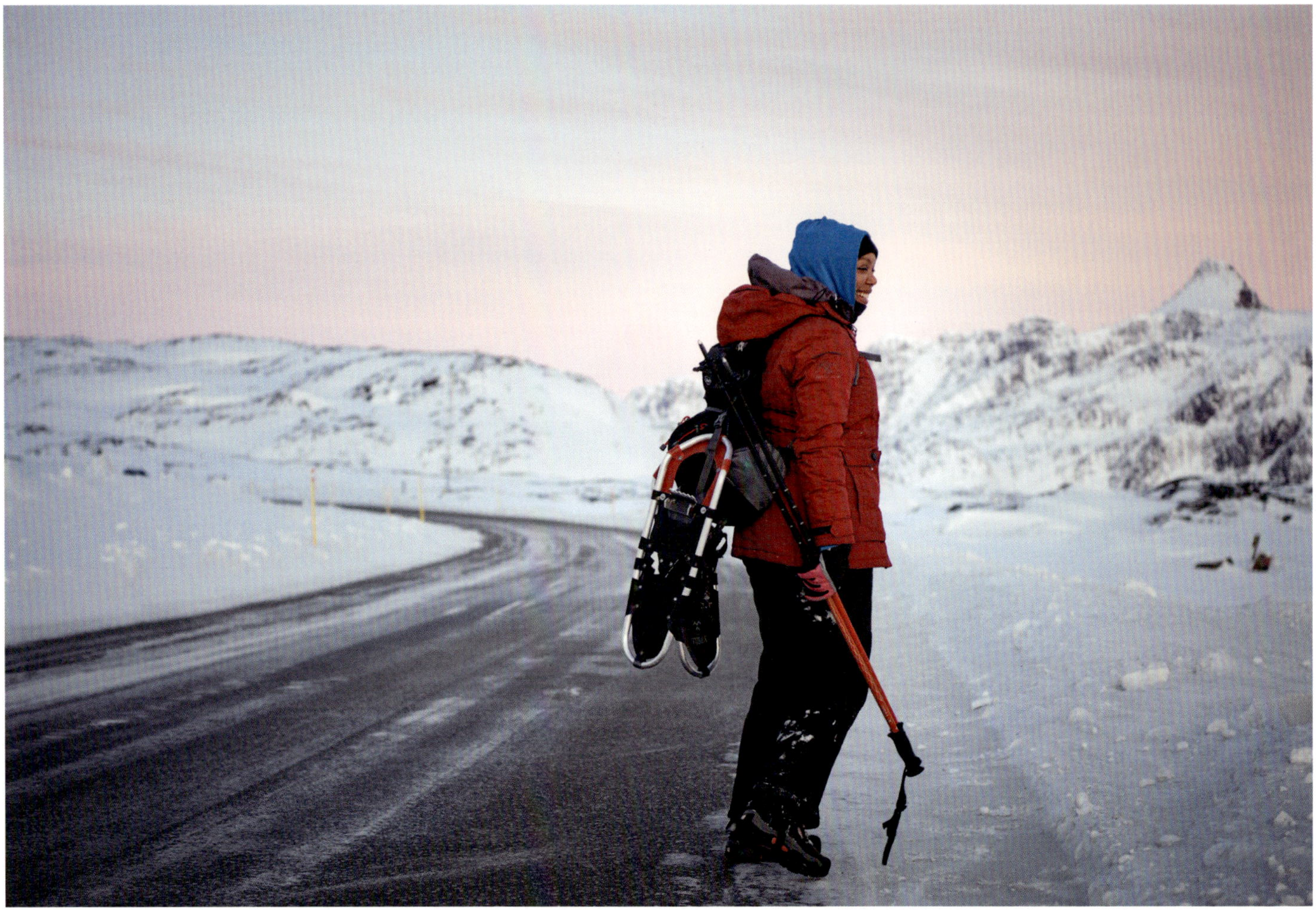

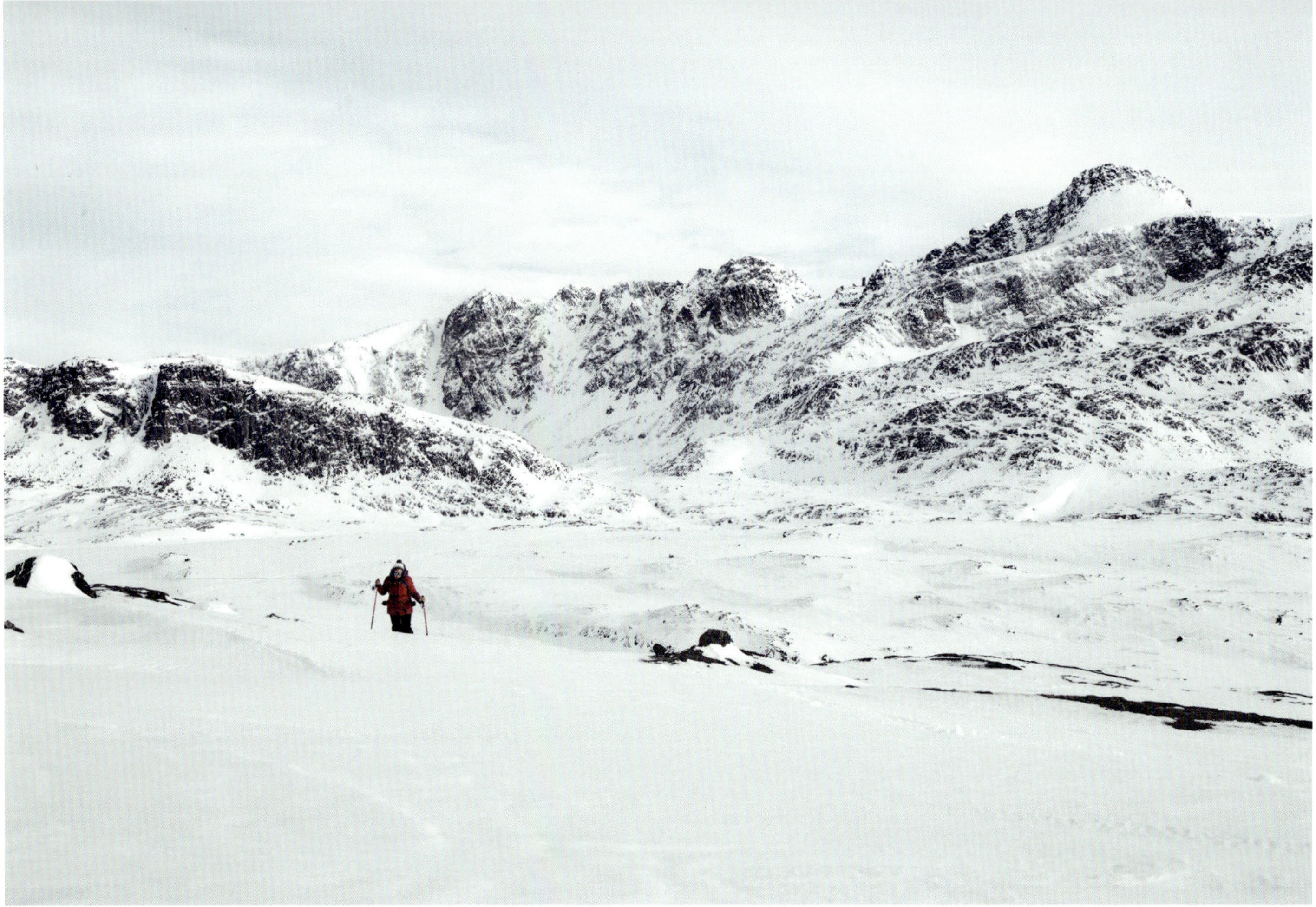

Tamala and I went snowshoeing several times in the area around Sisimiut. On weekends, a lot of folks go snowmobiling in the mountains. Snowmobiles are the motorcycles of Greenland.

In der Gegend um Sisimiut waren Tamala und ich oft Schneeschuhwandern. Viele Grönländer fahren am Wochenende mit ihrem Schneemobil in die Berge, es ist das Motorrad Grönlands.

I had met Tamala about half a year earlier. She was born in the United States and lived in Ireland for a long time. Now she lives in Austria. One time, out of the blue, she mentioned she wanted to go to Greenland someday. It took me a minute to overcome my perplexity and say I just happened to be planning this thing. Before long, we had both booked flights. She was only with me for two out of three weeks overall. I spent the first week in Nuuk on my own.

Once Tamala arrived in Nuuk, we spent another day in the capital before boarding the ferry to Sisimiut in a powerful storm with heavy snow. The ship sailed north for an entire twenty-four hours. The heavy storm swell during the transit was a major challenge for me. Thank God they have medicine against seasickness; otherwise, I would barely have survived this trip. Only the last couple of hours before our arrival in Sisimiut did the wind, and thus the waves, die down.

Etwa ein halbes Jahr vor meiner Reise habe ich Tamala kennengelernt. Sie ist in den USA geboren, hat lange in Irland gelebt und wohnt nun in Österreich. Durch Zufall erzählte sie mir von ihrem Wunsch, einmal nach Grönland zu reisen – ich war zunächst sprachlos und habe ihr dann von meinen eigenen Reiseplänen berichtet. Kurze Zeit später hielten wir beide je ein Flugticket in der Hand. Insgesamt war sie nur zwei von drei Wochen mit von der Partie, die erste Woche in Nuuk war ich noch alleine unterwegs.

Als Tamala in Nuuk ankam, verbrachten wir noch einen Tag in der Hauptstadt und stiegen dann bei sehr starkem Sturm und Schneefall auf die Fähre nach Sisimiut. Das Schiff benötigte ganze 24 Stunden für die Fahrt in den Norden. Der sturmbedingt starke Wellengang während der Überfahrt stellte mich dabei vor eine besondere Herausforderung: Gottseidank gibt es Tabletten gegen Seekrankheit, andernfalls hätte ich diese Fahrt kaum überstanden. Erst die letzten Stunden vor Sisimiut beruhigte sich der Sturm und somit auch der Wellengang.

I had expected my Greenland trip to be the coldest of all and thought Ilulissat would be the acme of iciness. Nighttime lows can be around −20 °C or −30 °C. But that is not what happened. Nuuk turned out to be coldest, about −15 °C when I was there. I was amazed as it got warmer and warmer the further north we were. Daytime temperatures in Ilulissat rose to just about the 0 °C mark.

Ich hatte erwartet, dass meine Reise nach Grönland die kälteste Reise werden würde, mit Ilulissat als eisigem Höhepunkt: Nachts sinken hier die Temperaturen auf etwa -20°C bis -30°C. Doch es kam ganz anders. Am kältesten war es schon in Nuuk mit etwa -15°C, erstaunlicherweise wurde es dann immer wärmer, je weiter wir in den Norden kommen. In Ilulissat zeigte das Thermometer dann untertags gerade mal 0°C an.

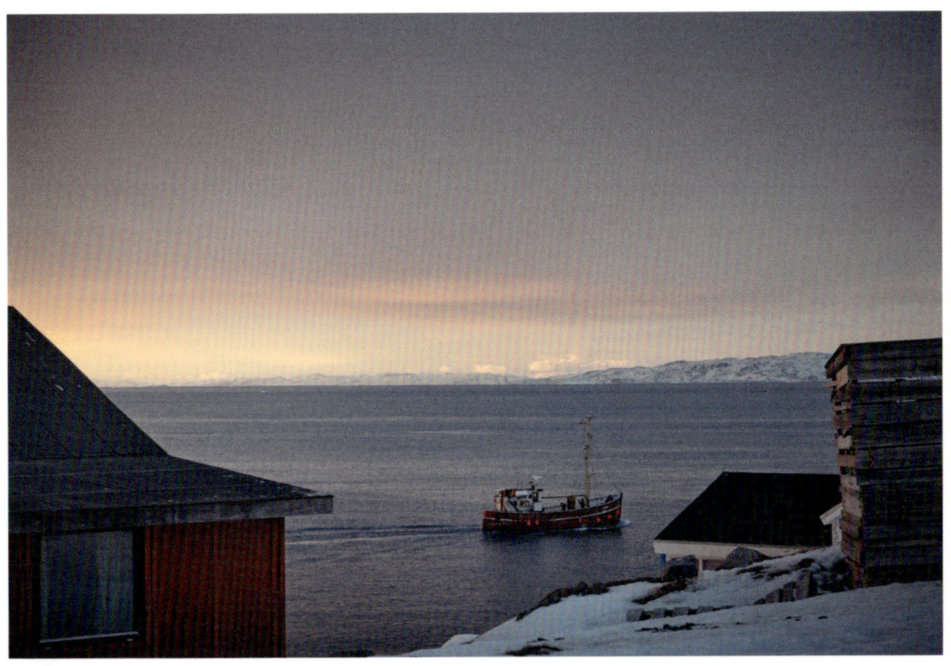
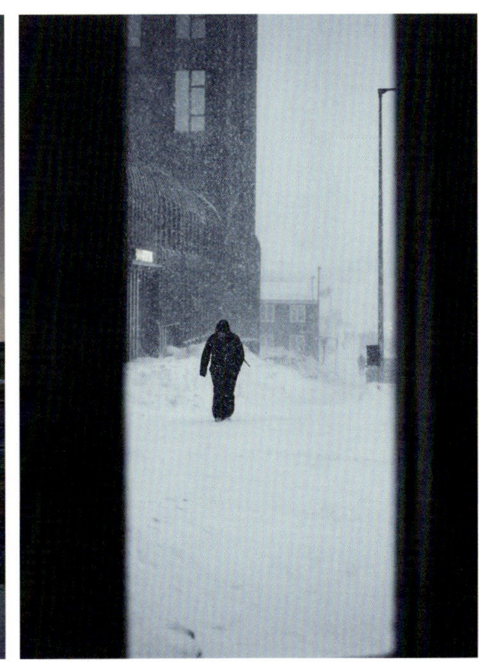
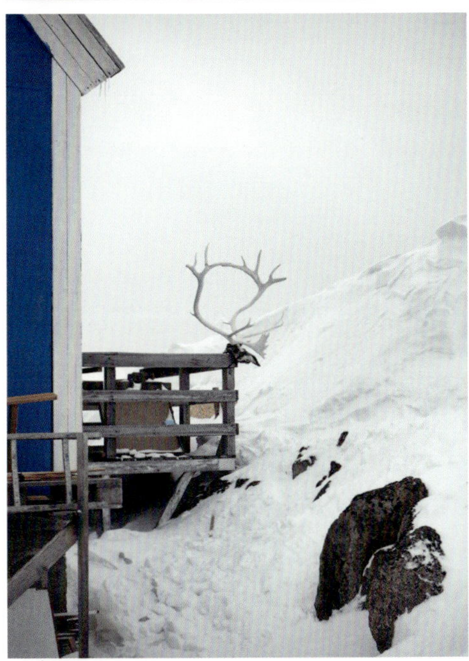
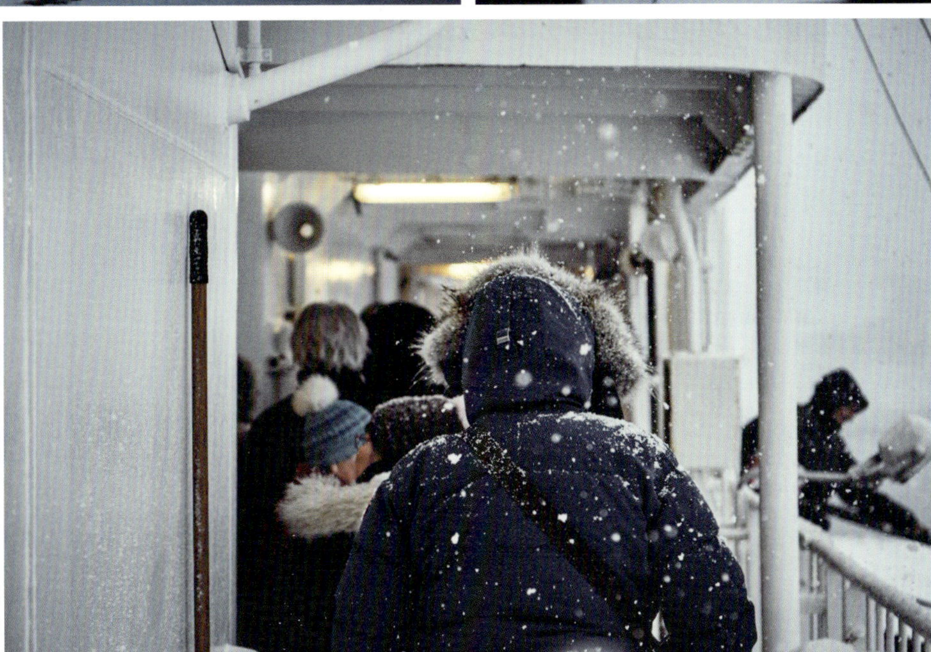
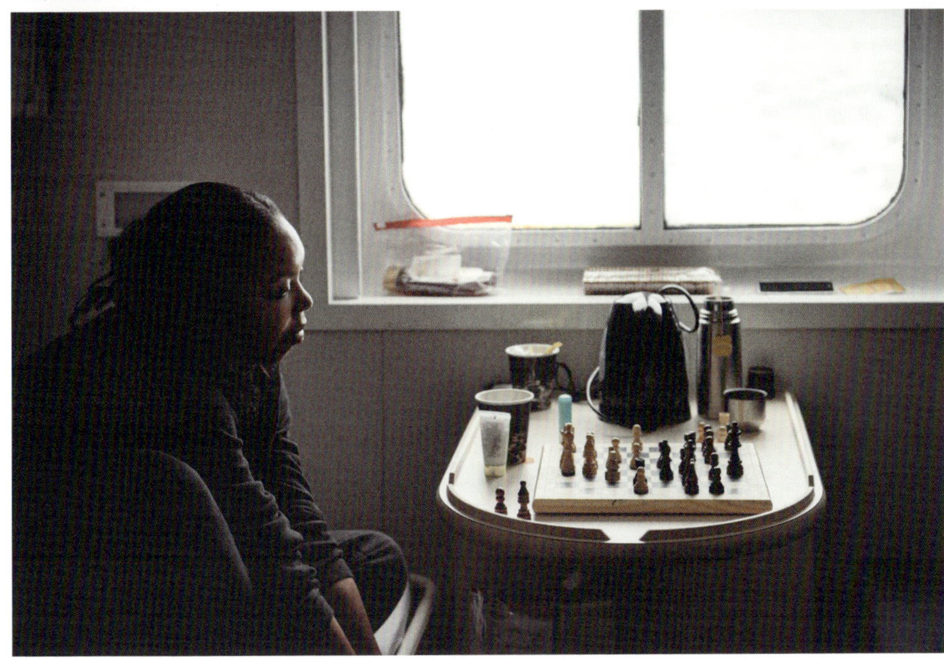
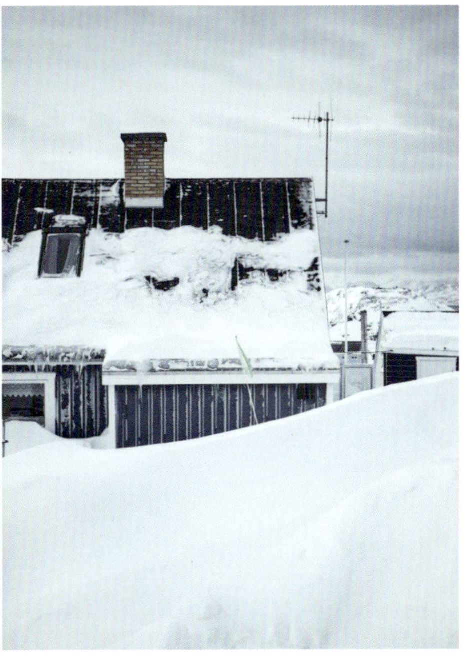

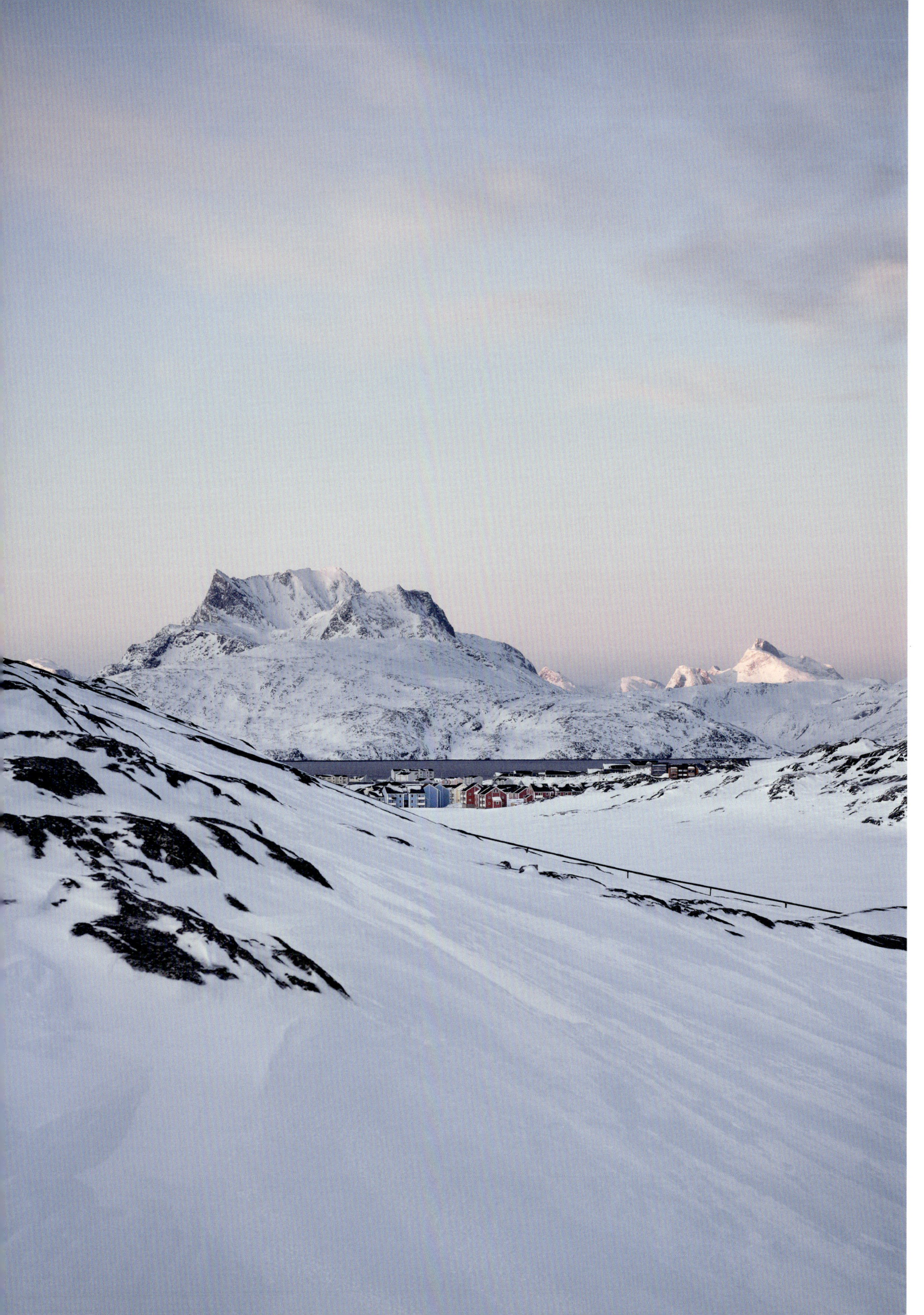

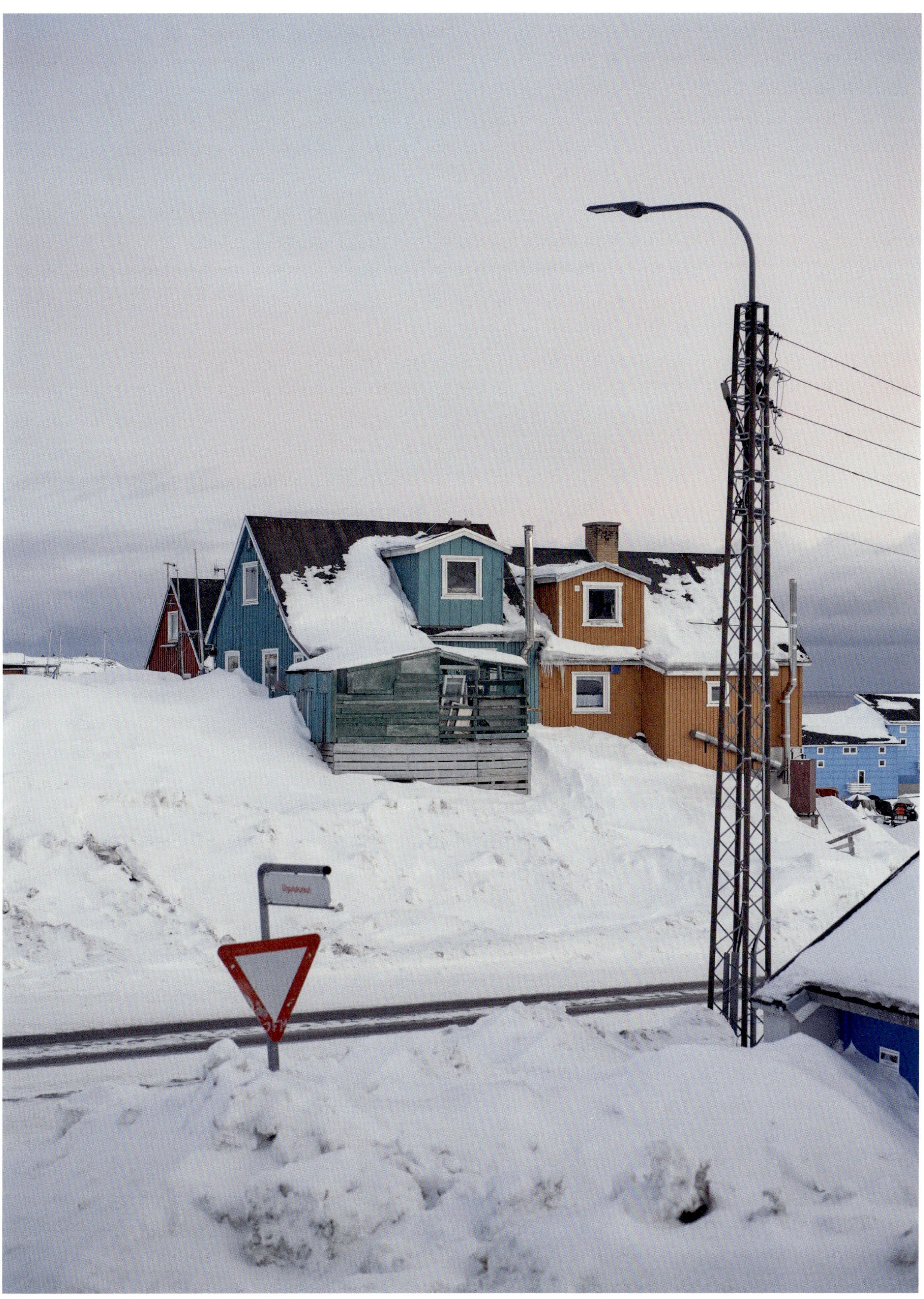

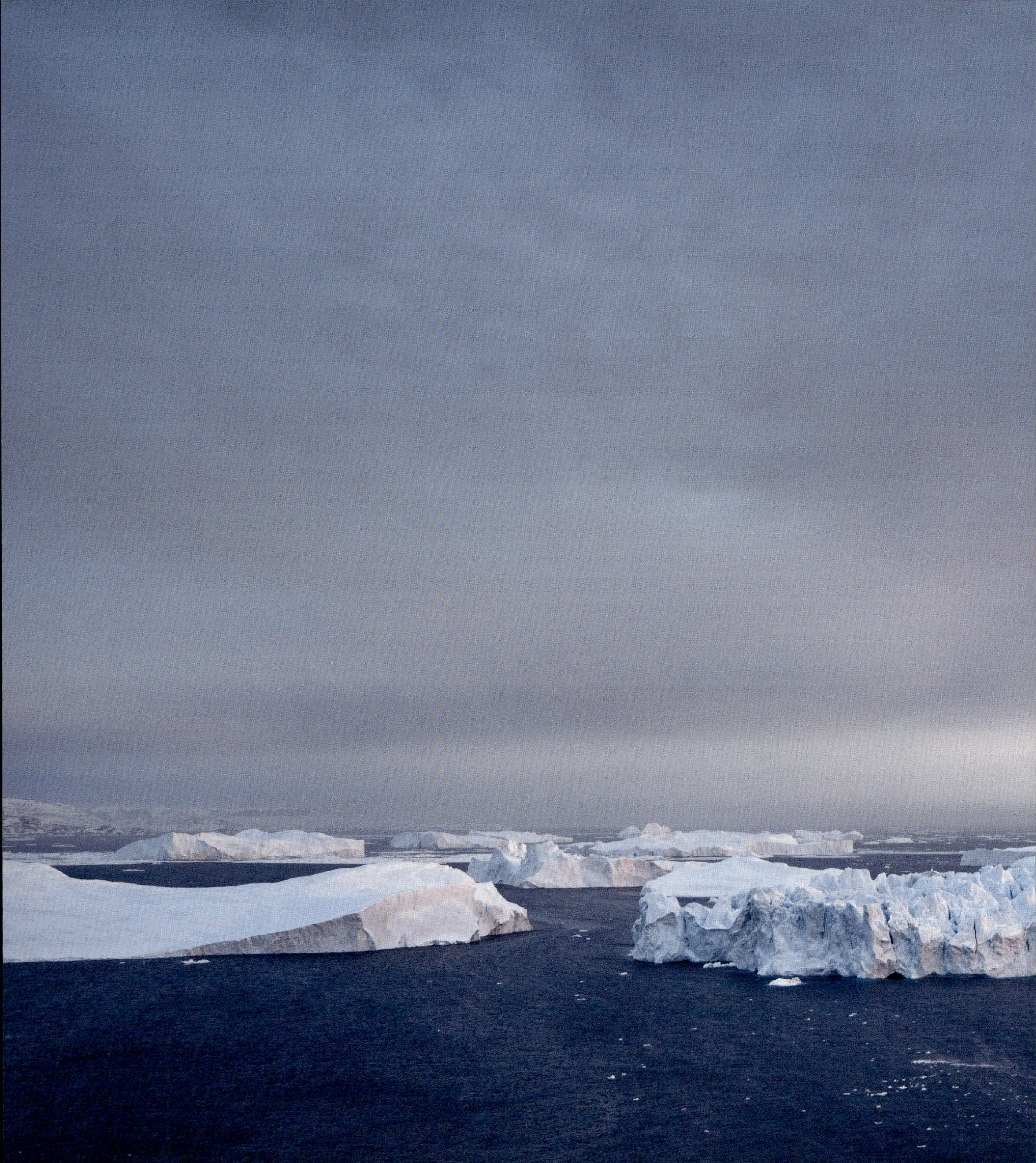

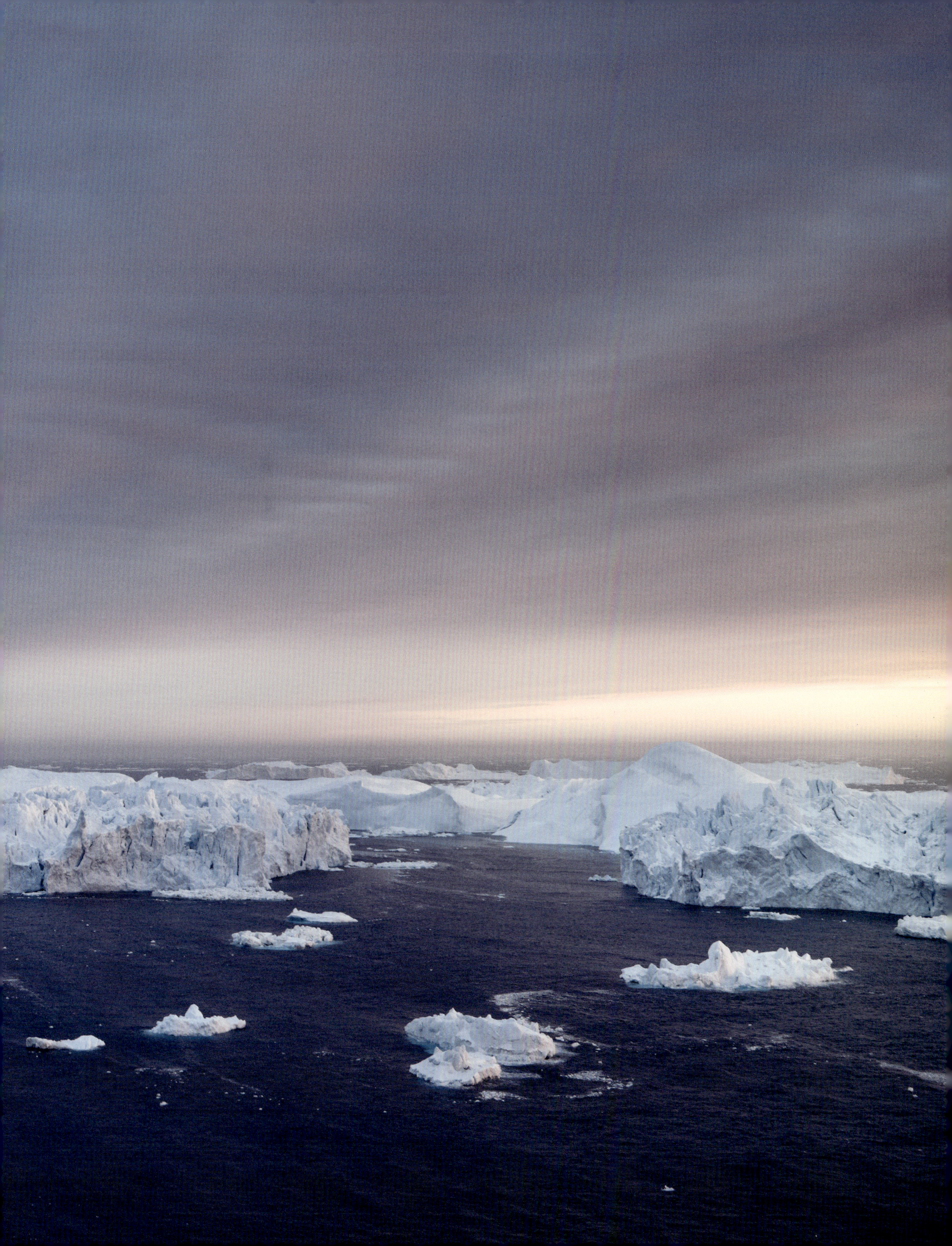

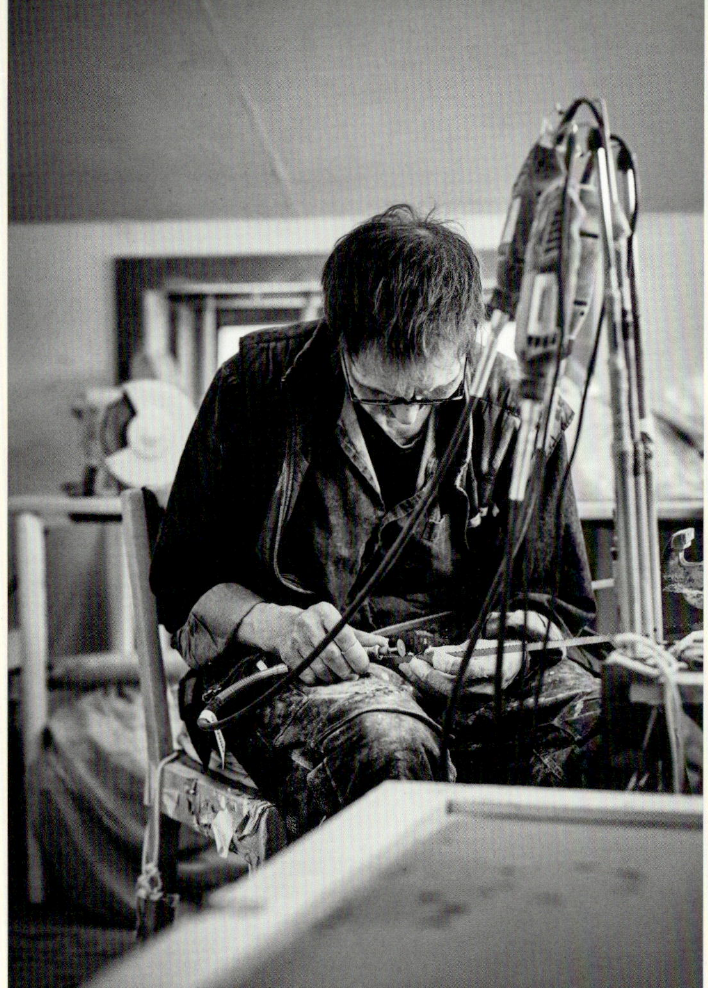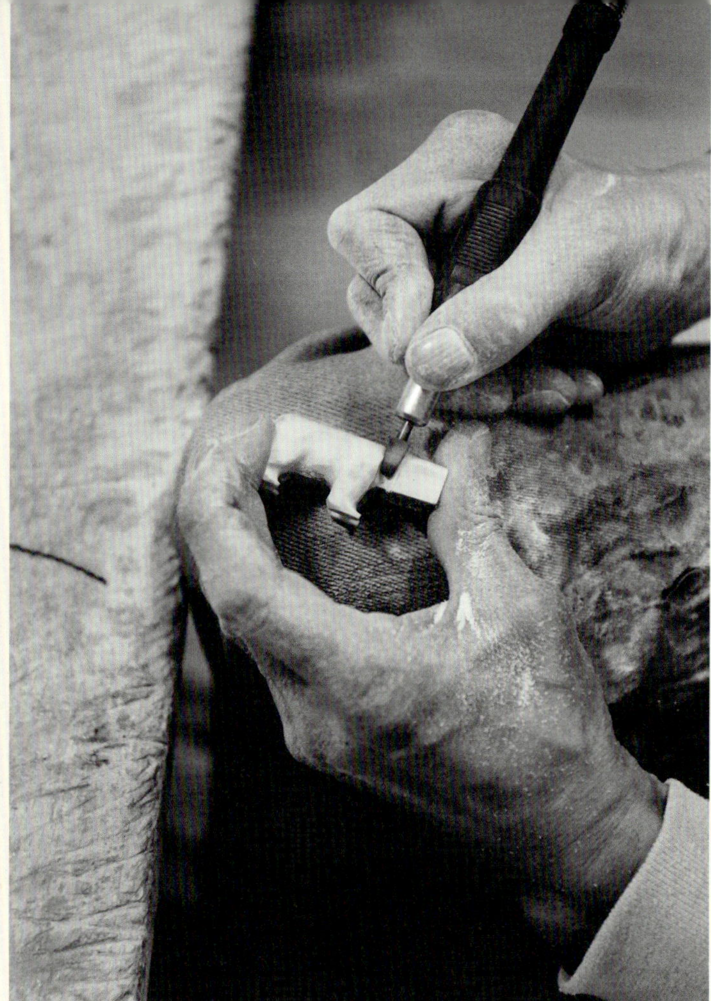

Made in Greenland.

A few residents of Sisimiut combined to furnish a workshop for themselves in a vacant building. They made a truly magical impression on me during my visit. So many cheerful, hard-working people, crafting their jewelry in total serenity. They display and market their artwork out of an area near the entrance. The Greenlandic word for art is eqqumiitsuliorneq, literally "creating things that look strange," which is awesome.

In Sisimiut haben sich einige Einwohner zusammengetan und in einem ungenutzten Haus eine Werkstatt eingerichtet, in der sie arbeiten können. Bei meinem Besuch machte sie einen wahrlich magischen Eindruck: So viele gut gelaunte, fleißige Menschen, die seelenruhig an ihren Schmuckstücken arbeiteten. Im Eingangsbereich waren die Kunstwerke ausgestellt und wurden zum Verkauf angeboten. Kunst heißt auf Grönländisch übrigens „Eqqumiitsuliorneq", was wörtlich übersetzt „Dinge erschaffen, die merkwürdig aussehen" bedeutet. Großartig!

Nature is the inspiration for much of the displayed craft, along with the traditions of Greenland's three indigenous Inuit cultures. Local materials, such as reindeer antlers and musk ox wool, are incorporated into the work done in this shop.

Die Inspiration für viele der ausgestellten Kunsthandwerke stammt oft aus der Natur oder aus den Traditionen der drei indigenen Inuit-Kulturen Grönlands. In der Werkstatt wurden für die Arbeit heimische Materialien wie Rentiergeweihe und Moschusochsenwolle genutzt.

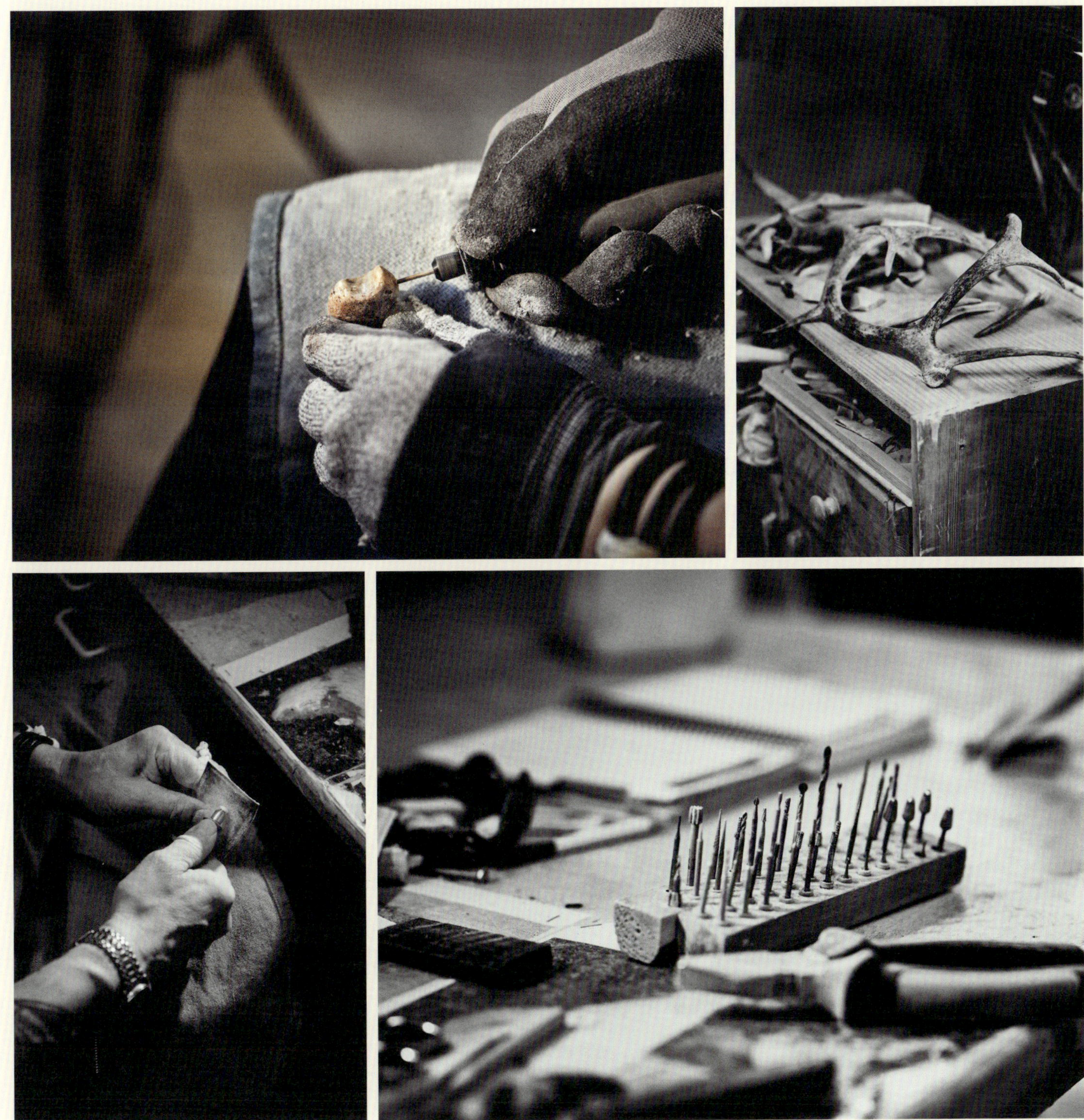

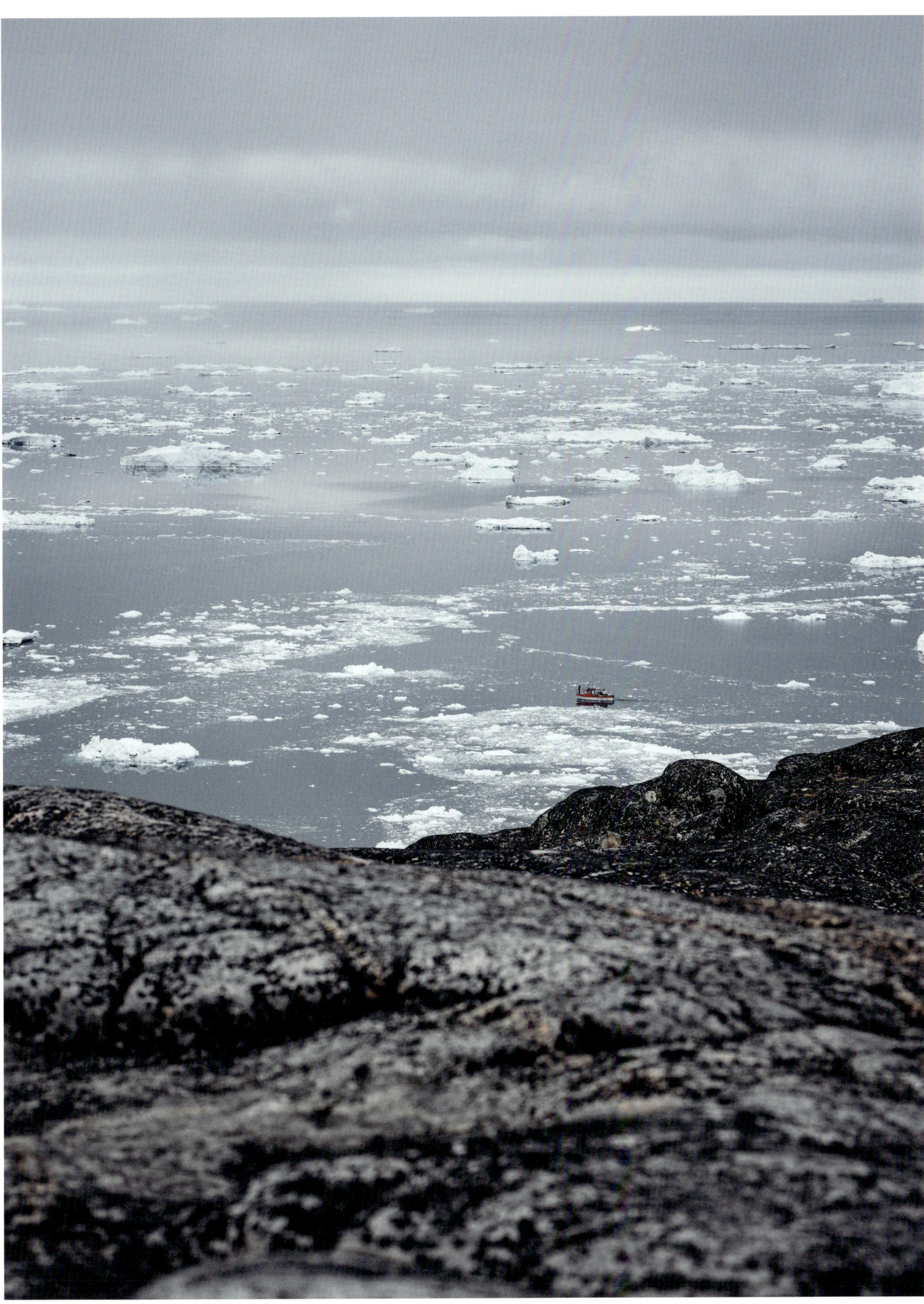

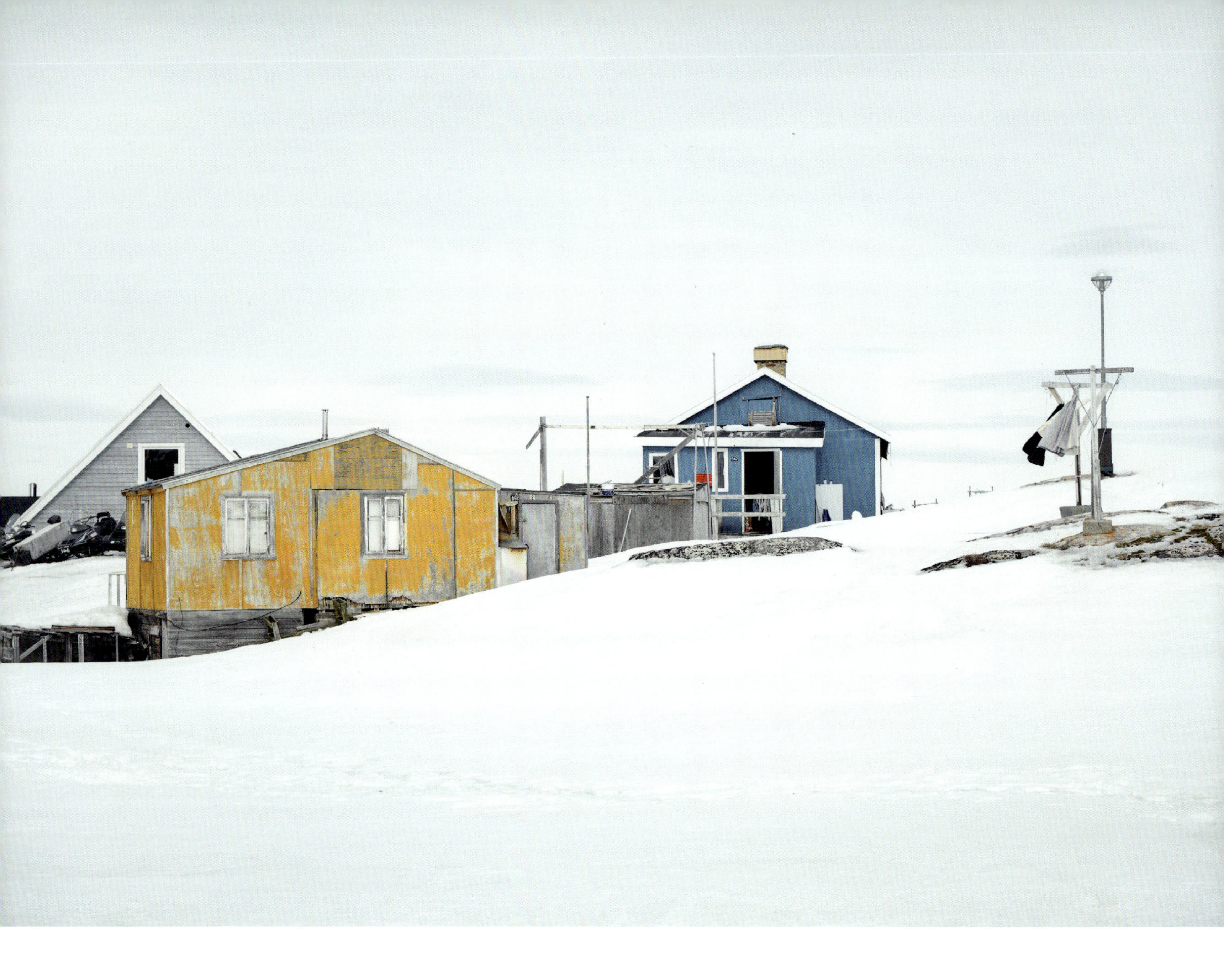

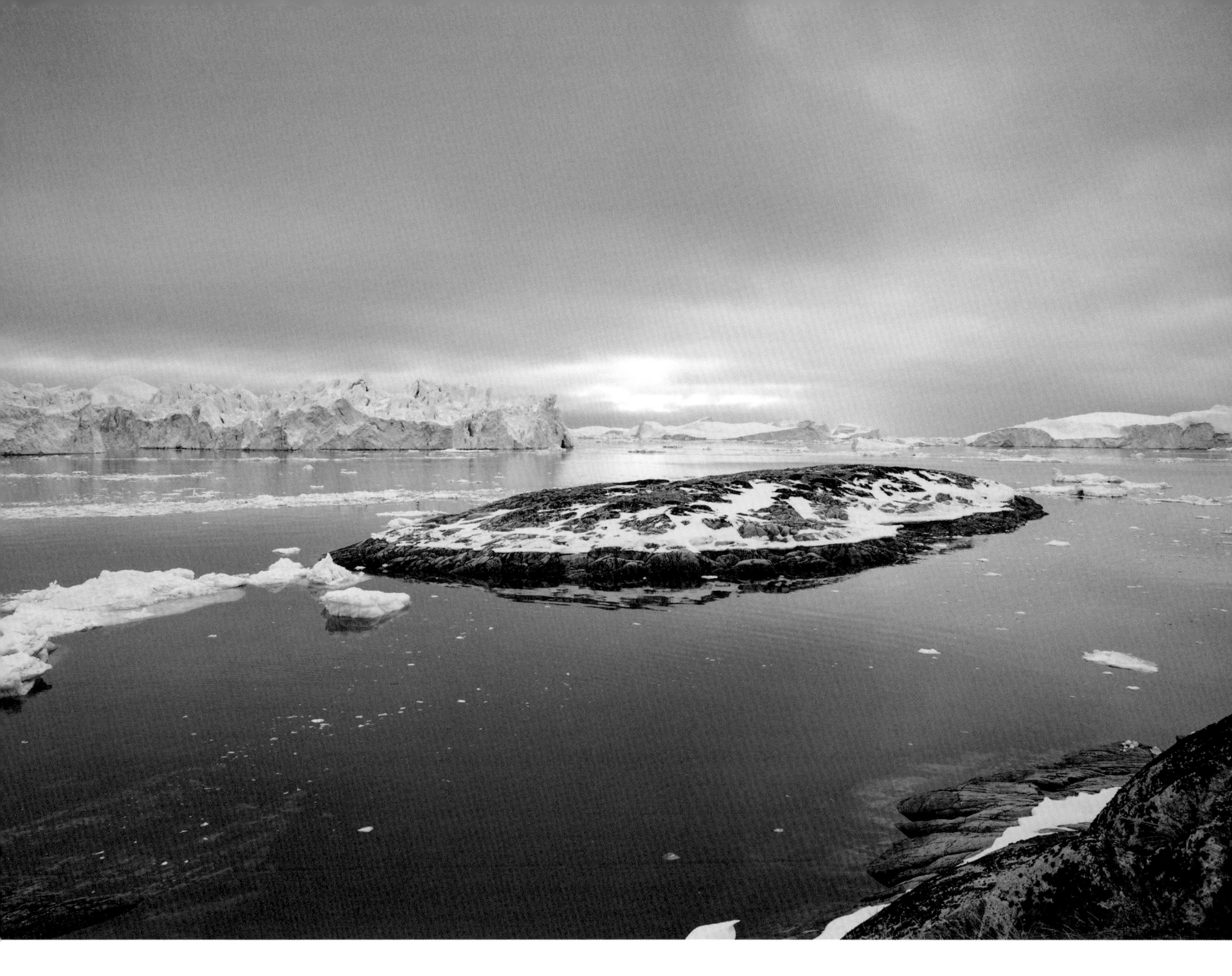

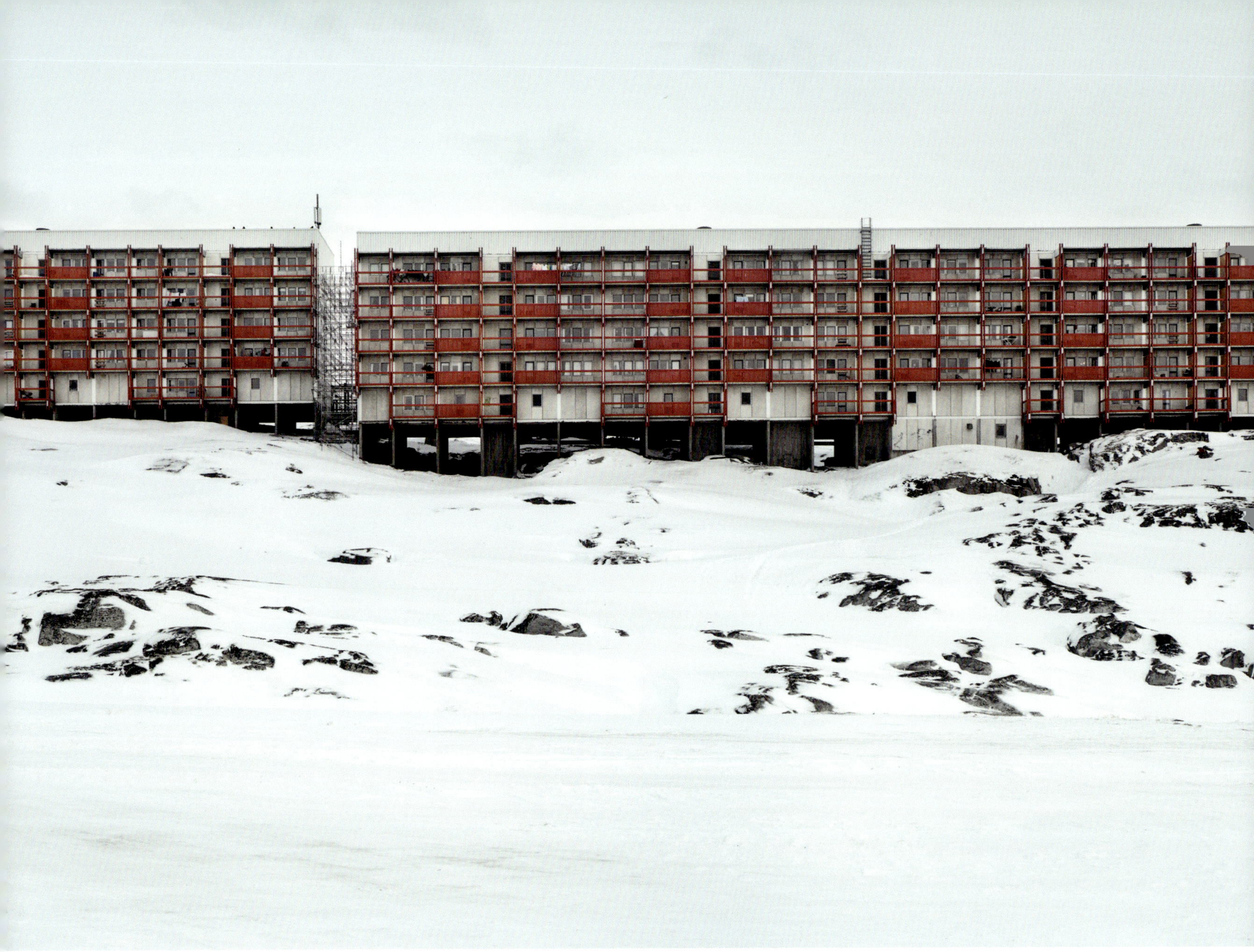

Dogs in Sisimiut are rarely housed in the same spaces their owners inhabit. One of my hosts explained to me that dogs, from about six months old, must relocate to a so-called "dog village" outside of town, where several hundred dogs are kept. The vast majority of them train to be sled dogs.

In Sisimiut sind Hunde nur selten direkt im Haus des Besitzers untergebracht. Einer meiner Gastgeber erklärte mir, dass die Hunde ab dem Alter von 6 Monaten in das sogenannte „dog village" umziehen müssen, ein Ort außerhalb der Stadt, an dem mehrere hundert Hunde untergebracht sind. Die allermeisten von ihnen werden als Schlittenhunde dressiert.

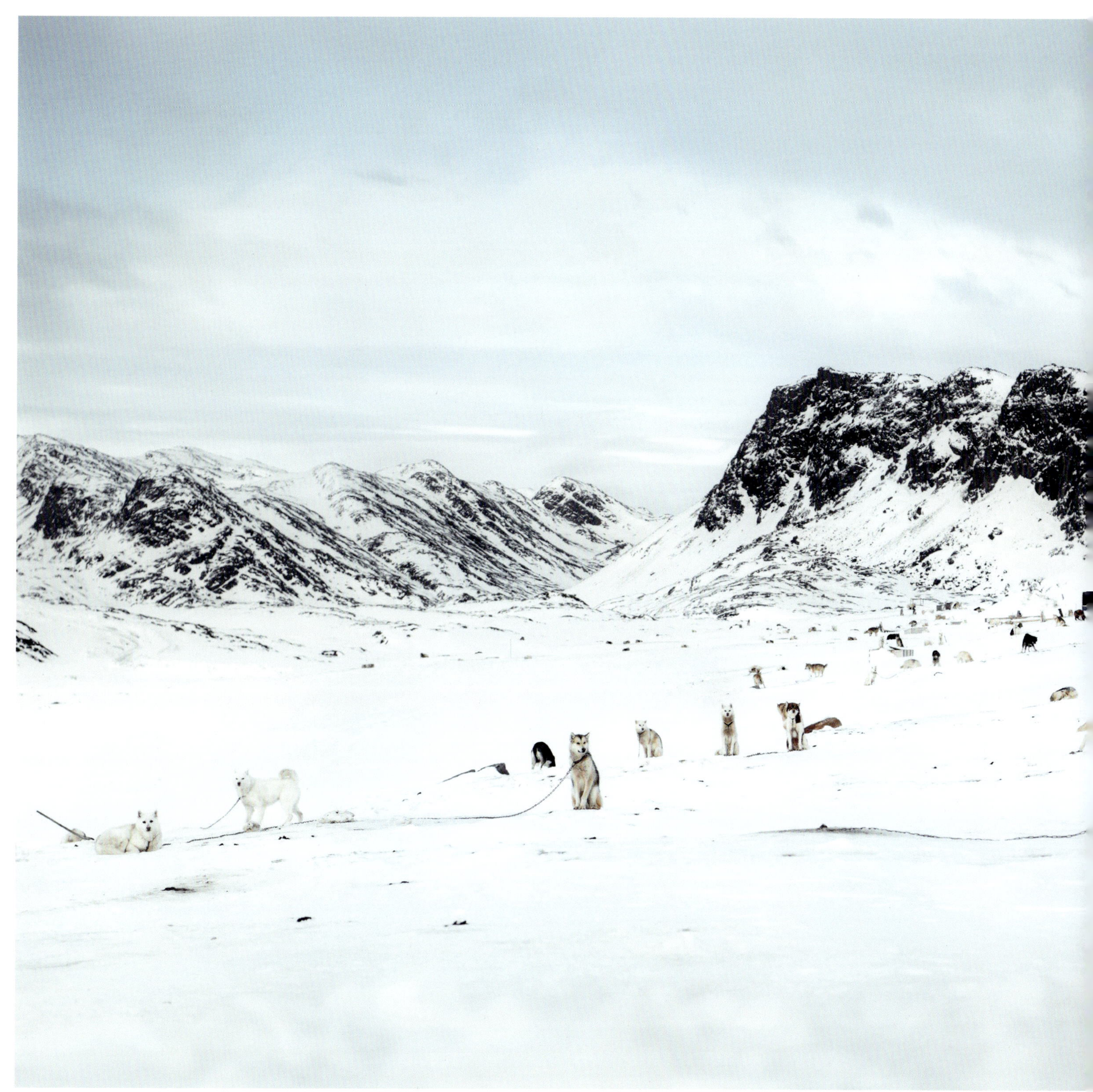

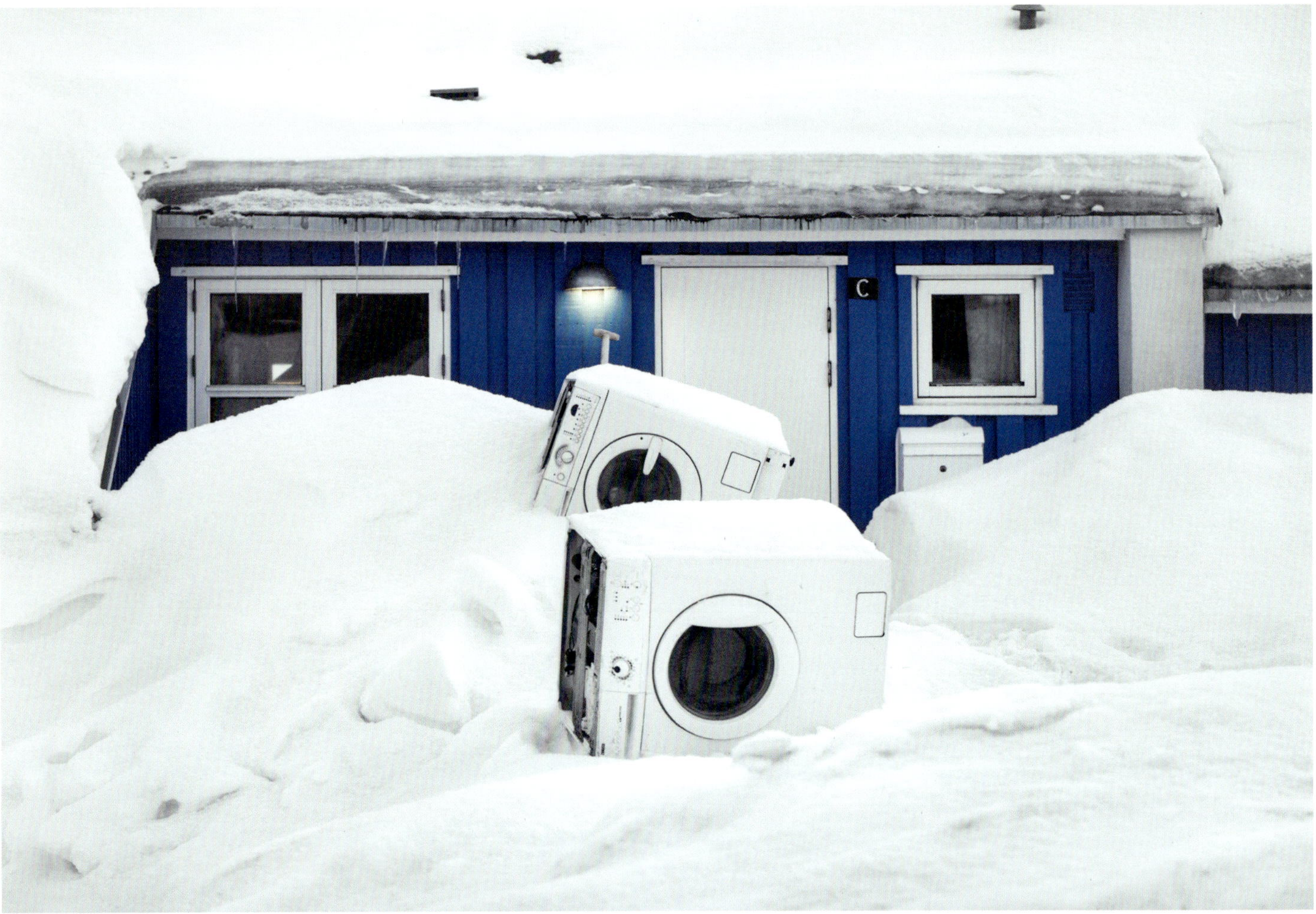

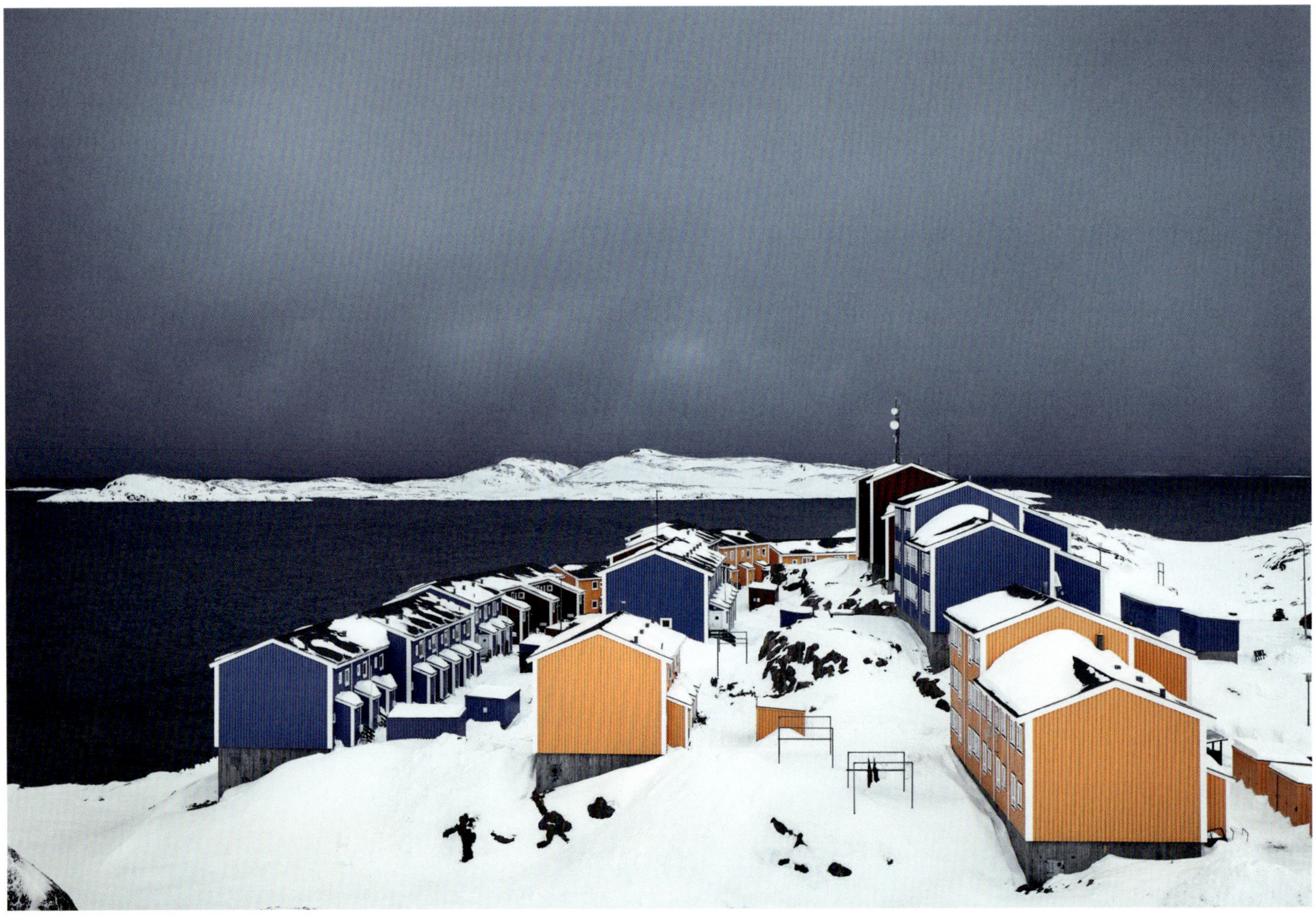

I keep seeing washing machines in front of homes. They do not look like they work. They seem to monitor front yards, like garden gnomes.

The villages consist mostly of numerous small, colorfully painted houses and a church. Only in Nuuk are there some very large apartment buildings, most of them built in the sixties. They are relics of a—from today's point of view—failed urbanization initiative of the Danish government, undertaken in complete disregard for the circumstances of indigenous Greenlanders. Every town and village in Greenland is on the coast. Inland, there is nothing, but snow, ice, and an international airport called Kangerlussuaq.

Vor den Häusern sehe ich immer wieder Waschmaschinen, die anscheinend defekt sind und nun wie Gartenzwerge den verschneiten Vorgarten bewachen.

Die Ortschaften bestehen in der Regel aus vielen kleinen, bunt bemalten Häuschen und einer Kirche. Lediglich in Nuuk stehen einige sehr große Wohnblöcke, vor allem aus den 1960er Jahren. Es sind Relikte einer – aus heutiger Sicht – gescheiterten Urbanisierungspolitik der dänischen Regierung, die die Lebensumstände der indigenen Grönländer völlig außer Acht gelassen hatte. Alle Städte und Dörfer in Grönland sind an der Küste angesiedelt. Im Inland gibt es nichts, nur Eis, Schnee und den internationalen Flughafen Kangerlussuaq.

Every place I visited, I asked whether the settlement is ever approached by polar bears. Since I would hike around outside the settlements, often aimlessly and without planning, I wanted to be able to gauge the risk, since polar bears, it is known, are not cuddlesome. But everyone I asked would chuckle, and humor me, and tell me no one had seen a polar bear around for a long time. Certainly not in the winter. That put me more at ease, but nonetheless a strange feeling would come over me sometimes when I was afoot outside civilization. I would love to see a polar bear in the wild—though just preferably not while hiking.

In jedem Ort, den ich besuchte, fragte ich nach, ob Eisbären in die Nähe der Siedlung kommen. Da ich außerhalb der Ortschaften, oftmals ohne Ziel und Plan, herumwanderte, wollte ich das Risiko einschätzen können, denn Eisbären sind nicht fürs kuscheln bekannt. Aber alle Leute, die ich fragte, belächelten mich ein wenig und erzählten mir, dass Eisbären in dieser Gegend schon lange nicht mehr gesichtet wurden. Und schon gar nicht im Winter. Das beruhigte mich, aber ein seltsames Gefühl überkam mich trotzdem ab und an, wenn ich fernab der Zivilisation unterwegs war. Auch wenn ich sehr gerne so einen Eisbären einmal in der freien Wildbahn sehen würde – lieber nicht auf einer Wanderung.

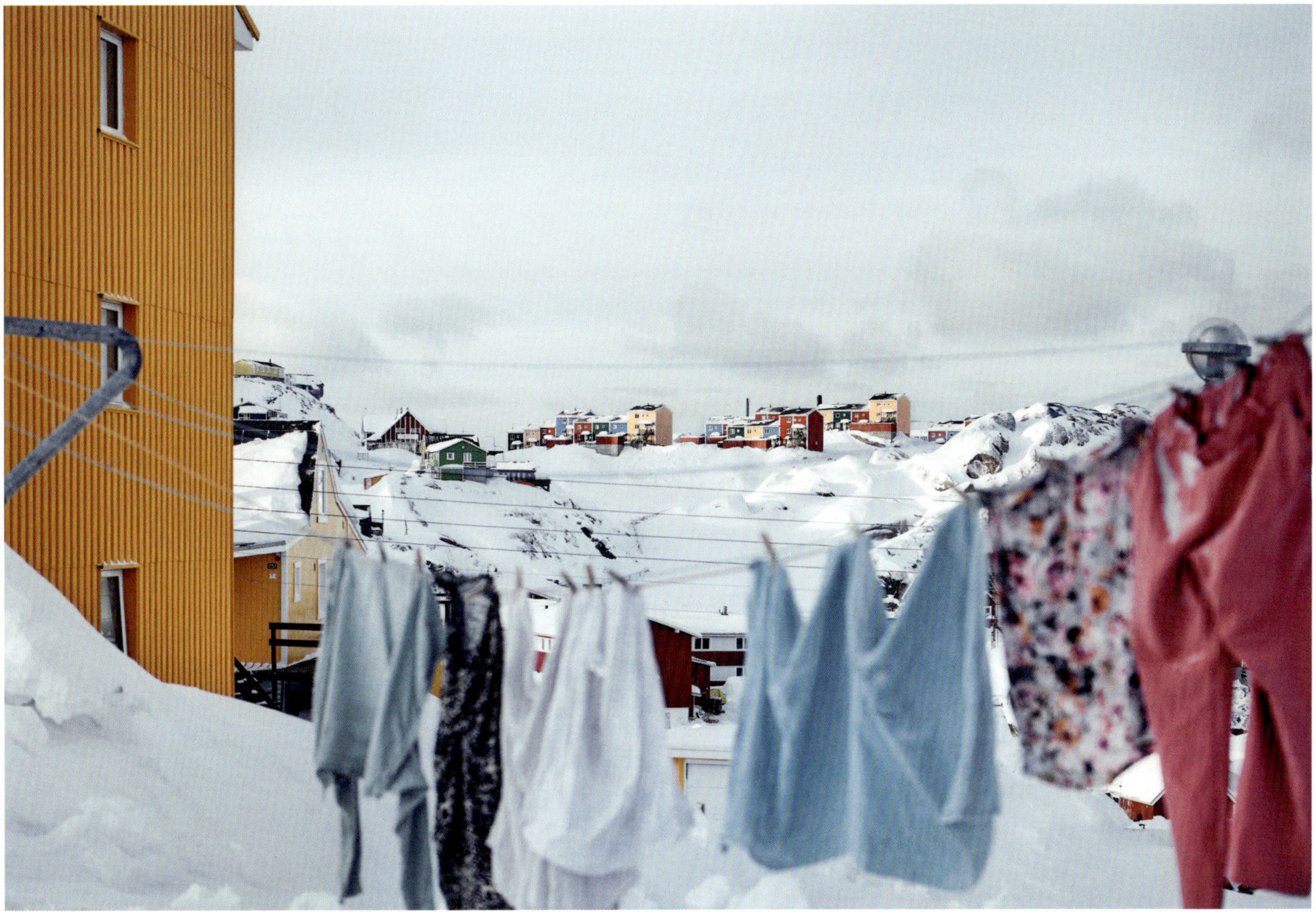

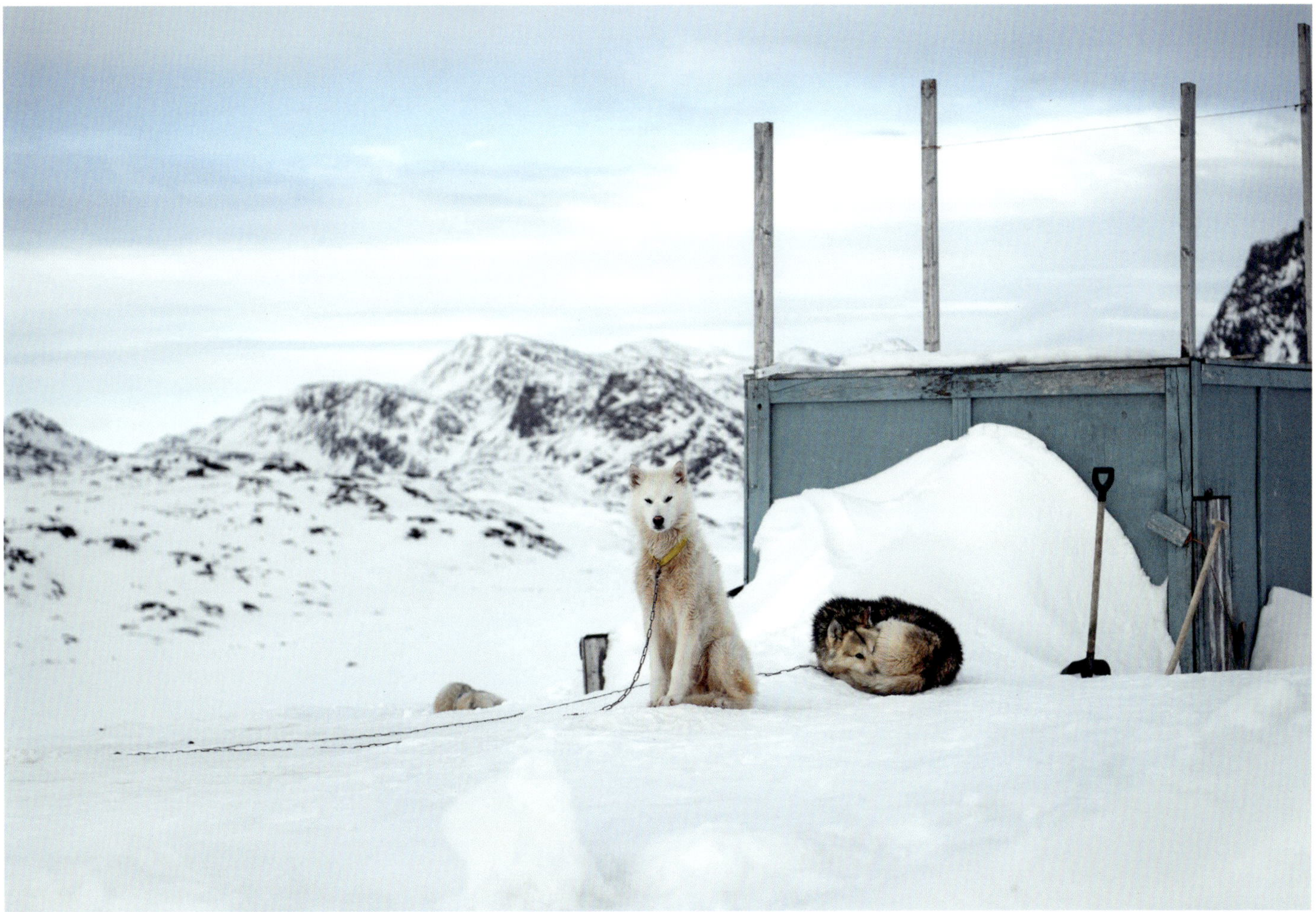

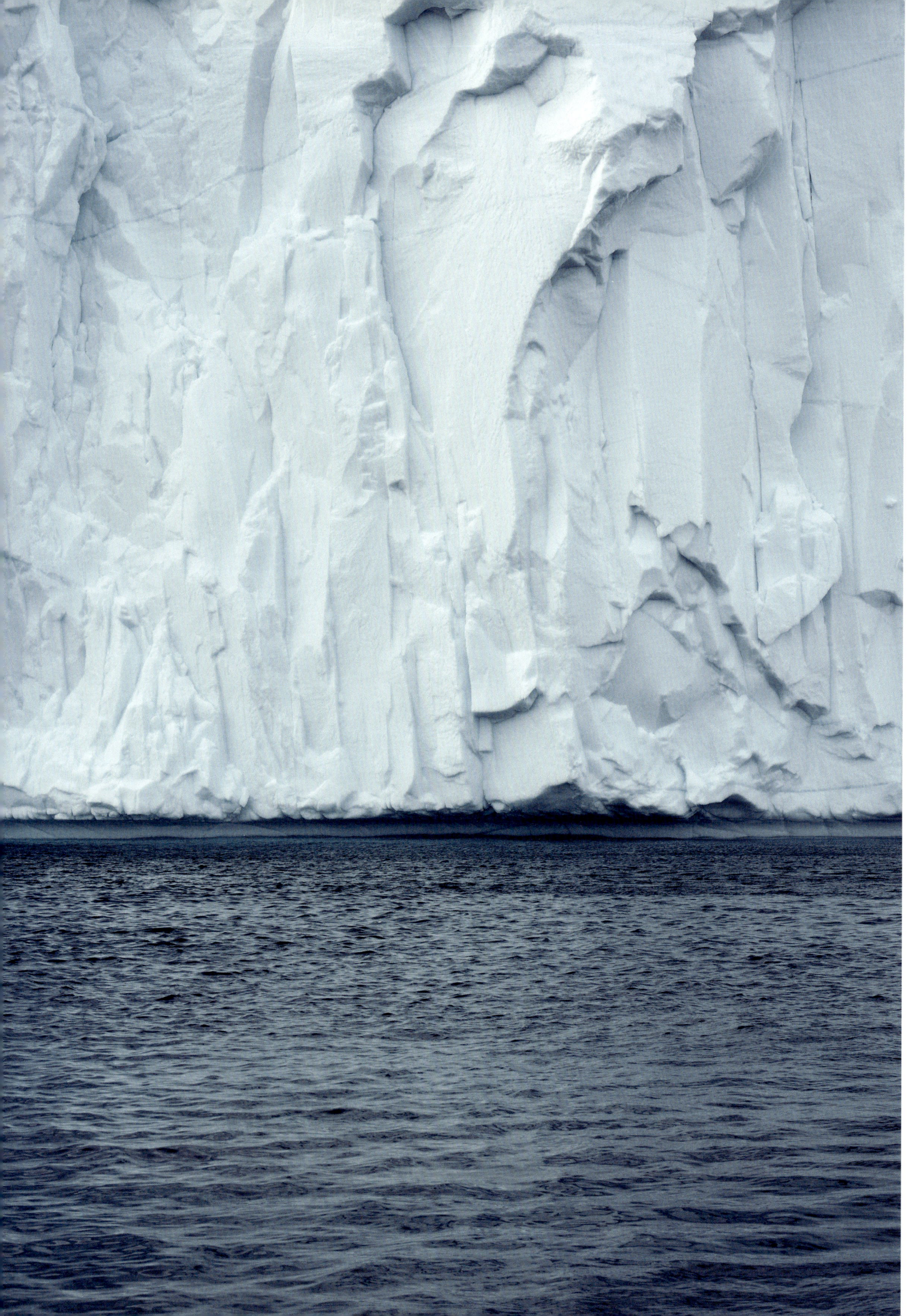

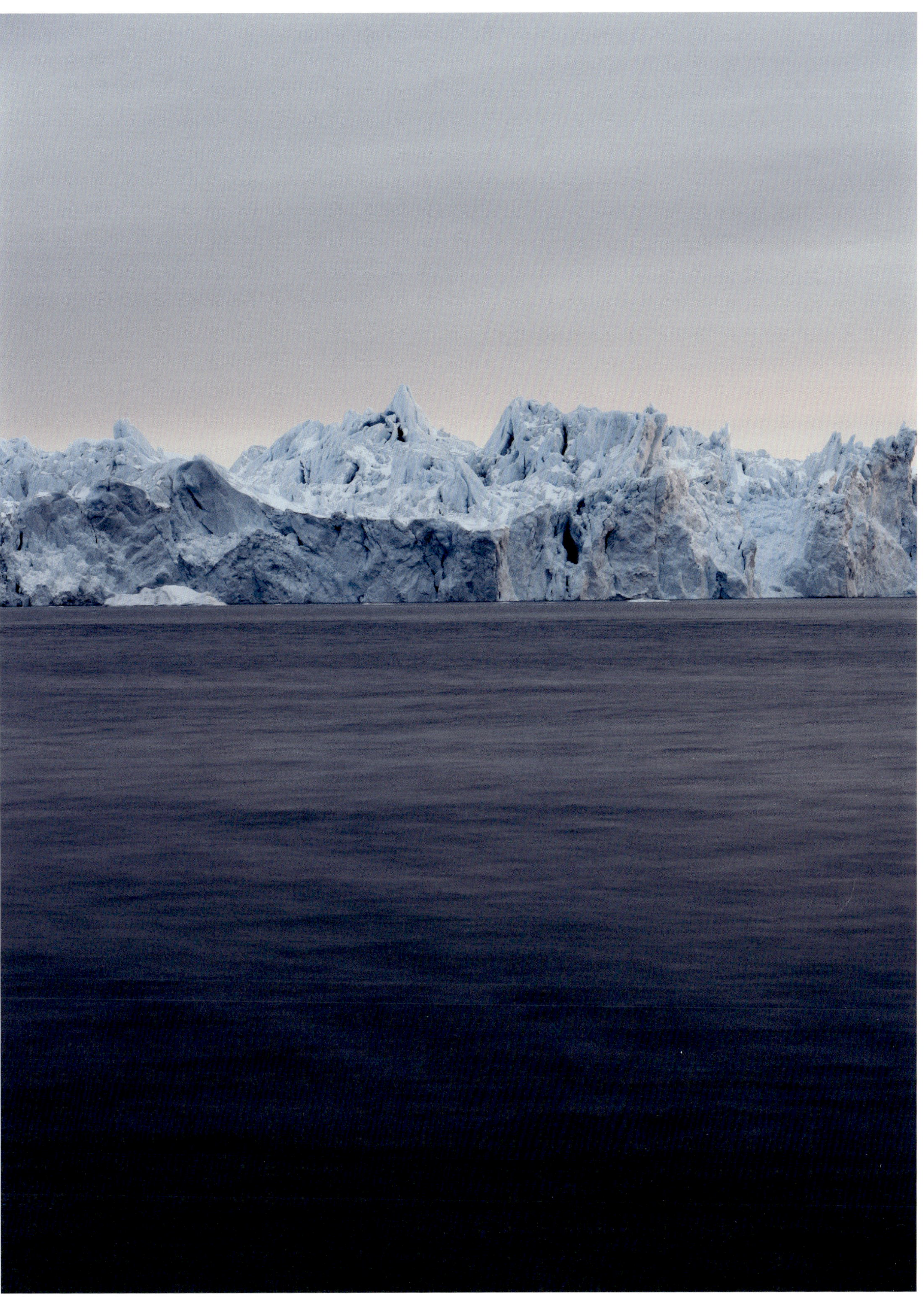

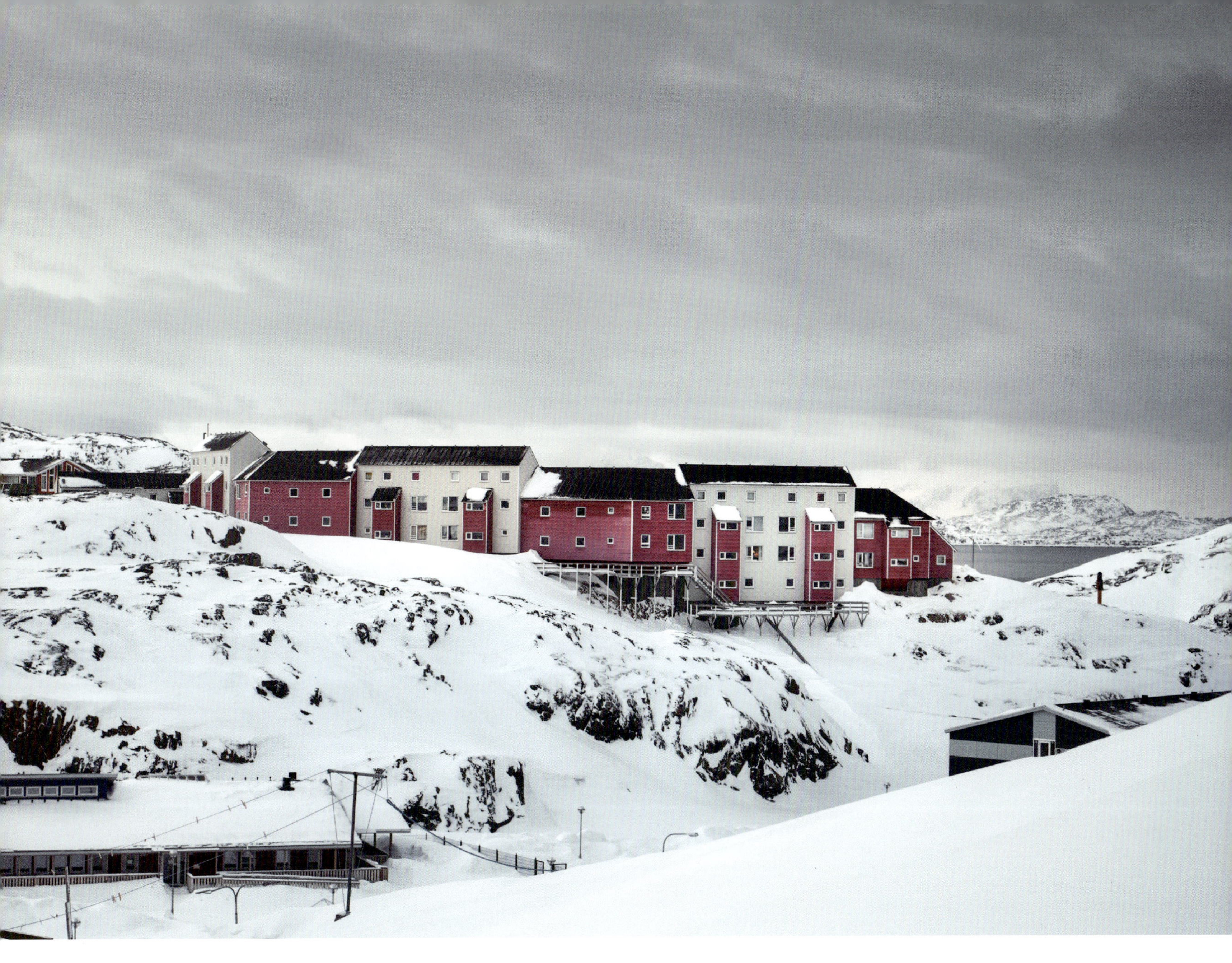

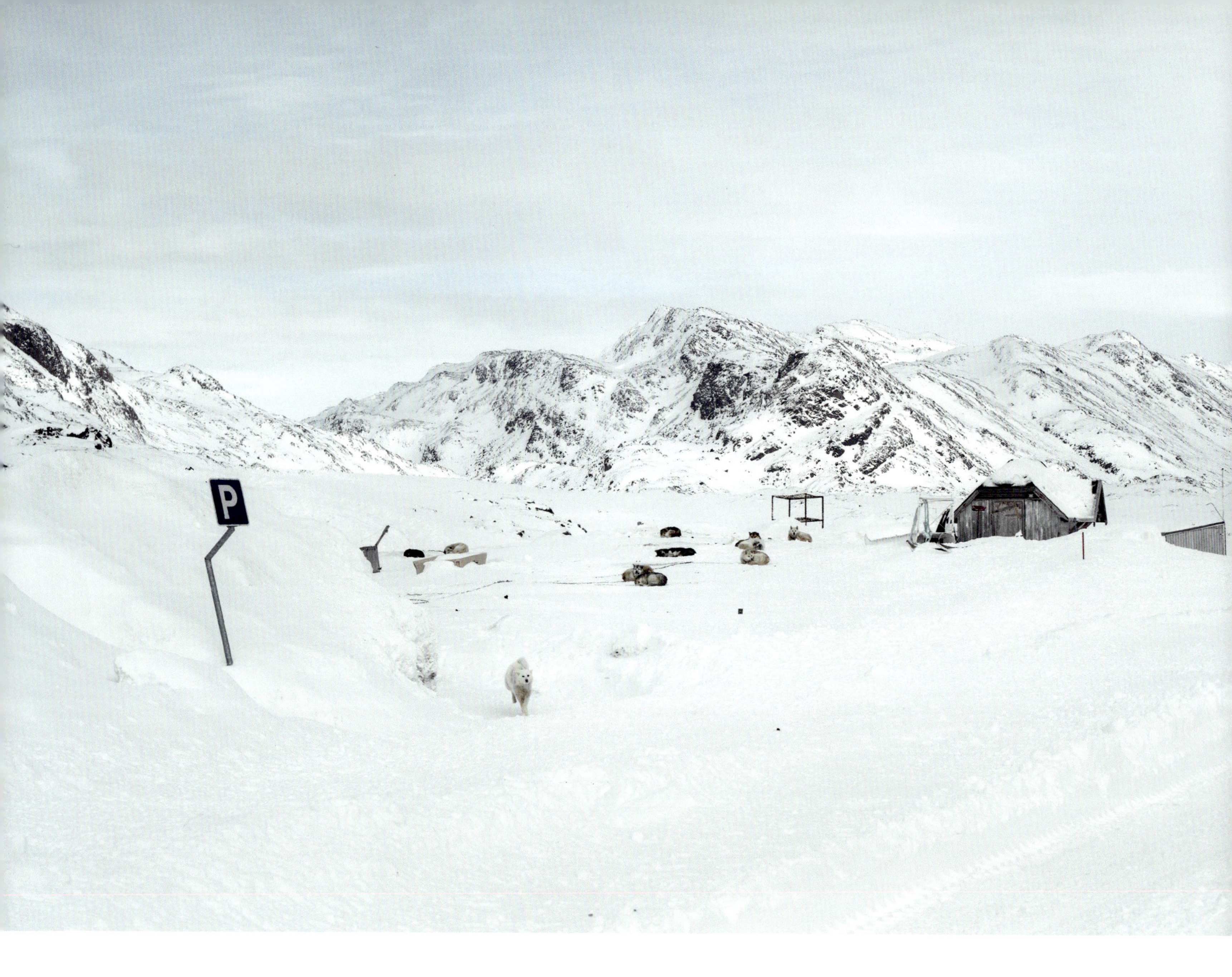

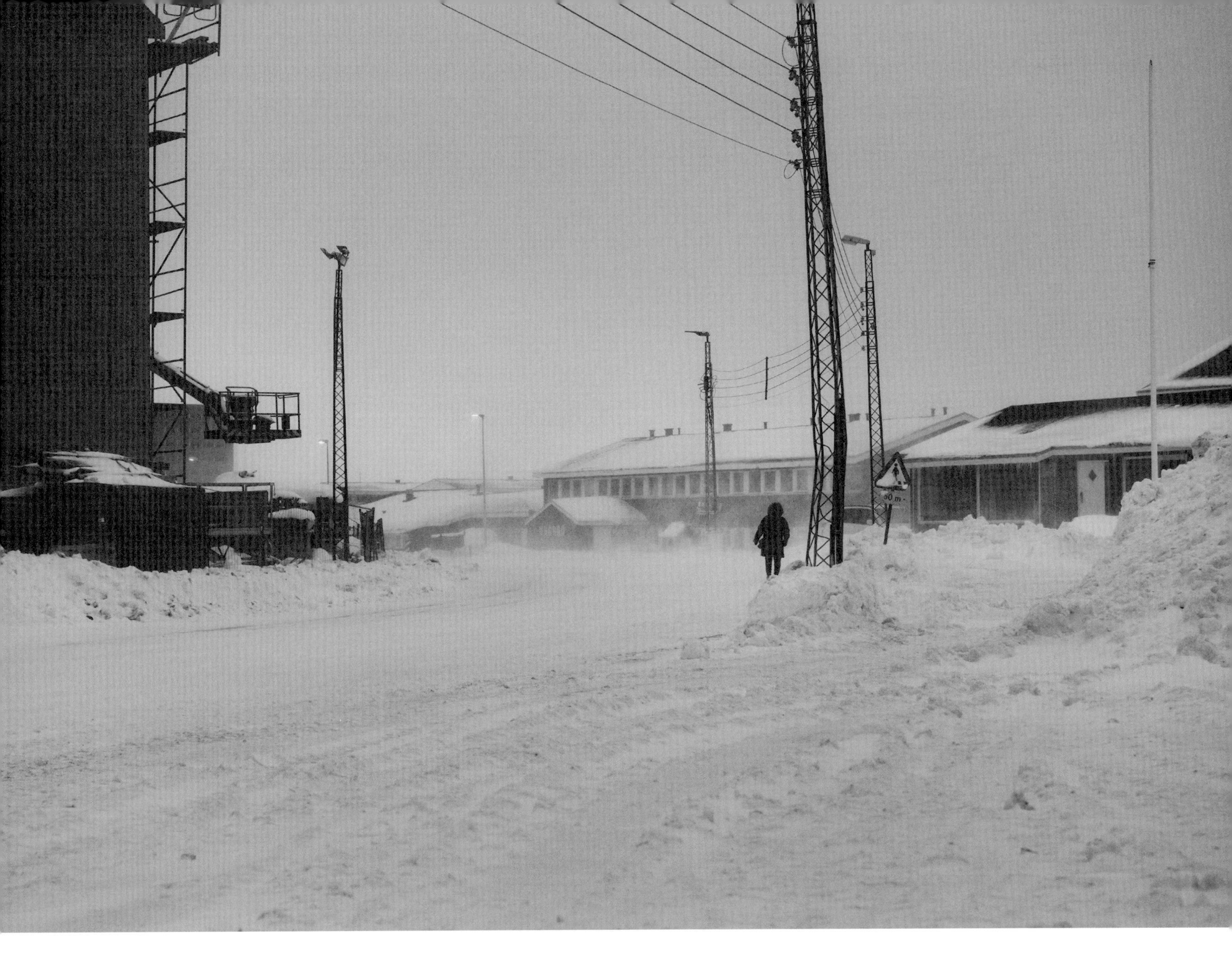

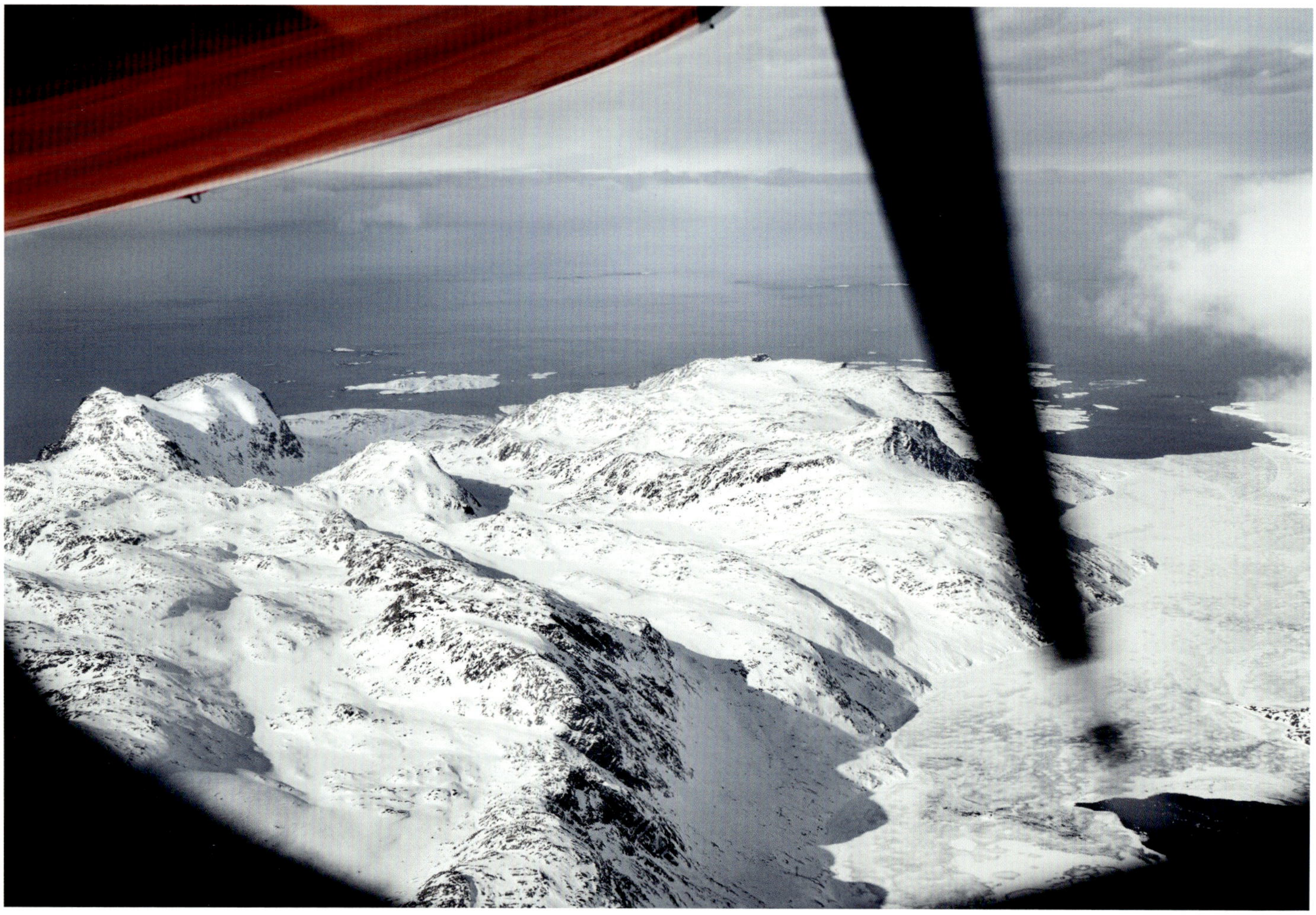

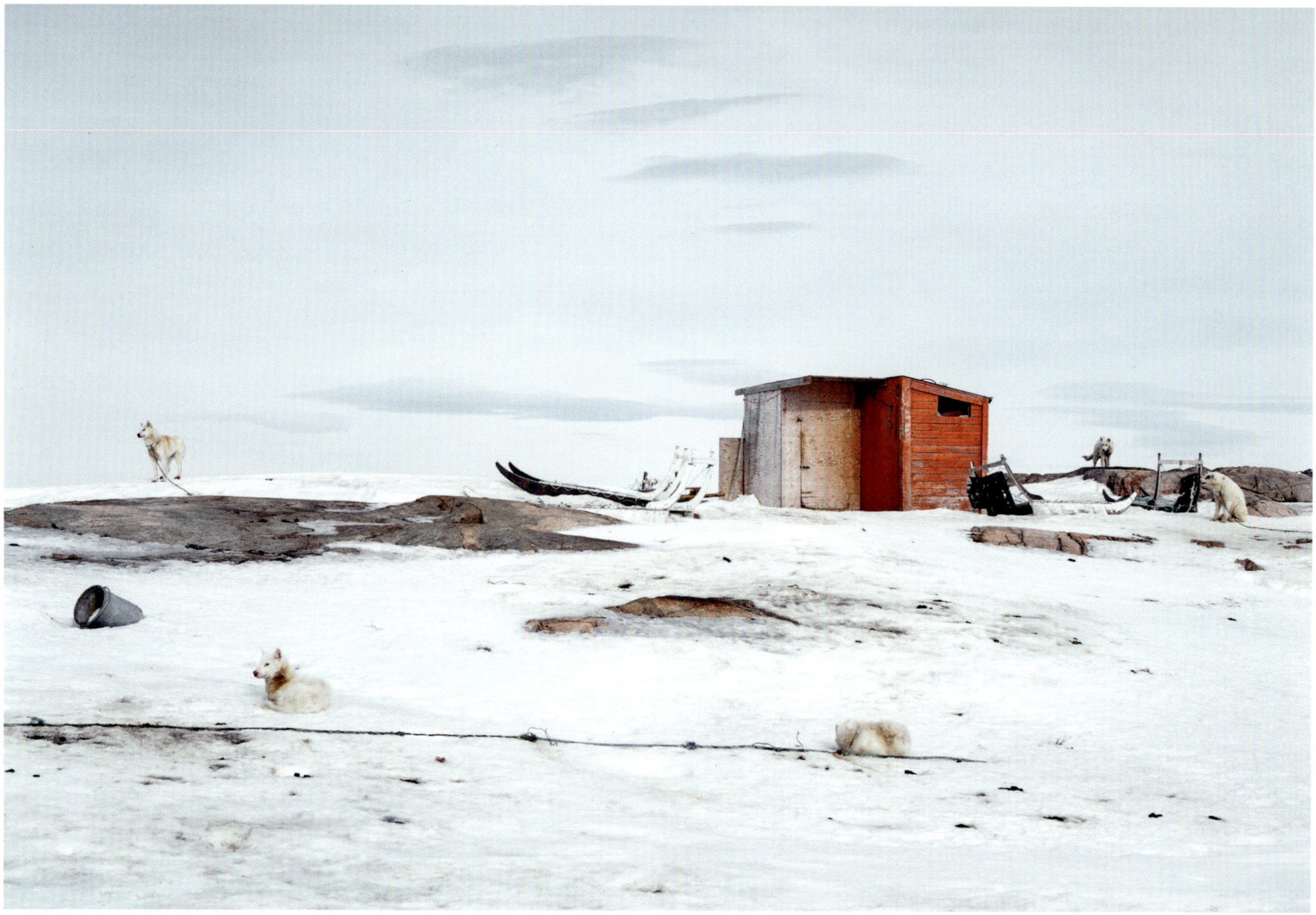

**Because there can be such powerful storms over Green-
land, flights may be considerably delayed. This is
also why flights are so expensive; the airlines are often
required to pay for accommodations, and these are
calculated into the price.**

*Durch die vielen starken Stürme über Grönland
kann es zu sehr langen Flugverspätungen kommen.
Deshalb sind die Flüge auch so teuer, denn die Flug-
linie muss oft für Übernachtungen aufkommen – und
dies entsprechend im Preis einkalkulieren.*

On my outbound trip, I had to wait in
Kangerlussuaq for my connecting flight to
Nuuk for four hours longer than sched-
uled. Each of my flights within Greenland
was on a small prop plane. The only place
larger planes can land is at the island's only
international airport, in Kangerlussuaq,
where there is essentially nothing, other
than the airport. There are a few buildings
that belong to the airport as well as traveler
accommodations, altogether surrounded
by the eternal ice.

On the way to Ilulissat, my and Tamala's
flight was delayed for twenty-four hours.
But this, too, was part of travelling in
Greenland. It showed how violent the
forces of nature at work here can be.

Schon beim Hinflug musste ich 4 Stunden
länger als geplant in Kangerlussuaq auf
meinen Weiterflug nach Nuuk warten. Innerhalb Grönlands fliege ich nur noch mit
kleinen Propellermaschinen, denn größere
Flugzeuge können nur auf dem einzigen
Internationalen Flughafen der Insel landen,
in Kangerlussuaq. Außer diesem Flughafen
gibt es dort aber so gut wie nichts. Ein paar
wenige Häuser, die zum Flughafen gehören
und Unterkünfte für Reisende, umgeben
vom ewigen Eis.

Beim Flug nach Ilulissat hatten Tamala und
ich dann ganze 24 Stunden Verspätung.
Aber auch das gehört zum Reisen auf
Grönland dazu und führte uns vor Augen,
wie gewaltig die Naturkräfte hier oben
wirken können.

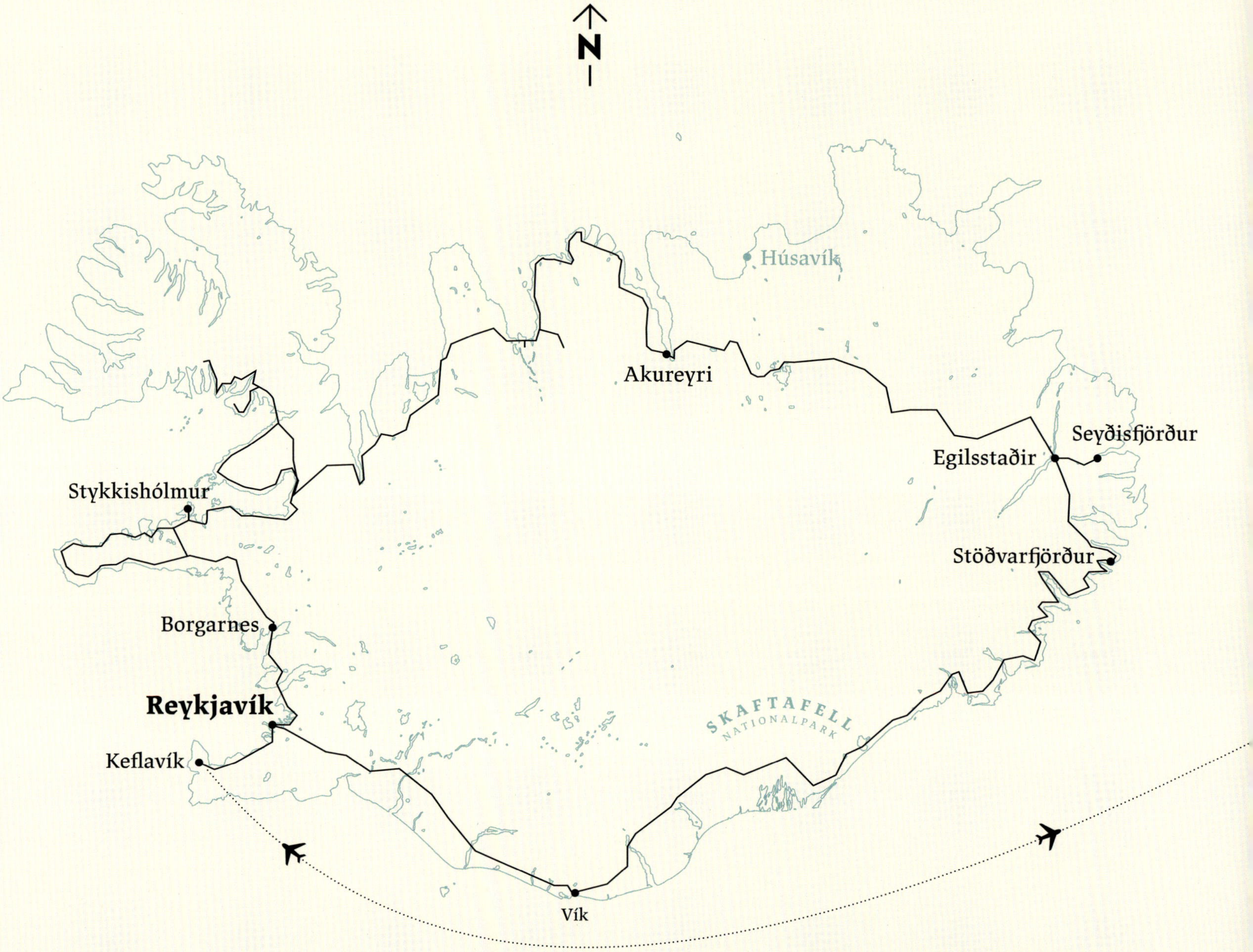

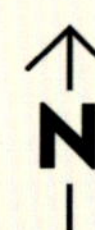

Traveldates / Reisezeitraum:
01.25.2020 – 02.18.2020

Facts & figures:

Official language: Islandic
Capital city: Reykjavík
Area: 103,125 km²
Population of Reykjavík: approx. 128,800
Total population: approx. 357,000
Population density: 3,5 per km²

Zahlen & Fakten:

Amtssprache: Isländisch
Hauptstadt: Reykjavík
Fläche: 103.125 km²
Einwohnerzahl Reykjavík: ~128.800
Einwohnerzahl insgesamt: ~357.000
Bevölkerungsdichte: 3,5 pro km²

Iceland²

Island²

This was my second trip to the fantastic island of black basalt and endless white deserts that is Iceland. So as not to repeat anything, I decided to go in the winter, which I love most. I slept at youth hostels and in guest rooms instead of in a tent, and I rented a car instead of hitchhiking. A completely different experience, yet just as amazingly beautiful.

I followed almost exactly the same route as before. I drove a complete circuit around the island, counterclockwise, in an all-wheel-drive Dacia Duster. The interior is not drivable in winter. At first I couldn't tell if AWD was even needed. After all, I had made good headway driving my own VW Touran through Norway. But it was obvious, even driving to the first place I stayed at, in Vík, that you would be totally forlorn without AWD. There is simply too much snow on the road. I spent three days in Vík and made good use of the snowshoes I'd brought. I also observed my good old Iceland tradition of regularly visiting the local public pool in the evenings, with its "hot pots." After an entire day out in the cold, nothing beats it. After that, I'm like putty—"spreadable," as we say in Austria.

Meine zweite Reise auf die fantastische Insel des schwarzen Lavagesteins und der endlosen weißen Wüsten, Island. Damit es keine Wiederholung wurde, war ich diesmal wieder im von mir heißgeliebten Winter vor Ort. Ich übernachtete in Jugendherbergen und Fremdenzimmern, statt im Zelt und mietete mir ein Auto, anstatt per Anhalter zu fahren. Eine ganz andere und ebenso unglaublich schöne Erfahrung!

Die Strecke blieb annähernd dieselbe. Einmal gegen den Uhrzeigersinn umrunde ich in einem Dacia Duster mit Allradantrieb die Insel, denn das Inland ist im Winter nicht befahrbar. Anfangs war ich mir gar nicht sicher, ob ein Allradauto überhaupt nötig ist, da ich in Norwegen mit meinem eigenen VW Touran auch gut vorankam. Doch ich merkte schon bei der Anfahrt zu meiner ersten Unterkunft in Vik, dass man ohne Allrad hier wirklich aufgeschmissen ist: Es lag einfach zu viel Schnee auf der Fahrbahn. In Vik verbrachte ich drei Tage und machte mit meinen mitgebrachten Schneeschuhen Ausflüge. Ich blieb auch bei meiner alten Island-Tradition und besuchte abends regelmäßig das öffentliche Schwimmbad mit seinen Hot Tubs. Es ist einfach das Beste nach einem ganzen Tag in der Kälte. Danach bin ich streichfähig, wie man bei mir daheim, in Österreich, sagen würde.

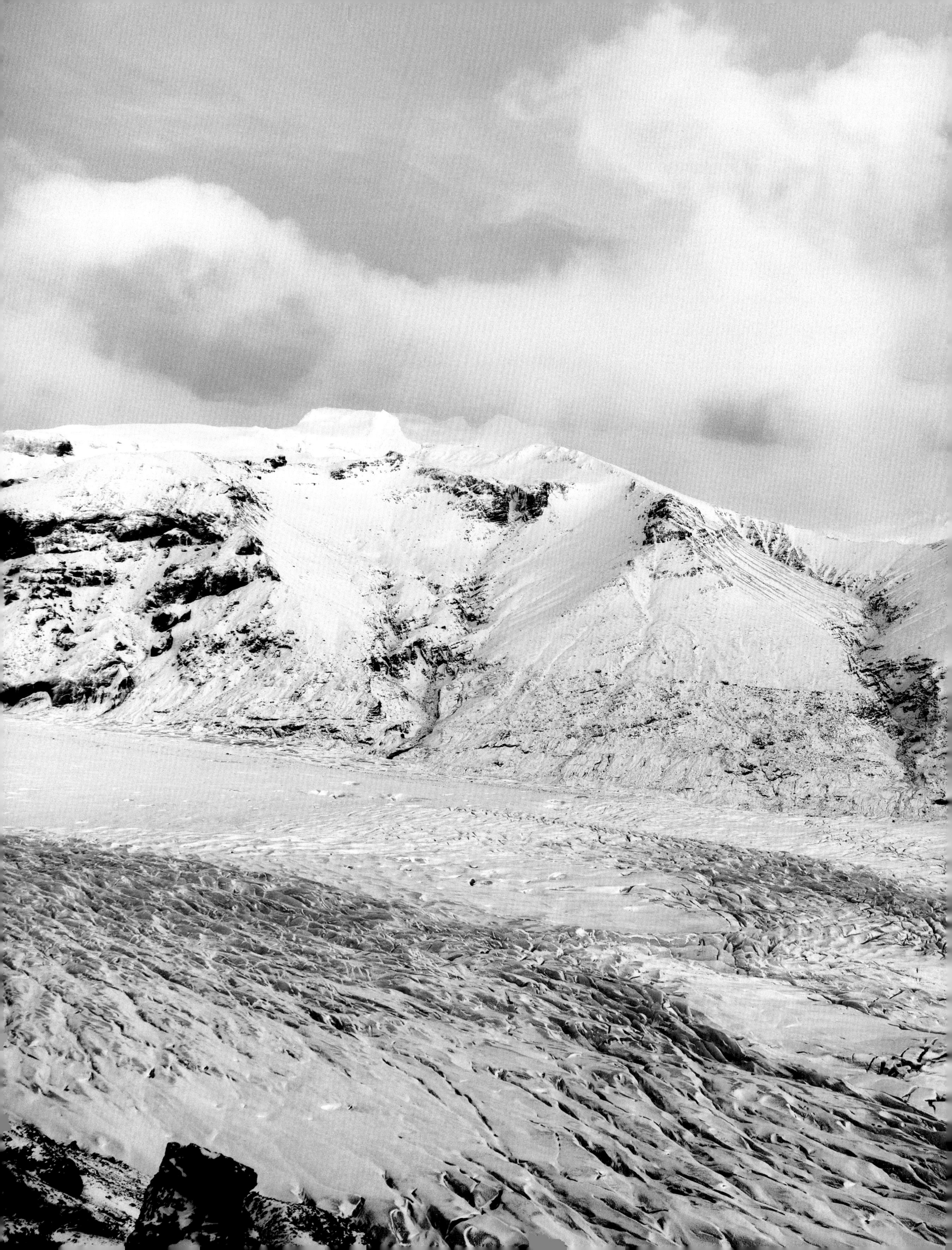

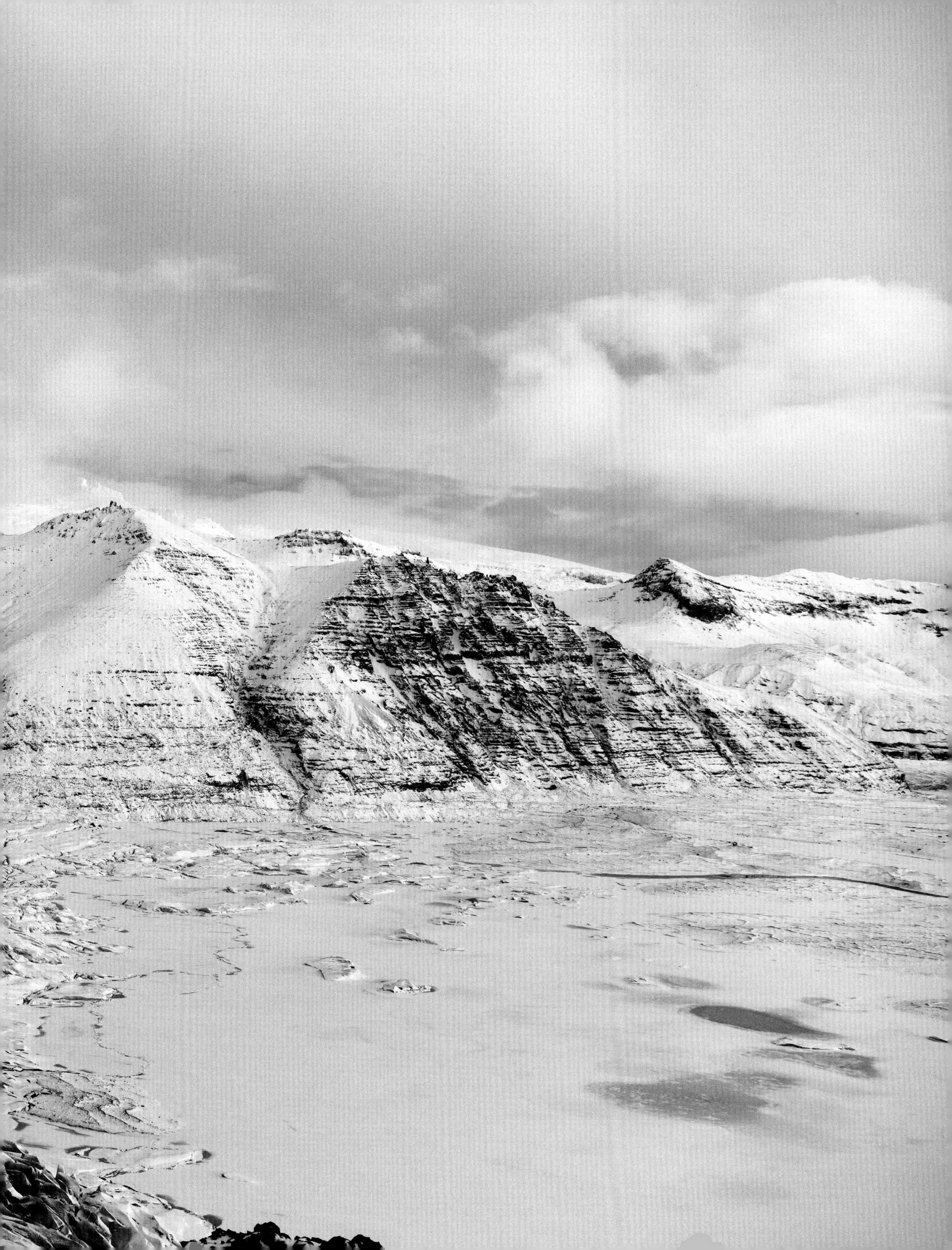

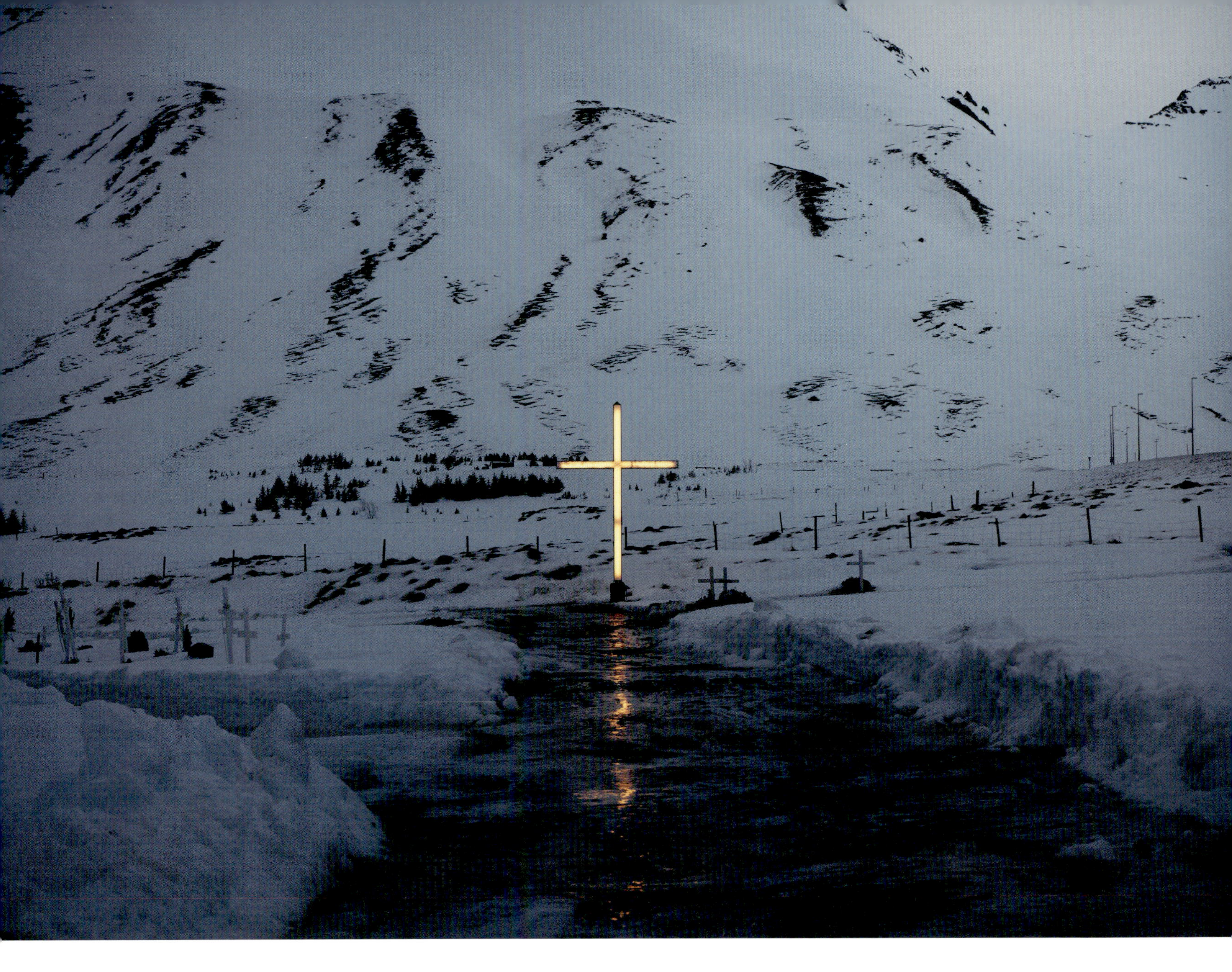

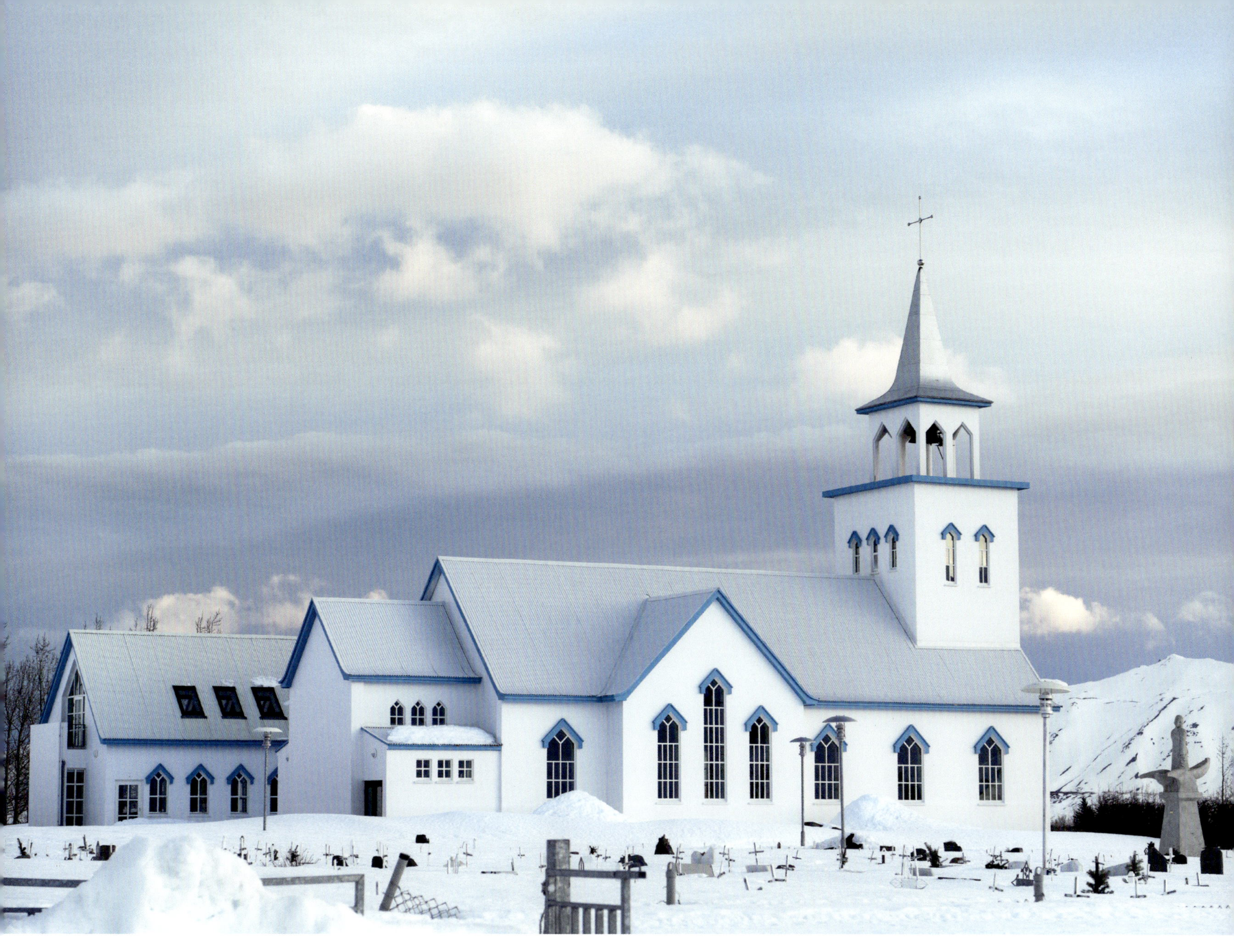

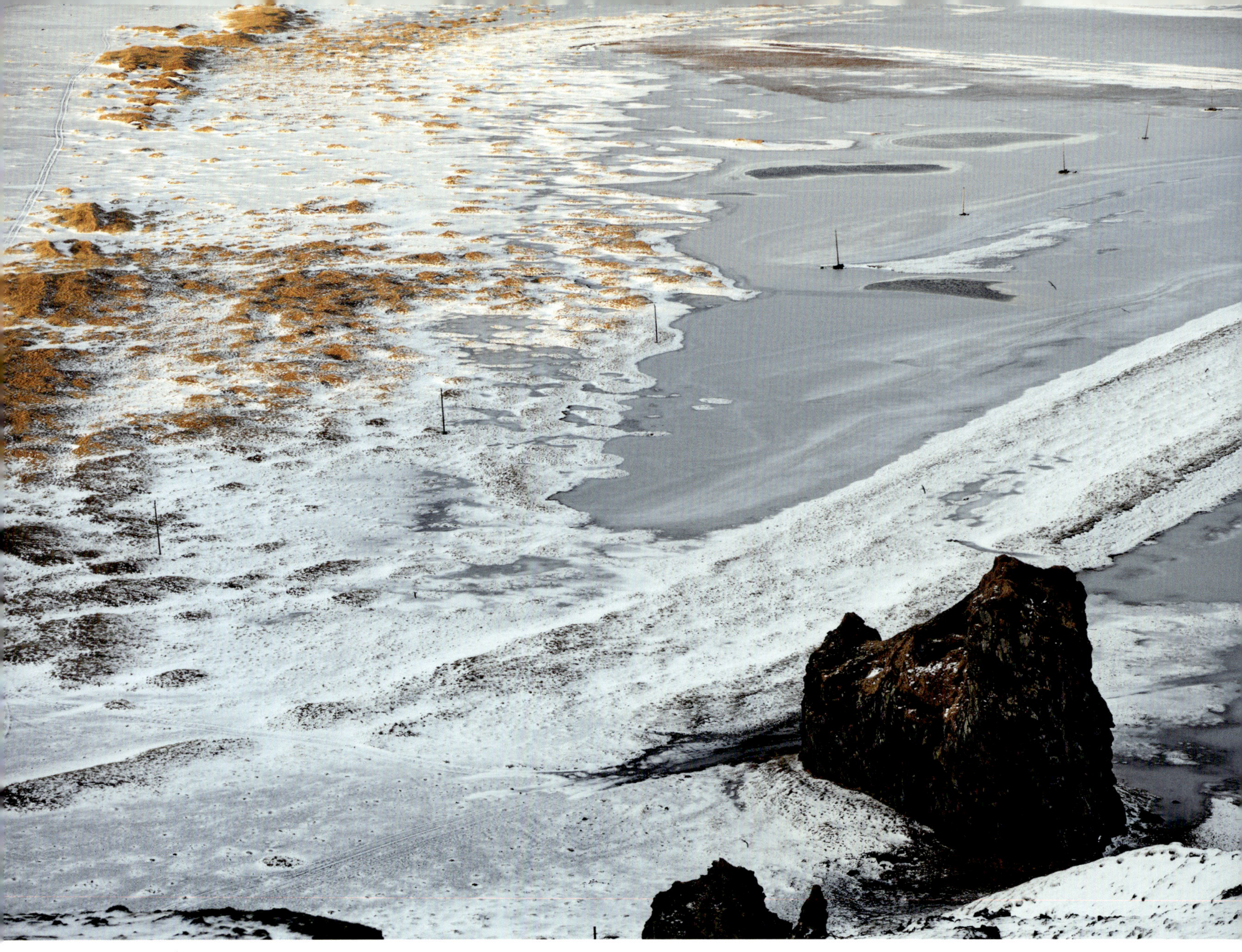

Much like on my first trip to Iceland, I was so enthusiastic about the landscape that I was out and about from early in the morning until late at night. After about two weeks, however, I realized that I had to take a break. In the best weather, I had to drive back to my room around noon and lay down to sleep. I was simply so exhausted; I had no strength left. I just laid down in my guest bed and slept until the morning of the next day.

Ähnlich wie bei meinem ersten Besuch auf Island, war ich so begeistert von der Landschaft, dass ich von früh bis spät draußen unterwegs bin. Nach etwa zwei Wochen merkte ich aber, dass eine Pause notwendig ist. Bei bestem Wetter musste ich schon um die Mittagszeit in meine Unterkunft zurückfahren, um mich schlafen zu legen. Ich war schlicht so erschöpft, dass ich keine Kraft mehr hatte. Ich legte mich einfach in mein Gästebett und schlief bis zum Morgen des nächsten Tages.

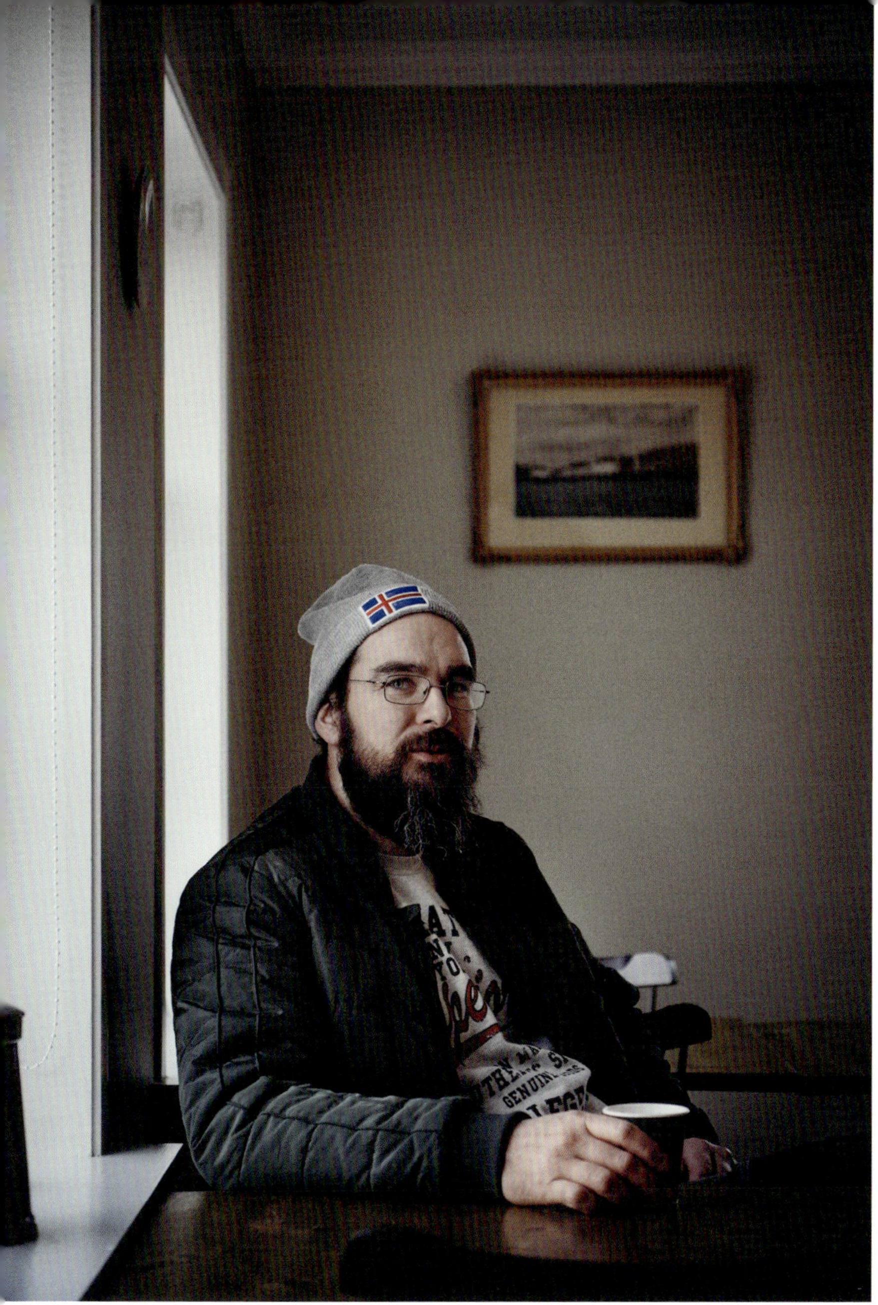
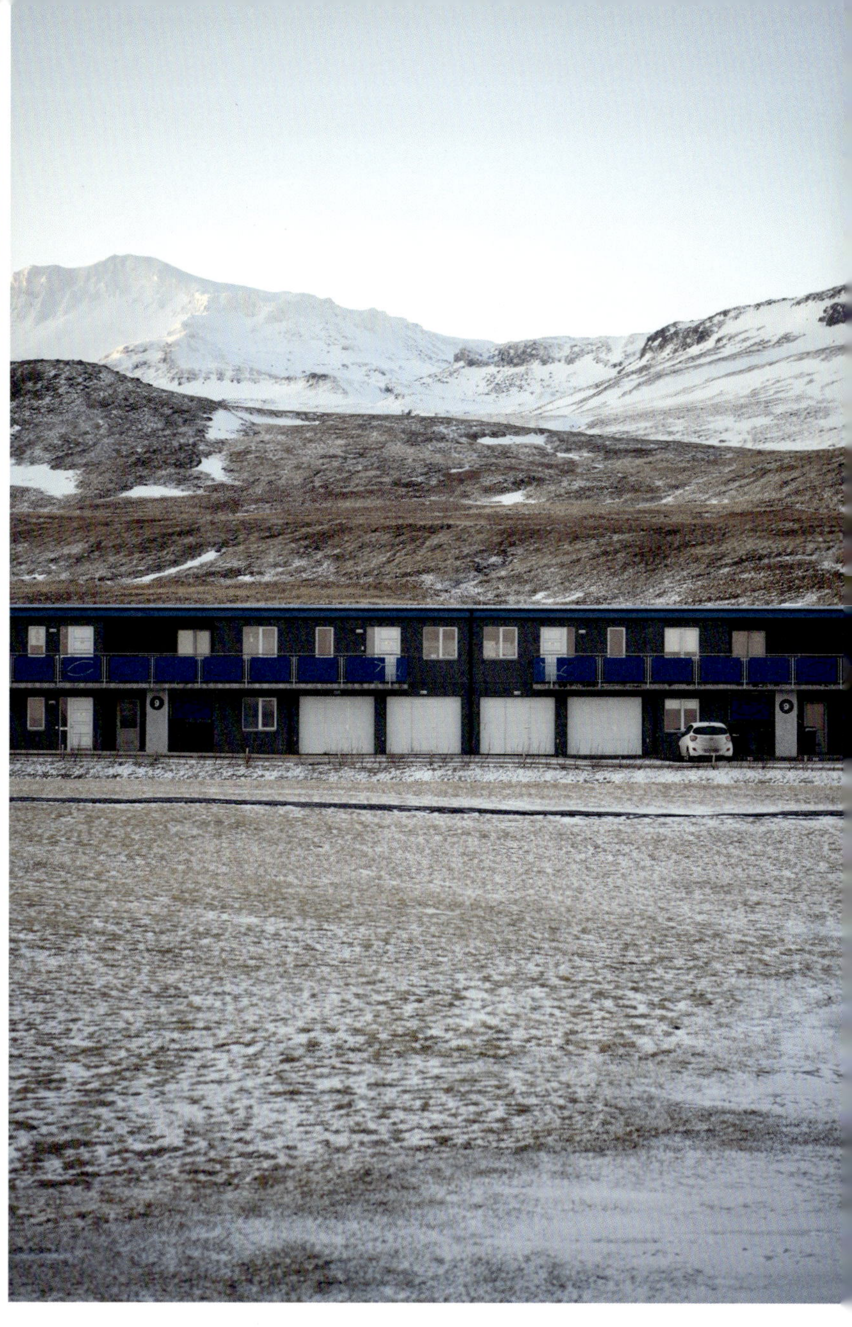

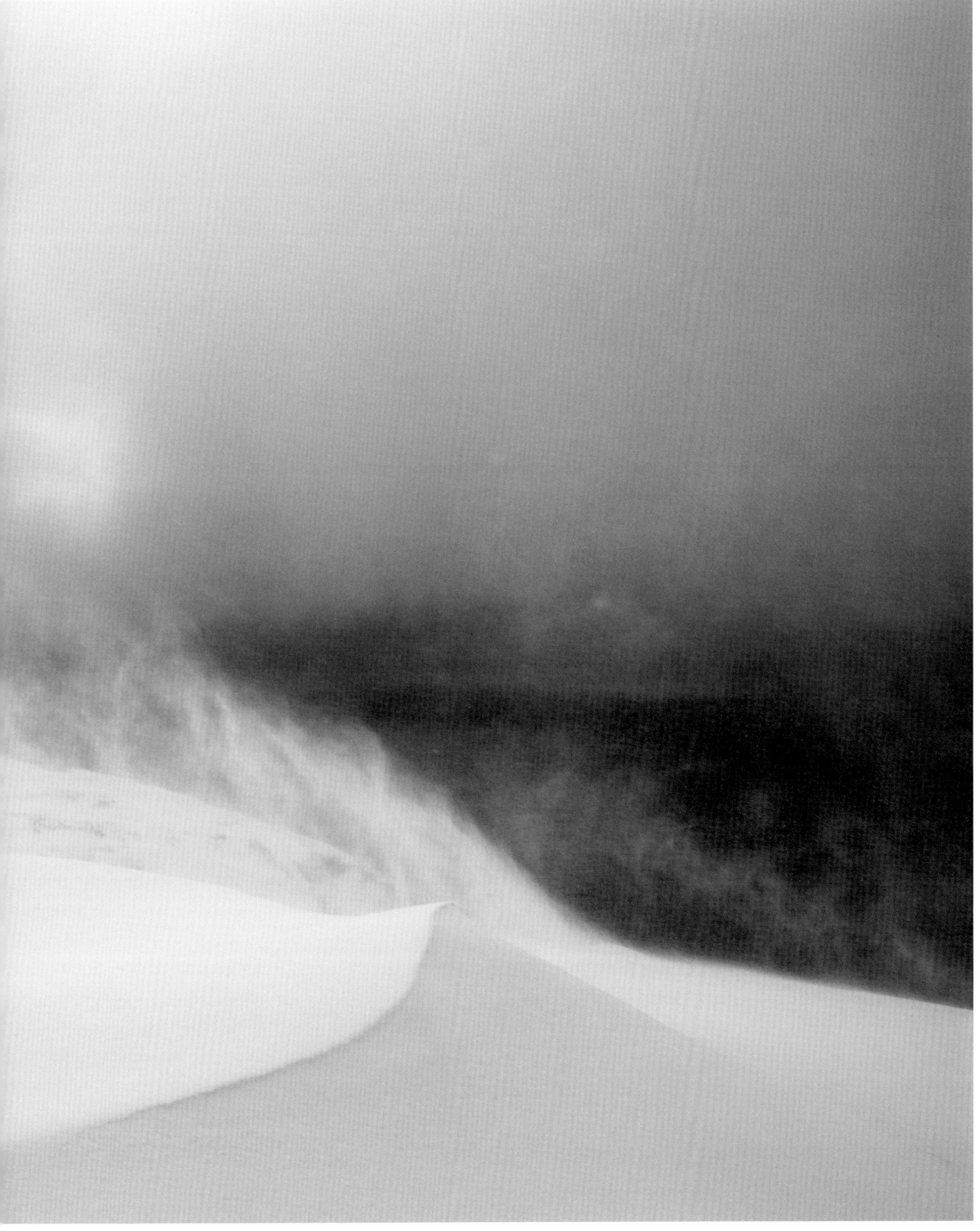

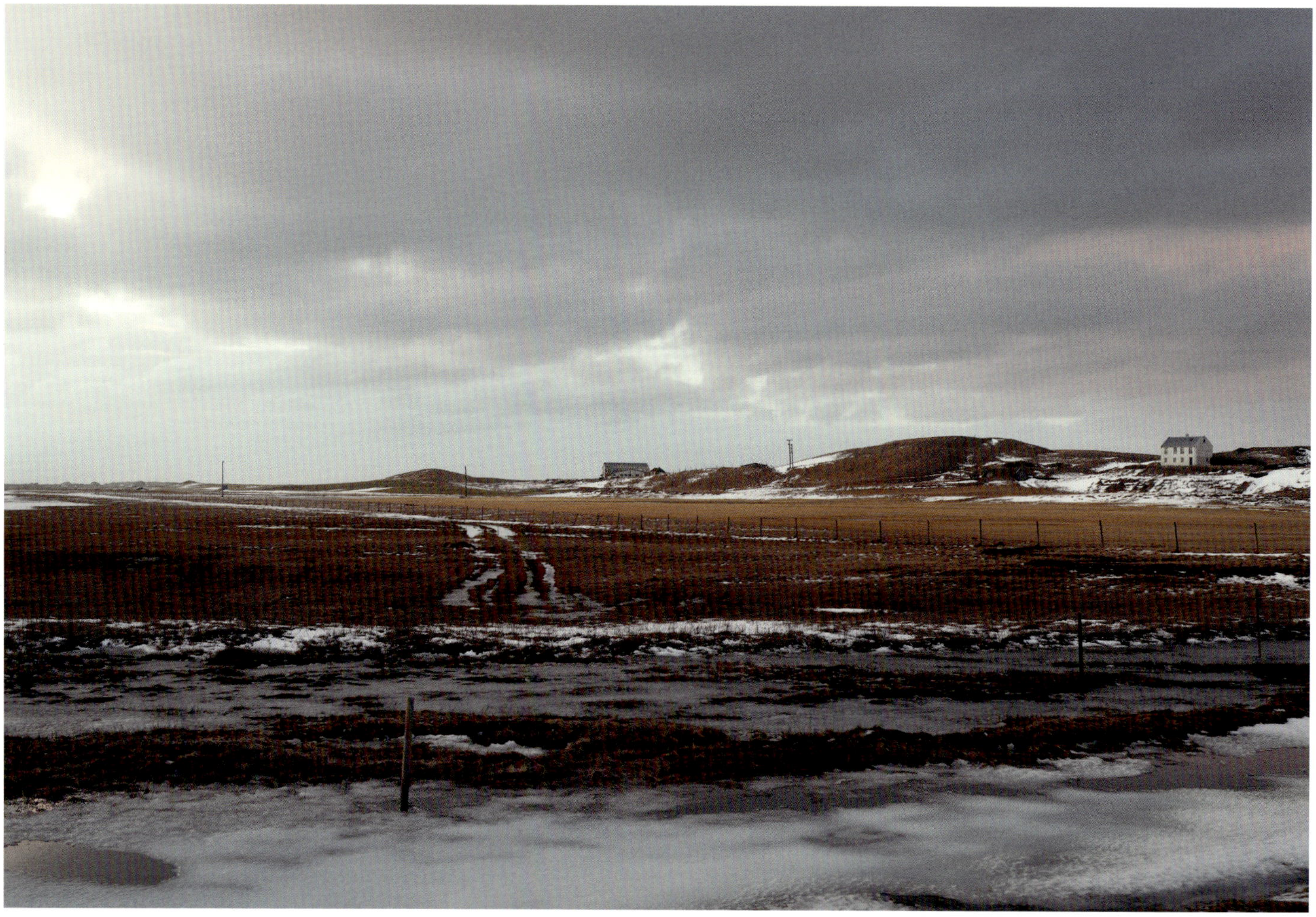

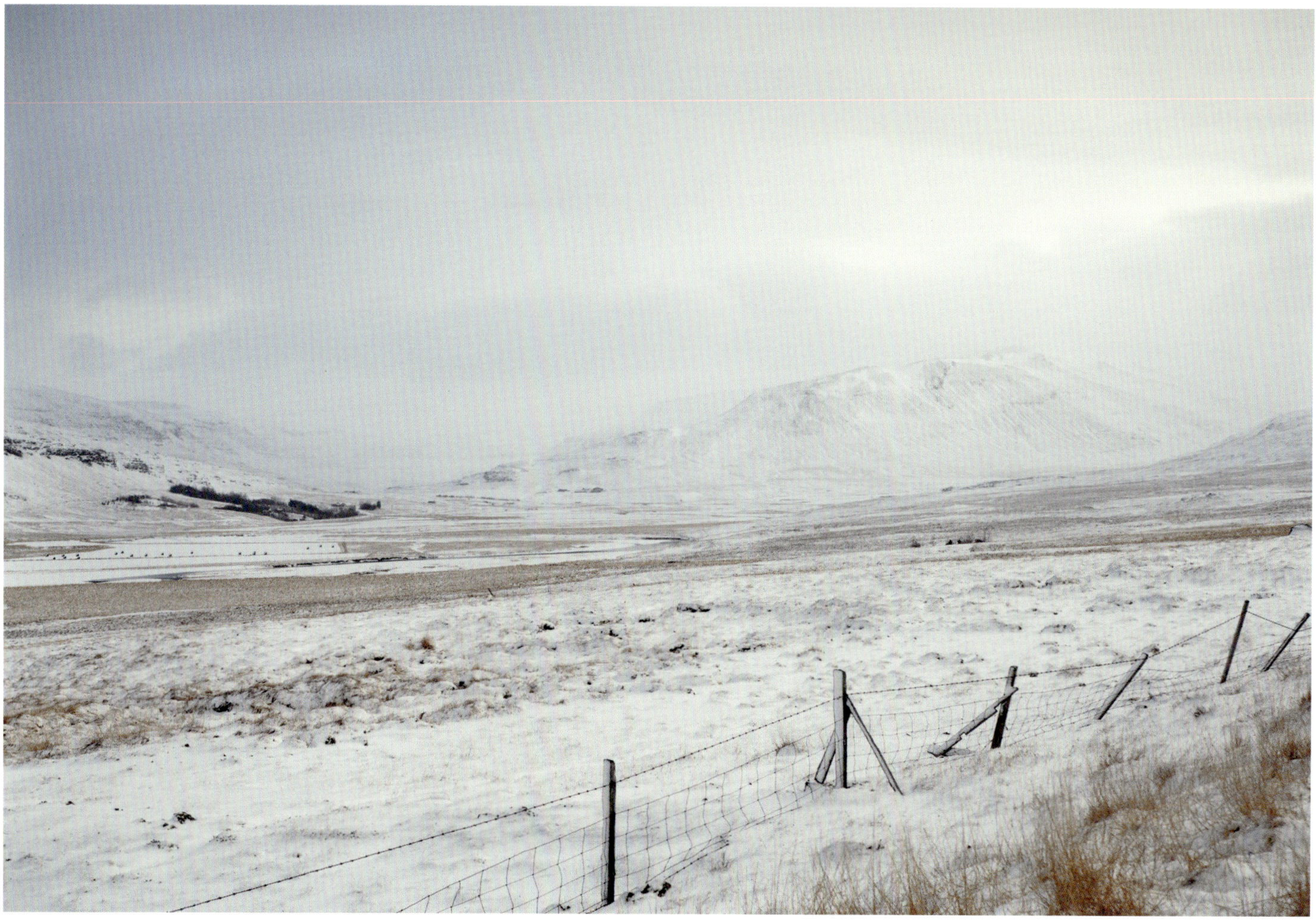

Unlike in the Faroes or Norway, it was rare to be received in the living area of the people I was renting from. Many Icelanders accommodate tourists like me separately, in small guesthouses or outbuildings. It makes for a good supplemental income in a country where tourism plays an important role.

Auf Island war ich nur selten Gast im Wohnbereich meiner Vermieter, anders als auf den Färöern und in Norwegen. Viele Isländer bringen Touristen wie mich separat in kleinen Gästehäusern oder Nebengebäuden unter. Es ist ein guter Nebenverdienst in einem Land, in dem der Tourismus eine bedeutende Rolle spielt.

In summer, heaps of tourists cavort along the Hringvegur, the national Route 1, which goes all the way around the island. When I was on it, in January and February, it was pleasantly quiet. At this time only Jökulsárlón, the glacial lagoon, attracted many visitors; there was even a food truck selling lobster rolls. I was there less for the sandwiches than to explore an ice cave.

Every now and then on my hikes, I would encounter reindeer. These herd animals are always found in groups and are not particularly shy. No wonder—though not introduced here until about 200 years ago, reindeer have no natural enemies in Iceland. The plan at the time was to set up a breeding operation; but that failed, and the animals' offspring today roam mainly in the highlands of the island's north and east.

Im Sommer tummeln sich haufenweise Touristen entlang der Hringvegur, der Nationalstraße 1, die die Insel einmal komplett umrundet. Im Januar und Februar, als ich dort unterwegs war, herrschte stattdessen eine angenehme Ruhe. Nur die Gletscherlagune Jökulsarlon lockte auch zu dieser Zeit viele Besucher an, hier gab es sogar einen Foodtruck, an dem Hummerbrötchen verkauft wurden. Ich wollte aber weniger die belegten Semmeln probieren, sondern eine Eishöhle erkunden.

Hin und wieder begegneten mir auf meinen Wanderungen Rentiere. Die Herdentiere sind immer in Gruppen anzutreffen und sind nicht besonders scheu. Kein Wunder, haben sie doch auf Island keine natürlichen Feinde, das Rentier wurde hier erst vor gut 200 Jahren angesiedelt. Der damalige Plan, eine Rentierzucht aufzubauen, ist zwar gescheitert, doch die Nachkommen der Tiere durchstreifen heute vor allem das Hochland im Norden und Osten der Insel.

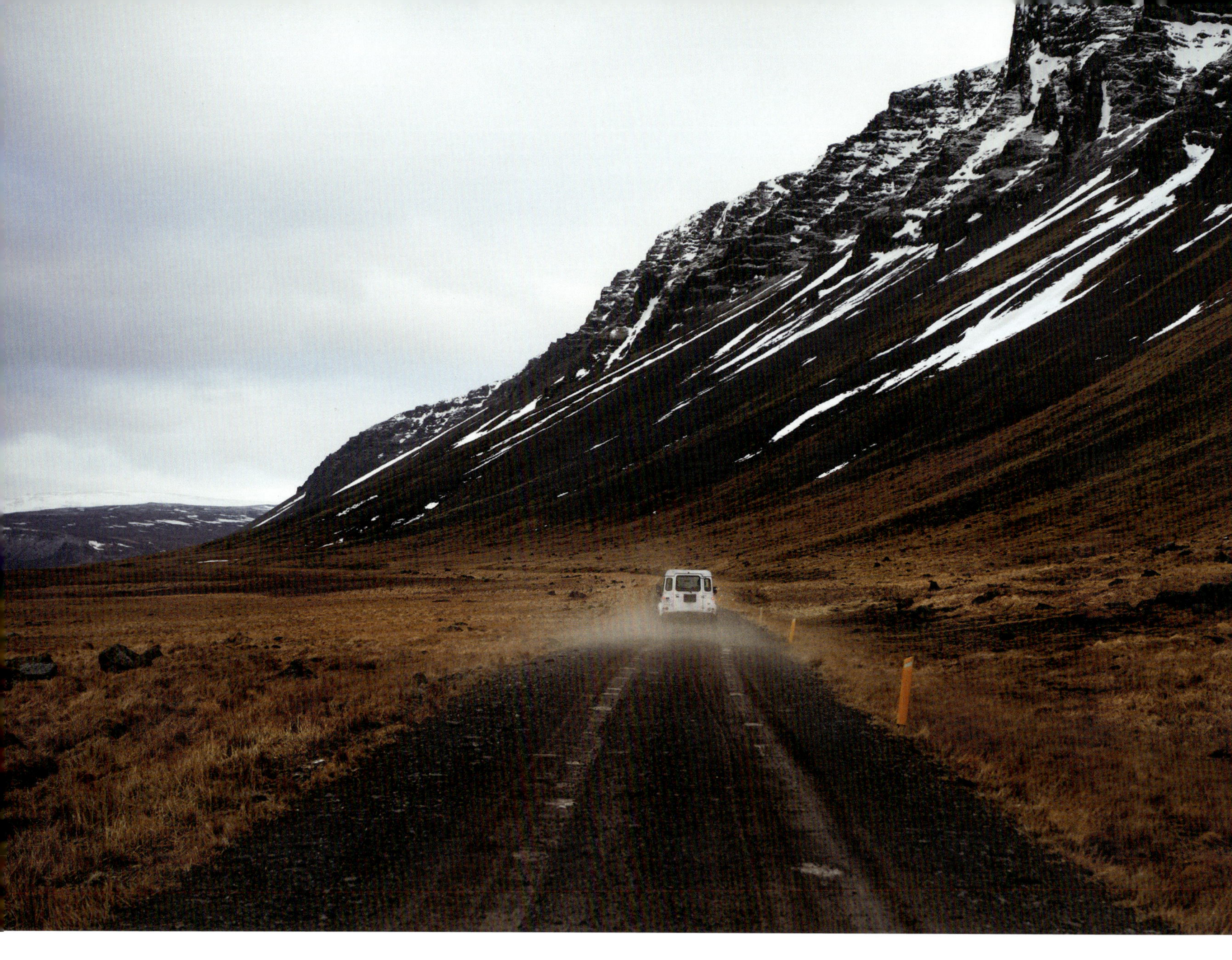

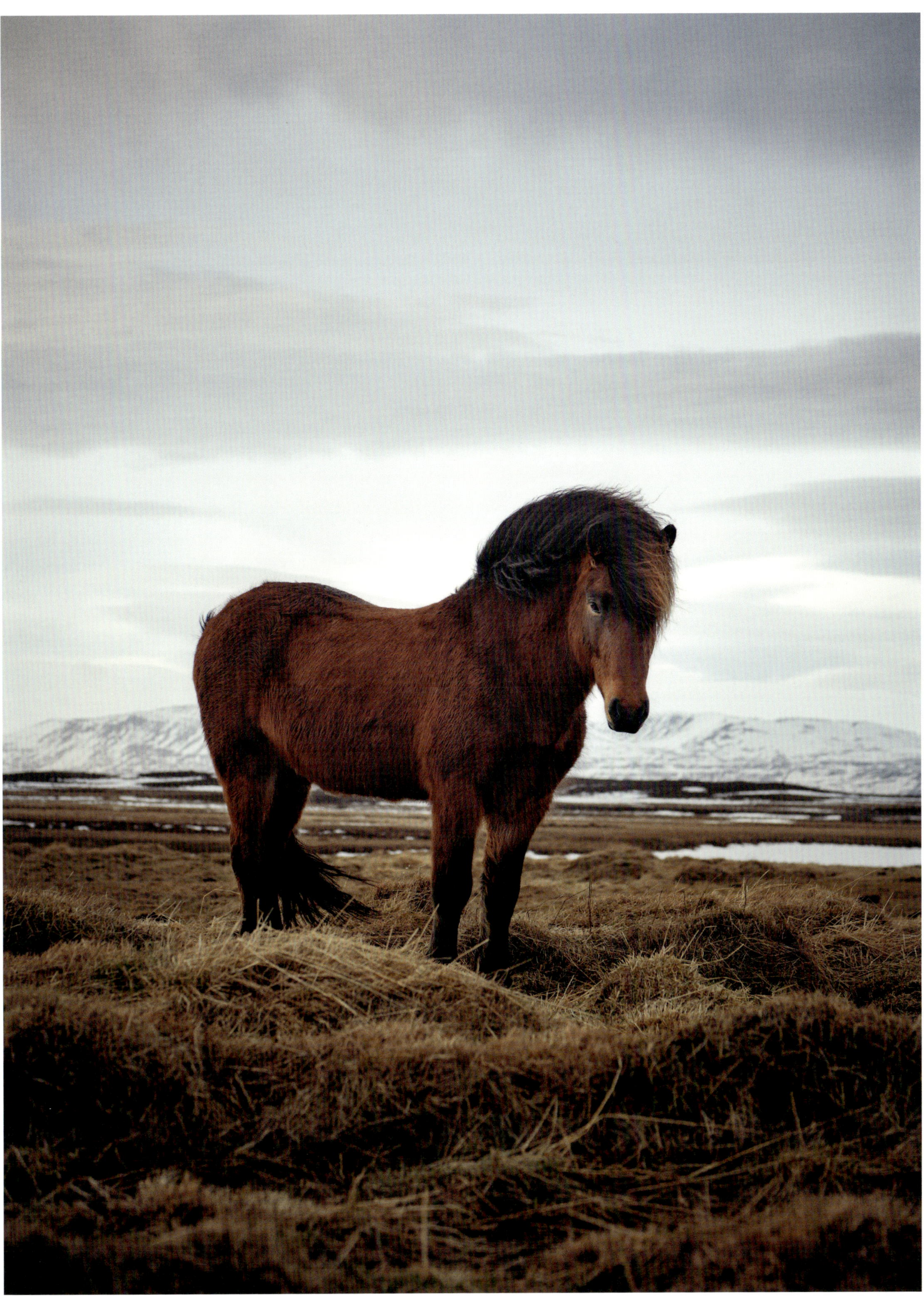

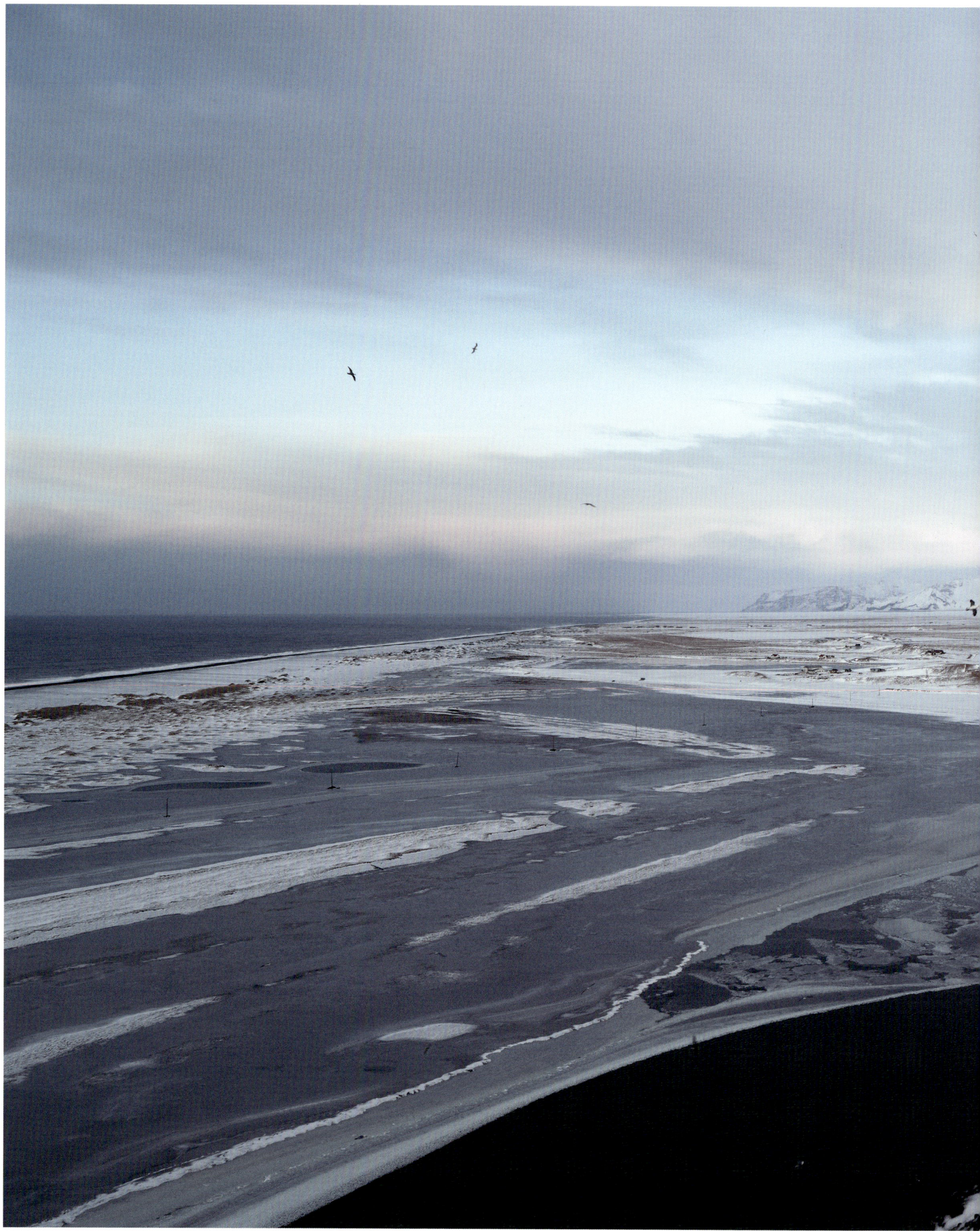

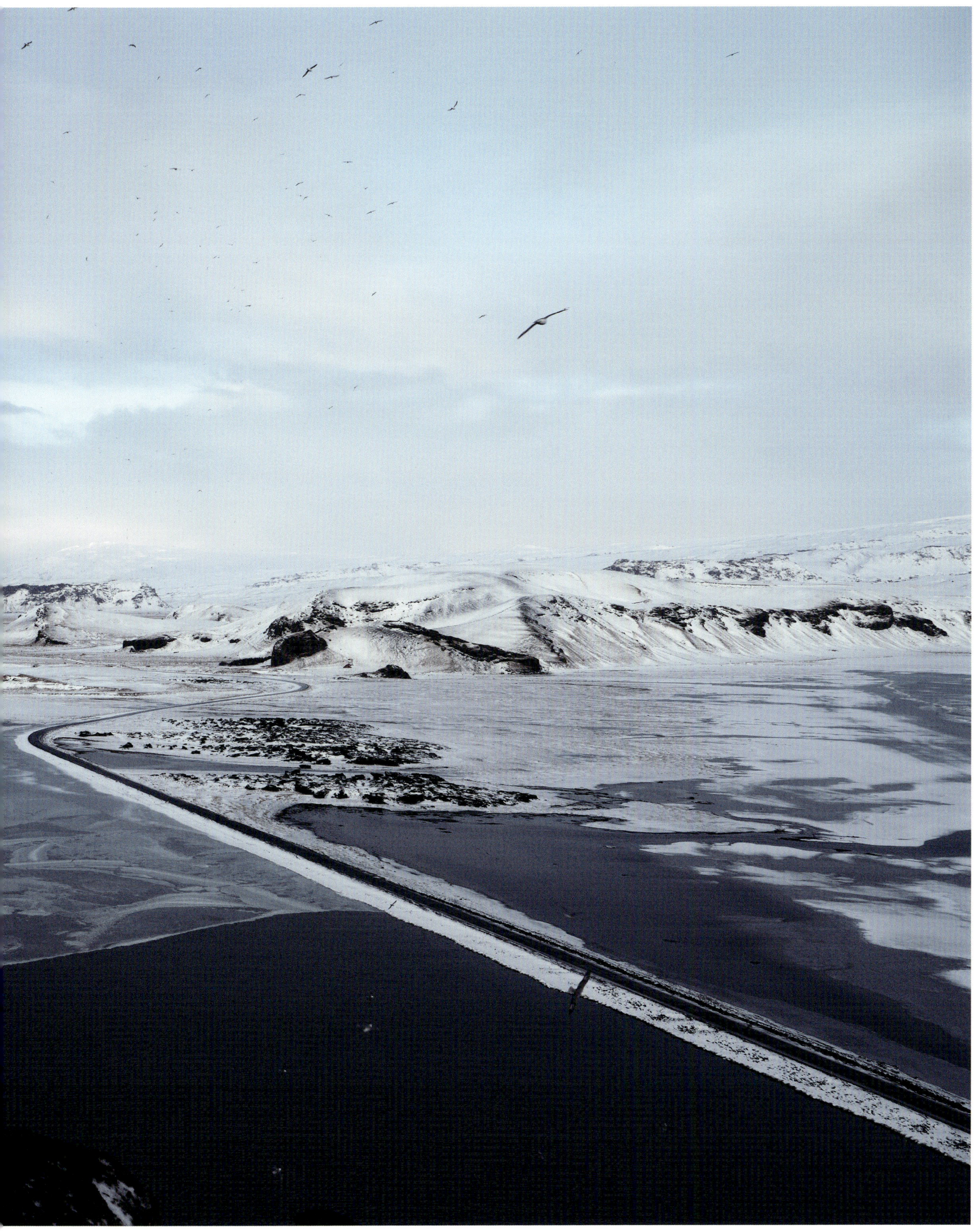

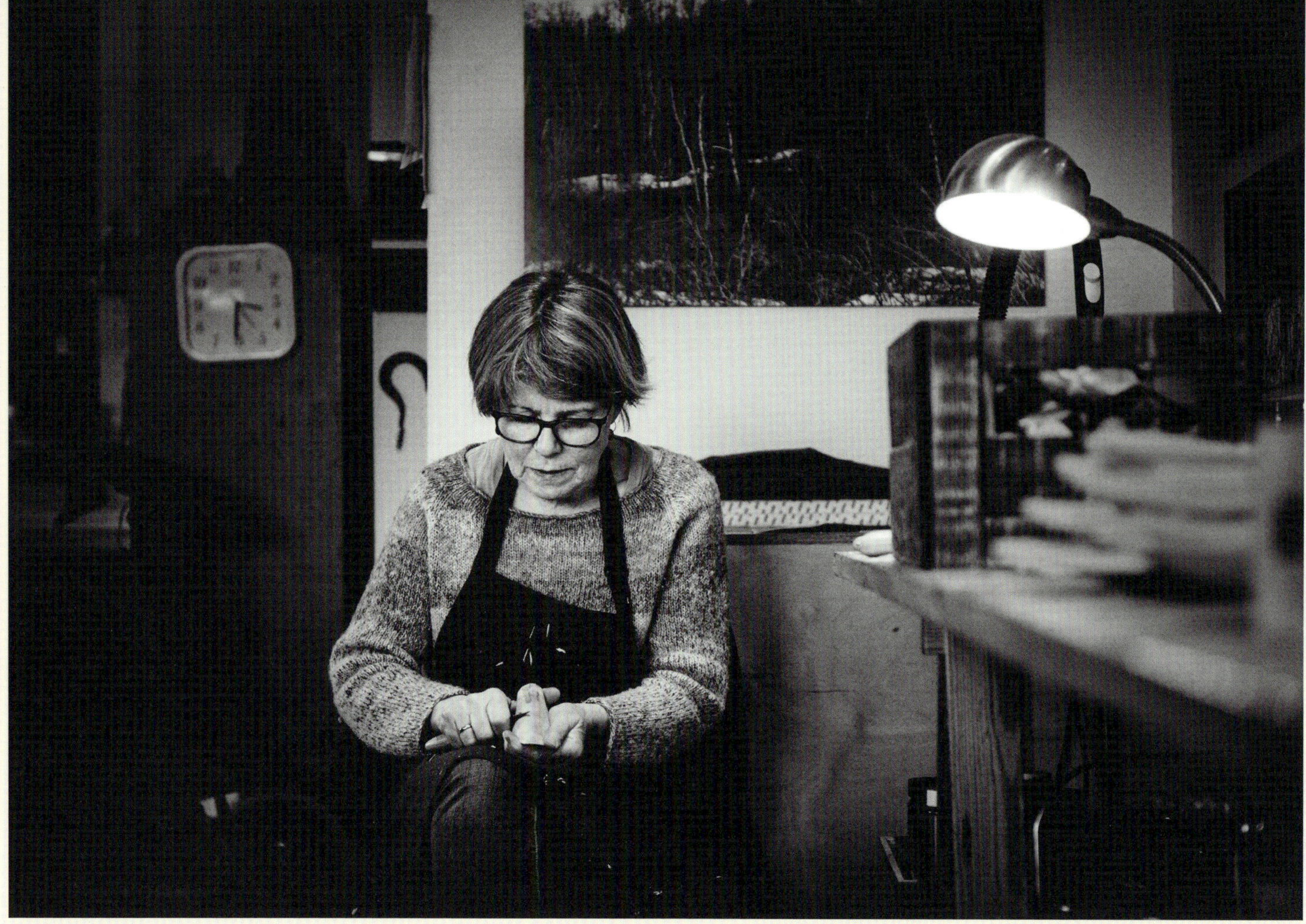

Made in Iceland.

Lára Gunnarsdóttir has a workshop in Stykkishólmur, a picturesque village in western Iceland. With its 1,200-plus residents, it is one of the country's larger communities (apart from the capital city of Reykjavík).

Lára works with wood. When I visited, she was mostly carving birds. Before getting down to work, she always makes a sketch in her notebook. The day she let me observe her in her workshop, she was working on a bird she had seen in front of her house that morning. She told me that the bird was strikingly fat, and she was trying to work this into the piece. Lára shares the space with two other artists. Smiðjur is what they call the shop they jointly operate, after the Old Norse word for blacksmith.

Lára Gunnarsdóttir hat eine Werkstatt in Stykkishólmur, einem sehr malerischen Dörfchen im Westen der Insel, das mit seinen gut 1.200 Einwohnern noch zu den größeren Ortschaften des Landes gehört (abgesehen von der Hauptstadt Reykjavík).

Lára arbeitet mit Holz, als ich sie besuchte, schnitzte sie hauptsächlich Vögel. Zuerst macht sie stets eine Skizze in ihrem Block, danach beginnt die eigentliche Arbeit. Als ich ihr in der Werkstatt zuschauen durfte, arbeitete sie gerade an einem Vogel, den sie am Morgen vor ihrem Haus gesehen hatte. Sie erzählte mir, dass der Vogel auffallend fett war und versuchte dies entsprechend herauszuarbeiten. Lára teilt sich die Räumlichkeiten mit zwei weiteren Künstlerinnen, ihren gemeinsamen Laden nennen sie Smiðjur, nach dem altnordischen Wort für Schmiede.

During my second visit to Iceland, I am again amazed at how many artisans there are. Before all the Instagram proselytizers, Icelanders simply knew the value of doing things yourself.

Auch bei meinem zweiten Besuch auf Island musste ich wieder mit Staunen feststellen, wie viele Menschen sich hier kunsthandwerklich betätigen. Die Isländer kannten einfach schon vor vielen Instagram-Philosophen den Wert der Selbstwirksamkeit.

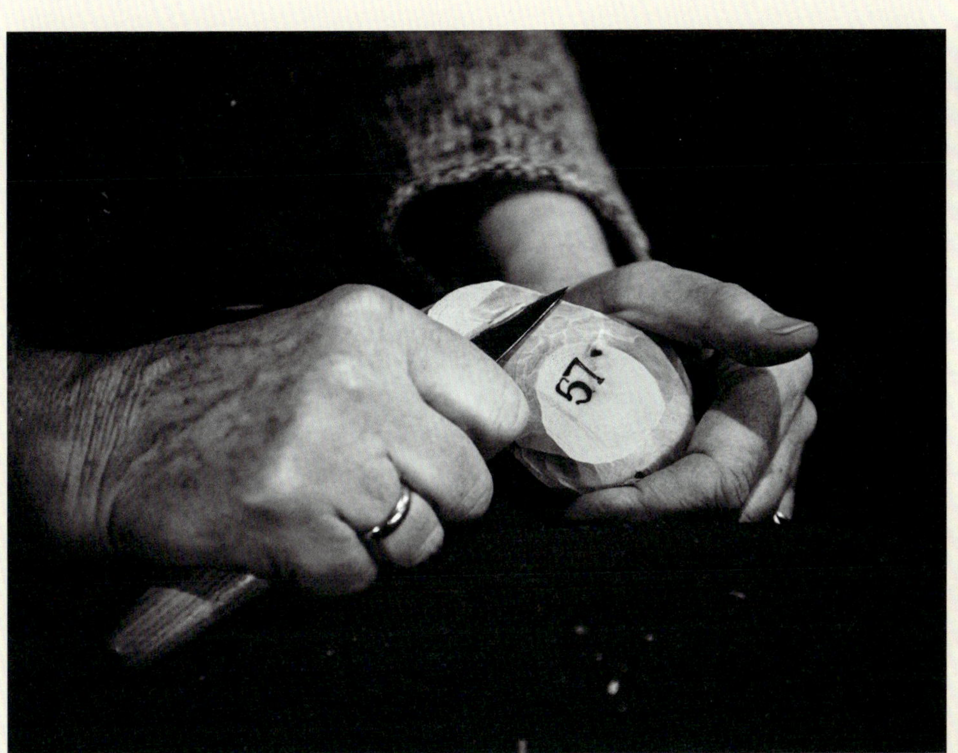

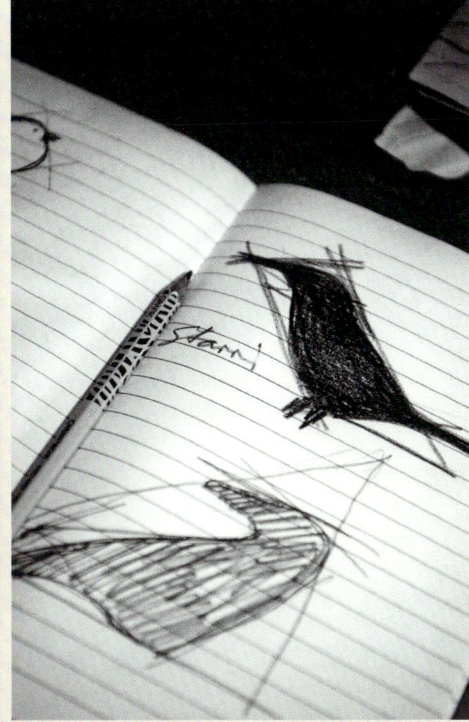

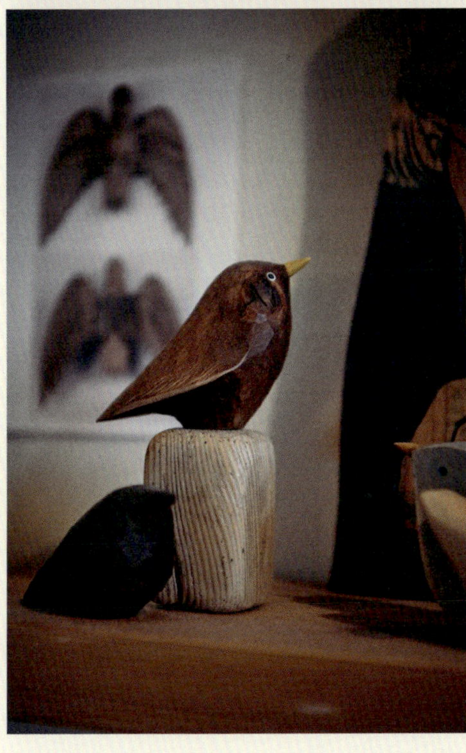

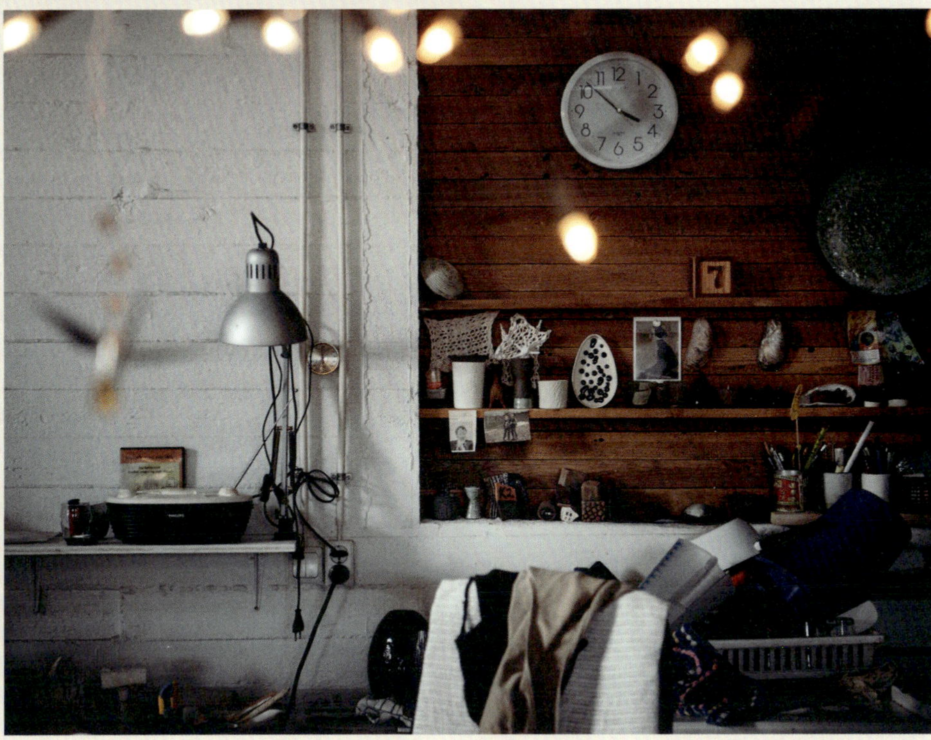

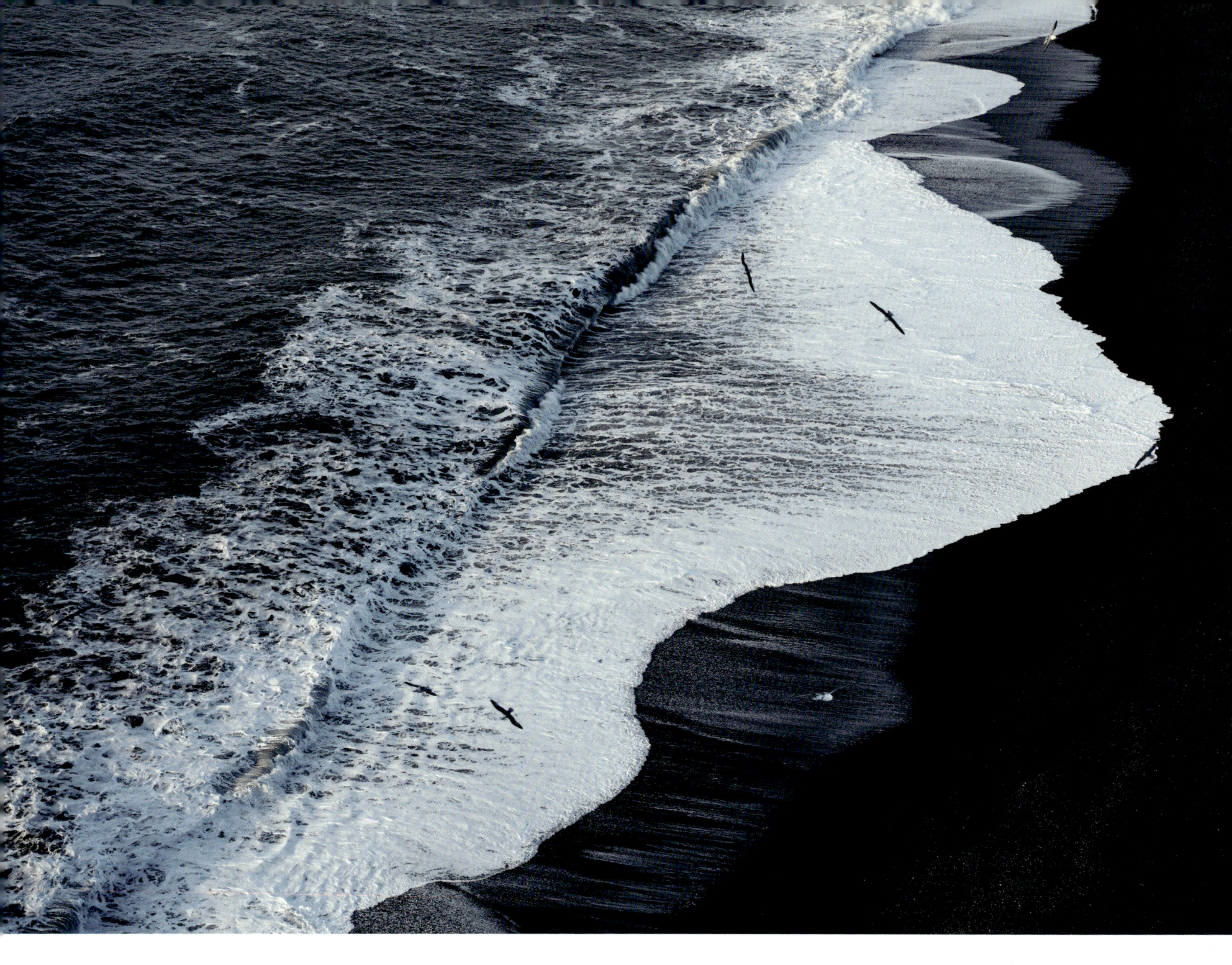

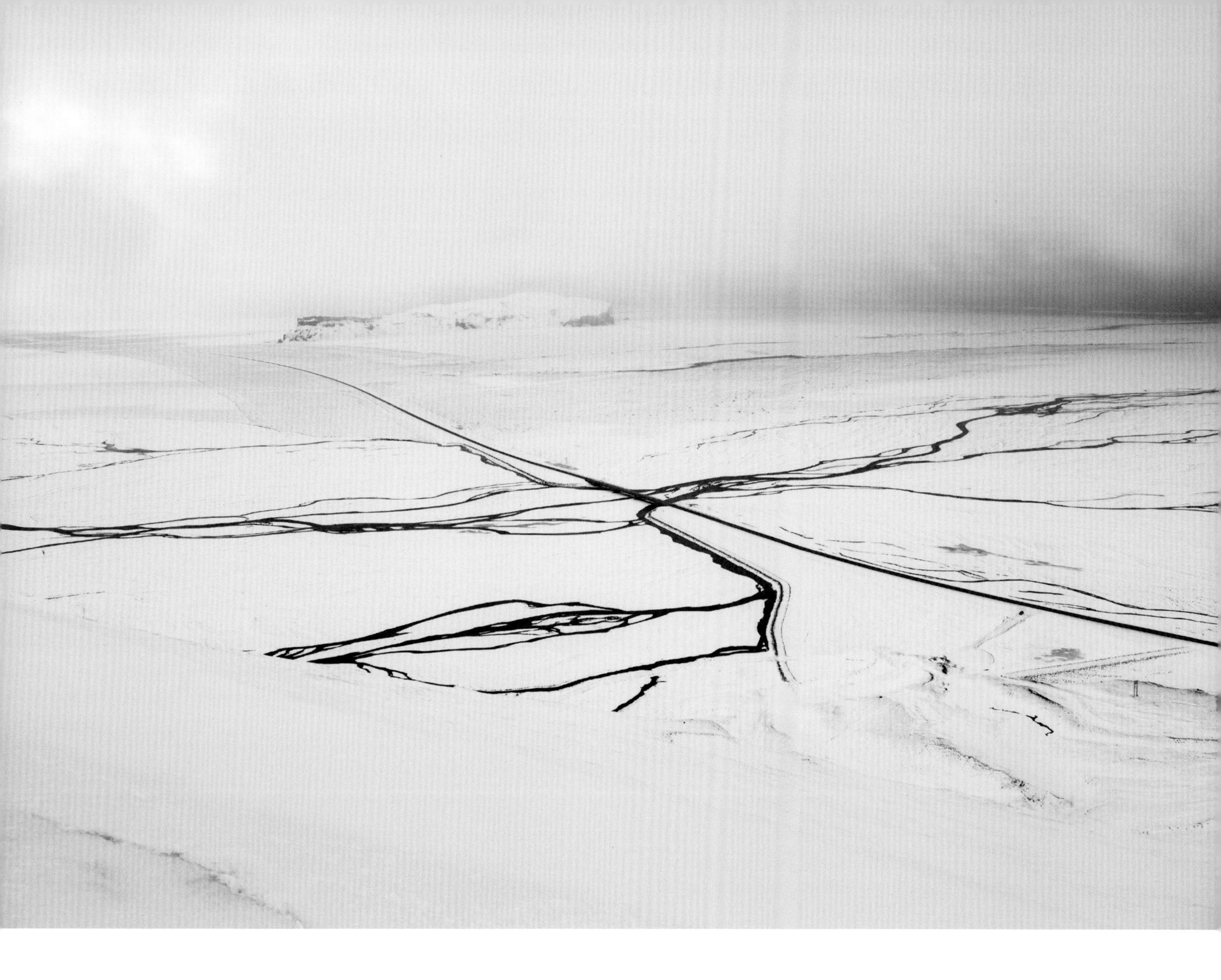

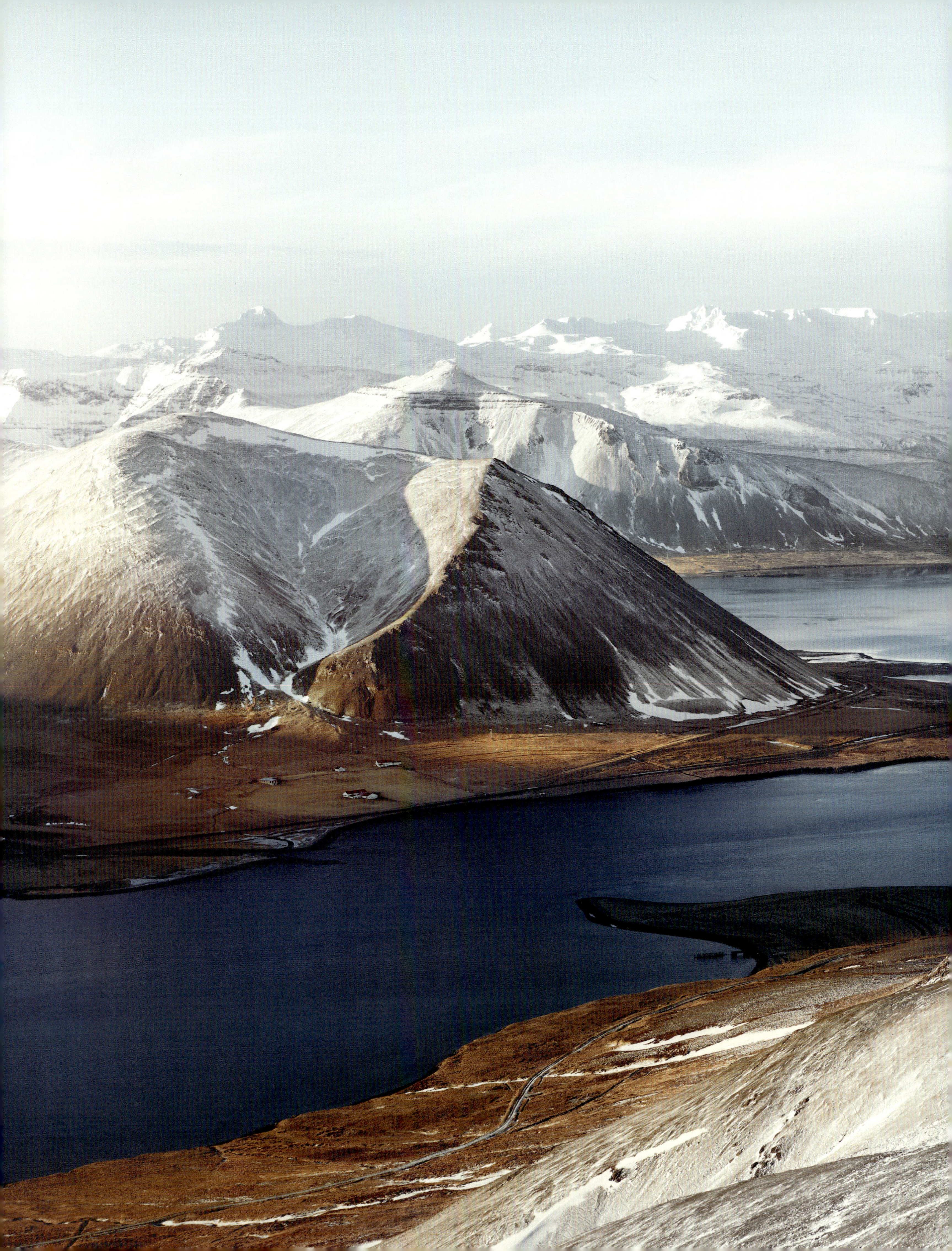

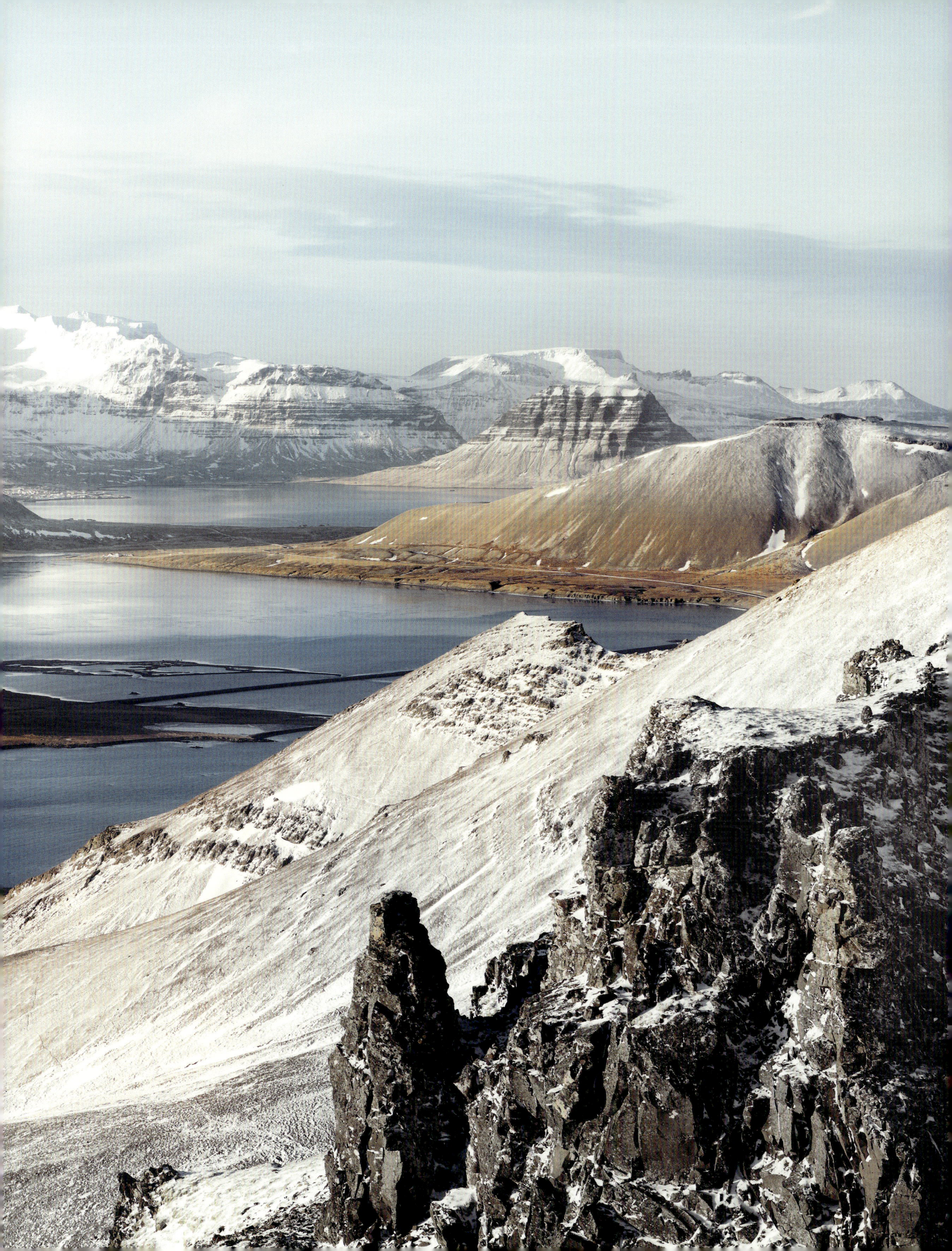

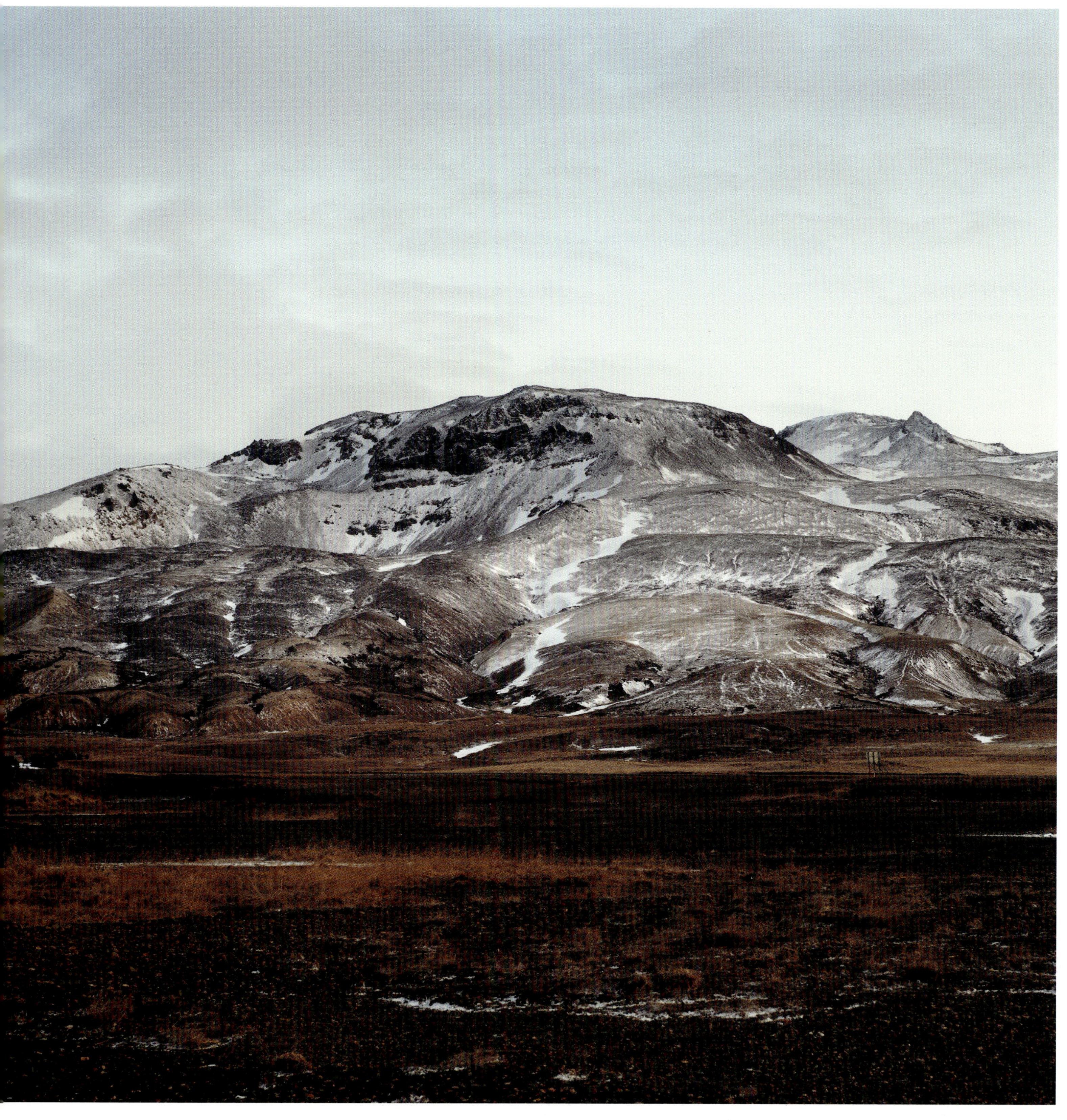

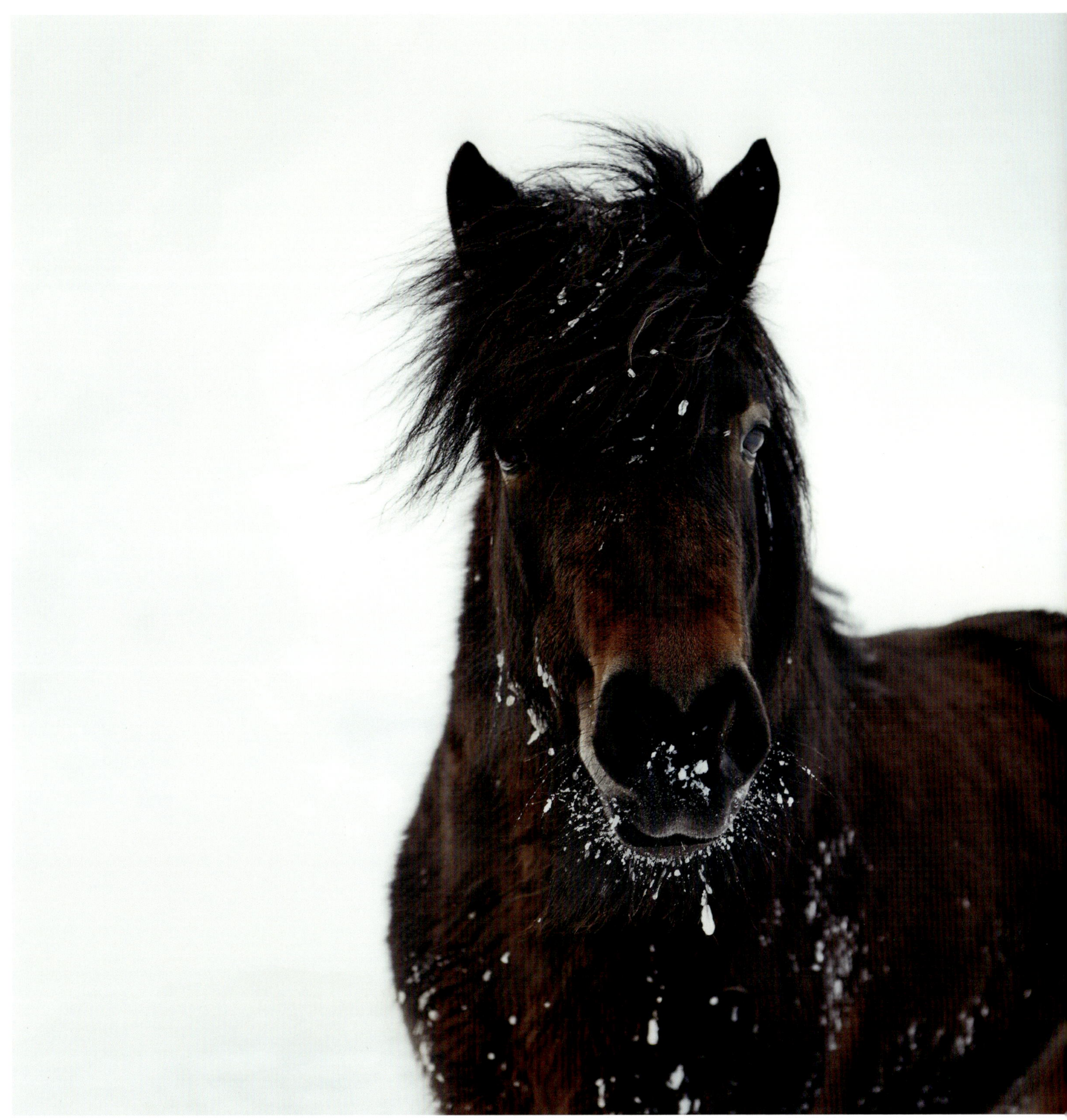

There is an old fish factory in Stöðvarfjörður that now houses a cooperative for artists—very legitimate, with government funding. It includes a recording studio capable of all-analog recording, a concert and events space, and very large studios that furnish the artists with ample workspace.

Near the end of my trip, I was forced to break for a whole day; forecasts were calling for a storm of record-breaking strength. The power of nature swept across the island at up to 200 kilometers an hour. No one was out and about; all the roads were closed. So I just stayed where I was staying and made myself cozy.

In Stöðvarfjörður ist in einer alten Fisch-fabrik eine Künstlergemeinschaft unter-gebracht – ganz offiziell und vom Staat gefördert. Unter anderem gibt es dort ein Tonstudio, in dem komplett analog aufge-nommen werden kann, einen Konzert- und Veranstaltungsraum und sehr große Ateliers, in denen die Künstler genug Platz zum Arbeiten haben.

Knapp gegen Ende meiner Reise musste ich eine Zwangspause von einem ganzen Tag einlegen, weil der stärkste Sturm seit Beginn der Wetteraufzeichnungen erwartet wurde. Mit bis zu 200 km/h fegte die Naturgewalt über die Insel. Alle Menschen waren zu Hause, alle Straßen wurden gesperrt. Somit blieb auch ich einfach in meiner Unterkunft und machte es mir gemütlich.

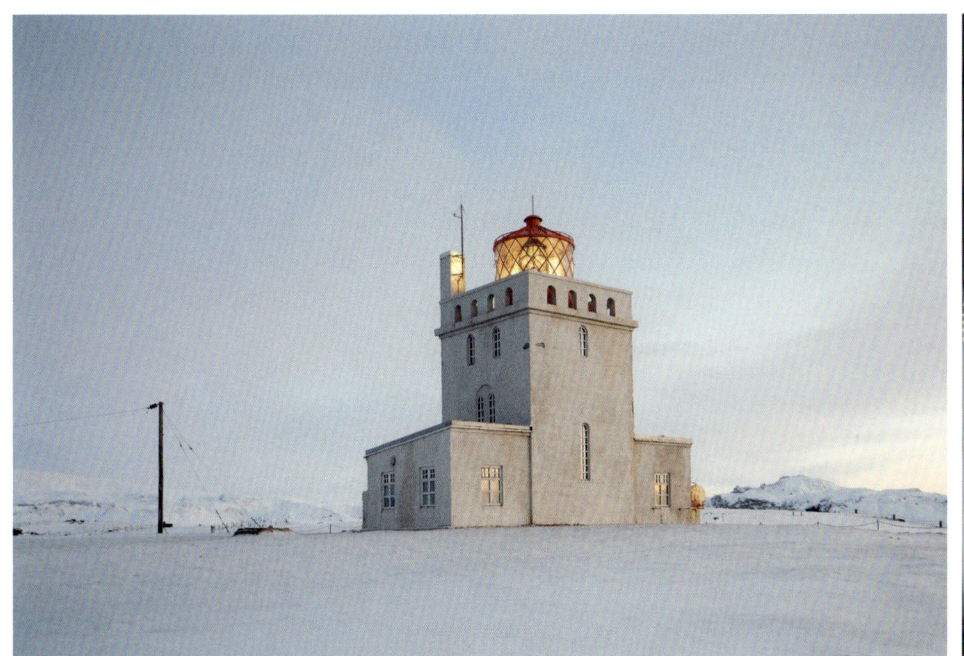
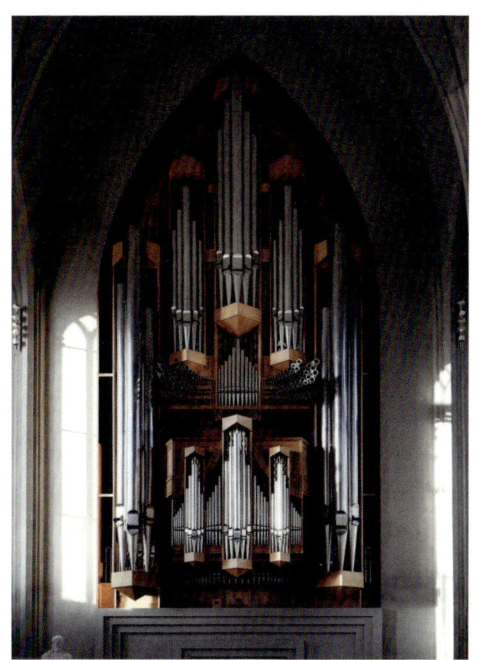
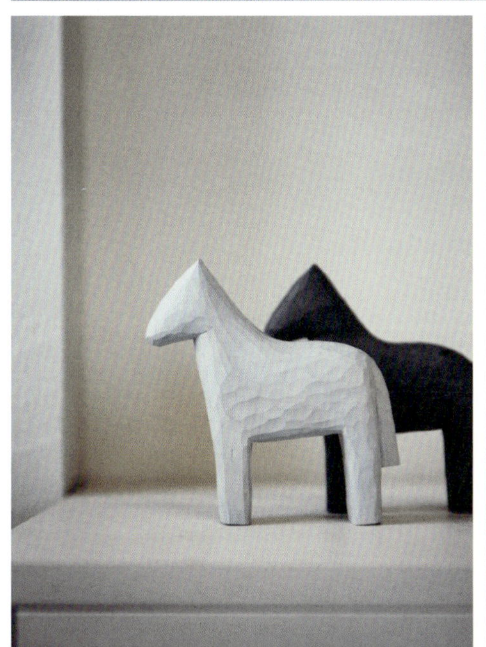
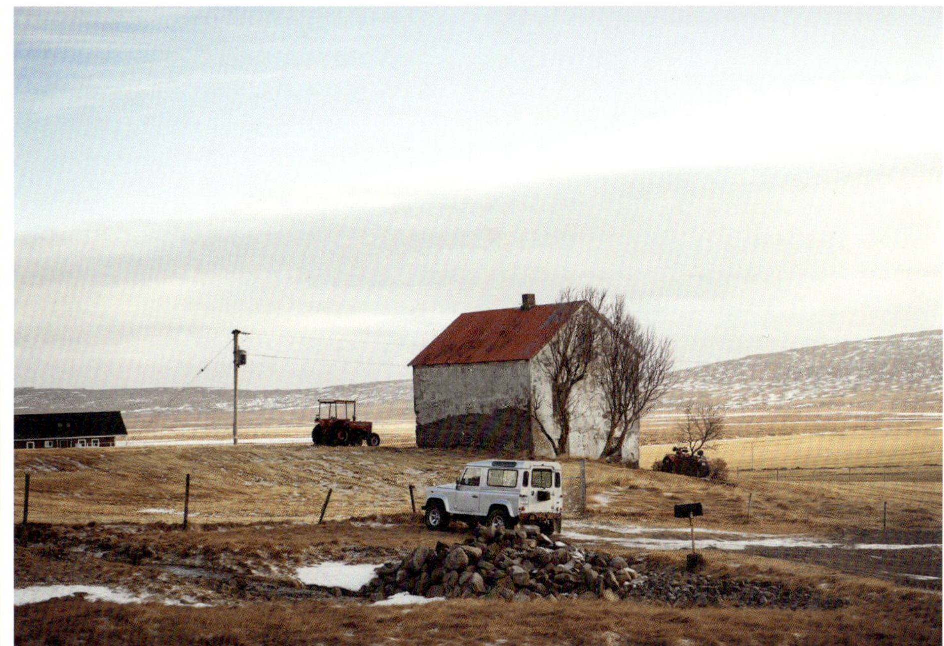
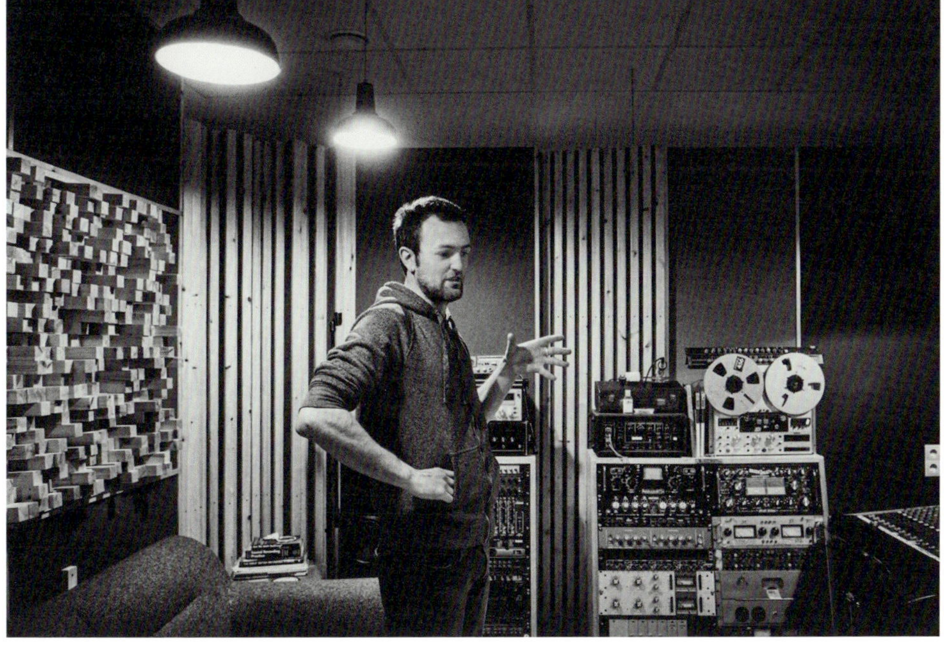
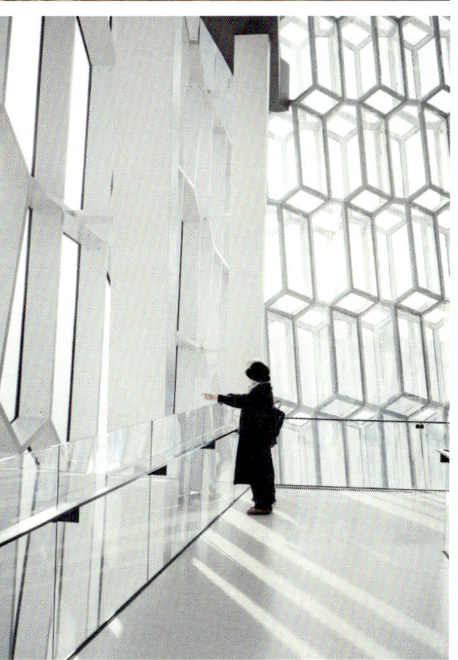

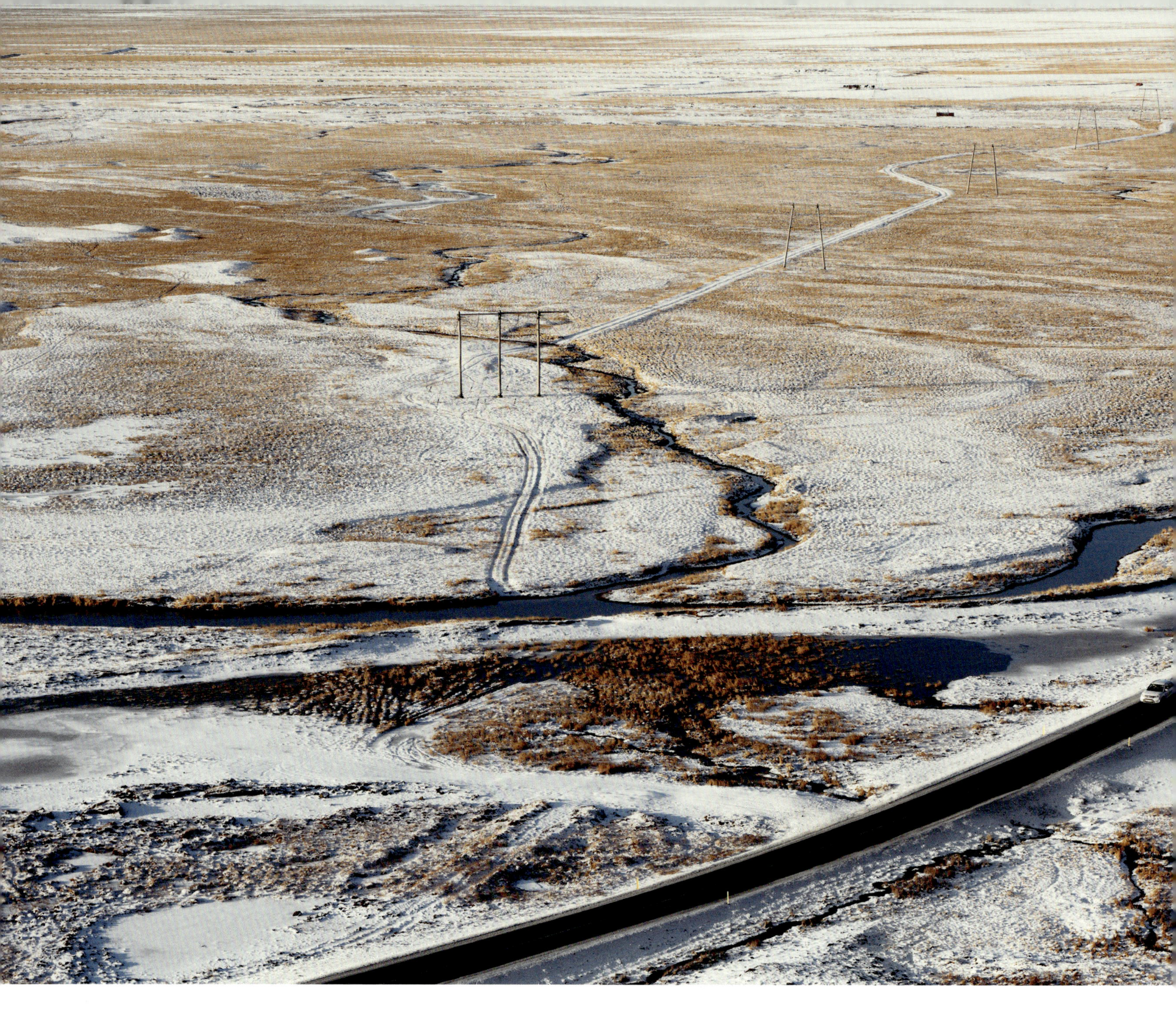

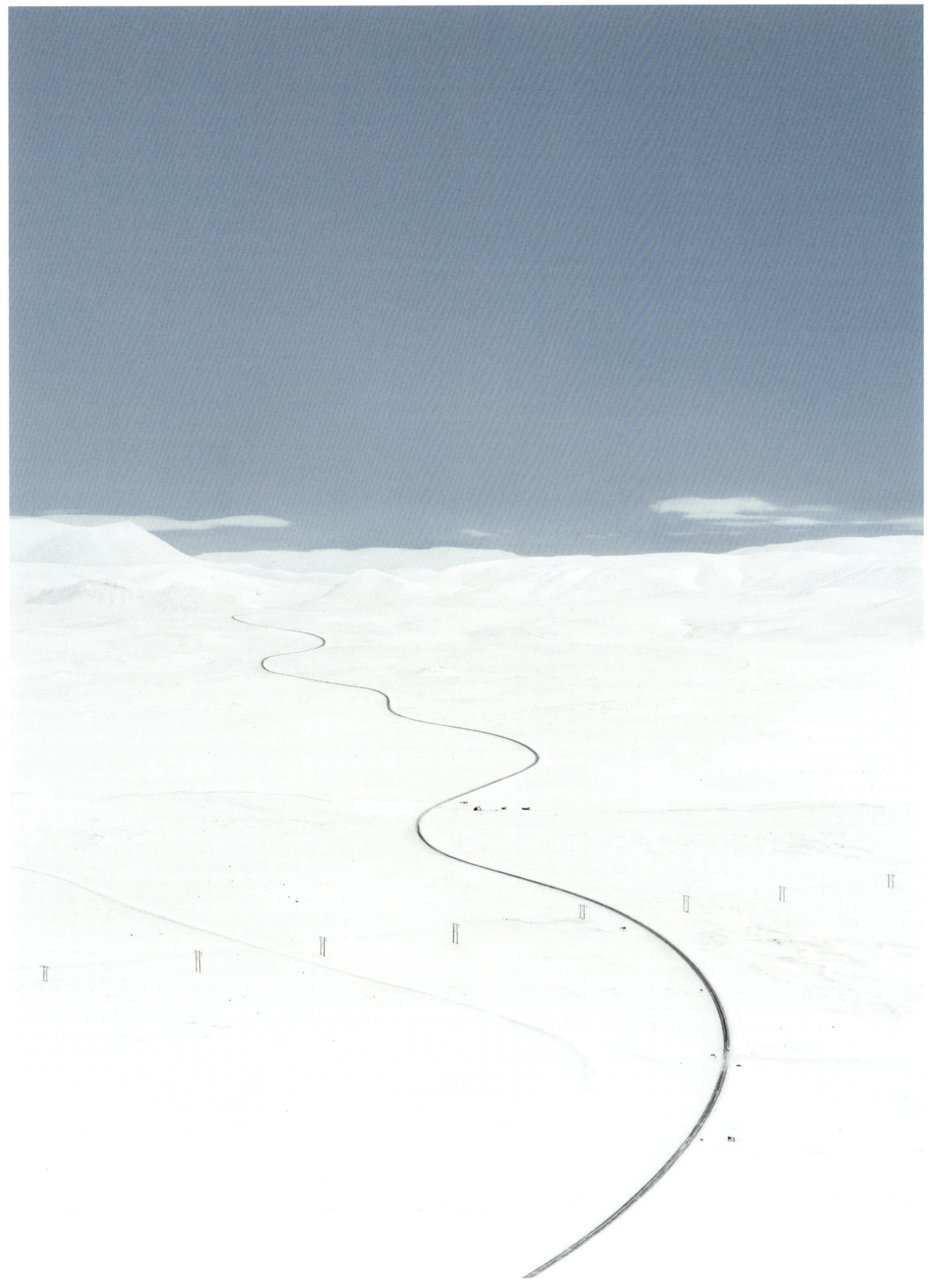

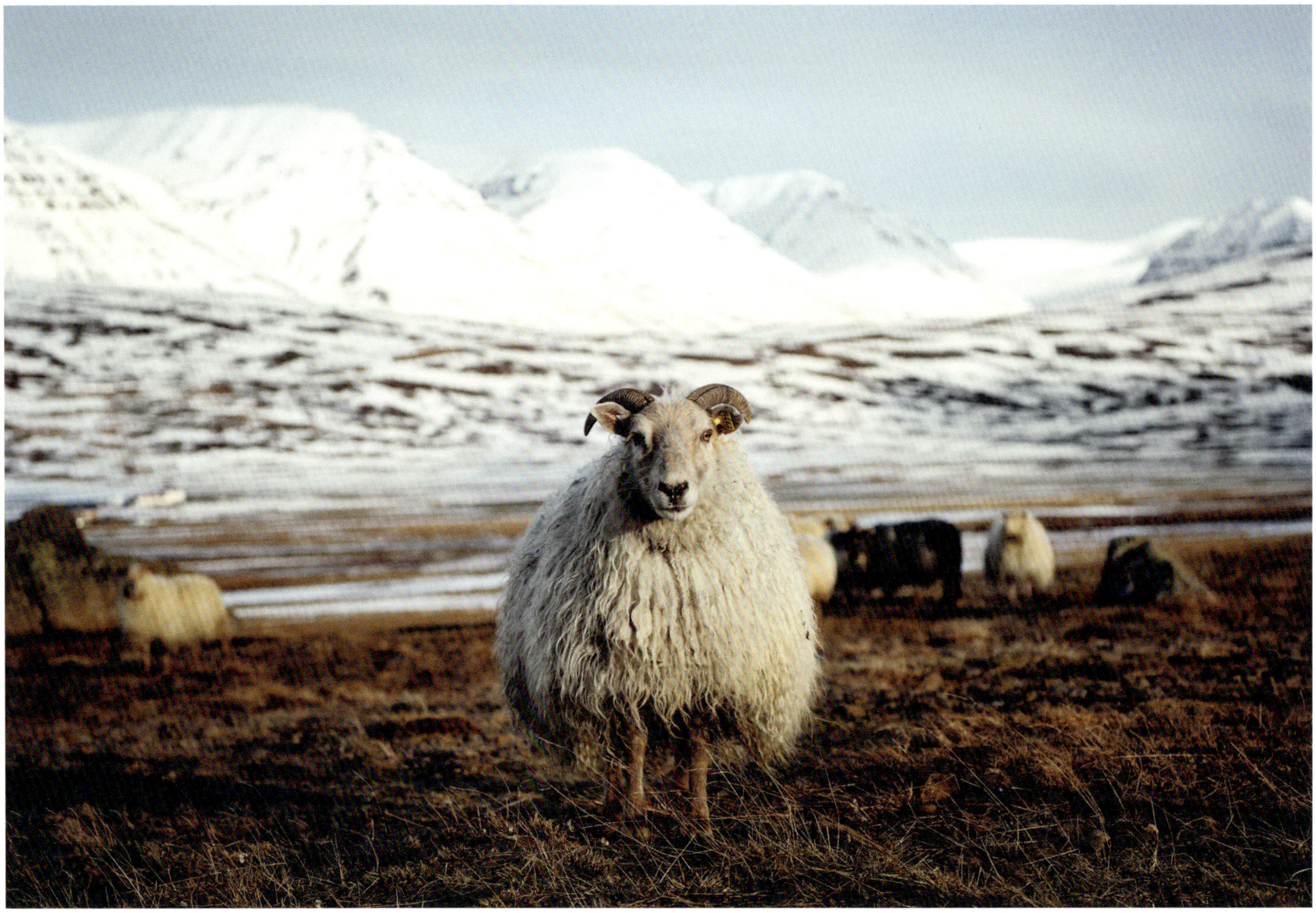

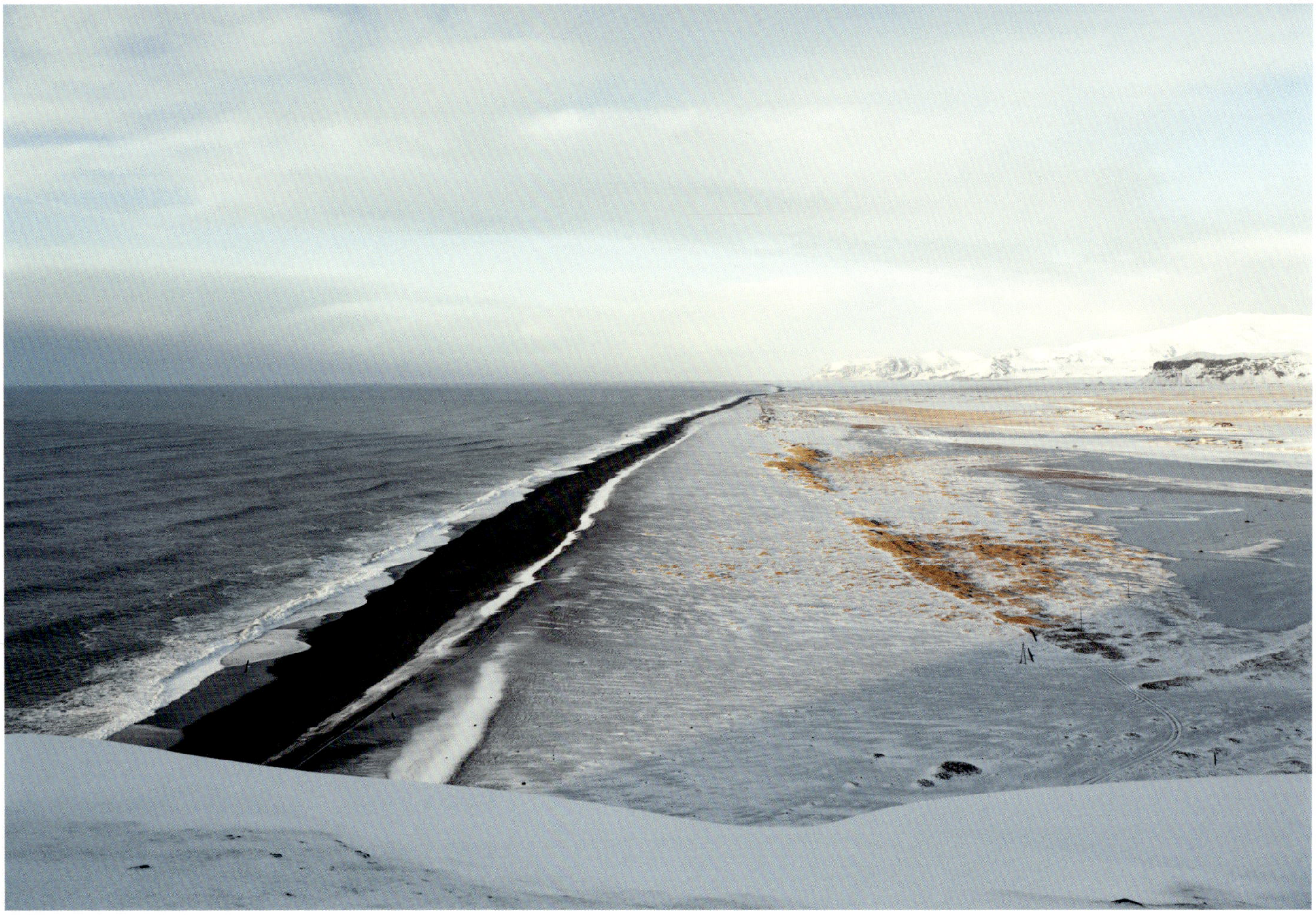

Often, while driving, I would stop for a short rest and to climb a hill in order to record some images. But from the top, I would immediately see the next interesting spot, and I would want to have a look. I would go through so many iterations of this that it would be two hours before I got behind the wheel again.

Als ich mit dem Auto unterwegs war, wollte ich oft nur eine kurze Pause einlegen, um einen Hügel zu erklimmen und um von dort ein paar Fotos schießen zu können. Doch oben angekommen, erblickte ich meist sogleich die nächste interessante Stelle, die ich mir noch anschauen wollte. Das wiederholte sich so oft, bis ich im Endeffekt ein bis zwei Stunden brauchte, um wieder im Auto zu sitzen.

Having spent six months in Europe's far north, I am ready to proclaim I am in love. I love the raw, vast, and sparsely inhabited nature that emanates power but bestows calm. And although the places I visited all have a lot in common, each also has its own character: Greenland, with its huge deserts of ice; Norway, whose mountains rise abruptly out of the sea; Iceland, its surreal-seeming expanses composed of colorful rock. Each of these journeys was a unique experience for me, and I returned from each with more than just my recorded images. It is an unbelievably rewarding feeling to settle into a small adventure. The feeling never goes away. Every time I came back home, I felt enthusiastic, happy, full of new energy—and ready for my next trip.

Nach 6 Monaten im Norden Europas kann ich sagen, dass ich mich verliebt habe. In diese riesige, fast unbewohnte und raue Natur, die zugleich Kraft ausstrahlt und Ruhe gibt. Und obwohl alle meine Reiseziele vieles gemeinsam haben, sind sie doch auch alle einzigartig. Ob Grönland mit seinen riesigen Eisbergen, ob Norwegen mit seinen dramatischen Bergen, die steil aus dem Meer ragen, oder Island mit seinen völlig absurden Landstrichen aus buntem Gestein, aus dem Schwefel aufsteigt. Jedes Land ist einzigartig für sich. Und von jeder dieser Reisen bleibt mir mehr, als nur meine Fotografien: Es ist ein unglaublich gewinnbringendes Gefühl, sich auf ein kleines Abenteuer einzulassen – und vor allem ist es ein Gefühl, das einen nie wieder verlässt. Ich kam jedes Mal begeistert, glücklich und mit neuer Kraft wieder zurück. Bereit für die nächste Reise.

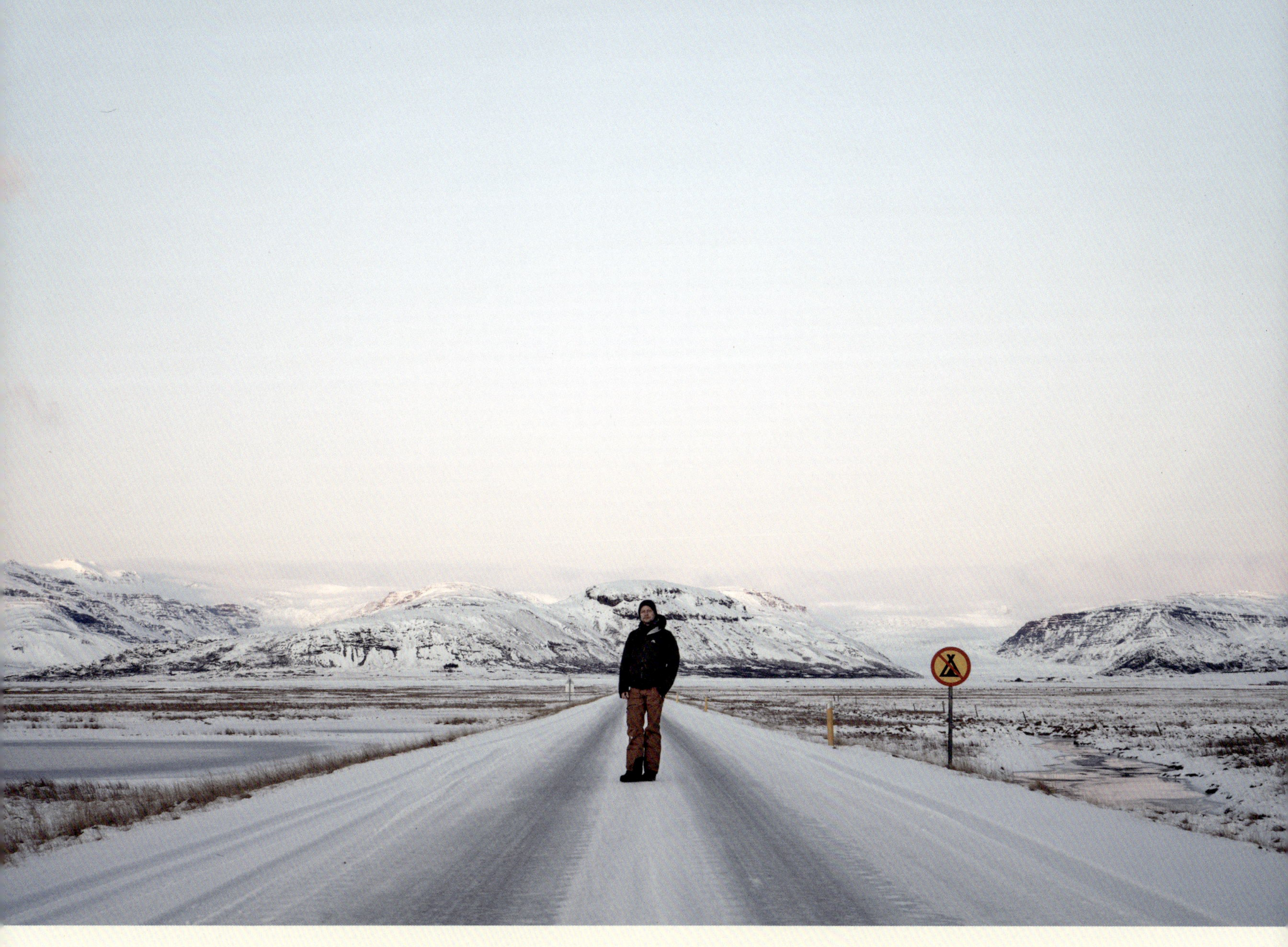

Vita.

Michael Königshofer was born in Graz in 1983. When he was twenty-one he trained to become a graphic designer in Vienna, where he stayed and plied the trade for a few years. In the meantime he moonlighted as a photographic assistant for various advertising and modeling agencies. Eight years later, he returned to his hometown of Graz and took a job as a photographer for a design agency. He eventually launched his own photography business in 2017 after a couple of years with the agency. His business is focused on advertising and corporate clients. His commercial as well as his private photography portfolio can be seen at his website, **www.koenigshofer.biz**.

Geboren 1983 in Graz macht Michael Königshofer mit 21 Jahren eine Ausbildung zum Grafik Designer in Wien, wo er danach für einige Jahre auch lebt und als Designer arbeitet. Nebenher jobt er immer wieder als Foto-Assistent bei diversen Werbe- und Modefotografen. 8 Jahre später verschlägt es ihn wieder in seine Heimatstadt Graz wo er bei einer Design Agentur als Fotograf einen Job angeboten bekommt. Das macht er ein paar Jahre bis er sich schließlich 2017 als Fotograf selbstständig macht. Hauptsächlich arbeitet er im Bereich Werbung und Corporate Photography. Seine komerziellen und privaten Arbeiten sind auf der Webseite **www.koenigshofer.biz** zu sehen.

IMPRINT
IMPRESSUM

© 2021 teNeues Verlag GmbH
Photographs & Texts: © Michael Königshofer. All rights reserved.
Editorial Coordination by Roman Korn / Conrad Gminder, teNeues Verlag
Production by Alwine Krebber, teNeues Verlag
Design & Photo Editing by Michael Königshofer
Copyediting by Roman Korn / Conrad Gminder, teNeues Verlag
Translations by John A. Foulks

ISBN: 978-3-96171-350-9 (German version)
978-3-96171-349-3 (English version)
Library of Congress Number: 2021935376
Printed in Slovakia by Neografia a.s

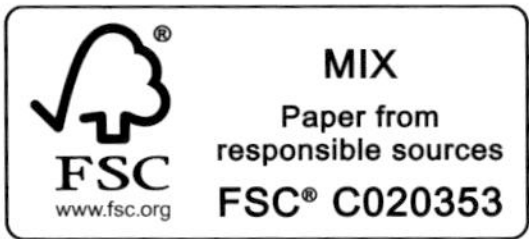

Published by teNeues Publishing Group

teNeues Verlag GmbH
Werner-von-Siemens-Straße 1
86159 Augsburg, Germany

Düsseldorf Office
Waldenburger Straße 13
41564 Kaarst, Germany
e-mail: books@teneues.com

Augsburg/München Office
Werner-von-Siemens-Straße 1
86159 Augsburg, Germany
e-mail: books@teneues.com

Berlin Office
Lietzenburger Straße 53
10719 Berlin, Germany
e-mail: books@teneues.com

Press department Stefan Becht
Phone: +49-152-2874-9508 / +49-6321-97067-99
e-mail: sbecht@teneues.com

teNeues Publishing Company
350 Seventh Avenue, Suite 301
New York, NY 10001, USA
Phone: +1-212-627-9090
Fax: +1-212-627-9511

www.teneues.com

teNeues Publishing Group
Augsburg / München
Berlin
Düsseldorf
London
New York